O EVANGELHO
SEGUNDO O ESPIRITISMO

ALLAN KARDEC

Por Claudio Damasceno Ferreira Junior

Fé inabalável é somente aquela
que pode encarar a razão face a face,
em todas as épocas da humanidade.

BesouroLux
Edições
20ª edição / Porto Alegre-RS / 2025

Capa: Marco Cena sobre tela de William Adolphe Bouguereau - A Caridade
Consultoria editorial: Ivan Selbach
Revisão: Renato Deitos e Glênio Guimarães
Produção Editorial: Bruna Dali e Maitê Cena
Assessoramento de edição: André Luis Alt

F382e Kardec, Allan.
O Evangelho segundo o Espiritismo / Allan Kardec ; [coordenação] Claudio Damasceno Ferreira Junior. – 20ª ed. Porto Alegre: BesouroBox, 2025.
336 p. ; 23 cm.

ISBN: 978-85-5527-185-4

1. Espiritismo. I. Título.

CDU 133.9

Catalogação na publicação: Renata de Souza Borges CRB-10/1922

Edições BesouroBox Ltda.
Rua Brito Peixoto, 224 - Cep: 91.030-400
Passo D'areia - Porto Alegre - RS
Fone: (51) 3337.5620
www.besourobox.com.br
Impresso no Brasil
Outubro de 2025.

Agradeço aos colegas Espíritas que contribuíram com incentivo, conhecimento e dedicação para que esta obra se realizasse. Aos irmãos: Ivan Selbach, Soenia Feijó da Silva, Márcia Vignoli da Silva e Eliana Gorga, o meu muito obrigado, de coração.

SUMÁRIO

PREFÁCIO

Os Espíritos de Deus, que são as virtudes dos Céus, como um imenso exército que se põe em marcha ao receber a ordem de comando, espalham-se por toda a face da Terra e, semelhante às estrelas cadentes, vêm iluminar os caminhos e abrir os olhos dos que não enxergam.

Em verdade, eu digo: é chegado o tempo em que todas as coisas devem ser restabelecidas no seu verdadeiro sentido para dissipar as trevas, confundir os orgulhosos e glorificar os justos.

As vozes dos Espíritos superiores ressoam como o som da trombeta e os cânticos dos anjos associam-se a elas.

Homens, sejam bem-vindos ao Divino concerto. Toquem a lira com suas mãos, unam suas vozes num hino sagrado e que esse hino seja escutado de um lado a outro do Universo.

Homens, irmãos a quem amamos, estamos sempre junto a vocês. Amem-se também uns aos outros e digam, do fundo de seus corações, fazendo a vontade do Pai que está no Céu: Senhor! Senhor! E poderão entrar no Reino dos Céus.

O Espírito da Verdade

A instrução acima, transmitida por via mediúnica, resume, ao mesmo tempo, o verdadeiro caráter do Espiritismo e o objetivo dessa obra. Por isso, foi colocada, aqui, como prefácio.

Allan Kardec

PREFÁCIO

INTRODUÇÃO

1
OBJETIVO DESTA OBRA

Os assuntos contidos nos Evangelhos, isto é, no Novo Testamento, podem ser divididos em cinco partes:

1 – Os atos comuns da vida de Cristo.
2 – Os milagres.
3 – As predições.
4 – As palavras que serviram para estabelecer os dogmas da Igreja.
5 – O ensinamento moral.

Se as quatro primeiras partes têm sido objeto de discussões, o *ensinamento moral* permanece inatacável e, diante dele, até mesmo os incrédulos se curvam. Ele é o terreno onde todas as religiões podem se encontrar e a bandeira sob a qual todos podem se abrigar, sejam quais forem suas crenças. O *ensinamento moral* nunca foi motivo de disputas religiosas, como acontece com as questões de ***dogma***.

Dogma – É uma verdade indiscutível que as religiões impõem para acomodar e justificar certos pontos de suas crenças, na qual a fé se sobrepõe à razão. Não cabem discussões a respeito dos dogmas; eles devem ser aceitos e seguidos. Por esse aspecto, a Doutrina Espírita não é dogmática, pois entende que a fé deve ser raciocinada, e todos os fenômenos devem estar apoiados em Leis Naturais.

Se o ensinamento moral fosse discutido, as seitas teriam encontrado nele a sua própria condenação, pois a grande maioria está ligada mais à parte mística do que à parte moral, que exige de cada um a reforma de si mesmo.

Este código moral chamado Evangelho constitui, para os homens, uma regra de conduta que abrange todas as circunstâncias da vida, seja ela pública ou privada. É o princípio de todas as relações sociais baseadas na mais rigorosa justiça. É o caminho da felicidade tão esperada, uma ponta do véu que se levanta em direção à vida futura.

O *ensinamento moral* será o tema exclusivo desta obra.

Todos admiram a moral evangélica e exaltam a sua sublimidade e necessidade. Muitos a divulgam por acreditar no que ouviram falar, ou se apoiam em ensinamentos bíblicos que se tornaram provérbios populares. Entretanto, são poucos os que conhecem a *moral evangélica* a fundo, e menos ainda os que a compreendem e sabem aproveitar seus ensinamentos, retirando dela benefícios para si mesmos.

Um dos maiores motivos para que isso aconteça é a dificuldade que a leitura do Evangelho oferece, sendo de difícil entendimento para a maioria de seus leitores.

A forma figurada e o mistério intencional que a linguagem encerra fazem com que as pessoas leiam o Evangelho por desencargo de consciência, por dever, assim como leem as preces que não compreendem e, por isso, não retiram delas nenhum proveito.

Os *ensinamentos morais* passam despercebidos, pois estão espalhados no texto, em meio a uma grande quantidade de narrativas. Fica impossível compreendê-los como um todo, razão pela qual o Evangelho não é utilizado como livro de leitura e nem como tema para meditação.

É bem verdade que muitos tratados de moral evangélica foram escritos, mas, ao serem adaptados ao estilo literário moderno, perderam a espontaneidade original que lhes conferia, ao mesmo tempo, o encanto e a autenticidade.

O mesmo acontece com os *ensinamentos morais,* que foram retirados do Evangelho e reduzidos a simples provérbios. Hoje, eles não passam de ensinamentos que perderam uma parte de seu valor e de seu interesse, por não conterem mais as particularidades e as circunstâncias em que foram pronunciados.

Para evitar esses inconvenientes, reunimos, nesta obra, os artigos que podem formar um Código de Moral Universal, útil para todos e sem distinção de cultos.

Nas citações, conservamos tudo o que era útil para o bom desenvolvimento das ideias, excluindo apenas aquilo que não fazia parte do assunto.

Respeitamos, cuidadosamente, a tradução original de Sacy, assim como a divisão em versículos. Porém, não nos prendemos a uma ordem cronológica, sem real utilidade para este caso. Os ensinamentos foram agrupados e classificados de forma metódica, segundo a natureza de cada um, de modo que eles se completem, tanto quanto possível.

A ordem da numeração dos capítulos e dos versículos bíblicos foi mantida para consulta, se necessário. Esse foi apenas um trabalho material, que, por si só, teve apenas uma utilidade secundária. O mais importante foi colocá-lo ao alcance de todos, explicando as passagens de difícil entendimento e procurando adequá-las às diferentes situações da vida. Foi o que procuramos fazer com a ajuda dos bons Espíritos que nos assistiram.

Muitas passagens do Evangelho, da Bíblia e dos autores sagrados em geral não são entendidas. Muitas até parecem absurdas devido à falta de uma explicação que facilite a compreensão do seu verdadeiro sentido. Essa explicação encontra-se no Espiritismo, como já puderam constatar aqueles que estudaram seriamente a Doutrina Espírita e como irão constatar, também, aqueles que a estudarem mais tarde.

O Espiritismo é encontrado por toda parte na Antiguidade e em todas as épocas da Humanidade. Seus vestígios estão nas escrituras, nas crenças e nos monumentos. Assim, além de abrir novos horizontes para o futuro, lança também um esclarecimento sobre os mistérios do passado.

Para complementar cada ensinamento, adicionamos algumas instruções escolhidas entre as que foram ditadas pelos Espíritos em vários países e através de diferentes médiuns.

Se as instruções tivessem saído de uma única fonte, poderiam ter sofrido a influência pessoal do médium que as recebeu ou do meio onde ele se encontrava. O fato de as instruções terem chegado de diversos lugares, comprova que os Espíritos dão seus ensinamentos por toda parte, e que ninguém goza de qualquer privilégio. (*Ler, abaixo, explicações de Allan Kardec*)

Esta obra é para o uso de todos. Nela, qualquer um pode encontrar os meios de adequar sua conduta à moral ensinada pelo Cristo. Os Espíritas, de um modo especial, encontrarão, no Evangelho, um meio seguro de como aplicar a Doutrina Espírita na prática.

De hoje em diante, a Lei Evangélica, ensinada pelos próprios Espíritos a todas as nações, não será mais algo sem valor, pois os Espíritos estarão sempre em contato com os homens, através das constantes comunicações que se estabelecerão entre eles. Todos irão compreendê-la e serão incessantemente solicitados a praticá-la, aconselhados por seus guias espirituais.

As instruções dos Espíritos são as verdadeiras *vozes do Céu* que vêm esclarecer os homens e convidá-los à prática do Evangelho.

Explicações de Allan Kardec – Poderíamos fornecer, sobre cada um dos assuntos, um número muito maior de comunicações obtidas em muitas outras cidades e Centros Espíritas além das que foram utilizadas. Entretanto, preferimos evitar a monotonia das repetições inúteis. Por isso, escolhemos as comunicações de melhor conteúdo e as que mais se enquadram nesta obra, reservando, para publicações posteriores, as que foram preteridas.

Quanto aos médiuns, evitamos nomeá-los, pois a maioria não quis se identificar. Sendo assim, não seria conveniente abrir exceções. Além do mais, seus nomes não teriam acrescentado nenhum valor à obra dos Espíritos. A citação de seus nomes serviria apenas para satisfação do amor-próprio, no qual os médiuns verdadeiramente sérios não estão interessados. Eles compreendem que o seu papel foi puramente passivo, e que o valor das comunicações em nada aumentaria seu mérito pessoal. Seria ingenuidade tirar vantagem de um trabalho de inteligência para o qual apenas prestaram um concurso mecânico.

2
AUTORIDADE DA DOUTRINA ESPÍRITA
Controle Universal do Ensinamento dos Espíritos

Se a Doutrina Espírita fosse uma criação puramente humana, só teria por garantia o conhecimento daquele que a tivesse criado. Acontece que ninguém na Terra poderia ter a pretensão de possuir, sozinho, a verdade absoluta.

Se os Espíritos tivessem revelado a Doutrina Espírita a um único homem, nada poderia lhe garantir a origem, pois seria preciso acreditar na palavra daquele que a tivesse recebido. Mesmo que esse homem fosse portador de uma sinceridade absoluta, ele poderia, no máximo, convencer as pessoas de seu meio e até ter seguidores, mas jamais conseguiria reunir a todos.

Deus quis que a nova revelação chegasse aos homens por um meio mais rápido e mais autêntico; por isso, encarregou os Espíritos de a levarem de um polo ao outro, manifestando-se em todos os lugares, sem dar a ninguém o privilégio exclusivo de ouvir Suas palavras.

Um homem pode ser enganado ou enganar a si mesmo. Porém, não há como enganar milhões de pessoas quando elas veem e ouvem a mesma coisa em vários lugares e ao mesmo tempo. Isto é uma garantia para cada um e para todos. Pode-se fazer desaparecer um homem, mas não se pode fazer com que desapareçam as multidões. Pode-se queimar livros, mas não se pode queimar Espíritos. Mesmo se todos os livros fossem queimados, a fonte da Doutrina Espírita não seria atingida, porque ela não está na Terra. Ela surge de todos os lugares e qualquer um pode receber os seus ensinamentos. Se faltassem os homens para propagá-la, haveria sempre os Espíritos que alcançam a todos e aos quais ninguém pode alcançar.

Portanto, são os próprios Espíritos que fazem a propagação do Espiritismo, com o auxílio de incontáveis médiuns que surgem de todos os lados. Se houvesse somente um intérprete, por mais favorecido que fosse, o Espiritismo seria muito pouco conhecido. O próprio intérprete, independentemente de sua classe social, seria motivo de desconfiança, pois, além de ser questionado por inúmeras pessoas, não seria aceito por todas as nações. Entretanto, com os Espíritos se comunicando em vários pontos da Terra, com todos os povos, com todas as seitas e com todos os partidos políticos, eles acabam sendo aceitos por todos.

O Espiritismo não tem nacionalidade, não parte de nenhum culto existente e não é imposto por nenhuma classe social. Qualquer um pode se comunicar, através de médiuns sérios, com seus parentes e amigos que já desencarnaram, quando isso lhes é permitido.

Era preciso que o Espiritismo se mantivesse neutro para que pudesse conclamar todos os homens à fraternidade. Se ele não tivesse se colocado sobre esse terreno neutro, teria alimentado as desavenças, em vez de apaziguá-las.

A força do Espiritismo reside na maneira universal com que os Espíritos passam os seus ensinamentos, sendo essa, também, a causa de sua rápida propagação. A voz de apenas um homem, mesmo com a ajuda da imprensa, levaria séculos para chegar ao conhecimento de todos. O mesmo não acontece quando milhares de vozes são ouvidas ao mesmo tempo, em vários pontos da Terra, proclamando os mesmos princípios e transmitindo-os de forma igual, a ignorantes e sábios, sem que ninguém seja excluído. É uma vantagem que nenhuma das doutrinas surgidas até hoje possuiu. Portanto, se o Espiritismo é uma verdade, ele não teme a má vontade dos homens, nem as revoluções morais, nem as transformações físicas do globo, porque nenhuma dessas coisas pode atingir os Espíritos.

Essa não é a única vantagem resultante da posição excepcional em que se encontra a Doutrina Espírita. O Espiritismo também tem uma poderosa garantia contra as divisões que poderiam nascer, quer pela ambição de alguns, quer pelas contradições de certos Espíritos. Essa garantia é a de que sempre prevalecerá o ensinamento da maioria diante daqueles que pensam primeiro em sua promoção pessoal. Essas contradições são, sem dúvida, um obstáculo, mas trazem consigo o remédio ao lado do mal.

Sabe-se que os Espíritos possuem um nível de conhecimento, e que por isso estão longe de possuir, individualmente, toda a verdade. Não é dado a todos conhecer certos mistérios. O que cada um sabe é proporcional à sua elevação moral e intelectual, e a maioria dos Espíritos vulgares não sabe mais do que os homens. Ao contrário, às vezes sabem até muito menos.

Há, entre os Espíritos, como entre os homens, os arrogantes e os falsos sábios, que julgam saber o que, na realidade, ignoram e tomam suas próprias ideias como verdades. Existem, também, os Espíritos de ordem mais elevada, que já se encontram completamente desmaterializados e despojados das ideias e dos preconceitos terrenos.

Também sabemos que os Espíritos mentirosos não têm escrúpulos e que se apresentam com nomes conhecidos, para que suas ideias fantasiosas sejam aceitas. Todas as revelações que não trazem um ensinamento exclusivamente moral têm sempre um caráter individual, sem garantia de autenticidade e, portanto, devem ser consideradas como opiniões pessoais deste ou daquele Espírito, sendo imprudência aceitá-las e propagá-las, levianamente, como verdades absolutas.

O primeiro exame a que deve ser submetido tudo o que vem dos Espíritos é, sem dúvida, o da razão. Assim, toda teoria que contrarie o bom senso, a lógica e os conhecimentos já adquiridos deve ser rejeitada, por mais respeitável que seja o seu autor. Em muitos casos, esse exame é insuficiente devido ao pouco conhecimento de algumas pessoas e à tendência de muitos em considerar a própria opinião como sendo a única verdadeira. Os homens que não confiam de forma absoluta em si mesmos, buscam o parecer de um número maior de pessoas e procuram guiar-se pela opinião da maioria. É dessa maneira que devemos proceder com relação aos ensinamentos dos Espíritos, uma vez que são eles mesmos que nos fornecem os meios para exercer esse controle.

Quando os Espíritos concordam entre si a respeito do que estão nos ensinando, fica mais fácil fazer um controle sobre a veracidade do que estão transmitindo, mas é preciso que esse controle ocorra em determinadas condições. A maneira menos segura para se ter a garantia de que a comunicação é verdadeira, é quando o próprio médium pergunta a vários Espíritos acerca de uma questão duvidosa. É evidente que, se ele estiver sendo vítima de uma obsessão ou estiver em sintonia com um Espírito enganador, esse Espírito poderá lhe dizer a mesma coisa usando diferentes nomes. Também não existe garantia suficiente quando ocorre concordância sobre um determinado assunto, entre médiuns de um mesmo Centro Espírita, pois eles podem estar, todos, sob a influência de um Espírito mistificador.

A única garantia séria que existe quanto ao ensinamento dos Espíritos está na concordância das revelações recebidas em lugares diferentes, de maneira espontânea e por um grande número de médiuns estranhos entre si.

É claro que não estamos tratando aqui de comunicações relativas a interesses secundários, mas das comunicações que se referem aos princípios básicos da Doutrina Espírita. A experiência demonstra que, quando um ensinamento novo deve ser revelado, ele é ensinado *espontaneamente*, em diferentes lugares, ao mesmo tempo e de maneira idêntica, se não quanto à forma, pelo menos, quanto ao conteúdo.

Se um Espírito formular uma teoria baseada em suas próprias ideias e longe da verdade, podemos estar certos de que esta teoria ficará *limitada* em si mesma, e cairá diante da unanimidade das instruções vindas de todas as partes e de maneira idêntica, conforme já demonstrado por vários exemplos. Foi exatamente esta unanimidade que fez cair todas as teorias parciais surgidas no início do Espiritismo, época em que cada um explicava os fenômenos à sua maneira, antes mesmo que as Leis que regem as relações do Mundo Material com o Mundo Espiritual fossem conhecidas.

Essa é a base sobre a qual nos apoiamos para formular todos os princípios da Doutrina Espírita, ou seja, utilizar várias comunicações recebidas por diversos médiuns, em lugares diferentes, não havendo, entre eles, qualquer relacionamento.

Não é pelo fato de os princípios estarem de acordo com as nossas ideias que acreditamos que eles sejam verdadeiros, mas sim pelo fato de que eles tiveram a aprovação da maioria. Não nos colocamos, de modo algum, como árbitros supremos da verdade, e não dizemos a ninguém: "Acredita em tal coisa porque estamos lhe dizendo". A nossa opinião não passa de uma opinião pessoal, que pode ser verdadeira ou falsa, porque somos tão falíveis quanto qualquer outra pessoa. Não é porque um princípio nos foi ensinado que devemos tomá-lo por verdadeiro, mas porque ele teve a concordância e a aprovação geral.

Na posição em que nos encontramos, recebemos comunicações de, aproximadamente, 1.000 Centros Espíritas sérios, espalhados em diversos pontos da Terra. Pensamos estar em condições de analisar os princípios sobre os quais essa concordância se estabelece. Esse tipo de observação é que nos tem guiado até hoje e é, também, ele que nos guiará através dos novos campos que o Espiritismo será chamado a explorar.

Estudando atentamente as comunicações vindas de diversas partes, tanto da França quanto do exterior, reconhecemos, pela natureza toda especial das revelações, que existe uma tendência para se entrar em um novo caminho, e que chegou o momento de dar um passo à frente. Essas revelações, às vezes feitas com palavras veladas, passaram quase sempre despercebidas por aqueles que as receberam. Muitos acreditaram tê-las recebido de maneira exclusiva. Tomadas isoladamente, elas não teriam nenhum valor para nós, pois *apenas a coincidência com outras revelações é que lhes garante a seriedade*. Depois, quando chega o momento de publicá-las, cada médium se lembrará de já haver recebido instruções com o mesmo conteúdo. Esse movimento geral, de receber diversas mensagens provenientes de vários lugares, é que nos faz observar e estudar, para julgar a validade de publicar, ou não, um ensinamento, sempre com a assistência de nossos guias espirituais.

É nesse *controle universal* que está a garantia para a unidade futura do Espiritismo, e é ele que anulará todas as teorias contraditórias. Daqui para frente, é nesse controle que se encontrará o critério da verdade. O que determinou o sucesso da aceitação da Doutrina formulada no *Livro dos Espíritos* e no *Livro dos Médiuns* foi o fato de que, em toda parte, qualquer um pôde receber, diretamente dos Espíritos, a confirmação dos ensinamentos que esses livros contêm. Se os Espíritos tivessem vindo de todos os lugares para contradizer esses livros, eles já teriam, há muito tempo, sofrido o destino de todas as criações fantasiosas. Nem mesmo o apoio da imprensa poderia salvá-los do naufrágio. Porém, mesmo sem contar com esse apoio, eles rapidamente abriram seus caminhos e avançaram com segurança. Isso ocorreu porque eles tiveram o apoio dos Espíritos, cuja boa vontade compensou, em muito, a má vontade dos homens. Assim acontecerá com todas as ideias que vierem dos Espíritos ou dos homens, e que não puderem suportar a prova do controle universal, cujo poder a ninguém é lícito contestar.

Imaginemos que um Espírito dite um livro com um nome qualquer, usando comunicações falsas, agressivas e sem nenhuma autenticidade, somente com o propósito de desacreditar a Doutrina Espírita. Que influência poderia exercer esse livro, se ele fosse desmentido em todos os lugares pelos Espíritos? Antes de alguém lançar uma teoria em seu nome, é preciso estar seguro da assistência dos Espíritos. A distância entre a teoria de uma só pessoa e a teoria de muitas equivale à distância que vai da unidade ao infinito.

O que podem conseguir os argumentos dos difamadores sobre a opinião das massas, quando milhões de vozes amigas, vindas do espaço, de todos os cantos do Universo e do seio de cada família, estão a contradizer esses difamadores e a confirmar os princípios espíritas com clareza?

Sobre esse assunto, já não foi a teoria confirmada pela experiência? Em que se transformaram todas essas publicações que deveriam destruir o Espiritismo? Qual delas conseguiu, pelo menos, lhe diminuir a marcha? Mesmo essa questão sendo séria, até hoje não se deu muita importância para tais publicações, pois cada um desses difamadores contou consigo mesmo, e não com os Espíritos sérios.

Não há dúvida de que o princípio da concordância é uma grande garantia contra as alterações que as seitas, em proveito próprio, pretendessem introduzir no Espiritismo, apoderando-se de seus conceitos e utilizando-os a seu bel-prazer. Quem quer que tentasse desviar a Doutrina Espírita de seu objetivo principal, fracassaria, pela simples razão de que os Espíritos, pela universalidade de seus ensinamentos, fariam cair por terra qualquer modificação que se afastasse da verdade.

De tudo isso, resulta uma verdade fundamental que é a seguinte: todo aquele que quiser se colocar contra a corrente de ideias, estabelecidas e aprovadas pelo Espiritismo, poderá causar uma pequena perturbação local e momentânea, mas jamais dominar o conjunto de opiniões, nem no presente e, muito menos, no futuro.

Disso resulta também que as *instruções* dadas pelos Espíritos sobre os pontos ainda não elucidados da Doutrina Espírita não constituem Lei, enquanto permanecerem isoladas, só devendo ser aceitas, com todas as reservas, a título de informação.

Daí a necessidade de se ter a maior prudência na publicação dessas instruções. Uma vez entendendo que elas devam ser publicadas, é importante apenas apresentá-las como opiniões individuais, mais ou menos prováveis de serem corretas e precisando, sempre, de uma confirmação. É preciso aguardar essa confirmação antes de se apresentar um princípio como verdade absoluta, se não quisermos ser acusados de levianos por acreditarmos nas coisas sem examiná-las a fundo.

Os Espíritos superiores procedem com extrema prudência e sabedoria quando é necessário fazer uma revelação. Eles só abordam as grandes questões da Doutrina Espírita de forma lenta e gradual, quando entendem que a inteligência do Homem está apta a compreender as verdades de uma ordem mais elevada, e quando as circunstâncias se encontram propícias para que uma nova ideia seja revelada. É por isso que eles não disseram tudo, desde o princípio, e continuam sendo prudentes até hoje, não cedendo à impaciência dos apressados que querem colher os frutos antes que eles estejam maduros. Portanto, é inútil querer antecipar o tempo marcado pela Providência para que as coisas aconteçam. Os Espíritos verdadeiramente sérios ignoram esse apelo, enquanto que os Espíritos levianos, por não terem nenhum compromisso com a verdade, se dispõem a tudo responder. É por esta razão que, sobre todas as questões prematuras, há sempre respostas contraditórias.

Esses princípios não são o resultado de uma teoria pessoal, mas a consequência natural das condições em que os Espíritos se manifestam. É evidente concluir-se que, se um Espírito diz uma coisa em um lugar, enquanto milhões dizem o contrário em outros lugares, a verdade não pode estar com aquele que ficou sozinho. Ora, seria tão ilógico da parte dos Espíritos, como da parte dos homens, alguém pretender ter razão contra todos.

Quando os Espíritos verdadeiramente sábios não se acham suficientemente esclarecidos sobre uma questão polêmica, nunca a exibem de maneira definitiva; afirmam abordá-la apenas do seu ponto de vista e eles mesmos aconselham que se aguarde uma confirmação.

Por mais grandiosa, bela e justa que seja uma ideia, é impossível que ela reúna, desde o início, todas as opiniões a seu favor. As divergências que surgem ao redor da nova ideia são as consequências inevitáveis do movimento que ela desencadeia. Elas são necessárias para melhor ressaltar a verdade, e é muito útil que ocorram no início do movimento, para que as ideias falsas sejam postas de lado o mais rápido possível. Os Espíritas que têm algum temor por conta disso devem tranquilizar-se, pois todas as pretensões isoladas cairão diante do grande e poderoso critério da concordância universal.

Não será pela opinião de um homem que se estabelecerá a união, mas sim pela voz unânime dos Espíritos. Não será um homem, muito menos a nossa opinião ou de qualquer outro, que fundará a *ortodoxia espírita*, ou seja, uma doutrina pronta e acabada, que não necessita receber novos conhecimentos; tampouco será um Espírito vindo se impor a quem quer que seja. A união será estabelecida com os Espíritos se comunicando por toda Terra, sob as ordens de Deus. Esse é o caráter essencial da Doutrina Espírita, essa é a sua força e a sua autoridade, pois Deus quis que Sua Lei fosse assentada sobre uma base inabalável. Foi por isso que Ele não colocou a responsabilidade sobre a cabeça frágil de um único homem.

É diante desse poderoso ***tribunal de sabedoria*** que todas as oposições e todas as pretensões de supremacia individual serão desfeitas. Porque esse tribunal desconhece os círculos sociais interesseiros, as rivalidades invejosas, as seitas e as vaidades patrióticas. *Nós mesmos nos detruiríamos se quiséssemos substituir seus decretos soberanos por nossas próprias ideias.* Apenas ele resolverá todas as questões que não foram esclarecidas, calará as dissidências e dará razão a quem tem.

Diante desse grandioso acordo entre os Espíritos superiores, o que pode a opinião de um homem ou de um Espírito? Menos que uma gota d'água que se perde no oceano, menos que a voz de uma criança abafada pela tempestade.

Tribunal de sabedoria – Kardec referia-se a **todos os Espíritos de ordem superior**, que vieram dar sua contribuição no sentido de revelar e divulgar a Doutrina Espírita.

O juiz supremo é a opinião universal, aquela que se pronuncia em última instância. A opinião universal é formada pela reunião de todas as opiniões individuais. Se uma opinião é verdadeira, ela tem apenas um peso relativo na balança, se ela é falsa, não pode prevalecer sobre as demais. Nessa imensa assembleia, as individualidades desaparecem, o que constitui uma nova derrota para a vaidade e o orgulho dos homens.

Esse conjunto harmonioso já se desenha, e esse século não passará sem que ele resplandeça com todo o seu brilho, de modo a eliminar todas as incertezas. Daqui para frente, Espíritos importantes receberão a missão de se fazerem ouvir, reunindo os homens sob uma mesma bandeira, desde que o campo esteja suficientemente preparado. Enquanto isso, aquele que estiver indeciso entre dois sistemas opostos poderá observar em que sentido está caminhando a opinião geral. Essa observação será uma indicação segura, pois apontará o caminho para onde está indo a maioria dos Espíritos que se comunicam nos diversos pontos da Terra. Indicará, também, qual dos dois sistemas prevalecerá.

3
NOTAS HISTÓRICAS

Para que possamos compreender melhor certas passagens dos Evangelhos, é necessário conhecer o significado de muitas palavras que são frequentemente empregadas nos textos, e que caracterizam os costumes e as ideias da sociedade judaica naquela época. Essas palavras foram, muitas vezes, mal traduzidas e, para nós, não têm o mesmo significado, o que gerou algumas incertezas. A exata compreensão do significado dessas palavras explica o sentido verdadeiro de alguns ensinamentos de Jesus que, à primeira vista, parecem estranhos.

SAMARITANOS – Após a separação das dez tribos de Israel, Samaria tornou-se a capital daquele reino dissidente de Israel. Destruída e reconstruída várias vezes, ela foi, sob o domínio do Império Romano, a sede política e administrativa da Samaria, uma das quatro divisões da Palestina. Herodes, o grande, embelezou-a com suntuosos monumentos e, para agradar o imperador romano Augusto, deu-lhe o nome de *Augusta*, em grego, *Sebaste*.

Os samaritanos estiveram quase sempre em guerra com os reis de Judá. Uma aversão profunda, vinda desde o tempo da separação, eternizou-se entre os dois povos, que evitavam todas as relações de amizade e convivência recíprocas. Os samaritanos, para tornar a separação mais profunda e não precisarem ir até Jerusalém para celebração das festas religiosas, construíram um templo próprio e adotaram as seguintes reformas: passaram a admitir somente o ***Pentateuco***, contendo as Leis de Moisés, e rejeitaram todos os livros que lhe foram anexados posteriormente. Seus livros sagrados eram escritos em caracteres hebraicos da mais remota Antiguidade. Aos olhos dos *judeus* ***ortodoxos***, eles eram ***heréticos***, sendo, por isso, desprezados, amaldiçoados e perseguidos. A rivalidade entre as duas nações tinha como único motivo a divergência de opiniões religiosas, embora suas crenças tivessem as mesmas origens. Os samaritanos eram os ***protestantes*** daquela época, pois se opunham ao judaísmo.

Ainda hoje, encontramos samaritanos em algumas regiões do Oriente, especialmente em Nablus e Jaffa. Seguem as Leis de Moisés com mais rigor que os outros judeus e só casam entre si.

Pentateuco – São os cinco primeiros livros do Velho Testamento, escritos por Moisés: Gênese, Êxodo, Levítico, Números e Deuteronômio.

Ortodoxos – Todos aqueles que são fiéis a determinados princípios. São extremamente rigorosos, rígidos e não costumam ser flexíveis sobre nenhum assunto.

Heréticos – Aqueles que seguem uma doutrina contrária aos dogmas definidos pela igreja dominante.

Protestantes – Nome genérico dado aos adeptos da Reforma Protestante que no século XVI separaram-se da Igreja Romana. Entre os mais conhecidos estão Lutero e Calvino, que deram origem às correntes Luterana e Calvinista. A Igreja Anglicana, na Inglaterra, também pode ser colocada neste grupo.

NAZARENOS – Na antiga Lei, os judeus que faziam votos de guardar a pureza absoluta por algum tempo ou por toda vida eram chamados de nazarenos. Eles adotavam a castidade, a abstinência de bebidas alcoólicas e não cortavam os cabelos. Sansão, Samuel e João Batista foram nazarenos.

Mais tarde, os judeus deram esse nome aos primeiros cristãos, em alusão a Jesus, que cresceu em Nazaré.

Esse também foi o nome de uma seita herética que existiu nos primeiros séculos da era cristã, semelhante aos ***eblonitas***, dos quais adotavam alguns princípios, misturando as práticas da Lei de Moisés aos dogmas cristãos. Essa seita desapareceu no século quarto.

Ebionitas – Seita religiosa dos primeiros séculos, que defendia e utilizava a continuação das práticas judaicas dentro do cristianismo.

PUBLICANOS – Eram os cobradores das taxas públicas na Roma Antiga. Sua missão era a cobrança de impostos e rendimentos de toda espécie. Atuavam na própria Roma e por todo o império, assemelhando-se aos cobradores de impostos gerais do antigo regime francês, que ainda existem em algumas regiões. Muitos publicanos conseguiam acumular riquezas, fruto de cobranças e benefícios escandalosos, não se importando com os riscos que corriam.

O nome publicano foi usado mais tarde para designar todos aqueles que lidavam com o dinheiro público e também seus agentes subalternos. Atualmente, essa palavra tem um sentido pejorativo e é usada para designar os financistas e os agentes de negócios pouco escrupulosos. Às vezes, temos o hábito de dizer: "Ávido como um publicano, rico como um publicano", referindo-nos a uma fortuna de origem desonesta.

Durante a dominação romana, o imposto era o que os judeus mais tinham dificuldade em aceitar, e isso causava, entre eles, uma grande irritação. Essa cobrança gerou várias revoltas, e o assunto tornou-se uma questão religiosa, pois eles o consideravam contrário à Lei. Formou-se, então, um partido poderoso, chefiado por um certo Judas, conhecido como o Gaulonita, que tinha por princípio o não pagamento do imposto. Os judeus odiavam essa cobrança e todos os que eram encarregados de executá-la. Esse era o motivo da aversão que nutriam pelos publicanos de todas as categorias, entre os quais encontram-se pessoas muito estimadas e honestas, mas que eram desprezadas em virtude das funções que exerciam. Os judeus distintos desprezavam, também, as pessoas que mantinham relações com os publicanos, pois acreditavam que iriam se comprometer se mantivessem relações de intimidade com eles.

PEAGEIROS OU PORTAGEIROS – Eram os cobradores de baixa categoria, encarregados de receberem a *peagem,* ou seja, o pagamento, principalmente dos pedágios que eram recolhidos nas entradas das cidades. Suas funções correspondiam mais ou menos às dos guardas alfandegários e dos recebedores de impostos sobre mercadorias. De um modo geral, eram tão malquistos quanto os publicanos. É por esta razão que, no Evangelho, encontra-se frequentemente o nome *publicano* associado ao de *pessoa de má vida.* Classificar alguém como *pessoa de má vida* não significava que a pessoa fosse viciada ou sem moral; era, antes, uma expressão de menosprezo, sinônimo *de pessoa indigna de se relacionar com pessoas de bem.*

FARISEUS (do hebraico: *Parasch*, divisão, separação) – A *tradição* era uma parte importante dos estudos que os judeus faziam, referentes às questões religiosas. Ela consistia na *interpretação* e no *significado* dos trechos que compunham as escrituras e que haviam se transformado em artigos de dogma. Entre os ***doutores da Lei***, isso era motivo de intermináveis discussões, geralmente, sobre simples questões de palavras ou de formas, bem ao estilo das disputas teológicas, e com as sutilezas da ***escolástica*** da Idade Média. Surgiram, então, diferentes seitas, e cada uma delas pretendia ser a dona da verdade; e, como quase sempre acontece, detestavam-se, cordialmente, umas às outras.

Entre as seitas, a mais influente era a dos fariseus, que teve por chefe o judeu Hillel, doutor da Lei e nascido na Babilônia. Ele fundou uma célebre escola onde ensinava que a fé só devia ser depositada nas Escrituras. A origem dessa seita foi por volta dos anos 180 ou 200 a. C. Os fariseus foram perseguidos em diversas épocas, notadamente sob os domínios de Hircânio, sumo pontífice e rei dos Judeus, e também por Aristóbulo e Alexandre, reis da Síria. Entretanto, Alexandre devolveu a honra e os bens aos fariseus, fazendo com que eles retomassem o antigo poder. Este poder foi conservado até a destruição da cidade de ***Jerusalém*** e do ***Templo***, no ano 70 da Era Cristã, pelo exército romano, no governo de Vespasiano. Foi nessa época que os fariseus desapareceram, em consequência da dispersão do povo judeu.

Os fariseus tinham um papel ativo nas discussões religiosas e cumpriam rigorosamente as práticas exteriores do culto e das cerimônias. Possuíam um fanatismo muito grande pelo partidarismo e eram inimigos dos inovadores. Fingiam ter uma grande severidade de princípios e, sob as aparências de uma devoção meticulosa, escondiam costumes corruptos, muito orgulho e, acima de tudo, um desejo excessivo de dominação. Para eles, a religião era mais um meio de vencer na vida do que uma manifestação de fé sincera. Não possuíam virtudes, apenas aparentavam e ostentavam possuí-las. Ainda assim, exerciam grande influência sobre o povo, aos olhos do qual passavam por santas criaturas. Eis por que eram tão poderosos em Jerusalém.

Acreditavam ou, pelo menos, diziam acreditar em Deus, na imortalidade da alma, nas penas eternas e na ressurreição dos mortos *(veja cap. 4:4)*. Jesus ensinava a simplicidade e as qualidades do coração, e quando se referia ao que estava escrito na Lei, preferia sempre ***o Espírito que vivifica, ao invés da letra que mata***. Por isso, empenhou-se, durante toda a Sua missão, em desmascarar a hipocrisia dos fariseus e, em consequência, transformou-os em inimigos enfurecidos. Foi por essa razão que os fariseus se uniram com os príncipes dos sacerdotes, para amotinar o povo contra Jesus e crucificá-Lo.

Doutores da Lei – No Judaísmo, eram aqueles que conheciam a Lei a fundo e a interpretavam para o povo. Possuíam a autorização do Sumo Sacerdote para ensinar no templo; eram conhecidos como Rabi.

Escolástica – Pode ser definida como o conjunto de elaborações filosóficas dos doutores da Igreja ao longo de toda Idade Média, ou seja, do século X ao século XVII. Essa filosofia, cheia de formalismos e sutilezas de linguagem, buscava conciliar a fé com a razão. O ensino escolástico na época medieval contribuiu para manutenção do poder da Igreja Católica, que se considerava como a guardiã dos valores Espirituais e morais de toda a Cristandade. Entre os seus membros mais ilustres está São Tomás de Aquino.

O Espírito que vivifica, ao invés da letra que mata – O Espírito que vivifica representa o Espírito imortal, aquele que vai acumulando ensinamentos e qualidades ao longo do tempo; a letra que mata fazia alusão aos fariseus que, apesar de conhecerem as Leis, não as seguiam corretamente e, por consequência, não teriam paz.

ESCRIBAS – Era o nome dado, em princípio, aos secretários dos reis de Judá e a certos intendentes dos exércitos judeus. Mais tarde, a designação de escriba foi aplicada especialmente aos doutores da Lei, que ensinavam a Lei de Moisés e a interpretavam para o povo. Pensavam do mesmo modo que os fariseus, compartilhando com eles os mesmos princípios e a mesma antipatia pelos inovadores. Eis por que Jesus também os reprovava, assim como fazia com os fariseus.

SINAGOGA (do grego, *sunagoguê*, reunião, assembleia, congregação) – Na Judeia, havia apenas um único templo, o de Salomão, em Jerusalém, onde eram celebradas as grandes cerimônias do culto. Os judeus se dirigiam a ele todos os anos, em peregrinação, para as principais festas, como a da ***Páscoa***, a da ***Consagração*** e a dos ***Tabernáculos***. Foi durante estas festas que Jesus fez diversas viagens a Jerusalém. As outras cidades não possuíam templos, somente sinagogas, que eram edifícios onde os judeus se reuniam nos dias de sábado para fazer orações públicas, sob a direção dos anciãos, dos escribas ou dos doutores da Lei. Nas sinagogas também era feita a leitura dos livros sagrados, seguida de explicações e comentários. A participação era aberta a todos, e foi por esse motivo que Jesus, mesmo não sendo sacerdote, ensinava nas sinagogas, aos sábados.

Depois da ruína de Jerusalém e da dispersão dos judeus, as sinagogas passaram a servir de templo para a celebração do culto nas cidades onde eles foram morar.

Páscoa – Festa anual que os judeus celebravam em memória de sua saída do Egito. Festa anual que os cristãos celebram em memória da ressurreição de Cristo.

Consagração – Festa que comemorava a vitória dos judeus, liderados por Judas Macabeu, sobre os gregos e os sírios. Livres da dominação grega, os macabeus dão início à purificação do Templo, em Jerusalém. Em 25 de dezembro do ano 162 a.C., eles realizam, com grande celebração, a consagração de um novo altar. Esta festa tem a duração de oito dias, pois representa os oito dias que o grande candelabro de sete pontas voltou a ficar aceso no interior do templo. Esse fato foi considerado um milagre, pois havia óleo para mantê-lo aceso apenas por um dia.

Tabernáculo – Era uma grande barraca, na qual os judeus realizavam os atos de adoração durante o período em que andaram pelo deserto, após terem saído do Egito. O tabernáculo continuou a ser usado até a construção do Templo de Salomão, em Jerusalém.

SADUCEUS – Seita judaica que se formou por volta do ano 248 a.C. Foi assim chamada devido a *Sadoc*, seu fundador. Os saduceus não acreditavam na imortalidade da alma, na ressurreição e nem na existência de anjos bons e maus. Entretanto, acreditavam em Deus, e, mesmo não esperando nada após a morte, serviam-No por interesse no recebimento de recompensas meteorológicas que, segundo eles, provinham somente do Criador. A satisfação dos sentidos físicos era para eles o objetivo principal da vida. Quanto às Escrituras, baseavam-se no texto da antiga Lei, não admitindo nem a tradição, nem qualquer outra interpretação. Colocavam as boas obras e a observância pura e simples da Lei acima das práticas exteriores do culto. Eram, como podemos ver, os materialistas, os ***deístas*** e os sensualistas da época. Essa seita era pouco numerosa, mas contava com personagens importantes e tornou-se um partido político em constante oposição aos fariseus.

Deístas – São aqueles que rejeitam toda espécie de revelação Divina e, consequentemente, a autoridade de qualquer Igreja. Entretanto, aceitam a existência de um Deus sem atributos morais e intelectuais, e que poderá, ou não, ter influído na criação do Universo.

ESSÊNIOS ou ESSEUS – Seita judaica fundada por volta do ano 150 a.C., no tempo dos ***macabeus***. Seus membros moravam em edifícios semelhantes a mosteiros e formavam uma espécie de associação moral e religiosa. Distinguiam-se pelos costumes suaves e eram rigorosos quanto à prática de todas as virtudes. Ensinavam o amor a Deus e ao próximo, a imortalidade da alma e acreditavam na ressurreição. Não se casavam, condenavam a prática da escravidão e da guerra, possuíam bens em comum e se dedicavam à agricultura. Eram contrários aos saduceus sensuais, que negavam a imortalidade da alma, e também aos fariseus com suas rígidas práticas exteriores e virtudes apenas aparentes. Mesmo assim, os essênios nunca tomaram parte nas disputas que dividiam os saduceus e os fariseus. Seu estilo de vida assemelhava-se ao dos primeiros cristãos, e os princípios morais que professavam fizeram algumas pessoas pensar que Jesus tivesse feito parte dessa seita, antes de começar Sua missão pública. O certo é que Ele devia conhecê-la, mas nada prova que Ele a tenha adotado, e tudo o que foi escrito sobre esse assunto não tem comprovação *(ver, abaixo, a nota de Allan Kardec sobre o livro "A Morte de Jesus").*

Macabeus – Relativo a Judas Macabeu, que liderou a revolta ocorrida na Judeia contra o domínio grego-sírio, por volta do ano 160 a.C. O nome Macabeu provém do idioma siríaco e significa martelo, ou seja: Judas, o Martelo. Esse nome foi dado a Judas em reconhecimento à sua bravura em combate.

A morte de Jesus – É um livro supostamente escrito por um irmão essênio, e que não possui autenticidade comprovada. Foi escrito com o objetivo de servir a uma determinada opinião, e traz, em si mesmo, a prova de sua origem moderna (nota de Allan Kardec).

TERAPEUTAS (do grego *therapeutai*, derivado do verbo *therepeuein*, servir, cuidar, ou seja, servidor de Deus ou curador) – Eram os membros de uma seita judaica da época de Cristo e viviam, principalmente, na cidade de Alexandria, no Egito. Possuíam uma grande afinidade com os essênios, e também adotavam o princípio da prática de todas as virtudes. Sua alimentação era simples e moderada, não se casavam, dedicavam-se à contemplação e tinham uma vida solitária. Formavam uma verdadeira ordem religiosa. Filon, filósofo judeu da Escola Platônica em Alexandria, foi o primeiro a referir-se aos terapeutas como sendo uma seita judaica. Eusébio, São Jerônimo e outros ***Pais da Igreja*** acreditavam que os terapeutas eram cristãos. Mesmo que tenham sido judeus ou cristãos, assim como os essênios, eles representavam um traço de união entre o judaísmo e o cristianismo.

Pais da Igreja – Padres da Igreja de grande cultura; entre eles, se destacam Santo Agostinho e São Tomás de Aquino. Foram os teólogos e mestres doutrinários dos primeiros séculos do cristianismo; eles foram responsáveis, em grande parte, pela elaboração das doutrinas cristãs tal como as conhecemos hoje.

4
SÓCRATES E PLATÃO
PRECURSORES DA DOUTRINA CRISTÃ E DO ESPIRITISMO

Sócrates – Filósofo grego, considerado o pai da Filosofia. Nasceu em Atenas, por volta de 470 a.C. Foi um dos principais pensadores da Grécia antiga e fundou o que hoje conhecemos por Filosofia Ocidental. Seu método para ensinar os cidadãos gregos era o diálogo, onde ele usava a palavra para levar o conhecimento sobre as coisas do mundo e a essência da alma humana. Sócrates não escreveu seus pensamentos e ideias. Eles se tornaram conhecidos através das obras de dois de seus discípulos: Platão e Xenofontes. Seus pensamentos eram muito avançados para a sua época, e, por isso, foi acusado de pretender subverter a ordem social, corromper a juventude e provocar mudanças na religião grega. Foi preso pela elite mais conservadora de Atenas, que temia sua popularidade e suas ideias. Foi obrigado a suicidar-se em sua cela, tomando um veneno chamado cicuta, em 399 a.C.

Platão – Esse importante filósofo nasceu em Atenas, em 427 a.C., e morreu em 347 a.C. É considerado um dos principais pensadores gregos, pois influenciou profundamente a Filosofia Ocidental. Por volta dos vinte anos, conheceu Sócrates, que na oportunidade já tinha sessenta anos. Durante oito anos privou do ensinamento e da amizade do mestre. Em 387 a.C., fundou uma escola de filosofia chamada Academia, com o propósito de recuperar e desenvolver as ideias e os pensamentos de Sócrates. Suas obras mais importantes, escritas em forma de diálogos, foram: Apologia de Sócrates, em que valoriza os pensamentos do mestre; O Banquete; A República, em que analisa a política grega, a ética, o funcionamento das cidades, a cidadania e questões sobre a imortalidade da alma. Platão utilizava os métodos do debate e da conversação como forma de alcançar o conhecimento. Seus alunos deveriam descobrir as coisas superando os problemas impostos pela vida. Defendia a ideia de que a educação da mulher deveria ser igual à do homem.

Pelo fato de Jesus ter conhecido a seita dos essênios, seria um erro concluir que Ele utilizou ensinamentos dessa seita em Sua Doutrina. Também é um erro pensar que, se Ele tivesse vivido em outro lugar, teria adotado outros princípios. As grandes ideias não surgem subitamente, e aquelas que têm por base a verdade, sempre possuem precursores que lhes preparam parcialmente o caminho. Mais tarde, quando o tempo é chegado, Deus envia um homem com a missão de resumir, coordenar e completar essas ideias esparsas, criando uma estrutura para a Doutrina que será revelada. Em virtude da ideia não surgir repentinamente, ela já encontra Espíritos preparados para aceitá-la. Assim aconteceu com a ideia do Cristianismo, que foi pressentida muitos séculos antes de Jesus e dos essênios, por Sócrates e Platão.

Sócrates, assim como Jesus, também não deixou nada escrito e, do mesmo modo que o Mestre, também teve a morte dos criminosos. Foi vítima do fanatismo, por ter combatido as crenças tradicionais e haver colocado a verdadeira virtude acima da hipocrisia e das ilusões dos formalismos, ou seja, por ter combatido os preconceitos religiosos. Jesus foi acusado pelos fariseus de corromper o povo com seus ensinamentos. Sócrates também foi acusado, pelos "fariseus de seu tempo", de corromper a juventude, proclamando a crença num Deus único, na imortalidade da alma e na existência da vida futura. Da mesma forma que conhecemos a Doutrina de Jesus pelo que escreveram Seus discípulos, conhecemos a Doutrina de Sócrates pelo que escreveu seu discípulo Platão. Julgamos ser útil resumir aqui seus pontos mais importantes, mostrando a concordância das ideias de Sócrates com os princípios do cristianismo.

Para aqueles que julgam ser uma profanação comparar a Doutrina de um ***pagão*** com a Doutrina do Cristo, respondemos da seguinte maneira: a Doutrina de Sócrates não era pagã, pois tinha como objetivo combater o ***paganismo***. A Doutrina de Jesus, por ser mais completa e mais depurada que a de Sócrates, nada tem a perder com a comparação. A grandeza da missão Divina do Cristo não será de forma alguma diminuída, e, além do mais, são fatos históricos, que não podem ser escondidos. O homem atingiu um ponto em que a luz sai por si mesma debaixo do ***alqueire***. Ele está maduro para encarar de frente os novos ensinamentos. Tanto pior para aqueles que se recusam a abrir os olhos. Chegou o tempo de enfrentar as coisas de uma maneira mais ampla e elevada, e não mais sob o ponto de vista mesquinho e pequeno, que só diz respeito aos interesses das seitas e das castas.

As citações a seguir comprovam que Sócrates e Platão pressentiram as ideias cristãs. Na Doutrina desses dois grandes filósofos, encontramos os princípios fundamentais do Espiritismo.

Pagão – Diz-se de todo aquele que não é cristão.

Paganismo – Designação dada pelos cristãos às antigas religiões politeístas dos gregos, dos romanos, dos egípcios etc., ou seja, religiões nas quais se acreditava em vários deuses.

Alqueire – Caixote com capacidade entre nove e treze litros, usado para medir cereais. Podia ser usado como banco ou como suporte.

RESUMO DA DOUTRINA DE SÓCRATES E PLATÃO

1 – *O homem é uma **alma** encarnada. Antes de sua encarnação, ela existia junto aos **modelos primordiais**, junto às ideias da verdade, do bem e do belo. Ao encarnar, separa-se de tudo isso e, lembrando-se de seu passado, sente-se mais ou menos atormentada pelo desejo de retornar.*

É um enunciado claro da diferença e da independência existente entre os dois princípios: o inteligente, representado pela alma, e o material, representado pelo corpo. Além disso, temos aí a ***Doutrina*** da preexistência da alma, da vaga intuição que ela conserva de que existe outro mundo ao qual deseja voltar, da sua sobrevivência após a morte do corpo, da saída do Mundo Espiritual para encarnar e da sua volta a esse mundo, após a morte. Enfim, é a origem da ***Doutrina dos anjos decaídos***.

Alma (do Latim: Anima; do Grego: Anemos) – A alma não se encerra no corpo qual pássaro numa gaiola. Ela se irradia e se manifesta exteriormente, como a luz através de um globo de vidro. A alma tem dois envoltórios: um é sutil e leve, e chamamos de perispírito; o outro é grosseiro, material e pesado, e chamamos de corpo. A alma é o centro de todos os envoltórios, como o germe em um núcleo (O Livro dos Espíritos, cap. 2, item 2, pergunta 141).

Modelos primordiais – No texto acima, significa: em estado de Espírito, onde está tudo no começo, nas mãos de Deus, de onde tudo é gerado.

Doutrina – Conjunto de princípios básicos e fundamentais de um sistema religioso, político ou filosófico.

Anjos decaídos – São Espíritos que habitaram mundos mais adiantados e, por não quererem progredir, permaneciam renitentes no mal. Assim, destoavam dos habitantes que desejavam o progresso e que tinham neles um empecilho. Por isso, eles são retirados desses mundos mais adiantados e levados a mundos compatíveis com seu estado evolutivo. Foi o que provavelmente aconteceu com a raça Adâmica, vinda do orbe de Capela para viver na Terra, que naquela época era habitada por homens primitivos. Esses Espíritos exilados para um planeta inferior recebem a missão de fazer progredir um mundo em início de civilização. O mundo de que vieram é literalmente um "Paraíso perdido", enquanto a Terra é um lugar de provas e expiações, por isso, eles são chamados de "anjos decaídos".

2 – *A alma se atrapalha e se perturba quando utiliza o corpo para analisar qualquer assunto, sente vertigens como se estivesse embriagada, pois se prende a coisas que estão sujeitas a mudanças. Ao passo que, quando contempla sua própria essência,* *ela se liga ao que é puro, eterno e imortal. A alma, sendo dessa mesma natureza, aí permanece ligada pelo maior tempo que puder. É neste momento que suas perturbações terminam, pois ela está unida ao que é imutável. É a este estado da alma que chamamos de sabedoria.*

Assim, o homem que considera as coisas somente pelo ponto de vista material, vive iludido. Para apreciá-las melhor, é preciso vê-las do alto, ou seja, sob o ponto de vista espiritual. Portanto, o verdadeiro sábio deve isolar a alma do corpo para ver com os olhos do Espírito. Isto é o que ensina, também, o Espiritismo *(veja nesta obra, cap. 2:5).*

3 – *Enquanto tivermos o nosso corpo e a nossa alma mergulhados nessa corrupção, nunca possuiremos o objeto de nossos desejos, ou seja, a verdade! O corpo nos oferece mil obstáculos pela necessidade que temos de cuidar dele. Além disso, ele nos enche de desejos, vontades, temores, mil ilusões e mil tolices, de maneira que, com ele, é impossível ser sábio por um instante sequer. Se, enquanto a alma está unida ao corpo, não nos é possível conhecer com pureza alguma coisa, das duas uma: ou nunca conheceremos a verdade, ou só a conheceremos após a morte. Libertos da loucura do corpo, é de se esperar que conversemos com homens igualmente livres. Então, conheceremos, por nós mesmos, a essência das coisas. É por isso que os verdadeiros filósofos se preparam para morrer, e a morte não lhes parece, de nenhum, modo temível. (consulte "O Céu e o Inferno", 1ª parte, cap. 2; 2ª parte, cap. 1).*

No texto acima, temos o princípio das faculdades da alma obscurecidas pelo corpo físico e da expansão dessas faculdades após a morte. Porém, trata-se, aqui, de almas já evoluídas, já depuradas. O mesmo não acontece com almas impuras.

4 – *A alma, quando ainda é impura, encontra-se atormentada e é arrastada novamente para o plano físico, pela visão horrorosa do que é invisível e imaterial. Ela vagueia ao redor dos monumentos e túmulos, junto aos quais já foram vistos fantasmas tenebrosos. Assim devem ser as imagens das almas que deixaram o corpo sem estar inteiramente depuradas, e que ainda mantêm algo da forma material, o que permite que nossos olhos possam percebê-las. Não são as almas dos bons, mas sim as dos maus, que são obrigadas a vagar, errantes, nesses lugares, onde sofrem as penas de suas vidas passadas. Continuam a vagar, até que o desejo de possuir uma forma material as conduz a um outro corpo físico. Então, elas retomam os mesmos costumes que possuíam na vida anterior e que eram objeto de suas predileções.*

Não é apenas o princípio da reencarnação que está aqui, claramente descrito, mas também o estado das almas que se encontram, ainda, sob o domínio da matéria. O Espiritismo faz a mesma descrição quando evoca os Espíritos desencarnados. Sócrates diz mais: "A reencarnação em um corpo material é uma consequência da impureza da alma, porém as almas purificadas estão livres dela". O Espiritismo diz o mesmo, apenas acrescentando que a alma que tomou boas resoluções na erraticidade, que é o intervalo entre uma encarnação e outra, e que adquiriu conhecimentos durante esse período, trará, ao renascer, menos defeitos, mais virtudes e mais ideias intuitivas que não possuía em sua existência anterior. Assim, a cada nova existência, a alma vai progredindo intelectual e moralmente *(consulte "O Céu e o Inferno, 2ª parte; Exemplos).*

5 – *Após a morte, o gênio (daimon, demônio = Espírito protetor) que nos foi designado durante a vida nos leva a um lugar onde se reúnem todos aqueles que devem ser conduzidos ao Hades, ou seja, ao inferno, para aí serem julgados. As almas, após terem permanecido no Hades o tempo necessário, voltam a essa vida por numerosos e longos períodos.*

Essa é a Doutrina dos Espíritos protetores, aos quais Sócrates chama de gênios, e das encarnações sucessivas, após intervalos mais ou menos longos na erraticidade.

6 – *Os demônios (Espíritos) ocupam o espaço que separa o Céu da Terra, e constituem o laço que une o Grande Todo a si mesmo. A Divindade nunca entra em comunicação direta com o homem. É por meio dos demônios que os deuses se relacionam e falam com ele, seja durante o período em que ele está acordado, seja durante o sono.*

A palavra *daimon*, da qual se derivou demônio, não possuía, antigamente, o significado que possui hoje; não se aplicava exclusivamente a seres maldosos, e sim aos Espíritos em geral. Os Espíritos superiores eram chamados *deuses* e os Espíritos menos elevados, *demônios*; eram esses que se comunicavam diretamente com os homens. O Espiritismo também ensina que os Espíritos habitam o espaço e que Deus só se comunica com os homens, estando eles acordados ou dormindo, por intermédio dos Espíritos puros, encarregados de transmitir Suas vontades. Se substituirmos a palavra *demônio* pela palavra *Espírito* teremos a Doutrina Espírita; colocando a palavra *anjo* teremos a Doutrina Cristã.

7 – *Sócrates e Platão entendiam que a preocupação constante do filósofo deve ser a de dar mais atenção à alma do que à vida presente, que não passa de um instante perante a eternidade. Se a alma é imortal, não é mais sábio viver tendo como objetivo a eternidade?*

O Cristianismo e o Espiritismo ensinam a mesma coisa.

8 – *Se a alma é imaterial, após essa vida ela deve ir para um mundo igualmente invisível e imaterial, da mesma forma que o corpo, após sua decomposição, deve retornar à matéria. É muito importante distinguir bem entre a alma verdadeiramente pura e imaterial, que se alimenta da ciência e de pensamentos elevados, da alma mais ou menos manchada de impurezas. Essas impurezas impedem a alma de se elevar ao Divino e a retêm nos lugares por onde morou quando estava na Terra.*

Como se vê, Sócrates e Platão compreendiam muito bem os diferentes graus de desmaterialização da alma. Deixam bem claro qual a diferença entre o destino de uma alma de maior ou menor pureza. O Espiritismo prova, por meio de inúmeros exemplos colocados à nossa disposição, o que eles diziam por intuição *(consulte "O Céu e o Inferno", 2ª parte)*

9 – *Se a morte fosse a destruição completa do homem, seria uma grande vantagem para os maus, visto que se libertariam ao mesmo tempo de seu corpo, de sua alma e de seus vícios. Somente aquele que adornou sua alma com os verdadeiros enfeites poderá esperar, tranquilamente, a hora da sua partida para o outro mundo.*

O materialismo, que proclama o nada para depois da morte, teria, aí, a anulação de toda responsabilidade moral posterior, e, por consequência, estaria estimulando o mal, pois a pessoa má teria tudo a ganhar com o nada. Somente o homem que se libertou de seus vícios e se enriqueceu de virtudes pode esperar, tranquilamente, o despertar na outra vida. O Espiritismo nos mostra, através de inúmeros exemplos, o quanto é aflitivo, para os maus, a passagem de uma vida para outra, ou seja, a entrada na vida futura *(veja também em "O Céu e o Inferno", 2ª parte, cap. 1).*

10 – *O corpo conserva os vestígios bem marcados do cuidado que se teve com ele ou dos acidentes que sofreu. O mesmo acontece com a alma, pois ao se libertar do corpo ela guarda consigo os traços marcantes de seu caráter, de suas afeições e das impressões que cada um dos atos de sua vida lhe deixou. Assim, o maior mal que pode acontecer a um homem é ir para o outro mundo com a alma carregada de culpas. Veja Cálicles: nem eu, nem tu, nem Pólis, nem Górgias poderemos provar que vamos ter uma vida mais útil quando estivermos do lado de lá. De tantas opiniões diferentes, a única que permanece inabalável é a de que* ***mais vale sofrer uma injustiça do que cometê-la****. Devemos, antes de tudo, ser homens de bem e não simplesmente parecer (diálogos de Sócrates com seus discípulos na prisão).*

Encontramos aqui outro ponto fundamental, confirmado hoje pela experiência, de que a alma impura conserva as ideias, as tendências, o caráter e as paixões que possuía na Terra. O ensinamento *"mais vale sofrer uma injustiça do que cometê-la"*, é totalmente cristão. É o mesmo pensamento revelado por Jesus quando diz: "*Se alguém lhe bater em uma face, oferece-lhe também a outra*" *(veja, nesta obra, cap. 12:7 e 8).*

11 – *Das duas uma: ou a morte é uma destruição absoluta ou é a passagem da alma para outro lugar. Se tudo deve terminar, a morte será como uma dessas raras noites que passamos sem sonhar e sem nenhuma consciência de nós mesmos. Mas se a morte é apenas uma mudança de morada, a passagem para um lugar onde os mortos devem se reunir, que felicidade a de reencontrar lá aqueles a quem conhecemos na*

Terra! O meu maior prazer seria examinar, de perto, os habitantes dessa morada, e distinguir lá, como faço aqui, os que são sábios daqueles que acreditam ser, mas não o são. Porém, já é tempo de nos despedirmos, eu para morrer e vocês para viverem, disse Sócrates a seus juízes.

Segundo Sócrates, os homens que viveram na Terra se reencontram após a morte e se reconhecem. O Espiritismo nos ensina que os Espíritos continuam mantendo, no Plano Espiritual, as mesmas relações que tinham quando encarnados. Sendo assim, a morte não se constitui numa interrupção para a vida, ela é apenas uma contínua transformação.

Se Sócrates e Platão tivessem conhecido os ensinamentos de Cristo, 500 anos mais tarde, e os ensinamentos que o Espiritismo nos traz hoje, teriam falado do mesmo modo. Os Espíritos avançados, quando trazem para a Terra as grandes verdades, já as conheciam antes de encarnar. Sócrates, Platão e os grandes filósofos de seu tempo estariam, mais tarde, entre aqueles que ajudariam o Cristo em sua Divina missão. Foram escolhidos porque já compreendiam, mais do que os outros, os Seus sublimes ensinamentos. Finalmente, eles agora podem fazer parte do grande grupo de Espíritos sábios e ilustres encarregados de vir ensinar aos homens as mesmas verdades.

12 – *Nunca se deve retribuir uma injustiça com outra, nem fazer o mal a ninguém, seja qual for o mal que nos tenham feito. Entretanto, poucas pessoas aceitam esse princípio, e as que discordam dele só podem desprezar-se mutuamente.*

Temos aqui a descrição do princípio da caridade, que nos ensina a nunca retribuir o mal com o mal e sempre perdoar nossos inimigos.

13 – *É pelos frutos que se reconhece a árvore. É necessário qualificar cada ação segundo o que ela produz: chamá-la de má quando a sua consequência é má, e de boa quando produz o bem.*

O ensinamento *"é pelos frutos que se reconhece a árvore"*, encontra-se repetido várias vezes, de forma textual, no Evangelho.

14 – *A riqueza é um grande perigo. Todo homem que ama a riqueza não ama nem a si mesmo nem aquilo que possui. O apego aos bens materiais traz, como consequência, a perda da alma. (veja, nesta obra cap. 16).*

15 – *Deus recebe com mais gratidão uma alma virtuosa, que se esforça para tentar se assemelhar a Ele, do que as mais belas preces e os mais belos sacrifícios. Seria muito grave se os deuses se interessassem mais pelas nossas oferendas do que por nossa alma, pois desta maneira os mais culpados poderiam ser beneficiados conquistando seus favores. Verdadeiramente justos e sábios são apenas aqueles que, por suas palavras e atos, cumprem seus deveres para com os deuses e para com os homens (veja, nesta obra, cap. 10:7 e 8).*

16 – *Chamo de homem vicioso aquele que vulgarmente ama mais o corpo do que a alma. O amor está em toda natureza e nos convida a exercitar nossa inteligência. É encontrado até mesmo no movimento dos astros. É o amor que enfeita a natureza com seus tapetes. Ele se enfeita e fixa sua morada onde encontra flores e perfumes. O amor traz a paz aos homens, faz o mar se acalmar, silencia os ventos e alivia a dor.*

A teoria de Platão é a de que o *Amor Universal* é uma *Lei da Natureza,* e este amor deve unir os homens por um sentimento de fraternidade. Sócrates disse que: "O amor não é um *deus* nem um *mortal*, mas um grande demônio, ou seja, um grande Espírito presidindo o Amor Universal". Essa afirmação lhe foi imputada como crime.

17 – *A virtude não pode ser ensinada; ela é uma dádiva de Deus aos que a possuem.*

Essa afirmação é o que diz a Doutrina Cristã sobre o auxílio Divino, ou melhor, sobre a concessão de uma graça. Se a virtude é uma dádiva de Deus, se é um favor, então cabe a pergunta: por que ela não é concedida a todos? Por outro lado, se a virtude é dada por Deus, aquele que a possui não tem o menor mérito, uma vez que foi apenas agraciado com algo que não conquistou por seu próprio esforço. O Espiritismo é mais claro: ensina que a virtude não é uma dádiva de Deus, pelo contrário, é adquirida ao longo das existências sucessivas, onde cada um vai se despojando, pouco a pouco, de suas imperfeições pelo próprio esforço. O auxílio Divino é a força que Deus concede a todo homem de boa vontade que quer se melhorar, libertando-se do mal para fazer o bem.

18 – *Existe uma tendência natural em cada um de nós que é a de perceber mais os defeitos alheios que os nossos próprios.*

No Evangelho está escrito "veem o cisco que está no olho do seu irmão e não veem a trave que está no seu!" *(veja, nesta obra, cap. 10:9 e 10).*

19 – *Os médicos não obtêm bons resultados na maior parte das doenças porque tratam somente do corpo, sem levar em consideração a alma. Se o todo não estiver bem, é impossível que uma parte dele esteja.*

O Espiritismo nos ensina sobre as relações que existem entre a alma e o corpo, e prova que um reage incessantemente sobre o outro. Assim, ele abre um novo caminho para a Ciência, ao mostrar a verdadeira causa de certas doenças, dando-lhe os meios de combatê-la. Quando a Ciência levar em conta a ação do elemento espiritual na constituição orgânica, obterá melhores resultados.

20 – *Todos os homens, desde a infância, fazem mais o mal do que o bem.*

Estas palavras de Sócrates abordam a grave questão da predominância do mal na Terra. Essa questão seria insolúvel sem o conhecimento dos diversos mundos habitados e da destinação da Terra, onde habita uma pequena fração da Humanidade. Só o Espiritismo lhe dá a solução, que é desenvolvida nos capítulos 2, 3 e 5.

21 – *A sabedoria está em não se acreditar saber aquilo que não se sabe!*

Este ensinamento é dirigido àqueles que criticam as coisas que muitas vezes desconhecem. Platão completa o ensinamento de Sócrates dizendo: "Se for possível, devemos tentar primeiro fazer com que eles sejam mais honestos em suas palavras, caso contrário, não devemos nos preocupar com eles, e procuremos apenas a verdade. Tratemos de nos instruir e de não nos aborrecer". É assim que devem agir os Espíritas em relação aos seus críticos de boa ou má-fé. Se Platão vivesse hoje, encontraria as coisas mais ou menos como no seu tempo e poderia usar a mesma linguagem. Sócrates também encontraria pessoas para zombar de sua crença nos Espíritos e chamá-lo de louco, assim como a seu discípulo Platão.

Ao acreditar nesses princípios, Sócrates foi primeiro ridicularizado, depois acusado de incrédulo e condenado a beber um veneno chamado cicuta. As grandes verdades, quando novas, atraem, contra si, os interesses e os preconceitos que elas ferem. Isso ocorre porque elas mexem com o que está estagnado, e só se estabelecem com lutas e mártires.

CAPÍTULO

1

NÃO VIM DESTRUIR A LEI

AS TRÊS REVELAÇÕES:
• MOISÉS, CRISTO E O ESPIRITISMO
• ALIANÇA DA CIÊNCIA COM A RELIGIÃO

Instruções dos Espíritos:
• A nova era

1 – *Jesus disse: "Não pensem que Eu vim destruir a Lei ou desmentir o que os* ***Profetas*** *disseram. Não vim destruí-los, mas vim para dar cumprimento às Leis de Deus. Em verdade, Eu digo a vocês que* ***o Céu e a Terra não passarão*** *antes que tudo o que está na Lei seja totalmente cumprido" (Mateus, 5:17 e 18).*

MOISÉS

2 – A Lei de Moisés é composta por duas partes bem distintas: A Lei de Deus, recebida no Monte Sinai, e a Lei Civil ou Disciplinar, estabelecida por ele mesmo. A Lei de Deus é inalterável, já a Lei Civil ou Disciplinar era apropriada aos costumes e ao povo daquela época; por isso modificou-se com o tempo.

A Lei de Deus está descrita nos Dez Mandamentos seguintes:

1. Eu sou o Deus que os tirou do Egito, onde eram escravos. Não deverá haver outros deuses estrangeiros a serem adorados, nem será preciso fazer imagens talhadas para representar a Mim ou as coisas da Terra, da Água ou do Céu.
2. Não pronunciar o nome de Deus em vão.
3. *O **dia de sábado*** deve ser santificado.
4. Honrar e respeitar o pai e a mãe.
5. Não matar.
6. Não cometer adultério.
7. Não roubar.
8. Não testemunhar falsamente contra o próximo.
9. Não desejar a mulher do próximo.

10. Não desejar nada que pertença a seu próximo.

Esta Lei, conhecida como *os Dez Mandamentos*, foi recebida por Moisés no Monte Sinai, e é considerada uma Lei válida para todos os tempos e para todos os países, tendo, por isso mesmo, um caráter Divino. Moisés precisou criar várias Leis rígidas para manter, pelo temor, um povo naturalmente turbulento e indisciplinado. Era preciso combater os abusos e os preconceitos adquiridos pelo povo hebreu durante os anos em que permaneceram como escravos no Egito. Moisés, para dar autoridade às suas Leis, precisou atribuir-lhes uma origem Divina, assim como já haviam feito todos os legisladores dos povos primitivos. A autoridade do homem precisava apoiar-se sobre a autoridade de Deus. Somente a ideia de um Deus terrível poderia impressionar homens ignorantes, pouco desenvolvidos moralmente e com pequeno senso de justiça. É evidente que Moisés, ao incluir entre os seus mandamentos *Não matar* e *Não fazer o mal ao próximo*, não poderia se contradizer fazendo uma Lei que mandasse exterminar outros povos. Assim, as Leis de Moisés tiveram um caráter essencialmente transitório e foram úteis somente para a sua época.

O CRISTO

3 – Jesus não veio destruir *a* ***Lei de Deus***; veio cumpri-la e desenvolvê-la, ajustando-a ao grau de adiantamento dos homens. É por isso que encontramos, nessa Lei, os deveres para com Deus e para com o próximo, que constituem a base de Sua doutrina. Quanto às Leis de Moisés, Jesus teve o cuidado de modificá-las profundamente, tanto no seu conteúdo, quanto na forma de aplicá-las. Combateu os abusos das falsas interpretações e das práticas exteriores, ou seja, rezas longas, cheias de rituais, com palavras repetidas e sem nenhum sentimento vindo do coração. Jesus reformou radicalmente as Leis de Moisés, resumindo-as nas seguintes palavras: *"Amar a Deus sobre todas as coisas e ao próximo como a si mesmo"*, e ainda acrescentou: *"Está aí o resumo de toda a Lei e de tudo o que os Profetas vieram ensinar antes de Mim"*.

Jesus disse: *"O Céu e a Terra não passarão antes que tudo o que está na Lei seja totalmente cumprido"*. Ao falar assim, Ele quis dizer que nem o Mundo Espiritual, nem o Mundo Material se tornarão melhores, sem que exista uma perfeita harmonia entre os homens e os Espíritos. É preciso que a Lei de Deus seja praticada plenamente na Terra, em toda a sua pureza e com todas as suas consequências. De que adiantaria estabelecer uma Lei para privilegiar alguns homens ou até mesmo um único povo? Todos os homens, sendo filhos de Deus, recebem Dele, sem distinção, a mesma dedicação.

4 – O papel de Jesus não foi somente o de um legislador moralista, que utilizou apenas a autoridade de Sua palavra. Ele veio trazer vários ensinamentos aos homens, cumprindo assim as profecias que anunciaram a Sua vinda. Sua autoridade vem da natureza excepcional de Seu Espírito e de Sua missão Divina. Entre tantas coisas, Jesus veio ensinar que a vida definitiva não está na Terra, e sim no Plano Espiritual. Ele veio mostrar, também, os caminhos que conduzem o homem até esses planos e a maneira de se reconciliar com Deus, para que o retorno ao Plano Espiritual, após o desencarne, se dê em uma condição melhor. Preveniu sobre as coisas que iriam acontecer, para que os destinos da Humanidade pudessem se cumprir. Entretanto, Jesus não pode transmitir todo o Seu conhecimento, pois os homens ainda não estavam preparados para recebê-lo. Assim, limitou-se a lançar a ideia das coisas que ainda não podiam ser compreendidas. Para receber as verdades de forma completa, o Espírito humano precisaria adquirir certo grau de maturidade. Caberia à Ciência contribuir para que essas ideias pudessem ser reveladas. Portanto, era preciso dar tempo para que a Ciência progredisse.

O ESPIRITISMO

5 – *O Espiritismo* é a nova Ciência que vem revelar aos homens, por meio de provas incontestáveis, a existência do Mundo Espiritual e suas relações com o Mundo Físico. Ele nos mostra o Mundo Espiritual, não mais como algo sobrenatural, repleto de fenômenos até hoje incompreendidos, mas, ao contrário, como parte de um processo natural, onde a vida continua após o nosso desencarne. Continuaremos vivendo no Mundo Espiritual, de modo muito semelhante ao que vivemos na Terra. Jesus se referiu a esses aspectos em muitas oportunidades, mas Seus ensinamentos não foram compreendidos e muitos foram interpretados erroneamente. O Espiritismo é o instrumento que nos ajuda a compreender, de forma mais fácil, os ensinamentos de Jesus.

6 – A *Lei do Antigo Testamento* corresponde à *primeira revelação* e foi trazida pelos *ensinamentos de Moisés. A Lei do Novo Testamento* corresponde à *segunda revelação* e foi trazida pelos *ensinamentos de Jesus*. Já o *Espiritismo* é a *terceira revelação* da Lei de Deus. Ele não veio através do ensinamento de um único homem; ele é o produto do ensinamento de milhares de Espíritos que se manifestaram em todos os pontos da Terra, através de uma multidão incontável de médiuns. O Espiritismo é um ensinamento coletivo, pois cada Espírito veio trazer a contribuição de seus conhecimentos, anunciando a existência do Mundo Espiritual e o que encontraremos após a nossa passagem pela Terra.

7 – Do mesmo modo que Jesus disse: *"Não vim destruir a Lei, vim cumpri-la"*, o Espiritismo também diz: *"Não vim destruir a Lei Cristã, vim executá-la"*. O Espiritismo não ensina nada que esteja em desacordo com o que o Cristo ensinou.

Ele procura explicar, de uma maneira fácil, para que todos possam entender, o que Jesus falou de forma simbólica. Tendo a supervisão do Cristo, foi por Ele mesmo anunciado em diversas passagens! Assim, o Espiritismo chega com a finalidade de preparar a Humanidade para as transformações que acontecerão na Terra, visando sua mudança de um mundo de provas e expiações para um mundo de regeneração.

ALIANÇA DA CIÊNCIA COM A RELIGIÃO

8 – A Ciência e a Religião são as duas alavancas da inteligência humana. A Ciência revela as Leis do Mundo Material, enquanto a Religião revela as Leis do Mundo Moral. Elas têm o mesmo princípio – que é Deus –, portanto, não podem entrar em contradição. Se a Ciência tiver razão em relação a algum fato, a Religião também terá que ter, caso contrário, Deus estaria sendo incoerente. A incompatibilidade que parece existir entre a Ciência e a Religião surge porque cada uma quer ser dona exclusiva da verdade. Essa exclusividade gera um conflito que dá origem à incredulidade e à intolerância entre ambas.

São chegados os tempos em que os ensinamentos de Jesus precisam receber o seu complemento, e o véu que foi deixado, propositalmente, sobre alguns ensinamentos, precisa ser levantado. A Ciência, deixando de ser exclusivamente materialista, deve levar em conta o elemento espiritual, e a Religião deve reconhecer as Leis orgânicas e imutáveis que regem a matéria. Assim, as duas forças, apoiando-se mutuamente e caminhando juntas, servirão de base uma para a outra. A Religião, não sendo mais desmentida pela Ciência, vai adquirir uma força muito grande porque estará de acordo com a razão e poderá ser comprovada cientificamente.

A Ciência e a Religião não se entenderam até hoje porque cada uma analisa as coisas do seu próprio ponto de vista, repelindo-se mutuamente. O *traço de união* que faltava entre elas está no conhecimento das Leis que regem o Mundo Espiritual e suas relações com o Mundo Físico. São Leis tão sólidas quanto as que regem o movimento dos astros e a existência dos seres. Uma nova luz surgiu após o conhecimento da relação existente entre essas duas Leis: a Espiritual e a Física. Pode-se dizer que a fé se dirigiu à razão, a razão não encontrou nada de ilógico na fé e o materialismo foi vencido. Entretanto, como sempre acontece com os novos ensinamentos, existem pessoas que, por não os entenderem, ficam para trás, tentando resistir em vez de acompanhá-los. Elas permanecerão assim até serem influenciadas pela opinião da maioria.

Os Espíritos estão comandando uma *revolução moral* que vem sendo elaborada há mais de dezoito séculos, e que neste momento atinge sua plena realização. Essa revolução marca uma nova era para a Humanidade. Ela produzirá um inevitável aperfeiçoamento nas relações sociais e ninguém poderá se opor, uma vez que ela é da vontade de Deus e resulta da Lei do Progresso, que é uma de Suas Leis.

Instruções dos Espíritos

A NOVA ERA

Um espírito israelita – Mulhouse, 1861.

9 – Deus é único e Moisés foi o Espírito que Ele enviou em missão para se fazer conhecido, não só pelos ***hebreus***, mas também pelos ***povos pagãos***. O povo hebreu foi o instrumento do qual Deus se utilizou para fazer sua revelação aos homens, por intermédio de Moisés e dos Profetas. As dificuldades e o sofrimento pelos quais passavam os hebreus serviram para chamar a atenção de todos, retirando o véu que impedia que as coisas Divinas fossem conhecidas pelos homens.

Nos mandamentos de Deus, revelados por Moisés, está o início da mais ampla moral cristã. Os comentários da Bíblia restringiram o entendimento dos Dez Mandamentos em toda a sua pureza, mas nem por isso eles deixaram de ter a sua importância e servir de farol para iluminar a Humanidade no caminho que ela tem que percorrer.

A moral ensinada por Moisés estava de acordo com o adiantamento dos povos que ela se propunha esclarecer. Esses povos, com alma pouco evoluída, não compreendiam que para adorar a Deus não era preciso fazer sacrifícios sangrentos, assim como não compreendiam, também, a necessidade de perdoar os inimigos. Possuíam um notável desenvolvimento do ponto de vista material, das artes e das ciências, porém eram muito atrasados moralmente e não entenderiam uma religião que fosse totalmente Espiritual. A religião hebraica oferecia-lhes uma representação semimaterial de Deus, pois, enquanto os sacrifícios falavam aos seus sentidos, a ideia de Deus falava a seu Espírito.

O Cristo foi quem trouxe a moral mais pura e sublime: a moral evangélico-cristã, que deverá renovar o mundo, aproximar os homens e torná-los irmãos, fazendo brotar em seus corações o sentimento da caridade e do amor ao próximo. Essa moral criará entre as criaturas uma solidariedade comum que vai preparar a Terra para receber Espíritos moralmente mais evoluídos. É a Lei do Progresso, à qual a Natureza está submetida, e o Espiritismo é o instrumento do qual a Providência se utiliza para fazer evoluir a Humanidade.

São chegados os tempos em que as ideias morais devem evoluir para que se realize o progresso que é da vontade de Deus. As ideias morais devem seguir o mesmo caminho que as ideias de liberdade, que foram suas antecessoras. Porém, o desenvolvimento dessas ideias não acontecerá sem lutas, pois, para chegar à maturidade, serão necessárias muitas discussões, a fim de atrair a atenção das massas. Uma vez despertada essa atenção, os Espíritos ficarão impressionados com a beleza de conviver com uma moral elevada. A Ciência Espírita lhes dará o ensinamento sobre a vida futura e lhes abrirá as portas para a felicidade eterna. Moisés abriu o caminho, Jesus continuou a obra e o Espiritismo a concluirá.

Fénelon

Poitiers, 1861.

10 – Com a chegada de Jesus, Deus, em Sua caridade inesgotável, permitiu ao homem ver a verdade em vez das trevas. Quando Jesus partiu, as trevas voltaram. O homem, entre as alternativas de conhecer a verdade e permanecer na ignorância, preferiu esta última, e o mundo perdeu-se novamente. Como os Profetas do *Antigo Testamento*, os Espíritos começaram a falar, advertindo a todos: "O mundo está abalado em suas bases, o trovão provocará estrondo, sejam firmes!".

O Espiritismo é de ordem Divina, pois está de acordo com as Leis da Natureza. Acreditem! Tudo o que é de ordem Divina possui um objetivo elevado e útil. O mundo estava se perdendo. A Ciência desenvolvia-se em detrimento dos valores morais, conduzindo o homem exclusivamente ao bem-estar material, o que revertia em proveito para o Espírito das trevas.

Os cristãos sabem que o coração e o amor devem andar unidos à Ciência. Após dezoito séculos, o Reino do Cristo, infelizmente, ainda não chegou, apesar do sangue de inúmeros mártires. Cristãos, voltem ao Mestre. Ele só quer salvá-los, pois tudo é fácil para aqueles que creem e amam, e o amor traz uma alegria indescritível ao Cristo. Sim, meus filhos, o mundo está abalado e são os bons Espíritos que estão dizendo. Todos devem estar preparados para as mudanças que irão acontecer, para que não sejam surpreendidos, assim como ocorreu com as ***virgens imprevidentes***, que foram apanhadas desprevenidas, quando da chegada dos esposos.

A revolução que está sendo preparada é mais de ordem moral do que material. Os grandes Espíritos, enviados por Deus, procuram inspirar a fé em todos os trabalhadores esclarecidos, para que a voz humilde de cada um possa ser ouvida. O fato de serem pequenos, como um grão de areia, não deve servir de pretexto para que não façam a sua parte. Sem o grão de areia as montanhas não existiriam, pois cada um tem a sua missão, cada um tem o seu trabalho. A formiga não constrói seu formigueiro e os animais pequenos não erguem continentes? Os Espíritas são os apóstolos da paz universal e não da guerra, e, semelhantes a ***São Bernardo***, eles são os símbolos da fidelidade e do devotamento. Olhem e marchem para frente! A Lei dos Mundos é a Lei do Progresso.

Erasto, discípulo de São Paulo

Paris, 1863.

11 – Santo Agostinho é um dos maiores divulgadores do Espiritismo, e ele se manifesta em quase todos os lugares. Encontramos a razão disso na vida desse grande filósofo cristão, que pertence à vigorosa falange dos *Pais da Igreja*, e a quem a cristandade deve suas mais sólidas bases. Como muitos, ele foi retirado do paganismo, ou melhor, da incredulidade mais profunda, ao perceber o clarão da verdade. Quando, em meio a seus excessos, sentiu na alma uma vibração estranha que o chamava para si mesmo. Foi aí que compreendeu que a felicidade estava em outros lugares e não nos prazeres materiais e passageiros; quando, finalmente, em seu caminho para Damasco, o mesmo em que o apóstolo Paulo foi convertido, ouviu também a voz santa gritar: *"Saulo, Saulo, porque me persegues?"*. E ele, então, exclamou: *"Meu Deus! Meu Deus! Perdoa-me, eu acredito, sou cristão!"*.

Desde então, esse grande filósofo tornou-se um dos mais firmes sustentáculos do Evangelho. Esse eminente Espírito nos deixou confissões notáveis, com palavras próprias de seu caráter, e, ao mesmo tempo, proféticas, quando pronunciou após o desencarne de Santa Mônica, sua mãe: *"Estou convencido de que minha mãe virá me visitar e me dar conselhos, e vai me revelar o que podemos esperar da vida futura"*.

Que grande ensinamento nessas palavras, e que previsão admirável fez Santo Agostinho com relação ao surgimento da Doutrina Espírita. Hoje, vendo que é chegada a hora para a divulgação da verdade que ele já havia pressentido, torna-se o seu mais ardente divulgador, e procura responder a todos que o evocam para esclarecimentos.

Nota de Allan Kardec: Santo Agostinho não veio derrubar aquilo que construiu. Como tantos outros, ele vê, agora, com os olhos do Espírito, aquilo que não via como homem. Seu Espírito livre pôde perceber novas ideias e o verdadeiro sentido de algumas palavras. Compreende, hoje, o que não conseguia compreender antes. Na Terra, julgava as coisas de acordo com os conhecimentos que possuía, mas, após retornar ao Plano Espiritual, ele pôde julgá-las com maior clareza. Foi então que reformulou sua crença em relação aos Espíritos desencarnados, que ainda possuem desejo sexual e que, durante a noite, vêm copular com homens ou mulheres, perturbando-lhes o sono e causando-lhes pesadelos. Abandonou, também, a maldição que havia lançado sobre as pessoas que possuíam ideias opostas às defendidas pela Igreja Romana.

Sem deixar de ser o apóstolo Cristão, Santo Agostinho pode ver agora o Cristianismo em toda sua pureza. Assim, ele pensa de modo diferente ao que pensava, em alguns pontos, quando estava vivo. Está sendo o propagador do Espiritismo sem renunciar à sua fé, pois encontra, na Doutrina Espírita, a realização das coisas anunciadas. Hoje, ele nos conduz a uma interpretação mais acertada e mais lógica dos textos bíblicos. O mesmo acontece com outros Espíritos que se encontram em posição semelhante à sua.

Comentários ______________________________

1 – Profetas – Nos tempos de Jesus, Profetas eram todos aqueles que falavam em nome de Deus. Eram os porta-vozes da Espiritualidade. Entre os mais conhecidos, estão Isaías, Ezequiel e Daniel, entre outros. O povo também considerava Jesus um Profeta.

O Céu e a Terra não passarão – O Mundo Espiritual (Céu) e o Mundo Material (Terra) não se tornarão melhores, enquanto os homens e os Espíritos não evoluírem, agindo em perfeita harmonia e seguindo as Leis de Deus.

2 – Moisés sobre o dia de sábado – Até o presente, o homem se prende mais à letra que mata do que ao Espírito que vivifica! Espíritos esclarecidos não precisam de dia nem hora para elevar o seu pensamento a Deus. Moisés foi obrigado a impor certas regras para conter e educar um povo indisciplinado e com pouco conhecimento sobre as questões Espirituais. Tudo tem sua época para ser aplicado; tanto é assim que Jesus disse: "O homem não foi feito para o sábado, e sim, o sábado para o homem". Com estas palavras, Jesus convidou os conservadores da época a refletirem o quanto tinham deturpado a mensagem de Moisés com relação ao intercâmbio com Deus.

3 – A Lei de Deus – Quando cumprirmos integralmente a Lei de Deus, a escola Terra não será mais necessária, e o Mundo Espiritual em que ela está contida será transferido para outro, mais evoluído, onde continuaremos o nosso aprendizado.

9 – Povo hebreu – Era composto pelos judeus e pelos israelitas.

Povos pagãos – Eram os politeístas, ou seja, os que acreditavam em vários deuses. Entre eles, estavam, principalmente, os gregos, os romanos e os egípcios.

10 – Parábola das virgens imprevidentes – O Reino dos Céus é semelhante à dez virgens que, tomando suas lâmpadas, saíram ao encontro dos esposos. Cinco delas eram previdentes, e cinco eram imprevidentes. As imprevidentes pegaram suas lâmpadas e não levaram consigo o azeite. Como os esposos se atrasaram, todas adormeceram. À meia-noite, os esposos chegaram e todas as virgens se levantaram para preparar suas lâmpadas. As imprevidentes, por estarem sem azeite, não conseguiram acender suas lâmpadas. Ao pedirem o azeite emprestado para as virgens previdentes, ouviram o seguinte: "Se emprestarmos nosso azeite, também vamos ficar sem luz, por isso, procurem os que vendem o azeite e comprem deles". Assim, as que estavam preparadas foram com os esposos para as bodas e, após isso, a porta se fechou. Quando as outras virgens chegaram, após terem comprado o azeite, pediram: "Senhor, Senhor, abre-nos a porta", e Ele respondeu: "Em verdade, Eu digo, não conheço nenhuma de vocês". Nessa parábola, Mateus nos mostra a necessidade de estarmos preparados, com azeite à disposição, ou seja, com nossas melhores qualidades e virtudes desenvolvidas, pois quando Jesus nos chamar para acompanhá-lo deveremos estar prontos, como as virgens previdentes estavam.

São Bernardo – Foi um dos membros mais ilustres da Igreja e chamava-se Bernardo de Fontaine. Possuía uma grande facilidade para falar em público, e arrebatava a todos com sua fidelidade e devotamento. Foi também um exímio pacificador, pondo fim a várias cismas (desavenças) e heresias (procedimentos contrários aos dogmas da Igreja). Viveu entre os anos de 1020 e 1153 d.C.

CAPÍTULO

2

MEU REINO NÃO É DESTE MUNDO

• A VIDA FUTURA
• A REALEZA DE JESUS
• O PONTO DE VISTA

Instruções dos Espíritos:

• Uma realeza terrena

1 – *Pilatos, entrando de novo no palácio, chamou Jesus e perguntou: "Você é o rei dos judeus?" E Jesus respondeu: "O Meu Reino não é deste mundo. Se o Meu Reino fosse deste mundo, certamente, Meus seguidores teriam lutado para que Eu não caísse nas mãos dos judeus, mas, por enquanto, Meu Reino ainda não é daqui". E Pilatos lhe perguntou: "Então, Você é rei?". E Jesus lhe respondeu: "Você está dizendo que Eu sou rei. Eu nasci e vim a este mundo para dar testemunho da verdade, e todo aquele que segue a verdade, ouve a Minha voz" (João, 18:33, 36 e 37).*

A VIDA FUTURA

2 – Por estas palavras, Jesus diz, claramente, que a *vida futura* deve ser a principal preocupação dos homens que vivem na Terra. Em todas as oportunidades Ele se refere a esse grande princípio. Sem a *vida futura*, a maioria de Seus ensinamentos morais não teria nenhuma razão de ser. Muitos não entenderam o que Jesus falou e acharam que Ele só estava se referindo à vida presente. Por não acreditarem na continuação da vida após a morte, não conseguiam entender a *vida futura*, achando até mesmo ingênuas as Suas palavras.

A *vida futura* pode ser considerada como o principal ensinamento de Jesus, e por isso foi colocada no início desta obra. Ela deve ser a meta de todos os homens. Somente a continuação da vida pode explicar as grandes diferenças que existem entre os homens, aqui na Terra, e fazer com que a justiça de Deus se cumpra ao longo do tempo.

3 – Os judeus não compreendiam muito bem a *vida futura* e acreditavam que os Anjos eram seres privilegiados da Criação. Não sabiam que os homens, pelo seu desenvolvimento Espiritual, também poderiam se tornar Anjos e compartilhar da mesma felicidade. Pensavam que os bens materiais, a supremacia de sua nação perante as outras e as vitórias que conseguiam sobre seus inimigos eram a recompensa por cumprirem as Leis de Deus. Acreditavam, também, que as calamidades coletivas e as derrotas eram o castigo pela desobediência a essas Leis. Moisés não poderia dizer mais a um povo pastor, sem cultura e interessado somente nas coisas desse mundo. Mais tarde, Jesus veio ensinar que existe um outro mundo, onde a justiça de Deus segue o seu curso e onde os bons, que procuram seguir Seus mandamentos, encontram sua recompensa. Esse outro mundo é o *Mundo Espiritual*, para onde Jesus retornaria após deixar a Terra.

Jesus precisou ajustar Seu ensinamento ao estado evolutivo dos homens daquela época, pois, se falasse toda a verdade, o povo não entenderia e, em vez de esclarecê-los, causaria mais dúvidas. Limitou-se a colocar a *vida futura* como sendo uma Lei da Natureza à qual ninguém pode escapar. Todo cristão acredita, de algum modo, na *vida futura*, mas a ideia que faz dela é ainda muito vaga. Para a grande maioria, ela é apenas uma crença desprovida de certeza absoluta, donde resultam as dúvidas e a dificuldade que muitos têm em compreender a continuação da vida após a morte.

Hoje, os homens estão mais maduros para compreender as verdades, e o Espiritismo vem completar os ensinamentos do Cristo sobre a *vida futura* e sobre vários outros aspectos. Com os ensinamentos da Doutrina Espírita, a *vida futura* não é mais uma incerteza; é, antes, uma realidade demonstrada pelos fatos, pois são os próprios Espíritos que vêm descrevê-la em todos os seus detalhes, não deixando margem a nenhuma dúvida. Mesmo as inteligências mais simples conseguem compreender que a continuação da vida é uma realidade, do mesmo modo que conseguimos imaginar um país do qual lemos uma descrição detalhada. O relato que os Espíritos fazem de uma vida feliz ou infeliz, na *vida futura*, é feita de uma maneira tão verdadeira, tão racional, que reconhecemos não poder ser de outra forma. Assim, a verdadeira justiça de Deus somente irá se cumprir na *vida futura*, onde através das sucessivas reencarnações será possível resgatar nossos erros.

A REALEZA DE JESUS

4 – Que o Reino de Jesus não é deste mundo, todos conseguem compreender; mas será que Jesus também teve um Reino na Terra? O título de Rei nem sempre implica o exercício do poder por um determinado período. Ele é dado de maneira unânime a todos aqueles que, por sua genialidade, se sobressaem em uma atividade qualquer, dominando seu século e influindo sobre o progresso da

Humanidade. É nesse sentido que se diz: o rei dos filósofos, dos artistas, dos poetas, dos escritores etc. A realeza onde o rei usa a coroa é quase sempre um jogo de interesses e oportunidades, sendo, na maioria das vezes, amaldiçoada. A realeza terrena encerra-se com a morte do rei. A *realeza moral*, nascida do mérito pessoal e consagrada no tempo, tem muito mais valor e importância do que aquela que efetivamente leva a coroa. Além de ser imortal, é sempre abençoada pelas gerações futuras e continua governando, mesmo após a morte. Sob esse aspecto, Jesus foi o Rei mais poderoso de todos os soberanos da Terra, e foi com razão que Ele disse a Pilatos: *"Eu sou rei, mas o Meu Reino não é deste mundo"*.

O PONTO DE VISTA

5 – Quando se acredita na *vida futura*, tem-se a certeza de que a vida continua após a morte. Essa certeza acarreta enormes consequências na moralização dos homens, uma vez que muda completamente *o ponto de vista sobre a maneira como eles encaram a vida na Terra*. Para todo aquele que consegue, através do pensamento, imaginar a vida Espiritual, que é infinita, a vida terrena torna-se apenas uma rápida passagem, como se fosse uma breve permanência num país hostil. E, para todo aquele que acredita na *vida futura*, as amarguras da vida terrena são recebidas com mais paciência, pois ele sabe que são de curta duração e que devem ser seguidas por acontecimentos mais felizes. Com isso, a morte deixa de ser assustadora e não é mais a porta de entrada para o *nada*. Ela passa a ser a porta de entrada para a libertação, permitindo ao homem o ingresso em uma morada de felicidade e paz. Ele, sabendo que está em um lugar temporário, recebe com mais tolerância as preocupações da vida, o que resulta em uma calma de espírito que suaviza as suas amarguras.

Quando o homem não tem certeza da *vida futura*, concentra todo o seu pensamento na *vida terrena*, dedicando-se inteiramente ao presente. Ele não compreende que possam existir bens mais preciosos que os da Terra e age como uma criança que nada vê além de seus brinquedos. Assim, o homem faz de tudo para adquirir os bens materiais que, em sua visão, são os únicos que têm valor. A perda do menor de seus bens causa-lhe um doloroso desgosto. Uma decepção sofrida, uma esperança frustrada, uma ambição não satisfeita, uma injustiça de que é vítima, a vaidade ou o orgulho feridos, fazem de sua vida uma eterna angústia. *Vivendo desse modo, o homem entrega-se voluntariamente a uma verdadeira tortura que o acompanha em todos os instantes*. Sob o ponto de vista da vida terrena, tudo para ele toma enormes proporções. O mal que alguém lhe faça, o bem que os outros recebam, tudo adquire aos seus olhos uma importância muito grande. É como aquele que está no interior de uma cidade e tudo lhe parece grande: os homens que ocupam altos cargos e também os monumentos. Entretanto, quando sobe no alto de uma montanha, homens e coisas lhe parecem bem pequenos.

Para aquele que encara a *vida terrena* tendo a consciência da existência da *vida futura*, a Humanidade perde-se na imensidão, assim como as estrelas perdem-se no firmamento. Então, ele percebe que grandes e pequenos confundem-se como formigas sobre um monte de terra, que proletários e soberanos são do mesmo tamanho. Por isso, sente piedade dessas criaturas frágeis e passageiras que tanto sofrem para conseguir um lugar que as eleve tão pouco e por tão pouco tempo. É por isso que, quanto menor for a importância dada aos bens terrenos, maior será a fé na *vida futura*.

6 – Podemos imaginar que se corre um grande risco se todos pensarem somente na *vida futura*, deixando de lado a vida presente, mas não é bem assim. O homem, de maneira instintiva, procura sempre o seu bem-estar. Mesmo sabendo que vai permanecer em um lugar por pouco tempo, busca arrumá-lo da melhor maneira possível. Qualquer um que tiver um espinho em sua mão tentará retirá-lo para não se picar. Portanto, a procura do bem-estar força o homem a melhorar todas as coisas, impulsionado pelo instinto de progresso e de conservação, que são Leis da Natureza. Ele trabalha por necessidade, porque gosta e por dever. Realiza, assim, os planos de Deus, que o colocou na Terra com esse objetivo. Aquele que acredita na *vida futura* atribui ao presente somente uma importância relativa, e facilmente se consola com os insucessos que sofre, ao pensar no destino que o aguarda.

Os prazeres terrenos não são condenados por Deus; o que Ele condena é o abuso desses prazeres em prejuízo dos interesses da alma. É contra esses abusos que se previnem os que compreendem as palavras de Jesus: *"O Meu Reino não é deste mundo"*.

Aquele que acredita na *vida futura* é semelhante a um homem rico que perde uma pequena soma e não se abala. Já o que concentra seus pensamentos na vida terrena, assemelha-se a um homem pobre que perde tudo o que possui e se desespera.

7 – O Espiritismo amplia o pensamento do homem ao abrir para ele novos horizontes. Mostra que esta vida é apenas um elo da corrente na grandiosa obra do Criador. O Espiritismo também luta contra a visão estreita e mesquinha, que faz com que o homem se concentre na vida presente, como se fosse esse o único caminho para alcançar a Eternidade. Mostra os laços que unem todas as existências de uma mesma pessoa, e ensina que todas as criaturas de um mesmo mundo estão ligadas entre si. Mostra, também, que existe uma ligação entre os seres de todos os mundos habitados, fornecendo, assim, uma base e um sentido à fraternidade universal. Por outro lado, a doutrina da criação da alma, no momento do nascimento de cada corpo, faz com que todos os indivíduos sejam estranhos entre si. Pelo conhecimento de que a alma já existia antes de reencarnar e que já cometeu muitos erros e acertos em outras vidas, explica-se, naturalmente, o que parecia ser inexplicável, ou seja, o porquê das diferenças existentes entre os homens na Terra. É esse conjunto de conhecimentos que não podia ser compreendido pelos homens que viviam na época do Cristo. Foi por isso que Ele reservou ao Espiritismo divulgar os ensinamentos mais tarde, quando a Humanidade já estivesse preparada para recebê-los.

Instruções dos Espíritos

UMA REALEZA TERRENA

Uma rainha da França – Havre, 1863.

8 – Quem melhor do que eu poderia compreender a verdade destas palavras do Nosso Senhor: *"O Meu Reino não é deste mundo?"*. Pelo orgulho, me perdi na Terra. Quem compreenderia a *insignificância* dos reinos da Terra, se eu não compreendi? O que levei comigo de minha realeza terrena? Nada, absolutamente nada! E para tornar a lição mais terrível, a minha realeza nem sequer me acompanhou até o túmulo! Rainha eu fui entre os homens e, como tal, eu acreditava entrar no Reino dos Céus. Que desilusão! Que humilhação eu senti quando, em vez de ser recebida como soberana, vi, acima de mim, mas bem acima, homens que eu julgava serem insignificantes e que eu havia desprezado por não terem sangue nobre! Foi então que compreendi a inutilidade das honras e das grandezas que procuramos obter com tanta voracidade na Terra!

Para se conseguir um lugar no Reino de Deus é preciso ter desapego, humildade, praticar a caridade de forma cristã e ser bondoso para com todos. Aqui não nos perguntam quem fomos, que posição ocupamos, mas perguntam sobre o bem que fizemos aos outros e sobre as lágrimas que ajudamos a enxugar.

Jesus, o Senhor disse que o seu Reino não é a Terra, pois é preciso lutar para alcançar o Céu, e pelas escadas do trono não nos aproximamos dele. São os caminhos difíceis da vida que nos conduzem ao Seu Reino. Sendo assim, procurem o caminho nas dificuldades do dia a dia e não entre as flores!

Os homens correm atrás dos bens terrenos como se pudessem guardá-los para sempre. Entretanto, aqui não há mais ilusões, logo eles percebem que não se apoderaram de nada, e, pior, que desprezaram os bens sólidos e duráveis, os únicos que seriam úteis no Mundo Espiritual, os únicos que lhes dariam um lugar melhor dentro da Espiritualidade.

Tenham piedade dos que não conseguem entrar no Reino dos Céus e os ajudem com as suas preces, pois a prece aproxima o homem de Deus. É o traço de união entre o Céu e a Terra. Não esqueçam!

CAPÍTULO

3

HÁ MUITAS MORADAS NA CASA DE MEU PAI

• DIFERENTES ESTADOS DA ALMA NO MUNDO ESPIRITUAL
• DIFERENTES CATEGORIAS DE MUNDOS HABITADOS
• DESTINAÇÃO DA TERRA – CAUSA DAS MISÉRIAS HUMANAS

Instruções dos Espíritos:

• Mundos inferiores e mundos superiores
• Mundos de provas e expiações
• Mundos regeneradores • Progressão dos mundos

1 – *Jesus disse: "**O coração de vocês não deve se perturbar**. Creiam em Deus e também em Mim. Há muitas moradas na casa de meu Pai (ou seja, existem muitos mundos habitados), pois se não fosse assim, Eu já teria dito a vocês. **Eu me vou para preparar o lugar**, e após ter ido e preparado o lugar, Eu voltarei para convidá-los a ficar Comigo, a fim de que lá onde Eu estiver vocês também possam estar" (João, 14: 1 a 3).*

DIFERENTES ESTADOS DA ALMA NO MUNDO ESPIRITUAL

2 – A casa do Pai é o Universo. As diferentes *moradas* são os diversos mundos habitados que estão no espaço infinito, oferecendo, aos Espíritos que neles encarnam, as condições necessárias ao seu adiantamento.

O Espírito, quando está na *erraticidade, que é o intervalo entre uma encarnação e outra*, pode ser feliz ou infeliz. O lugar para onde ele irá dependerá do seu grau de adiantamento, do desapego em relação às coisas materiais, das sensações que experimenta, do aspecto das coisas, das percepções que possua, podendo tudo isso variar ao infinito. Assim, alguns Espíritos não podem se afastar do lugar onde viveram, ao passo que outros se elevam e percorrem o espaço e os mundos habitados. Enquanto os Espíritos culpados vagam sem destino pelas trevas, os Espíritos felizes desfrutam de uma claridade resplandecente e do sublime espetáculo do infinito. Podem visitar as cidades Espirituais e até mesmo outros mundos, dependendo do estado evolutivo em que se encontram. Assim, enquanto *o* ***mau*** sofre por estar em uma condição lamentável, na maioria das vezes, sozinho, sem consolação, separado das coisas de que gostava, atormentado pelo remorso e pelos sofrimentos morais, o *justo*, reunido com seus entes queridos, desfruta de uma indescritível felicidade. Portanto, no Plano Espiritual também existem ***muitas moradas***, pois a situação em que se encontra o Espírito do desencarnado pode ser considerada como uma morada, embora ela não esteja delimitada nem circunscrita a um lugar específico dentro da Espiritualidade.

DIFERENTES CATEGORIAS DE MUNDOS HABITADOS

3 – Os Espíritos nos ensinam que os diversos mundos habitados estão em condições muito diferentes uns dos outros quanto ao grau de adiantamento ou inferioridade de seus habitantes. Dentre os mundos habitados, existem mundos inferiores à Terra, tanto na parte física quanto na parte moral. Alguns encontram-se no mesmo nível, enquanto outros são mais ou menos superiores em todos os aspectos. Nos *mundos inferiores*, a existência é toda material, as paixões reinam acima de tudo e a vida moral praticamente não existe. À medida que a vida moral vai se desenvolvendo, a influência da matéria vai diminuindo. Assim, nos mundos mais avançados, a vida é praticamente toda Espiritual.

4 – Nos *mundos intermediários*, o bem e o mal estão misturados, predominando um ou outro, conforme o grau de adiantamento da maioria de seus habitantes. Não podemos fazer uma classificação rigorosa e precisa dos diversos mundos habitados. Entretanto, se considerada a situação em que cada mundo se encontra, a sua destinação e os seus aspectos mais importantes, pode-se classificá-los da seguinte maneira:

Mundos primitivos – onde acontecem as primeiras encarnações da alma humana;

Mundos de provas e expiações – onde o mal predomina;

Mundos de regeneração – onde os Espíritos que ainda têm o que resgatar adquirem novas forças, repousando das fadigas da luta;

Mundos felizes – onde o bem supera o mal;

Mundos Celestes ou Divinos – onde moram os Espíritos puros, e somente existe o bem;

A Terra pertence à categoria dos mundos de ***provas e expiações***, razão pela qual o Homem é alvo de tantas misérias.

5 – Os Espíritos encarnados em um mundo não estão ligados a ele para sempre, e também não cumprem nele todas as etapas do progresso que precisam percorrer para atingir a perfeição. Quando os Espíritos alcançam o grau de adiantamento que aquele mundo pode oferecer, eles passam para outro mais avançado e assim, sucessivamente, até chegarem ao estado de Espíritos puros. Esses mundos são estágios, onde, em cada um deles, os Espíritos encontram os elementos de progresso proporcionais ao adiantamento que já conquistaram. Para os Espíritos, é sempre uma recompensa passar para um mundo de ordem mais elevada, assim como é um castigo prolongar sua permanência em um mundo infeliz. Muitos Espíritos, por persistirem no mal, têm que deixar o mundo onde estão vivendo e reencarnar em um mundo menos evoluído, onde o sofrimento e a infelicidade serão ainda maiores.

DESTINAÇÃO DA TERRA – CAUSA DAS MISÉRIAS HUMANAS

6 – Muitos se surpreendem por encontrarem, na Terra, tantas maldades e paixões grosseiras, tantas misérias e doenças de todos os tipos, concluindo que a espécie humana é algo muito triste. Este julgamento tem origem num ponto de vista muito limitado e dá uma falsa ideia do conjunto. É preciso considerar que na Terra não está toda a Humanidade, mas somente uma pequena parte dela. A espécie humana é formada por todos os seres dotados de razão que habitam os incontáveis mundos do Universo. A população da Terra, comparada à população total desses mundos, seria o mesmo que a população de um vilarejo comparada à de um grande país. Se levarmos em conta que a Terra é um planeta de provas e expiações, não podemos nos surpreender com a situação material e moral de seus habitantes.

7 – Se julgássemos uma grande cidade somente pelos seus bairros pobres e humildes, teríamos uma falsa ideia de seus habitantes. Num hospital, encontramos somente pessoas doentes; numa prisão, encontramos todas as mazelas e vícios reunidos; em regiões insalubres, a maioria dos moradores são pálidos e doentes. Podemos dizer que a Terra é tudo isso reunido, e então conseguimos compreender por que as aflições superam as alegrias. Não se envia para um hospital uma pessoa em bom estado de saúde, nem para uma prisão aquele que não fez o mal, pois esses são lugares desagradáveis.

Da mesma maneira que, numa cidade, nem todas as pessoas estão em hospitais ou em prisões, também a Humanidade inteira não vive na Terra. Do mesmo modo que saímos do hospital quando recuperamos a saúde e deixamos a prisão quando cumprimos a pena, o homem deixará a Terra para morar em mundos mais felizes, quando estiver curado de suas enfermidades morais ou quando resgatar os erros que cometeu.

Instruções dos Espíritos

MUNDOS INFERIORES E MUNDOS SUPERIORES

Resumo do ensinamento de todos os Espíritos superiores

8 – Qualificar os mundos em *inferiores* e *superiores* é mais uma forma de comparação do que uma definição exata. Um mundo é inferior ou superior em relação aos que estão acima ou abaixo dele.

Se a Terra for usada como ponto de comparação, podemos ter a ideia do que seja um mundo inferior. Ainda encontramos no planeta povos selvagens e nações bárbaras, que são os resquícios de nosso estado primitivo. Nos mundos mais atrasados, os seres são rudimentares e, apesar de possuírem a forma humana, ela se apresenta sem nenhuma beleza. Os instintos não são abrandados por nenhum sentimento de delicadeza ou de bondade, nem existe noção de justiça ou injustiça. A força bruta é a única Lei. Seus habitantes passam a vida na conquista de alimentos, pois nesses mundos não existem indústrias nem invenções. Entretanto, Deus nunca abandona Suas criaturas. Elas possuem, no fundo de suas inteligências, a vaga intuição da existência de um Ser Supremo. Esse sentimento é o suficiente para que uns se tornem melhores em relação aos outros, preparando-se, dessa forma, para alcançar um estágio mais evoluído de vida. Não são seres condenados. São, antes, crianças em fase de crescimento.

O homem percorre incontáveis encarnações em sua evolução, ficando difícil reconhecer, nos Espíritos puros, aqueles mesmos que um dia foram primitivos, do mesmo modo que é impossível reconhecer no homem adulto o embrião que lhe deu origem.

9 – Nos mundos que atingiram um grau superior de evolução, a vida material e moral é totalmente diferente da que encontramos na Terra. Em todos os mundos, o corpo sempre tem a forma humana; nos mundos evoluídos, ela se apresenta embelezada e aperfeiçoada, devido ao estado de purificação dos Espíritos que vivem lá. O corpo não possui a mesma materialidade que encontramos na Terra, por isso, não está sujeito às necessidades, às doenças e nem às transformações decorrentes do envelhecimento. O organismo grosseiro que possuímos na Terra nos impede de ter mais sensibilidade, o que não acontece nesses mundos mais evoluídos, onde os *sentidos* são muito mais apurados e as *percepções* bem maiores. O corpo possui uma leveza muito grande, o que torna a locomoção rápida e fácil. Em vez de se arrastarem pelo solo, deslizam sobre a superfície ou planam na atmosfera, somente usando o esforço da vontade. Tais Espíritos poderiam ser representados da mesma maneira que os anjos, ou como os antigos representavam os ***manes*** nos ***Campos Elíseos***. Os homens conservam sua aparência de vidas passadas, somente pelo esforço da vontade, e aparecem a seus amigos do mesmo modo como eles os conheciam, porém iluminados por uma luz Divina, devido aos seus sentimentos interiores, que são sempre elevados. Em vez de rostos pálidos, abatidos pelo sofrimento e pelas paixões, a inteligência e a vida desses Espíritos irradiam um brilho, semelhante ao que os pintores representaram na auréola dos santos.

A pouca resistência que a matéria oferece aos Espíritos evoluídos torna muito rápido o desenvolvimento dos corpos; a infância é muito curta ou quase nula. A vida, sem as preocupações e as angústias, é proporcionalmente muito mais longa do que na Terra. Em princípio, o tempo de vida é sempre proporcional ao grau de adiantamento de cada mundo. A morte não apresenta os horrores da decomposição. Longe de causar pavor, é considerada uma transformação feliz, pois a dúvida sobre o futuro, lá, não existe. Pelo fato de a alma não estar encerrada em um corpo físico, esses Espíritos gozam de muita lucidez e desfrutam de um estado quase permanente de liberdade, o que permite a livre transmissão do pensamento.

10 – Nos *mundos felizes*, as relações entre os povos são sempre *amistosas* e não são perturbadas pela ambição de escravizar seu vizinho. Assim, não existem guerras e nem qualquer outro tipo de conflito. Não existem senhores, nem escravos e, muito menos, privilegiados de nascença. A supremacia de uns em relação aos outros é estabelecida apenas pela inteligência e pela superioridade moral. A autoridade é sempre respeitada por todos, pois ela só é concedida aos que possuem mérito, por isso é sempre exercida com justiça. *O homem, buscando seu aperfeiçoamento, não procura elevar-se acima do homem, mas acima de si mesmo.* Seu objetivo é chegar à categoria dos Espíritos puros, porém, esse desejo não lhe representa um tormento, mas uma nobre ambição que o faz estudar com muita dedicação. Nos mundos felizes, todos os sentimentos elevados da espécie humana se encontram aumentados e purificados. Os sentimentos de ódio, ciúme e inveja são totalmente desconhecidos. Os mais fortes ajudam os mais fracos, pois todos estão unidos por um sentimento de amor e de fraternidade. Nesses mundos, ninguém está resgatando dívidas de encarnações anteriores, por isso, ninguém sofre a falta do necessário; os bens que possuem são proporcionais às capacidades de aquisição de suas inteligências. Podemos resumir dizendo que, nos mundos felizes, o mal não existe.

11 – Na Terra, o homem precisa conviver com o mal para dar valor ao bem, precisa da noite para admirar a luz, da doença para valorizar a saúde. Nos mundos superiores, não existe necessidade desses contrastes. A luz, a beleza e a tranquilidade dos Espíritos são permanentes e proporcionam uma vida com alegria. Seus habitantes estão livres das angústias e do convívio com os maus, que não têm acesso a esses mundos. O homem tem uma grande dificuldade para compreender uma vida descrita dessa forma. Com muita criatividade, pintou os tormentos do inferno, mas nunca conseguiu pintar as alegrias do Céu. Isso acontece porque o homem é um ser inferior, que experimentou penas e misérias, e desconhece as claridades celestes. Portanto, não pode pintar aquilo que não conhece. À medida que se eleva e se purifica, seu horizonte vai se ampliando e ele compreende o bem que está diante de si, assim como compreendeu o mal que ficou para trás.

12 – Os mundos felizes não são mundos exclusivos para alguns privilegiados. Deus é imparcial, faz todos os seus filhos partirem do mesmo ponto e não beneficia ninguém. Dá a eles os mesmos direitos e as mesmas facilidades para chegarem até lá. As primeiras posições são acessíveis a todos, mas somente pelo trabalho elas podem ser alcançadas. Permanecer séculos nas camadas mais baixas da Humanidade ou chegar às primeiras posições, o quanto antes, dependerá apenas de cada um.

MUNDO DE PROVAS E EXPIAÇÕES

Santo Agostinho – Paris, 1862.

13 – O que eu posso falar dos mundos de provas e expiações que vocês ainda não sabem, uma vez que basta observar a Terra em que habitam? Esses mundos existem porque precisamos resgatar os erros cometidos em encarnações anteriores. A inteligência superior em um grande número de habitantes indica que a Terra não é um mundo primitivo, destinado à encarnação de Espíritos recém saídos da mão do Criador. As qualidades que os Espíritos trazem ao nascer é a prova de que já realizaram um certo progresso. Entretanto, os inúmeros vícios que ainda possuem indicam uma grande imperfeição moral. É por isso que Deus os colocou em um Planeta pouco evoluído, permitindo que resgatem os erros por meio de um trabalho difícil, enfrentando as misérias da vida, até que tenham méritos para entrar num mundo mais feliz.

14 – Nem todos os Espíritos encarnados na Terra encontram-se resgatando erros de existências anteriores. As *raças chamadas de selvagens* são Espíritos que apenas saíram da infância, e estão na Terra para se educar e se desenvolver pelo convívio com Espíritos mais evoluídos. As *raças semicivilizadas* são formadas por esses mesmos Espíritos, porém, em um estágio mais evoluído. Podemos dizer que algumas *raças indígenas* são exemplos de *raças semicivilizadas*, que progrediram pouco a pouco, no decorrer de longos períodos, conseguindo atingir o aperfeiçoamento intelectual dos povos mais esclarecidos.

Os Espíritos que estão em resgate na Terra são, na grande maioria, Espíritos estrangeiros. Eles já viveram em mundos mais evoluídos, de onde tiveram que sair pela insistência em praticar o mal, causando, assim, problemas para os bons.

Deus, em Sua justiça infinita, permite que esses Espíritos, exilados por algum tempo, continuem sua evolução em orbes mais atrasados. Eles recebem por missão acelerar o progresso de Espíritos menos evoluídos, pois trazem consigo a inteligência mais desenvolvida e a semente dos conhecimentos adquiridos nos mundos em que viveram. As raças mais inteligentes possuem uma sensibilidade mais apurada. Assim, as misérias da vida têm, para elas, maior amargor do que para as raças primitivas, para as quais o senso moral é menos desenvolvido. Essa é a razão pela qual Espíritos cumprindo punições reencarnam entre as raças de senso moral inferior.

15 – A Terra é um dos exemplos de mundos onde os Espíritos resgatam suas dívidas. Existem milhares de outros mundos que possuem o mesmo objetivo, porém, todos têm em comum servir de exílio aos Espíritos rebeldes às Leis de Deus. Exilados na Terra, esses Espíritos têm que lutar contra a perversidade dos homens, quando desenvolvem as qualidades do coração, e lutar, também, contra os rigores da natureza, onde desenvolvem as qualidades da inteligência. É assim que Deus, em Sua bondade infinita, torna o próprio castigo do Espírito proveitoso para o seu progresso.

MUNDOS REGENERADORES

Santo Agostinho – Paris, 1862.

16 – Entre as estrelas que brilham no Céu, existem vários mundos como a Terra, destinados por Deus para provas e expiações! Existem, também, mundos mais e menos felizes que o nosso, assim como existem os de transição, aos quais podemos chamar de mundos regeneradores. Cada sistema planetário possui mundos primitivos, de exílio, de provas, de regeneração e de felicidade. Existem mundos onde a alma recém-nascida, ainda sem a noção do bem e do mal, é ali colocada para que possa caminhar até Deus. Essas almas têm consciência de si mesmas, uma vez que estão de posse do seu *livre-arbítrio*. As grandes capacidades que a alma possui lhe foram dadas para fazer o bem; infelizmente, algumas fracassam! Deus, que não as quer ver aniquiladas, permite que, nesses mundos, de encarnação em encarnação, elas se depurem e se melhorem, tornando-se dignas da glória que lhes está reservada.

17 – Os mundos regeneradores servem de transição entre os mundos de provas e expiações e os mundos felizes. A alma que se arrepende e quer melhorar encontra neles a tranquilidade e o repouso que precisa para se depurar. Nos mundos regeneradores, o homem ainda está submetido às Leis que regem a matéria, sente as mesmas sensações e desejos que na Terra, mas está livre das paixões desordenadas que escravizam. Nesses mundos, não existem mais o orgulho que silencia o coração, a inveja que tortura e o ódio que sufoca. A palavra *amor* faz parte de todos os pensamentos e está em todas as mentes. As Leis Sociais são reguladas por um perfeito equilíbrio, e todos cumprem as Leis de Deus, tentando chegar até Ele.

Nos mundos regeneradores, já se pode sentir o início da felicidade, pois a felicidade plena ainda não existe. O homem, por estar ainda encarnado, continua sujeito aos sofrimentos da vida, dos quais somente os Espíritos totalmente purificados estão livres. Ainda existem provas a suportar, mas sem as angústias dolorosas dos resgates terrenos. Comparados com a Terra, esses mundos são mais felizes e muitos gostariam de morar neles, pois podem ser comparados com a *calma* após a *tempestade* ou com a *convalescença* após uma *doença grave*. Nos mundos regeneradores, os homens estão menos preocupados com as coisas materiais, porque possuem melhor noção do futuro. Compreendem que, após o desencarne, existem outras alegrias que o Senhor promete para aqueles que se tornaram dignos. Possuem plena consciência de que o mundo Espiritual é a sua verdadeira morada. Então, a alma livre vai planar sobre todos os horizontes. Não terá mais os sentidos materiais e grosseiros, mas sentirá a beleza de um ***perispírito*** puro e celeste, envolvido nas vibrações de amor e caridade vindas de Deus.

18 – Nesses mundos, o homem ainda pode fracassar, porque o mal não perdeu completamente o seu domínio. Não avançar é recuar! Se o homem não está firme no caminho do bem, pode cair novamente em um mundo de provas e expiações, onde, certamente, encontrará provas ainda mais difíceis.

Contemplem o Céu à noite, na hora do repouso e da prece e, nesses mundos incontáveis que brilham sobre suas cabeças, procurem aqueles que levam a Deus. Peçam a Ele para morarem em um mundo regenerador, após resgatarem suas dívidas na Terra.

PROGRESSÃO DOS MUNDOS

Santo Agostinho – Paris, 1862.

19 – O progresso é uma das Leis da Natureza. Deus, por Sua bondade, deseja que tudo cresça e prospere. Por isso, todos os seres da criação, animados e inanimados, estão submetidos à Lei do Progresso. A própria destruição, que parece ser, para os homens, o limite final das coisas, é apenas um meio de se chegar, pela transformação, a um estado mais perfeito, porque tudo morre para renascer e nada volta para o nada.

Enquanto os seres vivos progridem moralmente, seus mundos progridem materialmente. Se fosse possível acompanhar um mundo em suas diferentes fases, desde o início de sua criação, veríamos que ele progride continuamente, mas em graus imperceptíveis para cada geração. Esse progresso oferece a seus habitantes uma morada cada vez mais agradável, à medida que eles também avançam no caminho da própria evolução. Assim, progridem, juntos, os homens, os animais que são seus auxiliares, os vegetais e suas formas de habitação, pois nada fica estacionário na Natureza. Como é grandiosa essa ideia e digna do Criador! E como é pequena e indigna a ideia de que somente na Terra existe vida inteligente, reduzindo a Humanidade a alguns homens que a habitam!

A Terra já esteve, material e moralmente, num estado inferior ao atual, porém, pela Lei da Progressão dos Mundos, atingirá, sob o aspecto material e moral, um estado mais avançado em relação ao que se encontra hoje. Ela chegou a um de seus períodos de transformação, e passará de um mundo de provas e expiações a um mundo regenerador. Então, os homens serão mais felizes, porque reinará a Lei de Deus.

Comentários

1 – "O coração de vocês não deve se perturbar" – Significa que Jesus sabia do pavor que a morte representava. Aconselha a serenidade e a resignação, pois o Espírito continua vivendo, mesmo que não o possamos ver. Já dizer "**Eu me vou para preparar o lugar**" significa que Jesus promete uma Pátria Espiritual de paz e felicidade para aqueles que viveram de acordo com as Leis de Deus.

2 – Mau – É aquele que, por ignorância ou deliberada vontade, agiu contra as Leis de Deus, causando o sofrimento aos seus semelhantes e a si mesmo.

Muitas moradas – A matéria do Plano Espiritual possui uma plasticidade muito grande. Assim, os Espíritos podem plasmar (construir), pela ação da vontade, aquilo que estão pensando ou desejando. Também é nesse sentido que devemos entender as **muitas moradas** que existem no Mundo Espiritual.

4 – Prova – É uma tarefa, uma missão marcada pelo sofrimento e solicitada pelo Espírito antes de reencarnar. A prova tem sempre por objetivo acelerar o aperfeiçoamento daquele que a solicita.

Expiação – São reencarnações sofridas, onde o Espírito resgata os erros que cometeu em existências anteriores. É uma situação que lhe é imposta e visa seu aperfeiçoamento. Essas reencarnações sempre provocam queixas, desespero e revolta.

9 – Manes – Eram as almas dos mortos, tidas como divindades entre os romanos.

Campos Elíseos – Na mitologia grega, representavam a morada dos heróis e dos justos após a morte. Lugar onde a felicidade era eterna.

17 – Perispírito – Corpo fluídico do Espírito, também conhecido como corpo astral; é o corpo utilizado pelos Espíritos após o seu desencarne.

CAPÍTULO

4

NINGUÉM PODE VER O REINO DE DEUS SE NÃO NASCER DE NOVO

• Ressurreição e reencarnação
• A reencarnação fortalece os laços de família, enquanto que o princípio da existência única os desfaz

Instruções dos Espíritos:

• Limites da encarnação • Necessidade da encarnação
• A encarnação é um castigo?

1 – *Vindo, então, Jesus para perto da cidade de Cesareia de Filipe, perguntou aos Seus discípulos: "O que dizem os homens a Meu respeito? Quem eles acham que Eu sou?". E os discípulos responderam: "Uns dizem que o Senhor é João Batista, outros dizem que é Elias, e outros dizem, ainda, que é Jeremias ou algum dos Profetas, Isaias, Ezequiel ou Daniel". Então, Jesus perguntou aos Seus discípulos: "E vocês, quem acham que Eu sou?". Simão Pedro, tomando a palavra, respondeu:* ***"O Senhor é o Cristo, filho vivo de Deus".*** *E Jesus disse: "Bem-aventurado é você, Simão Pedro, filho de Jonas, porque não foi a carne nem o sangue que lhe revelaram isso, mas sim, Meu Pai, que está nos Céus" (Mateus, 16:13 a 17; Marcos, 8:27 a 29).*

2 – *A notícia de tudo o que Jesus fazia chegou até* ***Herodes, o Tetrarca****, e ele ficou perplexo, porque uns diziam: "É* ***João Batista****, que ressurgiu dos mortos". Outros diziam: "É Elias, que reapareceu". Outros diziam, ainda: "É um dos antigos Profetas que ressuscitou". Herodes, então, disse: "Eu mandei degolar João Batista, quem é este, então, de quem ouço falar semelhantes coisas?". E procurava a ocasião para encontrar Jesus (Marcos, 6:14 e 15; Lucas, 9:7 a 9)*

3 – *Após* ***a transfiguração****, os discípulos perguntaram a Jesus: "Por que os escribas dizem que Elias veio primeiro?". E Jesus, esclarecendo, respondeu: "É certo que Elias voltará e restabelecerá todas as coisas; mas, na verdade, Eu digo a vocês:* ***Elias já voltou****, e os escribas não o reconheceram e fizeram com ele tudo quanto quiseram. É assim, também, que Eu vou padecer em suas mãos". Os discípulos, então,* *compreenderam que era de João Batista que Jesus estava falando, ou seja, João Batista era Elias reencarnado (Mateus, 17:10 a 13; Marcos, 9:10 a 12).*

RESSURREIÇÃO E REENCARNAÇÃO

4 – A reencarnação fazia parte dos dogmas judaicos, com o nome de *ressurreição.* Somente os saduceus, que pensavam que tudo acabava com a morte, não acreditavam na ressurreição. As ideias dos judeus sobre esse assunto e sobre vários outros ainda não eram muito claras; as noções sobre a alma e como ela se ligava ao corpo eram vagas e incompletas. Acreditavam que um homem que viveu poderia viver de novo, sem entender bem de que modo isso poderia acontecer. Chamavam de *ressurreição* o que o Espiritismo, mais apropriadamente, chama de *reencarnação.* A *ressurreição é* o retorno à vida de um corpo que já está morto, o que a Ciência demonstra ser materialmente impossível, uma vez que os elementos deste corpo já estão há muito tempo desintegrados na natureza. A *reencarnação* é o retorno do Espírito à vida corporal, mas em outro *corpo.* Esse *outro corpo*, que é formado pelos pais atuais, nada tem em comum com o corpo anterior, já desintegrado. A palavra "*ressurreição*" poderia ser aplicada a ***Lázaro***, que entrou em estado de letargia, mas não a Elias nem aos Profetas, pois estes já haviam desencarnado.

Os judeus possuíam a crença de que João Batista era Elias, mas o corpo de João não podia ser o de Elias; João tinha sido visto desde criança e todos sabiam quem era seu pai e sua mãe. João Batista, neste caso, poderia ser Elias *reencarnado*, mas não *ressuscitado.*

5 – *Entre os fariseus, havia um homem chamado Nicodemos, senador dos judeus, que veio à noite encontrar com Jesus e lhe disse: "Mestre, sabemos que o Senhor veio por parte de Deus, como um doutor, para nos instruir, pois ninguém faria os prodígios que o Senhor faz se Deus não estivesse ao Seu lado".*

Jesus então respondeu: "Em verdade, Eu digo: Ninguém pode ver o Reino de Deus se não nascer de novo".

Nicodemos, então, perguntou a Jesus: ***"Como pode nascer um homem que já está velho? Como este homem pode entrar no ventre de sua mãe para nascer uma segunda vez?".***

Jesus respondeu: "Em verdade, Eu digo: se um homem não renascer da água e do Espírito, não pode entrar no Reino de Deus. O que nasceu da carne é carne, o que nasceu do Espírito é Espírito. Não há por que se admirar se Eu afirmo que é preciso nascer de novo. O Espírito sopra onde quer e pode-se ouvir a sua voz, mas não sabemos de onde ele vem nem para onde ele vai. ***O mesmo ocorre com todo homem que é nascido do Espírito****".*

Nicodemos perguntou: "Como isso pode acontecer?". E Jesus respondeu: "Você é mestre em Israel e ignora essas coisas! Em verdade, Eu digo a vocês: falo apenas o que sei e apenas dou testemunho do que tenho visto. Entretanto, não aceitam o Meu testemunho. Se vocês não acreditam quando Eu falo das coisas da Terra, como acreditarão quando Eu falar das coisas do Céu?" (João, 3:1 a 12).

6 – Em muitas passagens do Evangelho, encontra-se a crença de que João Batista era Elias, e de que os Profetas poderiam reviver na Terra. Se essa ideia fosse um erro, Jesus a teria combatido como combateu tantas outras. Em vez disso, Jesus confirmou-a com toda Sua autoridade e ainda a colocou como condição necessária para evolução do Espírito quando disse: ***"Ninguém pode ver o Reino de Deus se não nascer de novo"***. E insistiu, acrescentando: *"Vocês não devem se admirar quando Eu digo que é preciso nascer de novo"*.

7 – Estas palavras: *"Se um homem não renascer da água e do Espírito"* foram interpretadas no sentido da ***regeneração do homem pela água do batismo***. O texto primitivo trazia, simplesmente: *Não renascer da água e do Espírito*, ao passo que, em algumas traduções, a expressão *do Espírito* foi substituída por *do Espírito Santo*, o que não corresponde mais ao mesmo pensamento. Esse ponto importante foi observado nas primeiras traduções dos Evangelhos que foram feitas para o francês. A essa observação, feita por Allan Kardec, pode-se acrescentar que as modernas traduções já restituíram o texto primitivo, imprimindo somente *Espírito* em vez de *Espírito Santo*.

Nota: A tradução de Osterwald está conforme o texto primitivo e diz: "Não renascer da água e do Espírito". A tradução de Sacy diz: "Não renascer da água e do Santo Espírito". A de Lamennais: "Não renascer da água e do Espírito-Santo".

8 – Para se compreender o verdadeiro sentido dessas palavras, é preciso entender o significado da palavra *água*, que foi empregada por Jesus com um sentido diferente do que lhe é próprio.

O conhecimento dos antigos sobre as ciências físicas era muito precário. Eles acreditavam que a Terra tinha saído das águas e por isso consideravam a *água* como elemento gerador absoluto de todas as coisas. Tanto é assim que, na Gênese, o primeiro livro do Antigo Testamento, está escrito: *"O Espírito de Deus era levado sobre as águas, flutuava sobre a superfície das águas. Que o firmamento seja feito no meio das águas. Que as águas que estão debaixo do Céu se reúnam em um só lugar e que a Terra apareça. Que as águas produzam animais vivos que nadem na água, pássaros que voem sobre a Terra e debaixo do firmamento"*.

Segundo essa crença, a *água* tinha se tornado o símbolo da natureza *material*, como o *Espírito* era o símbolo da natureza *inteligente*. Então, as palavras *"Se o homem não renascer da água e do Espírito"* ou *"não renascer em água e em Espírito"*, significam: *"Se o homem não renascer com seu corpo e sua alma"*. É com este sentido que as palavras de Jesus foram compreendidas naqueles tempos.

A mesma interpretação é confirmada por outras palavras do Mestre: *"O que nasceu da carne é carne e o que nasceu do Espírito é Espírito"*. Nessa passagem, Jesus não só distingue o *corpo* do *Espírito* como esclarece a origem de cada um. *O que nasceu da carne é carne* indica claramente que só o corpo é que procede do corpo e que o Espírito é independente dele, pois somente Deus pode criar o Espírito.

9 – *O Espírito sopra onde quer e pode-se ouvir a sua voz, mas não sabemos de onde ele vem, nem para onde ele vai.* Esta passagem de Jesus pode ser interpretada de duas maneiras: a primeira, como sendo o *Espírito de Deus*, que dá a vida a quem Ele quer e, por ser onipresente, está em toda parte, mas não podemos localizá-Lo; a segunda, como sendo o *Espírito do homem* que, ao reencarnar, esquece suas existências anteriores, não sabe quem foi nem o que virá a ser, pois o futuro dependerá de seu livre-arbítrio. Se o Espírito fosse criado ao mesmo tempo em que o corpo, saberíamos de onde ele veio, uma vez que conheceríamos o seu começo. Assim, com qualquer uma das duas interpretações, essa passagem é a confirmação do princípio da preexistência da alma e, por consequência, a confirmação de que o Espírito vive muitas existências.

10 – *Acontece que, desde o tempo de João Batista até o presente, o Reino dos Céus é desrespeitado e tomado pela violência, e são os violentos que o arrebatam. Assim profetizaram todos os Profetas e também a Lei. E, se querem entender o que Eu digo, João Batista é o Elias que já veio. Que ouça aquele que tem ouvidos para ouvir (Mateus, 11:12 a 15).*

11 – Se o princípio da reencarnação, expresso no Evangelho do apóstolo João, poderia ser interpretado em sentido puramente místico, o mesmo não acontece com essa passagem do apóstolo Mateus, que não deixa nenhuma dúvida quando diz: *João Batista é o Elias que já veio*. Nessa frase não há sentido figurado; é uma afirmação positiva. *Desde o tempo de João Batista até o presente, o Reino dos Céus é tomado pela violência*: que significam estas palavras se, na ocasião em que Jesus as pronunciou, João Batista ainda vivia? Ele mesmo as explica dizendo: *"Se querem compreender o que Eu digo, João Batista é o Elias que já veio"*. Sendo João Batista o próprio Elias reencarnado, Jesus refere-se à época em que João Batista era Elias, deixando claro que ambos são o mesmo Espírito em duas encarnações distintas.

"Até hoje, o Reino dos Céus é tomado pela violência". Nessa passagem, Jesus refere-se à violência da Lei de Moisés, que determinava o extermínio dos infiéis para que os hebreus ganhassem a Terra Prometida, verdadeiro paraíso para eles. Pelo ensinamento de Jesus, o Reino de Deus não é propriedade de um único povo, mas herança de todos quantos amem a Deus e ao próximo. Assim, Jesus estabelece uma Nova Lei segundo a qual se obtém o Céu pela caridade e pela brandura, e não mais pela violência.

Depois, Jesus acrescenta: *"Que ouça aquele que tem ouvidos para ouvir"*. Essas palavras foram muitas vezes repetidas por Jesus, pois Ele sabia que nem todos tinham condições de compreender que João Batista era Elias reencarnado. O conhecimento Espiritual naquela época ainda era muito pequeno e somente alguns podiam compreender certas verdades.

12 – *Aqueles do seu povo que morreram, viverão de novo; os que estavam mortos ao meu redor, ressuscitarão. Despertem do seu sono e cantem louvores a Deus, vocês que habitam no pó, pois o orvalho que cai sobre todos é um orvalho de luz, e porque* ***vocês arruinarão a Terra e o reino dos gigantes*** *(Isaías, 26:19).*

13 – Essa passagem do profeta Isaías: *"Aqueles do seu povo que morreram, viverão de novo"* é também muito clara em relação à sobrevivência do Espírito após a morte. Se após a morte os Espíritos fossem levados a um lugar e lá permanecessem para sempre, o profeta teria dito: *"Ainda vivem"*. Porém, ao dizer que *"viverão de novo"*, significa que terão que voltar a viver, e isto só pode ser pela reencarnação.

Se o ensinamento do profeta Isaías, *"viverão de novo"*, fosse entendido no sentido de que o Espírito não precisa reencarnar, ele seria um contrassenso, pois ao *não reencarnar* o Espírito teria sua vida interrompida.

Entendendo o ensinamento *"viverão de novo"* como a necessidade que o Espírito possui de reencarnar, o profeta, além de colocar um fim ao princípio das penas eternas, ainda afirma que todos os que estão mortos reviverão, o que oportuniza ao Espírito a sua recuperação moral através das sucessivas reencarnações.

14 – Nas três versões do livro de Jó, a reencarnação do Espírito é trazida de forma incontestável. Ele se refere ao término da vida material, ao despojamento do corpo e ao período em que o Espírito permanece no Plano Espiritual, aguardando a oportunidade de voltar à vida, com um novo corpo, através da reencarnação.

PRIMEIRA VERSÃO (Jó 14:10 a 14. Tradução de Sacy) – *Quando o homem morre uma vez e o seu corpo, separado do seu Espírito, é consumido, em que ele se torna? O homem, estando morto uma vez, poderia reviver novamente? Nesta guerra em que me encontro todos os dias de minha vida, espero que minha transformação chegue.*

SEGUNDA VERSÃO (Jó 14:10 a 14. Tradução protestante de Osterwald) – *Quando o homem morre, perde toda sua força e expira; depois onde ele está? Se o homem morre, reviverá? Esperarei todos os dias de meu combate, até que me aconteça alguma transformação?*

TERCEIRA VERSÃO (Jó 14:10 a 14. Versão da Igreja Grega) – *Quando o homem morre, ele continua vivo; ao acabarem os dias de minha existência terrena, esperarei, porque a ela voltarei novamente.*

15 – O princípio de que se vive várias existências está demonstrado, claramente, nestas três versões do livro de Jó. Não se pode pensar que Jó quisesse falar da *regeneração do homem pela água do batismo*, pois ele ainda não conhecia o batismo, que veio mais tarde, quando João Batista anunciava a vinda do Cristo.

O homem, estando morto uma vez, poderia reviver? A ideia de que se pode morrer uma vez e reviver traz consigo o entendimento de que se pode morrer e reviver várias vezes. A versão da Igreja Grega é ainda mais clara: *"ao acabarem os dias de minha existência terrena, esperarei, porque a ela voltarei novamente"*, ou seja, voltarei a viver na Terra. É tão claro como se alguém dissesse: "Saio de minha casa, mas a ela voltarei".

Nesta guerra em que me encontro todos os dias de minha vida, espero que minha transformação chegue. Jó, evidentemente, se referia à luta que sustentava contra as misérias da vida. Ele espera, resignado, sua transformação, ou seja, a sua mudança para outro plano. A palavra *"esperarei"*, na versão grega, refere-se a uma nova existência: *Quando minha existência terrena se acabar, esperarei, pois voltarei à vida novamente*. Jó refere-se ao depois de sua morte e diz que no intervalo que separa uma existência da outra, ele aguardará, no Plano Espiritual, o momento de retornar a viver na Terra.

16 – Não há dúvida de que, sob o nome de *ressurreição*, o princípio da *reencarnação* era uma das crenças fundamentais dos judeus, confirmada por Jesus e pelos Profetas de uma maneira muito clara. Donde se conclui que negar a reencarnação é negar as palavras do Cristo. Sobre a reencarnação e muitos outros pontos, os ensinamentos de Jesus, um dia, ainda serão aceitos, quando forem analisados com isenção.

17 – A reencarnação pode ser compreendida pelo *ponto de vista religioso* e pelo *ponto de vista filosófico*, e as provas de sua existência resultam da observação dos fatos. Todo efeito tem que ter uma causa, e é então que a reencarnação surge como uma necessidade absoluta para a Humanidade, pois através dela se explicam as grandes diferenças materiais existentes entre os homens. A reencarnação é uma Lei da Natureza e somente ela pode dizer ao homem *de onde ele vem, para onde ele vai e por que está na Terra*. Somente ela pode justificar as desigualdades e todas as injustiças que *"aparentemente"* a vida apresenta.

A maioria dos ensinamentos morais do Evangelho ficam difíceis de serem entendidos, se não levarmos em conta a preexistência da alma e que já vivemos muitas vidas na Terra. Talvez seja por isso que existam tantas interpretações contraditórias a respeito do Evangelho. O princípio da reencarnação é a chave que restituirá ao Evangelho o seu verdadeiro sentido.

A REENCARNAÇÃO FORTALECE OS LAÇOS DE FAMÍLIA, ENQUANTO QUE O PRINCÍPIO DA EXISTÊNCIA ÚNICA OS DESFAZ

18 – Algumas pessoas pensam que os laços de família são destruídos pela reencarnação; ao contrário, eles são fortalecidos e estreitados. O princípio de que se vive uma única vez é que destrói os laços de família.

No espaço, os Espíritos formam grupos ou famílias que se unem pela afeição, simpatia e pela semelhança de tendências. Sentem-se felizes por estarem juntos e procuram-se uns aos outros. A encarnação apenas separa os Espíritos momentaneamente, pois, quando retornam ao Mundo Espiritual, eles se reencontram como se fossem amigos que acabassem de chegar de uma viagem.

Muitas vezes, os Espíritos ligados por afeições ou simpatias partem juntos para uma encarnação. Reúnem-se numa mesma família ou num mesmo círculo de amizades, onde trabalham pela sua evolução. Se uns reencarnam e outros não, nem por isso deixam de estar unidos pelo pensamento. Os que estão livres ajudam os que estão encarnados, e os mais adiantados procuram auxiliar os retardatários a progredir. Após cada existência, todos terão dado um passo a mais na busca do aperfeiçoamento, pois, à medida que se depuram, o afeto entre eles aumenta. O egoísmo e as paixões diminuem à medida que se afastam da matéria. Assim, os Espíritos podem percorrer um número ilimitado de existências corpóreas, sem que o carinho que sentem uns pelos outros sofra qualquer interferência.

Está se tratando aqui da *afeição Espiritual* que, por ser verdadeira, é a única que sobrevive à destruição do corpo. Os seres que se unem na Terra somente pelos interesses materiais não têm nenhum motivo para se procurarem no Mundo dos Espíritos, uma vez que o interesse entre eles desaparece com a morte do corpo. Somente as *afeições Espirituais* são duráveis. As afeições carnais se extinguem com a causa que lhes deu origem, e essa causa não existe mais no Mundo dos Espíritos, enquanto que a alma continua existindo. As pessoas que se ligam somente por interesses materiais pouco ou nada representam umas para as outras, e a morte vai separá-las tanto na Terra como no Céu.

19 – A união e a afeição que existem entre os parentes são os indicativos da simpatia anterior que os aproximou. Diz-se que uma pessoa não é da família quando seu caráter, seus gostos e suas inclinações não tem nenhuma afinidade com seus parentes. Ao dizer isso, está-se enunciando uma verdade maior do que se imagina.

Deus permite essas encarnações de Espíritos antipáticos ou estranhos nas famílias, com um duplo objetivo: o primeiro é para que o Espírito estranho sirva de prova para aqueles que precisam conviver com ele; o segundo é para que ele encontre, na família que o recebeu, um meio para adiantar-se. Os maus melhoram-se pouco a pouco convivendo com os bons e pelos cuidados que deles recebem. Seu caráter se abranda, seus costumes se educam e as antipatias desaparecem. É desse modo que se estabelece a união entre as diferentes categorias de Espíritos, assim como se estabelece na Terra a união entre as diferentes raças e povos.

20 – O temor que muitos têm em relação ao aumento dos parentes no Mundo Espiritual, em consequência da reencarnação, é um temor egoísta. Aqueles que pensam dessa maneira provam que ainda não possuem um amor suficientemente desenvolvido para abranger um grande número de pessoas. Um pai que tem muitos filhos, não ama a todos igualmente, como se tivesse apenas um? Os egoístas podem se tranquilizar, pois esse temor não tem fundamento. Imaginem que um homem tenha tido dez encarnações; isso não significa que ele encontrará no Mundo dos Espíritos dez pais, dez mães, dez esposas e um número proporcional de filhos e de novos parentes. Ele encontrará aqueles por quem teve afeição e aqueles a quem esteve ligado na Terra por laços de parentesco, amizade e afinidade de pensamentos. Encontrará também aqueles com os quais ainda têm contas a ajustar.

21 – Verifiquemos agora as consequências da doutrina da não reencarnação. Essa doutrina nega de forma categórica a preexistência da alma. Se as *almas* são criadas ao mesmo tempo que os *corpos*, não existe entre elas nenhum laço anterior de ligação. Elas são completamente estranhas umas às outras. A relação de parentesco entre as famílias fica reduzida somente às ligações corporais, sem nenhum vínculo Espiritual. Assim, o pai é um estranho para o seu filho e vice-versa. Não há motivo para alguém se orgulhar por ter tido um antepassado ilustre, pois os vínculos pertencem somente à existência presente. Através da reencarnação, antepassados e descendentes podem já ter vivido juntos, se amado, e poderão se reencontrar em outras encarnações, estreitando ainda mais seus laços de simpatia.

22 – Isso em relação ao passado. Quanto ao futuro, de acordo com um dos dogmas fundamentais que não aceita a reencarnação, o destino das almas estaria irrevogavelmente fixado após uma única existência. A fixação definitiva do destino da alma implica na interrupção de todo progresso, pois aquele que está parado não está progredindo. Quando há progresso, não se pode dizer que o destino da alma está definido, uma vez que ele dependerá desse progresso. Se a alma teve uma vida boa, ela irá para o Céu; se teve uma vida má, ela irá para o Inferno eterno. Assim, as almas ficam separadas para sempre e sem a esperança de algum dia se reencontrarem. Disso resulta que parentes e amigos nunca terão a certeza de se reverem novamente, a menos que estejam no mesmo lugar, que tanto pode ser no Céu como no Inferno. É esse destino definitivo da alma que significa a quebra absoluta dos laços de família.

Com a reencarnação e o consequente progresso, todos os que se amaram poderão se reencontrar na Terra e no Plano Espiritual, progredindo juntos para chegarem até Deus. Os que fracassam no caminho retardam o seu progresso e a sua felicidade, mas nem por isso suas esperanças estarão perdidas. Ajudados por aqueles que os amam, eles, um dia, sairão da situação ruim em que se encontram. Enfim, com a reencarnação, existe uma eterna solidariedade entre os encarnados e os desencarnados, o que resulta no estreitamento dos laços de afeição.

23 – Em resumo: quatro alternativas se apresentam ao homem, para o seu futuro após o desencarne.

1ª. O *nada*, segundo a Doutrina Materialista.

2ª. Absorção do indivíduo pelo Universo, de acordo com a Doutrina Panteísta, que acredita ser Deus o próprio Universo (do grego *"pan"* que significa *"tudo"*, e *"theos"* que significa *"Deus"*.).

3ª. A conservação da individualidade, com a fixação definitiva do destino da alma, de acordo com a Doutrina da Igreja Romana.

4ª. A conservação da individualidade, com a alma podendo progredir eternamente a cada reencarnação, conforme ensina a Doutrina Espírita.

Pelas duas primeiras alternativas, os laços de família são rompidos após a morte e não existe nenhuma esperança de reencontro; com a terceira alternativa, existe a chance das almas se reencontrarem, desde que estejam no mesmo lugar, que tanto pode ser o Inferno como o Paraíso. Pelo princípio da reencarnação, os Espíritos vão progredindo a cada nova existência. Para aqueles que se amaram, existe a certeza de que as relações continuam após a morte do corpo, e é isso o que constitui os verdadeiros laços de família.

Instruções dos Espíritos

LIMITES DA ENCARNAÇÃO

São Luís – Paris, 1859.

24 – *Quais são os limites da encarnação?*

Não existem limites bem definidos para as encarnações, se levarmos em conta o envoltório material que constitui o corpo do Espírito. A materialidade desse envoltório diminui à medida que o Espírito vai evoluindo e se purificando. Nos mundos mais avançados que a Terra, ele é menos denso, menos pesado, menos grosseiro e, por consequência, menos sujeito aos infortúnios da vida. Num grau mais elevado, é transparente e quase fluídico. De grau em grau, ele vai se desmaterializando, até que acaba por se confundir com o Perispírito. O Espírito se reveste com o envoltório apropriado ao mundo em que é chamado a viver.

O Perispírito sofre transformações sucessivas à medida que o Espírito vai evoluindo. Torna-se cada vez mais fluídico, até a purificação completa, que é a condição dos Espíritos puros. Embora mundos especiais sejam destinados a Espíritos mais avançados, eles não permanecem presos a esses mundos, como acontece com os Espíritos que habitam os mundos inferiores. Seu estado de pureza permite que eles se desloquem por toda parte, a fim de cumprirem as missões que lhes são confiadas.

A encarnação, do ponto de vista material, tal qual a conhecemos na Terra, está limitada aos mundos inferiores. Quando o Espírito trabalha pela sua purificação, ele se liberta mais rapidamente da necessidade de reencarnar. Assim, continuar reencarnando, ou não, vai depender somente dele.

Na erraticidade, que é o intervalo entre uma reencarnação e outra, a situação do Espírito está vinculada ao grau de adiantamento em que ele se encontra, visto que ainda permanecerá ligado ao mundo em que viveu. Desse modo, no mundo Espiritual, ele será mais ou menos feliz, livre e esclarecido, conforme esteja mais ou menos desmaterializado.

NECESSIDADE DA ENCARNAÇÃO

São Luís – Paris, 1859.

25 – *Será a reencarnação uma punição e somente os Espíritos culpados estão sujeitos a ela?*

A passagem dos Espíritos pela vida corporal é necessária, pois somente no Mundo Material eles conseguem cumprir determinadas tarefas, cuja execução Deus confia aos que reencarnam. Para os Espíritos, isso é necessário, pois a atividade que eles têm que desempenhar ajuda-os a desenvolver a sua inteligência. Deus, sendo soberanamente justo, considera igualmente todos os Seus filhos. É por isso que Ele concede a todos o *mesmo ponto de partida, a mesma capacidade, as mesmas obrigações a cumprir e a mesma liberdade de ação*. Qualquer privilégio seria uma preferência e qualquer preferência seria uma injustiça. A encarnação é, para todos os Espíritos, apenas um estado transitório. É uma tarefa que Deus impõe para aqueles que estão no início de suas vidas, como primeira prova do uso que farão do seu livre-arbítrio.

A ENCARNAÇÃO É UM CASTIGO?

Aqueles que cumprem a tarefa com zelo, vencem mais rapidamente e com menos aflição os primeiros degraus de sua caminhada, colhendo mais cedo os frutos do seu trabalho. Os que fazem mau uso da liberdade que receberam de Deus, retardam o seu adiantamento. Assim, por sua teimosia, prolongam indefinidamente a necessidade de reencarnar, fazendo com que ela se torne um castigo.

26 – Observação: Uma comparação simples ajudará a entender melhor as duas possibilidades. O estudante somente chega à universidade após percorrer as séries que o conduzem até ela. Essas séries, por mais trabalho que exijam do aluno, são sempre um meio de chegar ao objetivo, e nunca uma punição. O estudante esforçado encurta a caminhada, e nela encontra menos dificuldades; já o estudante negligente e preguiçoso se obriga a repetir algumas séries até atingir o objetivo. A punição não está no estudo, mas na obrigação de ter que fazer tudo outra vez.

Assim tem sido com o homem na Terra. Para o Espírito do selvagem, que está no início de sua vida Espiritual, a encarnação é para ele um meio de desenvolver sua inteligência. Para o homem esclarecido, no qual o senso moral está mais evoluído, ter que repetir encarnações cheias de angústia, quando já poderia ter alcançado o objetivo, torna-se um verdadeiro castigo. Dessa maneira, ao cometer os mesmos erros, ele prolonga sua permanência em mundos inferiores. O contrário ocorre com aquele que trabalha ativamente para o seu progresso moral; este pode, além de encurtar a duração da encarnação material, vencer mais rapidamente os estágios intermediários que o separam dos mundos superiores.

Pergunta-se: *Os Espíritos não poderiam encarnar uma única vez num mesmo globo e cumprir outras existências em outros mundos diferentes?*

Essa situação só seria admissível se todos os homens encarnados na Terra estivessem no mesmo nível intelectual e moral. As diferenças existentes entre os homens, desde o selvagem até o mais civilizado, mostram o caminho a ser percorrido. Toda encarnação, aliás, tem que ter um objetivo útil. Qual seria então a finalidade das ***encarnações de curta duração***, das crianças que morrem com pouca idade? Se elas continuassem vivendo, sofreriam sem proveito para si nem para os outros. Deus, cujas Leis são sábias, não faz nada de inútil. Pela reencarnação no mesmo globo, Ele quer que os mesmos Espíritos se reencontrem e tenham a oportunidade de reparar os erros que cometeram entre si. Sabendo que esses Espíritos já tiveram relações anteriores, Ele procura estabelecer e fixar os laços de família sobre uma base Espiritual e, através da reencarnação, apoiar os princípios da solidariedade, da fraternidade e da igualdade.

Comentários

1 – O Senhor é o Cristo, filho vivo de Deus – Jesus sabia que Pedro, pelos seus conhecimentos, não poderia ter dado aquela resposta; ele não falou por si mesmo (carne e sangue); falou sob a inspiração dos Espíritos superiores (Meu Pai que está nos Céus).

2 – Herodes Antipas – Era conhecido por "**Tetrarca**", por governar uma tetrarquia, divisão do território que compreendia a quarta parte da Galileia.

João Batista – Nasceu no ano 7 a.C. e foi decapitado por Herodes, a pedido de sua mulher Herodias, no ano 26 d.C. Resgatou, assim, o erro que cometeu na encarnação anterior, quando foi Elias, e mandou degolar mais de 400 profetas do deus Baal.

3 – Transfiguração – Jesus subiu ao monte Tabor, acompanhado de Pedro, Tiago e João. Quando iniciou Sua oração, os discípulos ficaram com sono e adormeceram. Ao acordarem, perceberam que Jesus havia se transfigurado: Seu rosto brilhava como o sol e Suas vestes ficaram brancas como a luz. Ele apareceu aos discípulos conversando com Moisés e com o Profeta Elias.

Elias já voltou – Aqui podemos completar, para um melhor entendimento: Elias já voltou "reencarnado como João Batista", e os escribas não o reconheceram...

4 – Lázaro – Estava há quatro dias em estado de letargia, que é a perda da sensibilidade e dos movimentos. Jesus, ao chegar, percebeu logo o que estava ocorrendo e solicitou que a tampa do túmulo fosse removida. Então, pediu a Lázaro que acordasse, no que foi prontamente atendido. Naquele tempo, os mortos não eram colocados sob a terra, como hoje, e sim em grutas naturais ou artificiais, que possuíam oxigênio suficiente para que Lázaro sobrevivesse após ter retornado do estado de letargia.

5 – Como pode nascer um homem que já está velho? Como este homem pode entrar no ventre de sua mãe para nascer uma segunda vez? – Nicodemos pensou no mesmo corpo nascendo de novo, o que, evidentemente, não é possível. Jesus corrigiu esse erro, ao separar os "nascidos da carne" e os "nascidos do Espírito". Reafirmou que para "entrar no Reino de Deus" é preciso renascer tanto "da água" como "do Espírito". No tempo de Jesus, a água era considerada o símbolo da natureza material e o único elemento gerador da vida, donde **renascer da água** significa voltar à vida com o corpo físico. Daquela época até hoje, o Espírito é o símbolo da natureza inteligente. Assim, **renascer do Espírito** corresponde a renascer com sua alma.

O mesmo ocorre com todo homem que é nascido do Espírito – Nessa expressão, Jesus refere-se ao esquecimento temporário das existências anteriores, fato que ocorre com todo aquele que reencarna.

6 – Ninguém pode ver o Reino de Deus se não nascer de novo – Ou seja, ninguém poderá chegar a uma situação melhor, dentro da Espiritualidade, se não for através das sucessivas reencarnações (nascer de novo). Cada retorno ao corpo físico significa uma nova existência e uma nova oportunidade de progresso para o Espírito.

7 – A regeneração do homem pela água do batismo – Vem da época de Jesus. O batismo de água era uma prática simbólica, um testemunho público de arrependimento e propósito de se corrigir, lavar-se de seus pecados. João Batista, que anunciava a vinda do Cristo, convidava o povo a se arrepender de seus erros. Para aqueles que o atendiam e se propunham a uma renovação moral, ele batizava mergulhando a cabeça dos fiéis nas águas do rio Jordão. Por esta prática, ficou conhecido como "O Batista", ou seja, aquele que batiza.

12 – Vocês arruinarão a Terra – Ou seja, promoverão a guerra; já **o reino dos gigantes** deve ser entendido como as nações dominadoras que serão destruídas.

26 – Encarnações de curta duração – Cada Espírito tem um tempo útil de permanência no corpo, e esse tempo dependerá sempre da vontade de Deus, em primeiro lugar, e do nosso livre-arbítrio, em segundo.

CAPÍTULO

5

BEM-AVENTURADOS OS AFLITOS

• JUSTIÇA DAS AFLIÇÕES • CAUSAS ATUAIS DAS AFLIÇÕES • CAUSAS ANTERIORES DAS AFLIÇÕES • ESQUECIMENTO DO PASSADO • MOTIVOS DE RESIGNAÇÃO • O SUICÍDIO E A LOUCURA

Instruções dos Espíritos:

• Bem e Mal sofrer • O mal e o remédio • A felicidade não é deste mundo • Perda de pessoas amadas - Mortes prematuras • Se fosse um homem de bem, teria morrido • Os tormentos voluntários • A verdadeira infelicidade • A melancolia • Provas voluntárias - O verdadeiro sacrifício • Deve-se colocar um fim às provas do próximo? • É permitido abreviar a vida de um doente que sofre sem esperança de cura? • Sacrifício da própria vida • Proveito dos sofrimentos em benefício dos outros

1 –***Bem-aventurados os que choram****, porque serão consolados. Bem-aventurados* ***os que têm fome e sede de justiça****, pois serão saciados. Bem-aventurados* ***os que sofrem perseguição por amor à justiça****, porque será deles o* ***Reino dos Céus*** *(Mateus, 5:4, 6 e10).*

2 –*Bem-aventurados* ***os que são pobres****, pois será deles o Reino dos Céus. Bem-aventurados* ***os que têm fome****, pois serão saciados. São felizes,* ***os que choram*** *agora, pois irão rir (Lucas, 6:20 e 21).*

Mas, ai de vocês, ***ricos****, que têm sua consolação no mundo. Ai de vocês, que estão* ***saciados****, pois terão fome. Ai de vocês que estão* ***rindo*** *agora, porque irão gemer e chorar (Lucas, 6:24 e 25).*

JUSTIÇA DAS AFLIÇÕES

3 – As compensações que Jesus promete aos aflitos da Terra somente poderão ser desfrutadas na ***vida futura***. Sem a certeza da *vida futura*, os ensinamentos de Jesus não teriam o menor sentido. Mesmo com essa certeza, é difícil entender a utilidade do sofrimento para que alguém possa ser feliz. Alguns dizem que é para ter mais mérito. Então, surge a pergunta: por que uns sofrem mais do que os outros? Por que uns nascem na miséria e outros na riqueza, sem nada terem feito para justificar tal condição? Por que, para uns, nada dá certo, enquanto que para outros tudo parece sorrir? E o que é ainda mais difícil de compreender é ver as coisas boas e más divididas de forma tão desigual entre viciosos e virtuosos. Difícil, também, é ver os bons sofrerem ao lado dos maus, que prosperam. A fé na vida futura pode nos consolar e nos levar a ter paciência, mas não explica essas desigualdades, que parecem desmentir a Justiça Divina.

Desde que se admita a existência de Deus, essa existência só pode ser de perfeição absoluta. Deus deve ser todo poder, todo justiça e todo bondade, sem o que não seria Deus. Sendo Ele soberanamente bom e justo, não pode agir com parcialidade, beneficiando a uns e prejudicando a outros. Então, *as contrariedades da vida têm uma causa, e, uma vez que Deus é justo, essa causa também deve ser justa.* Pelos ensinamentos de Jesus, Deus habilitou os homens para compreenderem o motivo de tantas diferenças. Ele vem hoje, através do Espiritismo, esclarecer que somente as *existências anteriores* podem explicar a desigualdade na divisão do bem e do mal entre os homens.

CAUSAS ATUAIS DAS AFLIÇÕES

4 – As *contrariedades* da vida possuem duas origens bem diferentes: umas têm sua causa na *vida presente*; outras, em *vidas passadas*.

Quando procuramos as origens dos males terrenos, vamos encontrar em nós mesmos a responsabilidade pela maioria deles.

Quantos homens caem por seus próprios erros! Quantos são vítimas de seu próprio desleixo, imprevidência, orgulho e ambição!

Quantas pessoas se arruínam por falta de ordem, de perseverança, pelo mau proceder, ou por não terem limitado seus desejos!

Quantas uniões infelizes, fruto do interesse ou da vaidade, nas quais o sentimento verdadeiro não teve importância alguma!

Quantos desentendimentos e disputas desastrosas poderiam ser evitados, com um pouco mais de calma e com menos melindres!

Quantas enfermidades resultam da falta de moderação e dos excessos de toda ordem!

Quantos pais tornam-se infelizes por causa de seus filhos, por não terem combatido suas más tendências desde a infância! Por indiferença e comodismo deixaram crescer neles o orgulho, o egoísmo e a tola vaidade que ressecam o coração. Mais tarde, ao colherem o que semearam, ficam espantados e aflitos com a falta de respeito e a ingratidão dos filhos.

Na maioria das vezes, todos os males que fazem o homem sofrer pelo coração têm sua origem no seu próprio mal proceder. Ao examinar sua consciência, talvez ele possa dizer: *Se eu tivesse feito ou deixado de fazer tal coisa, não estaria agora nessa situação.*

O homem, normalmente, é o autor de seus próprios infortúnios, mas, em vez de reconhecer isso, acha mais fácil e menos humilhante para sua vaidade colocar a culpa na sorte, na Providência, na chance desfavorável ou na sua má estrela, quando, na verdade, a má estrela é a sua própria negligência.

Os males dessa natureza constituem, seguramente, a grande maioria das contrariedades da vida, e o homem os evitará quando trabalhar para seu aperfeiçoamento moral e intelectual.

5 – As Leis Humanas não conseguem ***punir todas as faltas***. Elas procuram punir especialmente as que causam prejuízos à sociedade. Portanto, não atingem aqueles que cometem faltas que prejudicam a si mesmos. Deus, querendo o progresso de todas as criaturas, não deixa impune nenhum desvio do caminho reto. Não há uma só falta, por menor que seja, que não acarrete consequências mais ou menos dolorosas. Podemos concluir, então, que: tanto nas pequenas como nas grandes faltas, o homem é sempre punido pelos erros que comete. Os sofrimentos provenientes dos erros cometidos são sempre uma advertência de que ele agiu mal. A experiência adquirida através do *sofrimento* faz com que o homem perceba a diferença entre o *bem e o mal.* É, também, um alerta para a necessidade de se melhorar, evitando, assim, novos erros. Se não fosse desse modo, o homem não teria motivo algum para se corrigir. Confiante na impunidade, retardaria seu o adiantamento e, por consequência, a sua felicidade futura.

Algumas vezes, a experiência chega um pouco tarde, quando a vida já está perdida, as forças já estão desgastadas e o mal não tem mais remédio. Então, o homem diz: *"Se no início da vida eu soubesse o que sei hoje, quantos erros teria evitado! Se fosse recomeçar, faria tudo de outro modo, mas não há mais tempo!"*. Tal como o trabalhador preguiçoso que diz: *"Perdi o meu dia"*, o homem também diz: *"Perdi a minha vida"*. Mas, assim como o sol se levanta no dia seguinte para o trabalhador e uma nova jornada começa, permitindo recuperar o dia perdido, após o desencarne, também brilhará para o homem o sol de uma nova existência, onde ele poderá aproveitar a experiência do passado e suas boas resoluções para construir um futuro melhor.

CAUSAS ANTERIORES DAS AFLIÇÕES

6 – As causas que dão origem às aflições do homem podem ser classificadas em dois grupos: as aflições cujo homem é o próprio culpado e as aflições que, aparentemente, são alheias à sua vontade e que parecem atingi-lo como que por fatalidade. Existem acidentes que o homem provoca por sua irresponsabilidade e imprudência, e outros que nenhuma precaução poderia evitar, como, por exemplo: perda de pessoas amadas, perda daqueles que sustentam a família, calamidades naturais, enfermidades de nascença, sobretudo as que tiram do indivíduo a possibilidade de ganhar a vida com seu próprio trabalho, como as deformidades físicas, a idiotia, o cretinismo etc.

Aquele que nasce com alguma doença ou deformidade, seguramente, não fez nada *nesta vida* para merecer uma sorte tão triste. Impossibilitado de modificar essa situação, poderá ficar, inclusive, à mercê da caridade pública. Também é difícil entender por que, numa mesma família, nascem pessoas com necessidades especiais e outras tão favorecidas sob todos os aspectos.

Qual a explicação para as crianças que morrem pequenas, e que da vida só conheceram o sofrimento? São estes problemas que nenhuma filosofia ou religião pôde explicar até hoje, e que seriam a negação da bondade, da justiça e da providência de Deus, na hipótese de que a alma e o corpo fossem criados ao mesmo tempo, e de que sua sorte dependesse apenas de uma única existência terrena. Também seria difícil explicar por que recém-nascidos passam por sofrimentos tão grandes, pois, se não fizeram o bem, também não fizeram o mal!

Pelo princípio de que *todo efeito tem uma causa,* e admitindo-se que Deus é justo, essa causa também deve ser justa. Se a *causa* vem sempre antes do *efeito* e ela não está na vida atual, só poderá estar em uma vida anterior. Quando somos punidos é porque fizemos o mal, se não o fizemos nesta vida, seguramente o fizemos em outra. É uma conclusão da qual ninguém pode fugir e que demonstra toda a lógica da Justiça de Deus.

O homem que pratica o mal nem sempre é totalmente punido em sua existência atual, porém, ele nunca escapará às consequências de suas faltas. A prosperidade do mal é apenas momentânea, porque, se ele não for punido hoje, certamente, o será amanhã. Assim, a infelicidade, que à primeira vista nos parece imerecida, tem sua razão de ser. Aquele que sofre, está resgatando os erros que cometeu no passado e sempre poderá dizer: *"Perdoa-me, Senhor, porque errei"*.

7 – O sofrimento do homem se deve aos erros cometidos por ele mesmo, nesta vida ou em vidas anteriores. Por uma rigorosa Justiça Divina, o homem sofre aquilo que fez os outros sofrerem. Se foi duro e desumano, poderá ser tratado com dureza e desumanidade; se foi orgulhoso, poderá nascer em uma condição humilhante; se foi avarento, egoísta, ou empregou mal a sua fortuna, poderá ser privado do necessário; se foi um mau filho, poderá sofrer com os próprios filhos, e assim por diante.

Por ser a Terra um mundo de provas e expiações e pelas diversas existências vividas, é possível explicar as grandes diferenças existentes na distribuição da felicidade entre os homens bons e maus deste planeta. Essa diferença na distribuição da felicidade é apenas aparente, pois só conseguimos analisar a vida presente. Aquele que elevar o pensamento a ponto de abranger uma série de existências, compreenderá por que cada um tem o que merece, uma vez que a Justiça de Deus nunca falha.

O homem jamais deve esquecer que vive num mundo inferior, ao qual está preso por suas imperfeições. A cada contrariedade da vida, deve lembrar que, se estivesse num mundo mais evoluído, isso não aconteceria. Só depende dele trabalhar pelo seu próprio aperfeiçoamento, visando almejar um mundo melhor para viver.

8 – As aflições da vida podem ser impostas aos Espíritos endurecidos, que persistem em fazer o mal, ou aos Espíritos ignorantes, que ainda não têm condições de fazer uma escolha consciente. Os Espíritos arrependidos, que possuem maior esclarecimento e desejam reparar o mal que fizeram, escolhem espontaneamente essas aflições, pois, ao praticarem o bem, libertam-se mais rápido de seus sofrimentos. Eles seguem o exemplo daquele que, tendo feito mal sua tarefa, pede para recomeçá-la, não perdendo, assim, o fruto do seu trabalho. As aflições e dores são, ao mesmo tempo, punições pelos erros cometidos no passado e preparação para as provas futuras. Devemos render graças a Deus que, em Sua bondade infinita, dá ao homem a oportunidade de reparar seus erros através das reencarnações, e não o condena de forma definitiva pelas faltas cometidas.

9 – Não devemos pensar que todo o sofrimento suportado nesta vida seja devido a erros cometidos no passado. Na maioria das vezes, são provas escolhidas pelo próprio Espírito, com a finalidade de concluir sua depuração e apressar seu progresso. Assim, a *expiação* é uma *situação imposta* ao Espírito visando seu aperfeiçoamento, através de reencarnações sofridas, onde ele resgata os erros que cometeu em existências anteriores. Essas reencarnações com sofrimento sempre servem de *prova* e muitas vezes provocam desespero e revolta, pois o Espírito sofre, queixando-se. Já a *prova,* nem sempre é uma *expiação*; na maioria das vezes, é uma missão marcada pelo sofrimento, que o Espírito solicita antes de reencarnar, visando acelerar seu aperfeiçoamento. Nesse caso, o Espírito sofre sem queixas, o que já é um sinal de progresso. Contudo, *provas e expiações* são sempre sinais de uma relativa inferioridade do Espírito, pois o que é perfeito não precisa mais ser provado. Um Espírito que já possua um certo grau de elevação, e quer avançar ainda mais, pode solicitar uma missão, uma tarefa a cumprir, e, quanto mais difícil tiver sido o trabalho para realizá-la, maior será a sua recompensa. Assim são essas pessoas com tendências naturalmente boas, de alma elevada, de sentimentos nobres, que parecem nada haver trazido de mau de suas existências anteriores e que sofrem, com resignação cristã, as maiores dores; elas só pedem a Deus coragem para suportar as provas sem reclamar. Ao contrário, podemos considerar como *expiação* as aflições que provocam queixas e fazem o homem se revoltar contra Deus.

O sofrimento sem lamentações é uma forma que o Espírito encontra para saldar os erros cometidos no passado; é um sinal de que este sofrimento não lhe foi imposto, e sim solicitado por ele mesmo, o que sempre constitui uma evidência de firme decisão e um indício de progresso.

10 – O Espírito só pode alcançar a felicidade completa quando se tornar puro, pois qualquer impureza impede a sua entrada nos mundos felizes. É como o passageiro de um navio atingido pela peste, e que não pode entrar em uma cidade até que esteja totalmente descontaminado. Através das diversas reencarnações, o Espírito se livra, pouco a pouco, de suas imperfeições. As provas da vida, quando bem suportadas, fazem com que o Espírito evolua, pois elas purificam e apagam as faltas. São como os remédios que limpam as feridas e curam os doentes, porque, quanto maior for o mal, mais eficiente deve ser o remédio. Aquele que sofre deve saber que cometeu muitos erros em existências anteriores, por isso, deve ser grato a esse sofrimento, pois através dele vai antecipar a sua cura. Aceitar o sofrimento de maneira resignada, sem lamentações, é sempre proveitoso para o desenvolvimento do Espírito, caso contrário, terá que reencarnar para recomeçar tudo novamente, tantas vezes quantas forem necessárias.

ESQUECIMENTO DO PASSADO

11 – O Espírito não precisa se lembrar de suas vidas anteriores para tirar proveito das experiências adquiridas. Se Deus considerou conveniente lançar um véu sobre o passado, é porque isso deve ter alguma utilidade. A lembrança de outras existências provocaria graves inconvenientes, pois o reencontro com pessoas a quem prejudicamos, ou por quem fomos prejudicados, causaria problemas em nossos relacionamentos sociais e seria um grande obstáculo ao nosso progresso. Reconhecer num ente querido aquele a quem fizemos mal, seria um fator de desequilíbrio em nossa vida e dificultaria o exercício de nosso livre-arbítrio.

O Espírito, frequentemente, renasce no meio onde já viveu e mantém relações com as mesmas pessoas, a fim de reparar o mal que a elas tenha feito ou sofrido. Se alguém pudesse reconhecer a quem odiou em uma vida anterior, esse ódio poderia despertar outra vez ou essa pessoa poderia sentir-se humilhada diante daqueles a quem tivesse ofendido.

Para o nosso aperfeiçoamento, Deus nos dá somente o que é necessário, ou seja, *a voz da consciência* e *nossas tendências instintivas*, retirando-nos *as lembranças do passado*, que poderiam ser prejudiciais à nossa evolução.

O homem traz, ao nascer, as experiências que adquiriu em vidas anteriores. Cada existência é, para ele, um novo ponto de partida. Pouco lhe importa saber o que foi ou os erros que cometeu. Se estiver sendo punido, é porque fez o mal. Suas más tendências atuais mostram o tipo de fraqueza que o induziu ao erro, indicando o que deve ser corrigido em si mesmo. É nisso que o homem deve concentrar toda a sua atenção, pois daquilo que já foi corrigido nenhum traço restará. A *voz da consciência* adverte o homem do bem e do mal, para que ele possa tomar sempre boas resoluções, e lhe dá as forças necessárias para resistir às más tentações.

O esquecimento das vidas anteriores ocorre somente durante o período em que o Espírito está encarnado; quando retorna ao Plano Espiritual, ele readquire gradualmente as lembranças do passado. A interrupção dessas lembranças é apenas temporária, semelhante ao esquecimento que sentimos durante o sono, e que não nos impede de lembrar, no dia seguinte, o que fizemos nos dias anteriores.

Não é somente depois da morte que o Espírito retoma as lembranças do passado, na verdade, ele nunca as esquece. Quando encarnado, durante o sono do corpo, ele goza de certa liberdade, sabe por que sofre e tem consciência da justiça desse sofrimento. O homem pode adquirir novas forças, durante o sono, se souber aproveitar os momentos em que seu Espírito está separado do corpo físico; ao despertar, ele guarda leve lembrança que se apagará no decorrer do dia, para não lhe causar sofrimentos e não prejudicar suas relações sociais.

MOTIVOS DE RESIGNAÇÃO

12 – Por estas palavras: *"Bem-aventurados os aflitos, pois serão consolados"*, Jesus refere-se à *recompensa* que terão aqueles que sofrem de maneira resignada, pois compreendem que o sofrimento atual está ligado a erros que cometeram em outras vidas. Sendo assim, sofrer de forma resignada é sempre o início da cura.

Essas palavras podem também ser entendidas da seguinte maneira: devemos nos sentir gratos por sofrer, uma vez que as dores de hoje são o resgate dos nossos erros cometidos em existências anteriores. O sofrimento sempre é uma oportunidade abençoada para correção desses erros. Eis por que é feliz aquele que salda seus débitos com a justiça de Deus. As dores suportadas pacientemente na Terra nos pouparão séculos de sofrimento na vida futura. Devemos ser gratos a Deus por nos conceder a oportunidade de resgatar nossas dívidas, permitindo pagá-las no presente, o que nos assegurará tranquilidade no futuro.

O homem que sofre assemelha-se ao que deve uma imensa quantia e seu credor lhe diz: *"Se você me pagar, hoje mesmo, a centésima parte do que me deve, vou dar-lhe a quitação de toda a dívida e estará livre. Caso contrário, vou cobrar até que você me pague o último centavo"*. Qual o devedor que não ficaria feliz em pagar somente a centésima parte do que deve, mesmo sabendo que vai passar por privações? Em vez de reclamar do seu credor, não lhe agradeceria?

Esse é o sentido das palavras: *"Bem-aventurados os aflitos, pois serão consolados"*. São gratos, pois estão pagando suas dívidas, e depois de pagá-las ficarão livres. Porém, se ao quitarem inteiramente o débito de um lado, se endividarem de outro, aumentarão o tempo necessário para sua libertação. Cada nova falta aumenta a dívida, pois não existe uma única falta contra as Leis Divinas que não crie a necessidade de reparação. Se não for hoje, será amanhã, se não for nesta vida, será em outra. Não se submeter à vontade de Deus está entre as primeiras das faltas que o homem pode cometer. Quando não aceita as aflições com resignação, como algo que de fato merece, e ainda acusa o Criador de injusto, está contraindo novas dívidas, perde, desse modo, os benefícios que a lição do sofrimento poderia lhe trazer. Quem procede assim tem que recomeçar como aquele que paga ao seu credor algumas parcelas, e, ao mesmo tempo, contrai com ele novos débitos.

Quando retorna ao Mundo Espiritual, o homem se assemelha a um operário no dia do pagamento. Para uns, o Senhor dirá: *"Aqui está a recompensa pela sua jornada de trabalho"*. Para aquele que viveu na Terra de maneira ociosa, cuja felicidade estava nos gozos terrenos e na satisfação de seu amor-próprio, o Senhor dirá: *"A você nada cabe, pois já recebeu na Terra o seu salário. Vá e recomece a sua tarefa"*.

13 – Pela maneira de encarar a vida na Terra, o homem pode suavizar ou agravar a amargura de suas provas. Ele sofrerá mais se acreditar numa duração mais longa para seu sofrimento. Se conseguir enxergar a vida terrena como algo muito breve em relação à vida eterna do Espírito, ele dirá para si mesmo: esse momento difícil passará bem depressa. A certeza em um futuro mais feliz ajuda a encorajá-lo, e, em vez de se lamentar, **sofrerá com resignação** e agradecerá aos Céus pelas dores que o fazem avançar. A vida corpórea, ao contrário, parece interminável para as pessoas que só valorizam a matéria, e a dor cai sobre elas com todo o seu peso. Encarar a vida terrena levando em conta o aspecto espiritual ajuda a diminuir a importância das coisas deste mundo. Faz com que o homem modere seus desejos, se contente com a sua posição sem invejar a dos outros, e sinta que suas decepções ficam atenuadas. Assim, o homem adquire uma calma e uma resignação muito úteis à saúde do corpo e da alma, ao passo que, pela inveja, pelo ciúme e pela ambição, ele tortura-se voluntariamente, aumentando ainda mais as misérias e as angústias de sua curta existência.

O SUICÍDIO E A LOUCURA

14 – Encarar a vida terrena com calma, resignação e fé no futuro dá ao Espírito uma serenidade que é a melhor defesa contra a *loucura e o suicídio*. A maior parte dos casos de *loucura* se deve às perturbações produzidas pelas contrariedades da vida, que o homem se julga sem forças para suportar. O Espiritismo nos ensina que devemos enfrentar com calma essas contrariedades, tratando-as como acontecimentos passageiros, pois a vida continua e nossos sofrimentos não são eternos. O desespero e a perturbação que às vezes se abatem sobre nós ficam muito atenuados quando possuímos esse conhecimento espiritual.

15 – Todos os suicídios têm como causa principal um *descontentamento*. Os casos de embriaguez e loucura são considerados como exceção, e podem ser classificados como suicídios inconscientes. A vida humana, em relação à eternidade, representa bem menos que um *dia*. Portanto, aquele que tem a certeza de ser infeliz *apenas por um dia* e sabe que nos dias seguintes estará melhor, consegue ter mais paciência, pois percebe que a infelicidade é apenas momentânea. O homem só se desespera quando pensa que seus sofrimentos não terão um fim. Aquele que está oprimido pelo infortúnio e não acredita na eternidade da vida, julga que após essa existência tudo se acabará. Assim, a morte passa ser a única solução para seus problemas, e, por não esperar nada, ele acha natural, e até mesmo muito lógico, abreviar suas misérias pelo suicídio. O suicida, por não ter o conhecimento ou por não acreditar que a vida continua e que ninguém consegue matar o Espírito, cria para si um problema muito maior ao eliminar seu corpo físico. Ao infringir a Lei de Deus, tirando a vida do corpo, ele tem seu sofrimento muitas vezes aumentado em relação ao que teria, caso permanecesse na Terra.

16 – Os principais incentivadores do suicídio e que levam o homem à *fraqueza moral* são: a descrença em alguma religião, a dúvida de que a vida continua após a morte, as ideias materialistas, e a revolta contra os infortúnios da vida. Quando um cientista, apoiado em todo seu conhecimento, afirma que após a morte não existe mais nada, ele na verdade está convidando os que sofrem a cometerem o suicídio. A conclusão é lógica, pois, se o suicídio é o único remédio para o sofrimento e após a morte se encontra o "nada", por que continuar sofrendo por mais tempo? Mais vale buscá-lo imediatamente, atenuando, assim, o sofrimento.

A propagação das ideias materialistas é o veneno que introduz em muitas pessoas o pensamento do suicídio. Aqueles que propagam essas ideias assumem para si uma terrível responsabilidade. Através dos ensinamentos espíritas, a dúvida sobre a continuidade da vida após a morte já não existe mais. Com paciência e resignação, a ideia do suicídio é afastada naturalmente, levando o homem a manifestar *sua coragem moral.*

17 – O Espiritismo nos apresenta os próprios suicidas que vêm nos relatar a condição infeliz em que se encontram no Mundo Espiritual. Esses relatos comprovam que ninguém viola impunemente a Lei de Deus, que proíbe ao homem abreviar a sua vida. Mesmo levando-se em conta que o sofrimento não é eterno, o suicídio traz consequências terríveis para quem o comete. Aquele que estiver tentado a se suicidar, partindo desta vida antes do tempo determinado por Deus, deve pensar bem, pois irá praticar um mal muito maior contra si mesmo. O suicida precisará de várias encarnações para reparar o dano que causará a seu perispírito.

O Espírita tem vários motivos para se opor à ideia do suicídio:

1 – A *certeza* de que a vida continua, pois ele sabe que será muito mais feliz quanto mais resignado e confiante tiver sido na Terra.

2 – A *certeza* de que, ao encurtar sua vida, alcançará um resultado oposto ao que esperava, pois se "*libertará*" de um mal e entrará em outro muito pior, mais longo e mais terrível do que qualquer sofrimento vivido na Terra.

3 – O Espírita sabe o quanto se engana aquele que pensa que, ao se matar, chegará mais rápido ao Céu, encontrando lá as pessoas a quem amava.

4 – O suicídio, trazendo-lhe somente decepções, está contra seus interesses.

Por essas razões, o conhecimento da Doutrina Espírita já conseguiu evitar um grande número de suicídios. Podemos concluir que, quando todos tiverem o conhecimento espírita, não haverá mais suicídios conscientes. Comparando os resultados da Doutrina Materialista com a Doutrina Espírita, em relação ao suicídio, verifica-se que a lógica do materialismo conduz ao suicídio, enquanto que a lógica do Espiritismo o evita, fato que a observação da vida real confirma.

Instruções dos Espíritos

BEM E MAL SOFRER

Lacordaire – Havre, 1863.

18 – Quando o Cristo disse: "*Bem-aventurados os aflitos, pois é deles o Reino dos Céus*", não estava se referindo àqueles que sofrem, de um modo geral, pois todos os que estão na Terra sofrem, estejam na riqueza ou na miséria. Jesus queria dizer que todos os que sofrem de forma resignada serão recompensados na vida futura. Na verdade, poucos são os que sabem sofrer, poucos são os que compreendem que somente as provas bem suportadas podem conduzir o homem ao Reino de Deus. O desânimo é uma falta e Deus nos recusa consolações quando nos falta a coragem. A prece é um apoio para a alma, porém, ela sozinha não basta, é preciso que tenhamos uma fé muito grande na bondade de Deus. Jesus disse, muitas vezes, que Deus não coloca fardos pesados em ombros fracos, pois o fardo é proporcional às forças, assim como a recompensa será proporcional à resignação e à coragem. A recompensa será tanto maior quanto maior for o sofrimento, mas é preciso que sejamos merecedores dela, e é por isso que a vida é cheia de aflições.

O militar que não é enviado para a frente de batalha não fica feliz, pois o descanso no acampamento não lhe proporciona a promoção desejada. Sejam como o militar, que não quer o repouso, pois isso enfraquece o corpo e entorpece a alma. Portanto, fiquem satisfeitos quando Deus os enviar à luta. Essa luta não é o fogo da batalha, mas as amarguras da vida. Algumas vezes, é preciso ter mais coragem para enfrentar a vida do que para participar de um combate sangrento, pois aquele que se mantém firme diante de um inimigo poderá fracassar sob a pressão de um sofrimento moral. O homem não recebe nenhuma recompensa por esse tipo de coragem, ou seja, manter-se firme diante do inimigo, mas Deus lhe reserva um lugar melhor no Mundo Espiritual. Quando um motivo de sofrimento ou de contrariedade nos atingir, devemos nos esforçar para superá-lo. Aquele que conseguir controlar os impulsos da impaciência, da raiva e do desespero, poderá dizer, com justa satisfação: "Fui o mais forte".

Bem-aventurados os aflitos pode ser traduzido assim: Felizes aqueles que têm a oportunidade de provar a sua fé, a sua firmeza e a sua submissão à vontade de Deus. Eles terão, na Pátria Espiritual, cem vezes mais a alegria que lhes falta na Terra, e depois do trabalho, virá o repouso.

O MAL E O REMÉDIO

Santo Agostinho – Paris, 1863.

19 – Será a Terra um lugar de alegrias, um paraíso de delícias? Não lembram mais do que Jesus falou? Ele não avisou que haveria ***prantos e ranger de dentes*** para os que nascessem nesse vale de dores? Aqueles que vierem viver na Terra devem esperar lágrimas e penas amargas, e quanto mais profundas forem as dores, olhem para o Céu e agradeçam ao Senhor por querer experimentá-los.

Homens! Será que só reconhecerão o poder do Mestre quando Ele curar suas feridas e lhes trouxer dias de prosperidade e alegrias? Será que só reconhecerão Seu amor quando Ele enfeitar seus corpos com todas as glórias e devolver a eles o brilho que possuíam quando foram criados? Imitem aquele que serviu de exemplo a todos, e, quando estava no último degrau do desprezo e da miséria, estendido sobre o lixo, disse a Deus: "Senhor! Conheci todas as alegrias da riqueza e fui reduzido à miséria mais profunda, obrigado, meu Deus, por querer experimentar bem esse seu servidor!".

Até quando pensarão que o limite de tudo é a morte? Quando se interessarão em saber o que existe além dos limites do túmulo? Mesmo que fosse preciso chorar e sofrer uma vida inteira, o que representaria isso ao lado da eterna glória, reservada para aqueles que conseguiram suportar a prova terrena com fé, amor e resignação?

A causa dos males de hoje está nos erros cometidos em vidas passadas, portanto, procurem o consolo para eles no futuro que Deus está preparando. Aqueles que mais sofrem podem se considerar os felizes da Terra, pois estão saldando suas dívidas com o passado.

No Plano Espiritual, antes de reencarnar, **escolheram suas provas**, pois se achavam suficientemente fortes para suportá-las. **Por que reclamar agora?** Aquele que pediu antes de reencarnar, *a riqueza e o poder*, foi para enfrentar a luta contra a *tentação* e vencê-la. Aquele que pediu para lutar de corpo e alma contra o *mal moral e físico* sabia que, quanto mais difícil fosse a prova, mais a vitória seria gloriosa. Ao vencer, mesmo que o corpo fosse jogado num monte de lixo, quando da sua morte, ele deixaria escapar uma alma brilhante e alva, purificada pela expiação e pelo sofrimento.

Que remédio receitar aos que são atacados por obsessões cruéis e males dolorosos? Um só é infalível: a fé, ou seja, a confiança em Deus. Se nas horas de maior sofrimento chamarem pelo Senhor, o anjo da guarda de cada um mostrará o caminho correto a seguir, para que possam encontrar a salvação e o lugar para onde irão. A fé é o melhor remédio para o sofrimento, pois ela sempre mostra a eternidade da existência diante da qual os dias sombrios do presente pouco representam. Portanto, não perguntem qual é o remédio para curar tal doença, tal tentação ou tal prova. Lembrem-se, pois aquele que crê é forte pela firmeza da fé, e aquele que duvida por um segundo de sua eficácia é punido com as angústias da aflição.

O Senhor reconhece todos aqueles que creem n'Ele . O Cristo falou que com a fé podemos remover montanhas. Eu digo que aquele que sofre e tem a fé como sustentação será colocado sob a Sua proteção e não mais sofrerá. Os momentos de maior dor serão, para ele, os primeiros acordes alegres da eternidade. Sua alma se desprenderá de tal forma de seu corpo que, enquanto este estiver morrendo, ela irá planar nas regiões celestes, cantando com os anjos os hinos de reconhecimento e de glória ao Senhor.

Felizes os que sofrem e choram! Que as suas almas se alegrem, pois serão abençoadas por Deus.

A FELICIDADE NÃO É DESTE MUNDO

François - Nicolas - Madeleine, Cardeal Morlot - Paris, 1863.

20 – *"Não sou feliz! A felicidade não foi feita para mim"*, exclama, geralmente, o homem em todas as posições sociais. Isso, meus queridos filhos, é a maior prova de que está correto o ensinamento de Salomão no livro do Eclesiastes, no Velho

Testamento, que diz: *"A felicidade não é deste mundo"*. De fato, nem a *fortuna*, nem o *poder*, nem mesmo a *juventude*, são condições suficientes para se obter a felicidade. Nem mesmo a reunião dessas três condições tão desejadas dá ao homem a felicidade. Várias vezes escutamos, nas classes mais privilegiadas, pessoas de todas as idades lamentarem-se amargamente da condição em que se encontram.

Sendo assim, fica difícil entender por que as classes trabalhadoras invejam tanto a posição dos afortunados. Aqui na Terra, qualquer que seja a posição da criatura, cada um tem sua parte de trabalho e de miséria, sua quota de sofrimentos e decepções, donde é fácil chegar à conclusão de que a Terra é um lugar de provas e expiações.

Enganam-se aqueles que acreditam e tentam convencer os outros de que a Terra é a única morada do homem e que somente nela, e numa única existência, é possível alcançar o mais alto grau de felicidade que a vida pode oferecer. Pela experiência dos séculos, está demonstrado que a Terra, somente em raríssimas ocasiões, oferece as condições necessárias à felicidade completa do indivíduo.

Em geral, pode-se afirmar que a felicidade é uma ilusão, na busca da qual gerações se lançam sucessivamente, sem jamais alcançá-la. Se o homem sábio é uma raridade na Terra, o homem totalmente feliz jamais foi encontrado.

Aqueles que voltam seus olhos somente para vida terrena, até conseguem períodos de um ano, um mês, uma semana de completa satisfação. Porém, não possuem a sabedoria para compreender que essa satisfação é tão passageira que o restante da vida será uma sucessão de amarguras e decepções. E notem, meus queridos filhos, que falo aqui dos felizes da Terra, daqueles que são invejados pelas multidões!

Se a Terra é um planeta de provas e expiações, é lógico se admitir que em outros lugares existam moradas melhores, onde o Espírito do homem, mesmo aprisionado em um corpo material, desfrute plenamente dos prazeres ligados à vida humana. Foi por isso que Deus criou esses belos planetas superiores para os quais todos irão um dia, quando estiverem suficientemente purificados e aperfeiçoados, em consequência dos esforços despendidos.

Contudo, não se deduza das minhas palavras que a Terra esteja destinada para sempre a ser uma penitenciária. Certamente que não! Dos progressos já realizados o homem pode, facilmente, deduzir os progressos futuros, e dos melhoramentos sociais já conquistados, imaginar os melhoramentos que virão. Esta é a grandiosa tarefa que deve ser realizada pela Nova Doutrina que os Espíritos revelaram.

Assim sendo, meus queridos filhos, que um santo estímulo os anime, para que possam se libertar, o quanto antes, do ***homem velho***. Dediquem-se à divulgação do Espiritismo, pois ele já iniciou a regeneração da Humanidade. É dever daquele que é Espírita fazer com que todos os irmãos usufruam do conhecimento dessa Doutrina sagrada. Mãos à obra, meus queridos filhos! Que nessa reunião solene todos os corações aqui presentes aspirem a esse grandioso objetivo, que é preparar as novas gerações para um mundo onde a *felicidade* não será mais uma palavra sem valor.

PERDA DE PESSOAS AMADAS - MORTES PREMATURAS

Sansão, antigo membro da sociedade Espírita de Paris – Paris, 1863.

21 – Quando a morte leva os mais jovens, em vez dos mais velhos, sem nenhum critério segundo o nosso entendimento, dizemos, frequentemente: Deus não é justo, pois sacrifica o que é forte, útil, e que tem um futuro pela frente, para conservar os que já viveram longos anos e que não servem mais para nada. Deus parte o coração de uma mãe ao levar a criança que fazia toda a sua alegria.

Criaturas humanas! É aí que precisam elevar-se acima do plano terreno da vida, para compreender que muitas vezes o bem está onde se acredita ver o mal, e que a sábia previdência está onde se acredita ver a cega fatalidade do destino! Por que medir a Justiça Divina com o mesmo valor que medem a sua? Será que o Senhor dos Mundos iria querer, por um simples capricho, impor a alguém penas cruéis? Nada se faz sem um objetivo inteligente e tudo o que acontece tem a sua razão de ser.

Se meditarem melhor a respeito das dores que atingem a todos, nelas encontrarão sempre uma razão Divina, razão regeneradora, fazendo com que os interesses humanos sejam colocados em último plano. Acreditem em mim, a morte é preferível, mesmo numa encarnação de vinte anos, a esses desregramentos vergonhosos que desolam famílias honradas, cortam o coração de uma mãe e fazem branquear o cabelo dos pais antes do tempo. **A morte prematura** é, muitas vezes, um benefício concedido por Deus para aquele que parte, pois assim ele fica preservado das misérias da vida ou das seduções que poderiam arrastá-lo para a perdição. Aquele que morre na flor da idade *não é vítima da fatalidade*, Deus apenas julga não ser mais necessário que ele permaneça na Terra.

Todos consideram ser uma terrível desgraça quando uma vida cheia de esperança é interrompida tão cedo! De quais esperanças estão falando? Das esperanças da Terra, onde aquele que morreu poderia ter brilhado, construindo seu caminho e sua fortuna? Por acaso consideram nulas as esperanças da vida futura? Preferem as ilusões da vida passageira que levam na Terra? Acham que é mais importante ter uma posição entre os homens do que entre os Espíritos felizes?

Alegrem-se em vez de se lamentarem, quando Deus retirar um de Seus filhos desse vale de misérias. Não será egoísmo querer que ele permaneça aqui, sofrendo junto com os que ainda precisam ficar? Essa dor se concebe entre aqueles que não têm fé e que veem na morte uma separação eterna. Porém, os espíritas sabem que a alma vive melhor quando está livre de seu corpo físico.

Mães! Saibam que seus filhos bem amados estão por perto, que seus corpos fluídicos e seus pensamentos as envolvem e as protegem. As lembranças que deles guardam os enchem de alegria. Por outro lado, as dores que sentem pelos familiares que já partiram causam-lhes muitas perturbações, pois representam uma revolta contra a vontade de Deus.

Aquele que compreende a vida espiritual deve fazer vibrar o seu coração em favor desses entes queridos que já desencarnaram. Se pedir a Deus para que os abençoe, sentirá uma consolação tão grande que até mesmo suas lágrimas secarão. Sentirá, também, uma fé grandiosa que lhes mostrará o futuro prometido pelo soberano Senhor.

SE FOSSE UM HOMEM DE BEM, TERIA MORRIDO

Fénelon – Sens, 1861.

22 – Referindo-se a um homem mau que escapa de um perigo, frequentemente dizem: *"Se fosse um homem de bem, teria morrido"*. Ao dizerem isso, até podem estar com a razão. Muitas vezes, Deus dá a um Espírito de pouco progresso uma prova mais longa do que daria a um Espírito mais evoluído. Uma pessoa boa pode receber como recompensa por seus méritos o benefício de uma prova mais curta. De qualquer forma, ao dizerem: *"Se fosse um homem de bem, teria morrido"*, estão ofendendo a Deus.

Se morrer um *homem de bem*, cujo vizinho é um *homem mau*, todos dizem: *"Seria melhor que tivesse morrido o homem mau"*. Acontece que estão julgando de forma errada, pois aquele que partiu acabou sua tarefa, e aquele que ficou talvez nem a tenha começado. Por que o homem bom deveria permanecer mais tempo na Terra, ficando o homem mau com a sua tarefa abreviada? O que diriam de um prisioneiro que, tendo cumprido sua pena, ainda permanecesse na prisão? E se fosse dada a liberdade a alguém que ainda não terminou de cumprir sua pena? Todos sabem que a verdadeira liberdade para o Espírito consiste no rompimento dos laços que o prendem ao corpo físico, e que enquanto estiverem na Terra, resgatando dívidas, estarão em cativeiro.

Habituem-se a não julgar aquilo que não podem compreender, pois a grande virtude está no **equilíbrio**, e acreditem que Deus é sempre justo em todas as coisas que faz. Muitas vezes, o que parece ser um mal é um bem. A capacidade de entendimento dos homens é tão limitada, que o conjunto do grande todo escapa de seus sentidos rudimentares. Façam um esforço para perceber, através do pensamento, a visão estreita que possuem. À medida que o homem vai alcançando uma compreensão maior, percebe que *diminui* a *importância das coisas materiais*. A vida atual é tão passageira, que ela torna-se apenas um pequeno instante, se comparada às diversas vidas que o Espírito terá que viver ao longo de suas infinitas existências.

OS TORMENTOS VOLUNTÁRIOS

Fénelon – Lyon, 1860.

23 – O homem está sempre buscando a felicidade que lhe escapa sem cessar, porque a verdadeira felicidade não existe na Terra. Entretanto, apesar dos sofrimentos desta vida, o homem poderia desfrutar de uma relativa felicidade se não a buscasse nas coisas perecíveis e nos prazeres materiais. A felicidade deve ser procurada nas realizações da alma, que são uma antecipação dos prazeres celestes imperecíveis.

Em vez de procurar a *paz do coração*, única felicidade real aqui na Terra, o homem procura tudo aquilo que pode agitá-lo e perturbá-lo. Curiosamente, parece criar de propósito **tormentos voluntários** que só a ele caberia evitar.

Haverá tormentos maiores do que aqueles causados pela *inveja* e pelo *ciúme*? Para o invejoso e para o ciumento, não há repouso; estão sempre excitados pelo desejo, e o que eles não têm e os outros possuem lhes causa insônia. O sucesso de seus rivais os perturba, e o seu único interesse é o de menosprezar os outros. Toda a sua alegria consiste em estimular, nos insensatos como eles, a fúria do ciúme que eles próprios possuem.

Pobres criaturas! Nem sonham que talvez amanhã tenham que deixar todas essas futilidades, cuja ambição envenena suas vidas! As palavras *"Bem-aventurados os aflitos, pois serão consolados"* não podem ser aplicadas a eles, pois suas preocupações não terão recompensa no Céu.

Aquele que se contenta com o que tem, poupa-se de vários tormentos, pois vê sem inveja aquilo que não é seu e não procura parecer mais do que é. É sempre rico, pois, ao olhar para baixo, em vez de olhar para cima, verá sempre pessoas que possuem ainda menos. É calmo, ao não criar necessidades ilusórias, e a calma é sempre uma felicidade em meio às tempestades da vida.

A VERDADEIRA INFELICIDADE

Delphine de Girardin – Paris, 1861.

24 – Todos falam da infelicidade, já a sentiram algumas vezes e acreditam conhecer seus vários aspectos. Eu venho dizer que a maioria se engana e que a verdadeira infelicidade não é aquilo que os homens imaginam. Eles veem a infelicidade na miséria, na lareira sem fogo, no credor exigente, no berço vazio da criança que sorria, nas lágrimas, no caixão que se acompanha com o coração partido, na angústia da traição e em várias outras coisas. A infelicidade é sentida também pelo orgulhoso que gostaria de esconder a sua nudez vestindo-se de ouro, mas que apenas consegue escondê-la com os trapos da vaidade. Na linguagem humana, todas essas coisas e muitas outras chamamos de infelicidade. Sim, são infelicidades para aqueles que veem apenas o presente. Mas a *verdadeira infelicidade* está mais nas *consequências de um fato* do que no próprio fato em si.

Um acontecimento feliz, que depois trará consequências desastrosas, é pior do que um acontecimento que, inicialmente, causa um grande desgosto, mas que depois acaba produzindo um bem. A tempestade que purifica a atmosfera, dissipando as energias que causariam doenças, é antes uma felicidade do que um infortúnio.

Para julgar um fato, é preciso ver suas consequências. Para entender o que realmente é felicidade ou desgraça para o homem, é preciso se transportar para além desta vida, pois é lá que as consequências se manifestam. Tudo o que consideram infelicidade, segundo a visão limitada que possuem, cessa com a morte do corpo e encontra sua compensação na vida futura.

Vou revelar a infelicidade sob um novo aspecto, sob a forma bela e florida que desejam, com todas as forças de suas almas iludidas. A infelicidade é essa alegria falsa, esse prazer egoísta, a fama enganadora, a agitação fútil, a louca satisfação da vaidade que faz calar a consciência. Ela perturba a ação do pensamento e confunde o homem com relação ao seu futuro. A infelicidade se manifesta quando esquecemos nossa missão na Terra e a substituímos pelos prazeres passageiros.

Tenham esperanças aqueles que choram! Acautelem-se aqueles que riem, pois seus corpos estão satisfeitos! Ninguém transgride impunemente as Leis de Deus, ninguém foge às responsabilidades de seus atos. As dificuldades que enfrentam hoje têm a sua causa nos erros que cometeram em existências anteriores. São eles que fazem com que vocês sintam a agonia da verdadeira infelicidade. Aquele que trata as coisas espirituais com indiferença e que possui muito apego pelas coisas materiais mostra ser uma pessoa egoísta.

Que o Espiritismo possa esclarecer a todos, colocando no lugar correto a *verdade* e o *erro*, tão deturpados pela cegueira que carregam! Então, façam como o bravo soldado que, em vez de fugir do perigo, prefere lutar em combates arriscados, deixando de lado a paz do acampamento que não lhe trará nem glórias nem promoções.

O que importa ao soldado perder, durante a luta, suas armas e sua farda, desde que saia vencedor e com glórias? O que importa, para aquele que tem fé no futuro, deixar, no campo de batalha da vida, sua fortuna e seu corpo físico, contanto que sua alma entre gloriosa no Reino dos Céus?

A MELANCOLIA

François de Genève – Bordeaux.

25 – Algumas vezes, uma certa tristeza se apodera dos corações humanos, fazendo com que eles sintam a vida tão amarga. Isso ocorre porque o Espírito, desejando a felicidade e a liberdade, esgota-se em esforços inúteis para sair do corpo que lhe serve de prisão, e, ao ver que não consegue, cai em desânimo. O corpo sofre a influência desse abatimento e sente uma espécie de apatia, fazendo com que vocês julguem-se infelizes.

Acreditem em mim: resistam com energia a essas impressões que enfraquecem a vontade. O desejo de uma vida melhor é próprio de todos os Espíritos e de todos os homens, mas não a procurem na Terra. Neste momento, em que Deus envia seus Espíritos para instruí-los sobre a felicidade que está reservada para o futuro, esperem com paciência os amigos espirituais. Eles vão ajudá-los a romper os laços que os mantêm presos ao corpo físico, quando chegar o momento certo.

Lembrem-se que todos têm uma missão a cumprir durante a sua passagem pela Terra, seja na dedicação à família, seja no cumprimento dos diversos deveres que Deus lhes confiou. Se no decorrer da prova, quando estiverem desempenhando suas tarefas, sentirem os efeitos das preocupações, dos deveres e dos aborrecimentos pesando sobre seus ombros, sejam fortes e corajosos para poder suportá-los. Enfrentem as dificuldades com coragem, pois elas serão de curta duração e irão conduzi-los para perto dos amigos que já desencarnaram e que se alegrarão em recebê-los. Eles estenderão seus braços para levá-los a um lugar onde as aflições da Terra já não mais existem.

PROVAS VOLUNTÁRIAS - O VERDADEIRO SACRIFÍCIO

Um Anjo Guardião – Paris, 1863.

26 – Muitos perguntam se é permitido ao homem suavizar suas próprias provas. Essa questão equivale a uma outra: é permitido a alguém que está se afogando procurar se salvar? Alguém que tem um espinho cravado, retirá-lo? Alguém que está doente, chamar um médico? As provas têm por objetivo exercitar a inteligência, a paciência e a resignação. Um homem pode nascer numa posição humilde e difícil, para se ver obrigado a procurar os meios de vencer as dificuldades. O mérito consiste em suportar, sem lamentações, as consequências dos males que não podemos evitar. Consiste, também, em continuar na luta, em não agir com desespero, se for malsucedido, e nem com displicência, porque isso seria mais preguiça do que virtude.

Uma vez que Jesus falou: *"Bem-aventurados os aflitos"*, existirá méritos em procurar aflições para agravar as provas por meio de sofrimentos voluntários? A isso, responderei muito claramente: Sim, existe um grande mérito quando os sofrimentos e as privações têm por objetivo o bem do próximo, porque isso é fazer a caridade através do sacrifício. Não, quando a finalidade é apenas favorecer a si mesmo. Neste caso, é egoísmo.

Aqui, existe uma grande distinção a ser feita: contentem-se com as provas que Deus lhes envia e não aumentem a carga por vezes já tão pesada. Aceitar as provas sem lamentações e com fé é tudo o que Ele quer. Não enfraqueçam o corpo com privações inúteis e torturas desnecessárias, pois precisam de todas as forças para realizar as suas tarefas na Terra.

Torturar voluntariamente o corpo é transgredir a Lei de Deus, que dá, a cada um, os meios de sustentá-lo e fortificá-lo. Enfraquecer o corpo sem necessidade é um verdadeiro suicídio. Usem, mas não abusem! Esta é a Lei. O abuso das melhores coisas também traz a sua punição e acarreta consequências inevitáveis.

Outra coisa é o sofrimento que alguém impõe a si próprio, para aliviar a dor do próximo. Se suportarem o frio e a fome para aquecer e alimentar aqueles que precisam, e se o corpo sofrer em consequência disso, eis o sacrifício que será abençoado por Deus.

Têm sua verdadeira recompensa aqueles que deixam suas casas para irem a uma habitação miserável levar consolação, que sujam suas mãos cuidando de chagas alheias, que se privam do sono para velar à cabeceira de um doente, que utilizam sua saúde praticando boas ações. As alegrias do mundo não ressecaram esses corações e não deixaram que eles adormecessem em meio aos prazeres ilusórios da riqueza. Esses são os verdadeiros anjos dos pobres abandonados.

Aqueles que se retiram do mundo para evitar suas seduções e vão viver no isolamento, que utilidade terão na Terra? Onde está a coragem para enfrentar as provas, uma vez que fogem da luta e abandonam o combate? Se quiserem um sacrifício, apliquem sobre sua alma e não sobre seu corpo. Castiguem o seu Espírito e não a sua carne, sacrifiquem seu o orgulho, recebam as humilhações sem queixas, pisem em seu amor-próprio, aguentem a dor da ofensa e da calúnia que torturam mais do que a dor física. Eis o verdadeiro sacrifício, cujas feridas serão contadas, pois atestarão a coragem de vocês e a submissão à vontade de Deus.

DEVE-SE COLOCAR UM FIM ÀS PROVAS DO PRÓXIMO?

Bernardin, Espírito protetor – Bordeaux, 1863.

27 – *Deve-se colocar um fim às provas do próximo, quando isso for possível? Ou, em respeito à vontade de Deus, é preciso deixá-las seguir o seu curso?*

Já dissemos muitas vezes que estão na Terra para concluir suas provas, e tudo o que lhes acontece é fruto de suas existências anteriores. É o peso da dívida que todos têm que pagar. Esse pensamento provoca reflexões em algumas pessoas e ideias que precisam ser combatidas, pois poderiam causar consequências desastrosas.

Alguns pensam que, a partir do momento em que se está na Terra para corrigir os erros de existências anteriores, é preciso deixar que as provas sigam seu curso. Existem os que acreditam que não é preciso fazer nada para atenuá-las, ao contrário, entendem que é melhor agravá-las, tornando-as assim mais proveitosas. Isso é um grande erro. Sim, as provas devem seguir o curso que foi traçado por Deus, mas por acaso conhecem esse curso? Sabem até que ponto elas devem ir? Será que o Pai misericordioso não disse que o sofrimento desse irmão não deverá ir mais longe? Será que vocês não foram escolhidos pela Providência, não como um instrumento de suplício, para agravar-lhe o sofrimento, mas como um alívio para cicatrizar as feridas que a Justiça abriu?

Quando estiverem na presença de um irmão que sofre, não devem dizer: "É a justiça de Deus, é preciso que ela siga seu curso". Digam, ao contrário: "Vejamos que meios o Pai misericordioso colocou à minha disposição para suavizar o sofrimento desse irmão"; "Vejamos se as minhas consolações morais, o meu apoio material e os meus conselhos, não podem ajudá-lo a transpor essa dificuldade com mais ânimo, paciência e resignação"; "Será que Deus não colocou em minhas mãos os meios para que eu consiga fazer cessar o sofrimento desse irmão?"; "Será que não me foi dado também como prova, ou como um meio de resgatar meus erros, deter o mal e substituí-lo pela paz?".

Ajudem-se uns aos outros em suas provas e nunca se tornem instrumentos de tortura para ninguém. Esse pensamento deve revoltar todo homem de bom coração, principalmente o Espírita, pois, melhor do que os outros, ele deve compreender a extensão infinita da bondade de Deus.

O Espírita sabe que toda a sua vida deve ser um ato de amor e de dedicação, e qualquer coisa que faça para contrariar as decisões do Senhor não irá alterar o curso da Justiça Divina. Ele pode, então, usar sem receio, todos os esforços para suavizar a amargura da expiação do seu próximo, pois somente Deus poderá interrompê-la ou prolongá-la conforme julgue necessário.

Sob o pretexto de que o sofrimento é merecido, não deveria o homem sentir-se no direito de aumentar ainda mais a aflição daqueles que têm contas a ajustar com o seu passado? Não! Considerem-se sempre como um instrumento para fazer cessar o sofrimento de seus irmãos.

Podemos resumir assim: todos estão na Terra para corrigir os erros cometidos no passado, mas todos, sem exceção, devem empregar seus esforços para **auxiliar o próximo**, e, assim, suavizar o sofrimento de seus irmãos, segundo a Lei do Amor e da Caridade.

É PERMITIDO ABREVIAR A VIDA DE UM DOENTE QUE SOFRE SEM ESPERANÇA DE CURA?

São Luís – Paris, 1860.

28 – *Um homem está agonizante, vítima de cruéis sofrimentos. Sabe-se que seu estado é desesperador. É permitido poupar-lhe alguns instantes de agonia, apressando-lhe o fim?*

Quem daria a vocês o direito de prejulgar as intenções de Deus? Não pode Ele acompanhar um homem até a beira da morte, retirando-o dessa situação com o objetivo de fazer com que ele mude seus pensamentos?

Mesmo sabendo que o momento final de um moribundo está próximo, ninguém pode dizer, com certeza, que sua hora derradeira chegou. A Ciência já se enganou várias vezes nessas previsões.

Sei bem que existem casos que podem ser considerados desesperadores, como existem aqueles em que não se tem nenhuma esperança de o doente retornar à vida, mas no momento de dar o último suspiro, ele se reanima e recupera a sua lucidez por alguns instantes. Pois bem! Esse momento de Graça, que é concedido ao Espírito, poderá lhe ser muito importante. Ele pode ter muitos pensamentos no momento final da sua agonia e um só instante de arrependimento poderá lhe poupar muitos sofrimentos.

O materialista, que vê apenas o corpo e que não leva em conta a existência da alma, não pode compreender essas coisas. O espírita, que sabe o que acontece após a morte, conhece o valor do último pensamento. Suavizem os últimos sofrimentos tanto quanto possível, mas abstenham-se de abreviar a vida, ainda que por um minuto, pois esse minuto poderá ser de arrependimento e perdão, poupando, assim, muitas lágrimas no futuro.

SACRIFÍCIO DA PRÓPRIA VIDA

São Luís – Paris, 1860.

29 – *Aquele que está desgostoso com a vida, mas não quer se suicidar, é culpado se procurar a morte no campo de batalha, com o propósito de torná-la útil?*

Quer o homem se mate ou se deixe matar, seu propósito será sempre o de encurtar a sua vida, existindo, assim, a intenção do suicídio, mesmo que ele não ocorra de fato. O pensamento de que a sua morte servirá para alguma coisa é ilusório. Serve apenas como desculpa para disfarçar a sua ação e justificá-la aos seus próprios olhos. Se realmente tivesse o desejo de servir a seu país, procuraria viver, defendendo-o e não morrendo, pois, uma vez morto, ele não servirá mais para nada.

O verdadeiro devotamento consiste em não se ter medo da morte quando é preciso ser útil. Devemos enfrentar o perigo e oferecer, sem temor, o sacrifício da própria vida, se isso for necessário. No entanto, a *intenção premeditada* de procurar a morte, expondo-se a um perigo, mesmo que para prestar um serviço, anula o mérito da ação.

30 – *Um homem se expõe a um perigo iminente para salvar a vida de um de seus semelhantes, sabendo antecipadamente que ele próprio morrerá. Pode seu ato ser considerado um suicídio?*

Desde que não exista a intenção de procurar a morte, não há suicídio, e sim devotamento e abnegação, embora haja a certeza de morrer. Mas quem pode ter essa certeza? Quem disse que a Providência não reserva um meio inesperado de salvação no momento mais crítico? Não pode Ela salvar até mesmo aquele que estiver na boca de um canhão? Muitas vezes, Deus pode querer levar a prova da resignação até as últimas consequências, quando um acontecimento inesperado desvia o golpe fatal.

PROVEITO DOS SOFRIMENTOS EM BENEFÍCIO DOS OUTROS

São Luís – Paris, 1860.

31 – *Os que se submetem à vontade de Deus, aceitando o sofrimento com resignação, mas têm em vista somente a sua felicidade futura, na verdade estão trabalhando para si mesmos. Será que eles podem tornar seus sofrimentos proveitosos para alguém?*

Esses sofrimentos podem ser proveitosos aos outros, material e moralmente. Materialmente, se, pelo trabalho, pelas privações e pelos sacrifícios a que tais criaturas se impõem, elas contribuírem para o bem-estar material do seu próximo. Moralmente, pelo exemplo que fornecem com a sua submissão à vontade de Deus. Esse **exemplo caridoso**, que é dado pela fé espírita, pode levar muitos infelizes a também aceitarem seus sofrimentos sem reclamar, salvando-os do desespero que lhes traria consequências desastrosas para o futuro.

Comentários

1 – Bem-aventurados – Ou seja, aqueles que são felizes.

Os que choram e serão consolados – São os que sofrem as suas provações com resignação e paciência, ou seja, aceitam o sofrimento sem reclamar. Aqueles que sofrem e reclamam não terão o consolo do qual nos fala Jesus.

Os que têm fome e sede de justiça – São os injustiçados, os que padecem em função das desigualdades dos homens e vêem seus direitos desrespeitados, sem terem para quem reclamar. Geralmente, são os tiranos de outras vidas, que são alcançados agora pela Justiça Divina.

Os que sofrem perseguição por amor à justiça – São aqueles que procuram defender os mais fracos, falar pelos que não tem voz e buscar o direito dos injustiçados. Por combaterem interesses contrários aos das classes dominantes, acabam incomodando os mais poderosos, tornando-se alvo de suas perseguições.

Reino dos Céus – Não é um lugar específico dentro do mundo Espiritual, é, antes, um estado de espírito, que levará os que desencarnam a um lugar melhor dentro da Espiritualidade.

2 – Os pobres que receberão o Reino dos Céus – São os desprovidos dos bens materiais e que não reclamam da miséria que experimentam. Buscam no trabalho a satisfação de suas necessidades e na prática do bem, a oportunidade de ascensão Espiritual.

Os que têm fome e serão saciados – São os miseráveis, que estão em todas as partes da Terra e não possuem acesso ao alimento do corpo físico e da alma, nem para si e nem para os seus.

Os que choram agora e depois irão rir – São os que sofrem por perdas de todas as espécies e, mesmo chorando, resignam-se e aceitam as coisas que acontecem contra os seus interesses.

Os ricos que têm sua consolação no mundo – São os que usam seus bens em proveito próprio, não empregam sua riqueza em benefício do próximo. Esses já recebem na Terra o seu pagamento; Deus nada mais lhes deve.

Os que estão saciados e terão fome – São os que têm mais do que o suficiente para uma vida digna e não a compartilham com seus irmãos necessitados. Eles sentirão, em encarnações futuras, o que significa a falta de alimentos, carinho e proteção.

Os que estão rindo agora e irão gemer e chorar – São os afortunados que utilizam o que recebem exclusivamente em benefício próprio. Julgam-se proprietários, e não usuários, dos bens, da saúde, do amor e da tranquilidade que Deus lhes concede.

3 – A vida futura – As compensações, prometidas por Jesus aos aflitos da Terra, somente poderão ser desfrutadas na vida futura, porque sem as limitações do corpo físico é que podemos experimentar as verdadeiras alegrias, que nem os maiores prazeres da Terra poderiam nos dar. Podemos dizer que nós somos, hoje, o resultado da soma de todas as nossas encarnações anteriores.

5 – Punição das faltas – Os homens que cometem erros contra a sociedade são punidos somente pelas Leis Humanas. As Leis de Deus agem sobre todos os erros, os que cometemos contra nós mesmos e os que cometemos contra a sociedade.

11 – Por que é preciso esquecer as vidas anteriores? – Normalmente, os inimigos do passado são, hoje, nossos filhos, irmãos, pais e amigos. Deus permite esse reencontro, para que, através do sentimento do amor, todos possam trabalhar pela reconciliação. Qual seria o filho que confiaria num pai que, numa existência anterior, lhe tirou a vida por um motivo fútil? Por esse exemplo, podemos perceber que essa reconciliação seria muito difícil se mantivéssemos a lembrança dos erros que cada um cometeu ou sofreu em vidas passadas.

13 – Sofrer com resignação – Além do sofrimento resignado, uma outra maneira de resgatar mais rapidamente nossos débitos com o passado, é trabalhar em benefício do próximo, seja através de uma ação material ou de uma ação moral.

19 – Pranto e ranger de dentes – Significa o sofrimento, o remorso para aqueles que não reformaram sua conduta, que não se empenharam em vencer os seus vícios e os seus defeitos, substituindo-os por virtudes.

Escolha das provas – Sempre que possível, o Espírito escolhe as provas pelas quais deseja passar. Essa escolha tem como objetivo corrigir os erros cometidos em encarnações anteriores. Porém, na impossibilidade do próprio Espírito escolher suas provas, ele é ajudado pelos benfeitores Espirituais.

Sofrer sem reclamar – O Espiritismo ensina que o sofrimento resignado deve ser um motivo de alegria, pois aquele que sofre está quitando os erros que cometeu no passado, e isso lhe trará um futuro melhor. O Evangelho de Jesus é um bom companheiro para nos auxiliar a sofrer de maneira resignada, ou melhor, sem reclamações.

20 – Libertar-se do homem velho – Significa deixar para traz o orgulho, a vaidade, os vícios e os maus procedimentos que, ao longo de muitas existências, viemos praticando. Quando nos libertarmos dessa maneira de agir, nascerá em nós o **homem novo**, cheio de virtudes e pronto para praticar os ensinamentos do Cristo.

21 – Mortes prematuras – Cada pessoa, de acordo com suas atitudes, tem um prazo para permanecer reencarnada na Terra. Esse prazo deve ser aceito com muito respeito e humildade, pois cada processo desencarnatório é um aprendizado, tanto para aquele que parte, como para aqueles que ficam.

22 – Equilíbrio – A grande virtude está no equilíbrio, ou seja, procurar os conhecimentos Espirituais, sem fugir às responsabilidades da vida material. Os Espíritas, mesmo sabendo que a vida na Terra é passageira e que a vida Espiritual é a definitiva, não devem abrir mão de viver suas obrigações Terrenas.

23 – Os tormentos voluntários – Não possuem nenhuma utilidade para o homem, uma vez que Deus não quer o nosso sofrimento. Apenas sofremos as consequências de nossos atos passados, daí a inutilidade dos tormentos voluntários.

27 – Auxiliar o próximo – Quando o nosso comportamento em relação ao próximo tiver como base o amor, não haverá mais lugar para perguntas acerca da causa e da duração desse sofrimento. Assim, uma só ideia nos animará: auxiliar o próximo, quando isso for possível.

31 – O exemplo como caridade – Muitas pessoas conseguem se recuperar, moral e materialmente, apenas valendo-se do exemplo de outras, que em circunstâncias parecidas, se reergueram e venceram seus obstáculos.

CAPÍTULO

6

O CRISTO CONSOLADOR

• **O JUGO LEVE**
• **O CONSOLADOR PROMETIDO**

Instruções dos Espíritos:
• **A chegada do Espírito da Verdade**

O JUGO LEVE

1 – *Venham a Mim, disse Jesus, todos os que estão sofrendo e que se acham sobrecarregados que Eu os aliviarei. Aceitem o Meu* ***jugo*** *e aprendam Comigo, que Sou manso e humilde de coração, e assim, encontrarão, o repouso para suas almas. Porque* ***O meu jugo é suave*** *e* ***O meu fardo é leve*** *(Mateus, 11:28 a 30).*

2 – Todos os sofrimentos – misérias, decepções, dores físicas, perda de entes queridos etc. – encontram sua consolação na fé que possuímos no futuro e na confiança que temos na Justiça de Deus. Isto foi o que o Cristo veio ensinar aos homens. Porém, para aquele que não espera nada após essa vida ou que simplesmente duvida, as aflições pesam muito mais e nenhuma esperança vem suavizar a sua amargura. Foi isso o que levou Jesus a dizer: *"Venham a Mim todos os que estão sofrendo e que se acham sobrecarregados que Eu os aliviarei".*

Entretanto, Jesus coloca uma condição para a Sua assistência e para a felicidade que promete aos aflitos: essa condição é a própria Lei por Ele ensinada, ou seja, a Lei do Amor e da Caridade. Seu jugo é a obediência a essa Lei, mas esse jugo é suave e essa Lei é leve, pois Ele apenas impõe, como dever, segui-la.

O CONSOLADOR PROMETIDO

O Espírito da Verdade – Paris, 1860.

3 – *"Se Me amam", disse Jesus, "sigam os Meus mandamentos e Eu rogarei a Meu Pai para que envie outro Consolador, para que fique eternamente com vocês.*

Será o Espírito da Verdade, a quem o mundo não pode receber porque não o vê e não o conhece. Mas todos o conhecerão porque ele estará sempre ao lado dos homens. O Consolador, que é o Espírito da Verdade, que Meu Pai enviará em Meu nome, ensinará todas as coisas e fará com que vocês se lembrem de tudo o que Eu já havia falado" (João, 14:15 a 17 e 26).

4 – Jesus promete um outro Consolador: é o *Espírito da Verdade*, que o mundo ainda não conhece porque não está maduro para compreendê-lo. O Consolador que o Pai enviará vai ensinar todas as coisas, e vai relembrar o que o Cristo disse. Se o *Espírito da Verdade* deve vir mais tarde ensinar todas as coisas, é porque Jesus não falou tudo. Se ele vem para relembrar o que o Cristo disse é porque o Seu ensinamento foi esquecido ou mal compreendido.

O Espiritismo vem, no tempo previsto, cumprir a promessa do Cristo, e o Espírito da Verdade preside a sua chegada. Ele convida os homens à observância da Lei, ensina todas as coisas, fazendo compreender o que Jesus falou apenas por parábolas. O Cristo disse: *"Que ouçam aqueles que têm ouvidos para ouvir"*, pois, na sua época, nem todos tinham condições de compreender os ensinamentos. O Espiritismo vem abrir os olhos e os ouvidos, pois fala de forma direta e objetiva, sem figuras ou alegorias. Levanta o véu deixado, de propósito, sobre certos mistérios. Vem, finalmente, trazer a consolação suprema aos deserdados da Terra e a todos aqueles que sofrem, fornecendo uma causa justa e um objetivo útil a todas as dores.

O Cristo disse: *"Bem-aventurados os aflitos, pois serão consolados"*: mas como alguém pode sentir-se feliz por sofrer, se não sabe por que está sofrendo? O Espiritismo mostra que a causa do sofrimento está nas existências anteriores e na própria destinação da Terra, onde o homem sofre as consequências dos atos que praticou no passado. Ensina, também, que os sofrimentos são como crises saudáveis que conduzem à cura e à purificação, garantindo a felicidade nas existências futuras. O homem compreende que mereceu sofrer e acha justo esse sofrimento. Sabe que o sofrimento ajuda em seu adiantamento e o aceita sem lamentações, como o trabalhador aceita o serviço que vai lhe garantir o salário. O Espiritismo lhe dá uma fé inabalável no futuro e a dúvida cruel sobre a continuação da vida não tem mais lugar em sua alma. Ao fazer com que o homem veja as coisas do alto, a importância das contrariedades da vida terrena se perde no vasto horizonte que ele consegue enxergar. A perspectiva da felicidade que o espera lhe dá a paciência, a resignação e a coragem para ir até o fim do caminho.

Assim, o Espiritismo vem realizar o que Jesus disse sobre o Consolador prometido: ele trará o conhecimento das coisas que fazem com que o homem saiba de onde vem, para onde vai e por que está na Terra. Fará com que o homem lembre-se dos verdadeiros princípios da Lei de Deus e trará a consolação, pela fé e pela esperança.

Instruções dos Espíritos

A CHEGADA DO ESPÍRITO DA VERDADE

O Espírito da Verdade – Paris, 1860.

5 – Venho, como antigamente, entre os filhos perdidos de Israel, trazer a verdade e dissipar as trevas. Escutem-me. O Espiritismo, como a minha palavra fez antigamente, veio lembrar aos incrédulos que acima deles reina a verdade imutável, que é o Deus bom, o Deus justo, que faz germinar as plantas e levanta as ondas. Revelei a Doutrina Divina e, como um colhedor de cereais, reuni em feixes o bem espalhado pela Humanidade e disse: *"Venham a mim, todos vocês que sofrem!"*.

Entretanto, os homens, ingratos como são, desviaram-se do caminho reto e largo que conduz ao Reino de meu Pai e se perderam nos ásperos caminhos da desumanidade. Meu Pai não quer terminar com a raça humana. Ele quer que, ajudando-se uns aos outros, mortos e vivos, ou melhor, mortos segundo a carne, pois a morte não existe, socorram-se mutuamente, e que se ouça clamar, não mais a voz dos Profetas e dos Apóstolos, mas sim a voz daqueles que já desencarnaram dizendo: "Orem e creiam! Pois a morte é o renascimento e a vida é a prova que foi escolhida por vocês, durante a qual as *virtudes* devem crescer e se desenvolver como o cedro".

Homens fracos, que compreendem a sua própria ignorância, não afastem a tocha que a bondade de Deus colocou em suas mãos para iluminar o caminho e reconduzi-los, como crianças perdidas, aos braços do Pai.

Sinto muita compaixão pela miséria em que se encontram e pela fraqueza imensa que demonstram, para não estender a mão em socorro aos infelizes desgarrados que, vendo o Céu, caem no abismo do erro. Acreditem, amem e meditem sobre todas as coisas que são reveladas. Não misturem o ***joio*** com a boa semente e nem as mentiras ilusórias com as verdades.

Espíritas! Amem-se, eis o primeiro ensinamento; *instruam-se*, eis o segundo. Todas as verdades se encontram no Cristianismo. Os erros que nele encontramos são de origem humana. Do além-túmulo, que muitos acreditam vazio, vozes gritam: "Irmãos! A morte não existe; Jesus é o vencedor do mal, sejam vocês os vencedores da falta de piedade!"

O Espírito da Verdade

Paris, 1861.

6 – Venho ensinar e consolar os pobres deserdados. Venho pedir que aceitem, sem reclamar, suas provas. Podem chorar, pois a dor foi consagrada no Jardim das Oliveiras, mas esperem, pois os anjos consoladores virão enxugar suas lágrimas.

Trabalhadores! Trabalhem sua Terra. Recomecem, no dia seguinte, a difícil jornada da véspera. O trabalho de suas mãos fornece o pão terreno a seus corpos, mas suas almas não estão esquecidas. Eu, o divino jardineiro, as cultivo no silêncio de seus pensamentos. Quando a hora do repouso chegar, quando o fio da vida escapar de suas mãos e seus olhos se fecharem para a luz, sentirão surgir e germinar minha preciosa semente. Nada está perdido no Reino de nosso Pai. Seus suores e suas misérias formam um tesouro que os tornará ricos nas esferas superiores, onde a luz substitui as trevas, e onde o mais desprovido dentre todos vocês será, talvez, o mais resplandecente.

Em verdade, Eu digo: "Os que carregam seus fardos e assistem seus irmãos são os meus bem-amados". Aprendam com a preciosa Doutrina Espírita, que dissipa o erro das revoltas e ensina o objetivo sublime da provação humana. Assim como o vento varre a poeira, que o ensinamento dos Espíritos dissipe a inveja que sentem contra os ricos do mundo. Eles, frequentemente, são os mais miseráveis, porque suas provas são mais difíceis do que as da maioria. Eu estou com vocês e meu apóstolo vem para esclarecê-los. Bebam na fonte viva do amor e preparem-se, prisioneiros da vida, para se lançarem, um dia, livres e alegres, no seio d'Aquele que os criou simples e ignorantes para torná-los perfeitos. Ele deseja que vocês mesmos, através da experiência, da aquisição de conhecimentos, evoluam e sejam os responsáveis por sua própria ascensão.

O Espírito da Verdade

Bordeaux, 1861.

7 – Sou o grande médico das almas e venho trazer o remédio para curá-los. Os fracos, os sofredores e os enfermos são os meus filhos prediletos e venho para salvá-los. Venham a mim todos os que sofrem e sentem-se oprimidos, e serão aliviados e consolados. Não procurem em outro lugar a *força* e a *consolação*, porque o mundo é impotente para lhes dar. Através do Espiritismo, Deus faz ao coração de todos um apelo supremo: escutem-No. "Que a desumanidade, a mentira, o erro, a incredulidade, sejam eliminados da alma dolorida de cada um de vocês." Esses são os verdadeiros monstros que sugam o sangue mais puro, e fazem feridas quase sempre mortais. Que, no futuro, humildes e submissos ao Criador, possam, todos praticar Sua Lei Divina. Amem e orem. Sejam dóceis aos Espíritos do Senhor. Chamem-No do fundo do coração e, então, Ele enviará o seu Filho bem-amado para instruir a todos e dizer essas boas palavras: "Eis-Me aqui, vim porque Me chamaram".

O Espírito da Verdade

Havre, 1863.

8 – Deus consola os humildes e dá força aos aflitos quando esses Lhe pedem. Seu poder cobre a Terra, e por todo lugar onde houver uma lágrima, Ele coloca um alívio que consola. A *abnegação* e o *devotamento* são uma prece contínua e trazem consigo um ensinamento profundo: a sabedoria humana reside nessas duas palavras. Que os Espíritos sofredores possam compreender essa verdade, em vez de ficarem reclamando de suas dores e de seus sofrimentos morais que, aqui na Terra, são sua herança. Tomem por lema essas duas palavras: *devotamento e abnegação*, e serão fortes, porque elas resumem todos os deveres que a caridade e a humildade impõem. O sentimento do dever cumprido tranquiliza o espírito e traz resignação; o coração bate melhor, a alma se acalma e o corpo não sente mais desânimos, pois quanto mais o Espírito é atingido, mais o corpo físico sofre.

Comentários

1 – Jugo – Significa estar sob o domínio de alguém, nesse caso, sob o domínio de Jesus.

Meu jugo é suave – O jugo de Jesus é a observação do Seu Evangelho, e este jugo é suave, principalmente, para os que acreditam na vida futura.

Meu fardo é leve – Pois consiste em praticar o amor e a caridade.

5 – Joio – É uma semente tóxica que nasce no meio do trigo como uma praga. A expressão *separar o joio do trigo* significa separar o mal do bem.

CAPÍTULO

7

BEM-AVENTURADOS OS POBRES DE ESPÍRITO

• O QUE É PRECISO ENTENDER POR POBRE DE ESPÍRITO
• TODO AQUELE QUE SE ELEVA SERÁ REBAIXADO
• MISTÉRIOS OCULTOS AOS SÁBIOS E AOS PRESUNÇOSOS

Instruções dos Espíritos:

• O orgulho e a humildade
• Missão do homem inteligente na Terra

O QUE É PRECISO ENTENDER POR POBRE DE ESPÍRITO

1 – *Bem-aventurados os pobres de espírito, pois é deles o* ***Reino dos Céus*** *(Mateus, 5:3)*..

2 – Aqueles que não acreditam, zombam deste ensinamento moral: *"Bem-aventurados os pobres de espírito"*, como têm zombado de outras afirmativas de Jesus, por não entendê-las. Por *pobres de espírito*, Jesus não se refere aos homens desprovidos de inteligência, mas sim aos *humildes*. Ele diz que é para estes o *Reino dos Céus*, e não para os orgulhosos.

Segundo a opinião da maioria, os Cientistas e os Intelectuais da Terra têm um conceito tão alto de si mesmos e de sua superioridade, que olham as coisas divinas como indignas de merecerem a sua atenção. Preocupados somente com eles mesmos e com sua vaidade, seus olhos não podem se elevar até Deus. Aqueles que se acreditam superiores a tudo têm a tendência de não aceitarem o que está acima de suas capacidades, pois isso poderia rebaixá-los. Chegam ao ponto de negar a Divindade. Porém, quando concordam em aceitar que Deus existe, negam-Lhe um de seus mais belos atributos: a Sua intervenção sobre as coisas deste mundo, pois estão convencidos de que apenas eles são suficientes para bem governá-lo. Usam sua inteligência como medida da inteligência universal, e, julgando-se aptos a tudo entender, não aceitam como possível aquilo que não podem compreender. Quando julgam alguma coisa, consideram seu julgamento como definitivo e indiscutível.

Quando os Cientistas e os Intelectuais se recusam a admitir o mundo invisível e um poder extra-humano, não é porque isso esteja acima de suas capacidades de entendimento, mas porque seu orgulho se revolta contra a ideia de que exista alguma coisa que não possam dominar e que os faria descer de seus pedestais. É por isso que mostram sempre um sorriso de desdém por tudo aquilo que não é do Mundo Físico e visível. Eles se atribuem grande inteligência e muito conhecimento para acreditarem em coisas que, segundo eles, são boas para as *pessoas simples*. Por isso, consideram como pobres de espírito aqueles que levam essas coisas a sério.

Entretanto, digam o que disserem, certamente, um dia entrarão, como todos os outros, no mundo invisível que tanto ridicularizam, e quando seus olhos se abrirem reconhecerão o erro que cometeram. Entretanto, Deus, que é justo, não pode receber da mesma maneira aquele que desconheceu Seu poder e aquele que se submeteu humildemente às Suas Leis, nem dar a ambos o mesmo tratamento.

Ao dizer que o Reino dos Céus é para os simples, Jesus ensina que ninguém será admitido lá sem a *simplicidade do coração e a humildade de espírito*. O ignorante que possui essas qualidades será preferido ao sábio que acredita mais em si mesmo do que em Deus. Em todas as passagens, Jesus sempre colocou a *humildade* entre as virtudes que nos aproximam de Deus, e o *orgulho* entre os vícios que nos afastam Dele. Isso ocorre por uma razão muito natural: enquanto a *humildade* é um ato de obediência à Sua vontade, o *orgulho* é um ato de revolta. Mais vale, portanto, para felicidade futura do homem, ser *pobre de espírito*, no sentido em que este termo é entendido pelo mundo, e rico em qualidades morais.

TODO AQUELE QUE SE ELEVA SERÁ REBAIXADO

3 – *Naquela ocasião, os discípulos se aproximaram de Jesus e perguntaram: "Quem é o maior no Reino dos Céus?". Jesus, então, chamou uma criança e, colocando-a no meio deles, respondeu: "Em verdade, Eu digo a vocês que, todo aquele que não se assemelhar à simplicidade e à pureza desta criança, não entrará no Reino dos Céus. Porém, todo aquele que se humilhar e se fizer pequeno como essa criança, será o maior no Reino dos Céus. E o que receber, em Meu nome, uma criança como essa, a Mim é que estará recebendo". (Mateus, 18:1 a 5.)*

4 – *A mulher de Zebedeu, com seus dois filhos, aproximou-se de Jesus para pedir um favor. Ele perguntou: "O que você quer?". Ela respondeu: "Ordena a meus dois filhos para que sentem no Seu Reino, um à Sua direita e outro à Sua esquerda". E Jesus respondendo, lhe disse: "Você não sabe o que está Me pedindo". Depois perguntou* *aos dois jovens: "Vocês podem beber do cálice que Eu vou beber?". E eles responderam: "Podemos". E Jesus disse: "É verdade que vocês podem beber do cálice que Eu vou beber, mas no que diz respeito a sentar à Minha direita ou à Minha esquerda, não cabe a Mim conceder, isso será para aqueles a quem Meu Pai tenha preparado". Quando ouviram isso, os dez apóstolos se indignaram contra os dois irmãos. Jesus, chamando-os para perto de Si, disse-lhes: "Todos sabem que os governadores dos povos dominam seus governados e que os poderosos exercem sobre eles o seu poder. Isto não deve acontecer entre vocês. Ao contrário, todo aquele que quiser ser o maior, que seja um servidor, e aquele dentre vocês que quiser ser o primeiro, que seja um escravo. Procurem seguir Meu exemplo, pois Eu não vim para ser servido, e sim para servir; vim dar Minha vida para que isto sirva de exemplo a muitos (Mateus, 20:20 a 28).*

5 – *Num dia de sábado, Jesus entrou na casa de um dos principais fariseus, para ali fazer Sua refeição. Os que já estavam lá ficaram a observá-lo. Jesus, notando como os convidados escolhiam os primeiros lugares à mesa, deu-lhes um conselho: "Quando forem convidados a um banquete, não sentem nos primeiros lugares, porque pode acontecer que na festa estejam pessoas mais importantes, e que o dono da casa peça para que cedam seus lugares a eles, e vocês, envergonhados, terão que buscar as últimas acomodações. Portanto, quando forem convidados a uma cerimônia, procurem os últimos assentos para que, quando chegar o dono da casa, que lhes convidou, diga: Amigos, sentem-se mais próximo de mim. E isso será para vocês um motivo de glória perante os outros convidados que também estiverem sentados à mesa; porque todo aquele que se eleva será rebaixado, e todo aquele que se rebaixa será elevado" (Lucas, 14:1,7 a 11).*

6 – Estes ensinamentos estão de acordo com o princípio da humildade, que Jesus não cansa de enfatizar como condição essencial para a felicidade prometida aos eleitos do Senhor e que Ele resumiu assim: *"Bem-aventurados os pobres de espírito, pois é deles o Reino dos Céus"*. Jesus usa a criança como exemplo da simplicidade de coração e diz: *"Todo aquele que se humilhar e se fizer pequeno como esta criança, será o maior no Reino dos Céus"*, ou seja, terá uma vida futura mais feliz todo aquele que não tiver nenhuma pretensão de ser superior ou de ser infalível.

A base do ensinamento de Jesus está nestas palavras: *"Todo aquele que quiser ser o maior, que seja um servidor"*, e, também, quando diz: *"Todo aquele que se eleva será rebaixado, e todo aquele que se rebaixa será elevado"*.

O Espiritismo vem confirmar esses ensinamentos ao mostrar que, no Mundo dos Espíritos, os que foram humildes na Terra encontram-se em melhor situação do que aqueles que foram orgulhosos e poderosos. Ao morrer, os *simples e os humildes* levam consigo aquilo que constitui a verdadeira grandeza no Céu, ou seja, as virtudes. Os *ricos e poderosos* deixam na Terra tudo o que fazia sua grandeza e que não podem levar para a outra vida, isto é, a riqueza, os títulos, a glória, a nobreza e todas as coisas que não possuem importância verdadeira. Assim, eles chegam ao Mundo Espiritual desprovidos de tudo, como náufragos infelizes que perderam até mesmo suas roupas. Conservam apenas o orgulho, o que torna sua nova posição ainda mais humilhante, pois veem, acima deles e cheios de glória, aqueles mesmos a quem humilharam na Terra.

O princípio da alternância entre a posição dos orgulhosos e dos humildes é explicado pelo Espiritismo através das encarnações sucessivas, no qual aqueles que tiveram uma posição elevada em uma existência Terrena, e foram dominados pelo orgulho e pela ambição, serão rebaixados até a última posição na existência seguinte. Portanto, não procurem os primeiros lugares na Terra, nem se coloquem acima dos outros, se não quiserem ser obrigados a descer. Procurem, ao contrário, a posição mais humilde e mais modesta, porque Deus saberá dar-lhes um lugar mais elevado e melhor, se assim o merecerem.

MISTÉRIOS OCULTOS AOS SÁBIOS E AOS PRESUNÇOSOS

7 – *Então, Jesus disse estas palavras: "Eu lhe rendo glória Meu Pai, Senhor do Céu e da Terra, por ter ocultado essas coisas aos sábios e aos presunçosos, e por tê-las revelado aos simples e aos pequeninos" (Mateus, 11:25).*

8 – Pode parecer estranho que Jesus renda graças a Deus por Ele ter revelado essas coisas *aos simples e aos pequeninos*, que são os *pobres de espírito*, ocultando-as dos *sábios e dos presunçosos*, mais capazes, aparentemente, de compreendê-las. É preciso entender que os humildes são aqueles que se rendem diante da vontade de Deus, e não se consideram superiores a ninguém. Os orgulhosos, envaidecidos de seu saber mundano, são aqueles que se julgam donos da verdade, porque negam e tratam a Deus de igual para igual, quando não O rejeitam. É por isso que Deus deixa para eles a procura dos segredos da Terra, e revela os segredos do Céu aos simples e aos humildes, que se curvam diante da Sua glória.

9 – O mesmo acontece hoje com as grandes verdades reveladas pelo Espiritismo. Alguns incrédulos se admiram de que os Espíritos se esforcem tão pouco para convencê-los. Os Espíritos procuram primeiro aqueles que buscam o conhecimento com humildade e boa vontade. Eles não procuram os que acreditam possuir toda a verdade, pois esses pensam que Deus deveria primeiro provar-lhes que existe, para depois O aceitarem. Imaginam também que Deus ficaria muito contente por recebê-los.

O poder de Deus se manifesta tanto nas pequenas como nas grandes coisas. Ele não encobre a luz, ao contrário, Ele a espalha com abundância por toda parte. Cegos são aqueles que não a veem. *Deus não quer abrir os olhos dos incrédulos à força, uma vez que eles sentem-se bem com os olhos fechados.* A vez deles chegará, mas antes é preciso que sintam as angústias das trevas e atribuam a *Deus, e não ao acaso, a mão que lhes fere o orgulho.* Para vencer a incredulidade, Deus emprega os meios que julga conveniente, conforme os indivíduos. Não cabe ao incrédulo determinar a Deus o que deve ser feito e nem Lhe dizer: "Se quiser me convencer, é preciso escolher essa ou aquela maneira, num momento mais adequado e de acordo com as minhas conveniências".

Os incrédulos não devem se espantar se Deus e os Espíritos, que são os executores da Sua vontade, não se submetem às suas exigências. Perguntem o que fariam, se o mais simples de seus servidores lhes quisesse fazer imposições. Deus estabelece as Suas condições e não se sujeita às que Lhe são impostas pelos incrédulos. Ele ouve com bondade aqueles que O procuram com humildade, e não aqueles que acreditam ser mais do que Ele.

10 – Deus não poderia mostrar aos incrédulos mais endurecidos fatos sobrenaturais diante dos quais eles se convenceriam? Sem dúvida que poderia! Mas, neste caso, onde estaria o mérito dos incrédulos e para que isso serviria? Não vemos todos os dias pessoas que recusam as evidências e até mesmo dizem: "Se eu visse, não acreditaria, pois sei que é impossível!". Se elas se recusam a reconhecer a verdade, é porque o seu espírito ainda não está suficientemente maduro para compreendê-la, nem o seu coração para senti-la. *O orgulho é o véu que lhes encobre a visão.* De que adiantaria mostrar a luz a um cego? Em primeiro lugar, é preciso curar a causa da cegueira. É por esse motivo que, como um hábil médico, Deus corrige primeiramente o orgulho. Portanto, Ele não abandona Seus filhos perdidos, pois sabe que, cedo ou tarde, seus olhos se abrirão, mas quer que isso aconteça por vontade própria, quando, vencidos pelas aflições da incredulidade, eles se lançarão por si mesmos em Seus braços, e, como o ***filho pródigo***, Lhe pedirão perdão.

Instruções dos Espíritos

O ORGULHO E A HUMILDADE

Lacordaire – Constantina, 1863.

11 – Que a paz do Senhor esteja com todos, meus queridos amigos! Venho para encorajá-los a seguir o bom caminho.

Aos pobres Espíritos, que antigamente habitavam a Terra, Deus concede a missão de trazer o esclarecimento. Bendito seja pela oportunidade que nos oferece em poder ajudar no adiantamento de vocês. Que os bons Espíritos me ajudem tornando minha palavra compreensível e que me concedam a graça de colocá-la ao alcance de todos! Aos encarnados que estão em dificuldades e procuram a luz, que a vontade de Deus me auxilie a fazê-la brilhar em seus olhos!

A humildade é uma virtude muito esquecida entre os homens, e os grandes exemplos que dela tiveram foram muito pouco seguidos. Será que sem humildade poderemos ser caridosos para com o nosso próximo? Claro que não. A humildade iguala as criaturas, mostrando que todos são irmãos, que devem se ajudar mutuamente e as conduz ao bem. Sem a humildade, apenas se enfeitam de virtudes que não possuem; é o mesmo que vestir uma roupa para esconder as deformidades do corpo. Lembrem-se Daquele que nos salva. Lembrem-se de Sua humildade que O fez tão grande, colocando-O acima de todos os Profetas.

O orgulho é o terrível adversário da humildade. Se o Cristo prometeu o Reino dos Céus aos mais humildes, foi porque os poderosos da Terra imaginam que tanto os títulos quanto as riquezas são as recompensas dadas por seus méritos, e que sua origem é mais pura que a do pobre. Acreditam que os bens materiais lhes são devidos por direito e, quando Deus os retira, acusam-No de injusto. Ridícula cegueira! Por acaso Deus distingue alguém pelo corpo? O corpo do pobre não é o mesmo que o do rico? Terá o Criador feito duas espécies de homens? Tudo o que Deus faz é grande e sábio, portanto, nunca atribuam a Ele as ideias criadas pelos cérebros orgulhosos que possuem.

Rico! Enquanto você dorme em seus aposentos dourados, ao abrigo do frio, milhares de irmãos, iguais a você, dormem na sarjeta. O infeliz que passa fome também é seu semelhante. Sei que com estas palavras o seu orgulho se revolta. Você até concordará em dar-lhe uma esmola, mas nunca em lhe apertar fraternalmente a mão!

O quê? – dirá você. – Eu, descendente de sangue nobre, um dos poderosos da Terra, serei igual a esse miserável que se veste com trapos? Ilusão de falsos filósofos! Se fôssemos iguais, por que Deus o teria colocado tão abaixo de mim? É verdade que as roupas de vocês em nada se parecem, mas se os dois ficassem sem elas, que diferença haveria entre ambos? A nobreza do sangue, você dirá. Porém, a Química não encontrou, até hoje, diferença alguma entre o sangue do nobre e o do plebeu, entre o sangue do senhor e o do escravo. Quem garante que você outrora também já não foi um miserável como ele? Que não pediu esmola? Que não pedirá, um dia, a esse mesmo que hoje está sendo desprezado por você? Por acaso as riquezas são eternas? Não acabam juntamente com a morte do corpo? Lance sobre você um pouco de humildade! Coloque os olhos na realidade das coisas deste mundo, sobre o que realmente faz com que um seja superior e o outro inferior. Lembre que a morte chegará para você assim como chega para os outros e que os títulos não o preservarão dela. Que ela poderá chegar amanhã, hoje, ou a qualquer momento, e se ainda assim permanece com todo esse orgulho, então, eu lastimo muito, porque você será digno de piedade!

Orgulhoso! O que você era antes de ser nobre e poderoso? Talvez tenha sido mais humilde que o último dos seus criados. Curve a fronte orgulhosa, porque Deus poderá rebaixá-la no momento em que ela estiver mais elevada. Todos os homens são iguais na balança divina. Apenas as virtudes os distinguem aos olhos de Deus. Todos os Espíritos possuem a mesma origem e todos os corpos são moldados da mesma matéria. Os títulos e os nomes em nada modificam o corpo, pois eles também irão para o túmulo e não garantirão a você a felicidade prometida aos eleitos. Apenas a caridade e a humildade são os verdadeiros títulos de nobreza.

Pobre criatura! Você é mãe, seus filhos sofrem, estão com frio e com fome, e, ainda assim, vai, curvada sob o peso da cruz que carrega, humilhar-se para lhes conseguir um pedaço de pão. Eu me inclino diante de você. Quanto é nobre, santa e grande aos meus olhos! Espera e ora. A felicidade ainda não é deste mundo. Aos pobres oprimidos que confiam em Deus, Ele concede o Reino dos Céus.

E você, jovem donzela, pobre criança devotada ao trabalho, entregue às privações, por que esses pensamentos tristes? Por que chorar? Eleva o olhar a Deus, que é piedoso e sereno. Aos pássaros, Ele dá o alimento; confia, pois o Senhor não irá abandoná-la. O ruído das festas e dos prazeres mundanos faz acelerar seu coração. Você também gostaria de enfeitar a cabeça com flores e misturar-se aos felizes da Terra. Queria ser como essas mulheres extravagantes e risonhas que passam, gostaria de ser rica também. Criança, é melhor ficar calada! Se você soubesse quantas lágrimas e dores sem fim estão escondidas sob esses vestidos bordados, quantos lamentos são abafados pelo ruído dessa orquestra alegre, preferiria seu quarto humilde e sua pobreza. Conserve-se pura aos olhos de Deus, se não quiser que seu anjo da guarda se retire e volte para Ele, escondendo o rosto com suas asas brancas, pois se ele a abandonar neste mundo, com os seus remorsos, deixando-a sem guia e sem apoio, estará perdida; restará apenas aguardar a punição reparadora quando retornar ao Mundo Espiritual.

Todos aqueles que sofrem com as injustiças dos homens, sejam tolerantes para com as faltas de seus irmãos, lembrando que vocês também não estão isentos de culpa. Isso é ser caridoso e, também, humilde. Se estão sofrendo por calúnias, curvem a cabeça diante dessa prova. Que importância podem ter as calúnias do mundo, se possuem a conduta reta? Deus não poderá recompensá-los? Suportar com coragem e resignação as humilhações dos homens é possuir humildade; é, também, reconhecer que somente Deus é grande e poderoso.

Os homens esqueceram as Leis de Deus que o Cristo veio ensinar. Será preciso que Ele retorne à Terra para relembrá-los? Precisará expulsar de novo os vendedores do Templo que desonraram a casa de Deus, que deveria ser apenas uma casa de oração? Será que, se Deus conceder aos homens a graça de receber o Cristo novamente, não irão renegá-Lo, como fizeram antigamente? Talvez O chamassem mais uma vez de maldito, porque Ele atacaria o orgulho dos fariseus modernos. É bem possível que O fizessem percorrer de novo o caminho do monte Gólgota, nos arredores de Jerusalém, onde foi crucificado.

Quando Moisés subiu ao monte Sinai para receber os Dez Mandamentos de Deus, o povo de Israel, entregue a si mesmo, abandonou o verdadeiro Deus. Homens e mulheres deram o ouro e as joias que possuíam para fabricar um ídolo, em forma de um bezerro de ouro, para que pudessem adorá-lo. Vocês, criaturas civilizadas, procedem como eles. O Cristo nos deixou Sua Doutrina e nos deu o exemplo de todas as virtudes. Mesmo assim, os homens abandonaram tudo, tanto os exemplos como os ensinamentos. Cada um, com suas paixões, construiu um deus ao seu modo: para uns, um deus terrível e sanguinário, para outros, um deus despreocupado com as coisas deste mundo. O deus que fizeram é ainda o mesmo bezerro de ouro, que cada qual adapta ao seu jeito e às suas ideias.

Despertem para a realidade, meus irmãos, meus amigos! Que a voz dos Espíritos toque o coração de todos. Sejam generosos e caridosos, mas sem ostentação, ou seja, façam o bem com humildade. Que cada um destrua, pouco a pouco, os altares que ergueu ao orgulho. Resumindo, sejam verdadeiros cristãos e terão o Reino da Verdade. Deus nos dá muitas provas de Sua bondade, não duvidem mais. Nós viemos preparar os caminhos para o cumprimento das profecias. Sempre que o Senhor der uma manifestação de sua clemência, que o Seu enviado celeste possa encontrá-los reunidos e formando uma grande família. Que seus corações mansos e humildes sejam dignos de ouvir a palavra Divina que Ele trará. Que o mensageiro encontre em seu caminho apenas as flores que colocaram nele por terem retornado ao bem, à caridade e à fraternidade. Procedendo assim, o mundo em que vivem se tornará um paraíso terreno. Porém, se permanecerem insensíveis à voz dos Espíritos enviados para purificar e renovar a sociedade civilizada, rica em conhecimentos científicos e tão pobre de bons sentimentos, só restará a vocês chorar e lastimar pela sua sorte. Mas não, não será assim! Voltem ao Pai, e, então, todos nós que contribuímos para o cumprimento da Sua vontade, entoaremos o cântico de ação de graças, agradecendo ao Senhor por Sua inesgotável bondade e glorificando-O por todos os séculos e séculos. Que assim seja.

Adolpho, Bispo de Argel
Marmande, 1862.

12 – Homens, por que lamentam as desgraças que colocaram sobre suas próprias cabeças? Não fiquem espantados se a taça da maldade transborda por toda a parte, uma vez que desprezaram a Santa e Divina moral do Cristo.

O mal-estar torna-se geral. A quem culpar, senão a vocês mesmos, que incessantemente procuram destruir-se uns aos outros? Não poderão ser felizes se não forem bons entre si. Como a bondade pode conviver com o orgulho? O orgulho, eis a origem de todos os males. Trabalhem para destruí-lo, se não quiserem que suas consequências nocivas se mantenham para sempre. Adotar a Lei do Cristo como regra invariável de conduta é um meio infalível de combater o orgulho, mas, infelizmente, a Lei que Ele veio ensinar tem sido rejeitada ou mal interpretada.

Por que dão tanta importância para tudo o que brilha e encanta aos olhos, em vez daquilo que toca o coração? Por que desprezam os verdadeiros valores, muitas vezes escondidos nas coisas simples, e fazem do viver na riqueza o único objetivo de suas vidas? Quando um rico, cheio de vícios, perdido de corpo e alma, se apresenta em qualquer lugar, todas as portas se abrem, todas as atenções se voltam para ele, enquanto que, para o homem de bem, que vive do seu trabalho, dificilmente alguém se digna a conceder uma simples saudação. Quando a consideração dispensada a alguém é medida pelo ouro que ele possui ou pelo nome que ostenta, que interesse pode ter essa pessoa em corrigir os seus defeitos?

Seria bem diferente se o vício dos ricos fosse combatido pela opinião pública com o mesmo vigor que é combatido o vício dos pobres. Entretanto, o homem orgulhoso é tolerante para com tudo que o satisfaça. Vivemos na era da ambição e do dinheiro, dizem vocês. Sem dúvida, mas por que deixar que as necessidades materiais prevaleçam sobre o bom senso e a razão? Por que cada um quer se elevar acima do seu irmão? A sociedade está sofrendo hoje as consequências disso tudo.

Não se esqueçam que tal estado de coisas é sempre um sinal de decadência moral. Quando o orgulho atinge o seu limite, é indício de queda próxima, pois Deus nunca deixa de castigar os arrogantes. Se, às vezes, Ele permite que os orgulhosos subam, é para que eles tenham tempo de refletir e procurem se corrigir. Porém, se eles não se corrigem, Deus os adverte, de tempos em tempos, com golpes que são desferidos contra o seu orgulho, mas em vez de se humilharem, eles se revoltam. Assim, quando o orgulho atinge um determinado limite, Deus intervém e a queda é tanto mais terrível quanto mais alto tiverem se elevado.

Pobre raça humana, cujo egoísmo corrompeu todos os caminhos, retoma novamente a coragem, apesar de tudo. Em sua infinita misericórdia, Deus envia um poderoso remédio a seus males, uma ajuda inesperada à sua aflição. Abre os olhos à luz: aqui estão as almas daqueles que já desencarnaram e que vêm chamá-los ao cumprimento dos verdadeiros deveres. Elas dirão a vocês, com a autoridade da experiência que possuem, o quanto as *vaidades e as grandezas* de uma existência passageira são pequenas diante da eternidade. Essas almas dirão, também, que, no Mundo Espiritual, será o maior aquele que foi o mais humilde entre os pequenos da Terra. Que aquele que mais amou a seus irmãos será o mais amado no Céu. Que os poderosos da Terra, que abusaram da sua autoridade, serão obrigados a obedecer a seus servidores. Que a *caridade e a humildade*, essas duas irmãs que andam sempre juntas, são as virtudes mais eficientes para se conseguir o perdão diante do Senhor.

MISSÃO DO HOMEM INTELIGENTE NA TERRA

Ferdinando, Espírito protetor – Bordeaux, 1862.

13 – Os homens não devem se orgulhar do que sabem, pois este saber tem limites bem estreitos no mundo em que habitam. Mesmo sabendo ser uma das grandes inteligências da Terra, isso não lhes dá o direito para que se envaideçam. Se Deus permitiu que nascessem em um meio onde foi possível desenvolver essa inteligência, foi porque Ele quis que ela fosse usada para o bem de todos. As pessoas inteligentes têm por missão usar esse instrumento para desenvolver as inteligências mais atrasadas e conduzi-las a Deus. A natureza do instrumento não indica o uso que se deve fazer dele? A enxada que o jardineiro coloca nas mãos do seu ajudante não lhe mostra que ele deve preparar a terra? O que diriam se esse ajudante, em vez de trabalhar a terra levantasse a enxada para atingir o seu patrão? Diriam que é horrível e que ele merece ser punido. Pois bem, o mesmo ocorre com todo aquele que usa a sua inteligência para destruir a ideia de Deus entre seus irmãos. Ele também levanta contra o seu Senhor o instrumento que lhe foi dado para preparar o terreno. Ao agir assim, ele não terá direito ao salário prometido e também merecerá ser punido. Ele o será, não duvidem, e passará por existências miseráveis e cheias de humilhações, até que se curve diante Daquele a quem tudo deve.

A inteligência, quando é bem empregada, traz muitos méritos para o futuro. A tarefa dos Espíritos, em fazer a Humanidade progredir, seria muito mais fácil se todos os homens inteligentes a utilizassem segundo a vontade de Deus. Infelizmente, muitos fazem dela um instrumento de orgulho e de perdição para si mesmos. O homem abusa de sua inteligência, assim como de todas as outras faculdades, entretanto, não lhe faltam lições para adverti-lo de que uma mão poderosa pode lhe retirar tudo aquilo que lhe deu.

Comentários

1 – Reino dos Céus – Não é, necessariamente, um lugar específico dentro do Mundo Espiritual; é antes, um estado de espírito. Um estado de felicidade plena e de alegria, destinado àqueles que foram bons, que ajudaram o próximo e viveram de acordo com as Leis de Deus.

10 – Parábola do filho pródigo – Ao receber de seu pai a parte do patrimônio que lhe cabia, um filho saiu de casa e foi viver a vida esbanjando tudo o que lhe era possível. Quando o dinheiro acabou, ele começou a passar fome e resolveu voltar para casa. Ao encontrar o pai, disse: "Meu pai, pequei contra o Céu e contra o senhor e, por isso, já não sou digno de ser chamado de seu filho". Porém, o pai lhe perdoou e ainda mandou fazer uma festa, dizendo: "Esse meu filho estava morto e reviveu, tinha se perdido e foi achado" (Lucas 15:11 a 29) – Portanto, errar é da natureza humana. O importante é reconhecer o erro e não mais praticá-lo.

CAPÍTULO

8

BEM-AVENTURADOS OS PUROS DE CORAÇÃO

• Deixem que venham a mim as criancinhas
• Pecado por pensamento – Adultério
• Verdadeira pureza – Mãos não lavadas
• Escândalos – Se a mão de vocês é motivo de escândalo, cortem-na

Instruções dos Espíritos:

• Deixem que venham a mim as criancinhas
• Bem-aventurados aqueles que têm os olhos fechados

DEIXEM QUE VENHAM A MIM AS CRIANCINHAS

1 – *Bem-aventurados os puros de coração, porque eles verão a Deus (Mateus, 5:8).*

2 – *Trouxeram a Jesus algumas crianças para que Ele as tocasse. E, como Seus discípulos afastaram com palavras rudes aqueles que as haviam trazido, Jesus repreendeu-os dizendo: "Deixem que venham a mim as criancinhas, não as impeçam, pois o Reino dos Céus é para aqueles que se assemelham a elas. Em verdade, Eu digo a vocês: Todo aquele que não tiver a humildade e a pureza de uma criança, não entrará no Reino de Deus". E, depois de abraçá-las, abençoou-as, impondo-lhes as mãos (Marcos, 10:13 a 16).*

3 – A *pureza do coração* é inseparável da simplicidade e da humildade. Ela exclui todo pensamento de egoísmo e de orgulho. É por isso que Jesus usa a infância como símbolo dessa pureza, como usou antes para símbolo da humildade.

Essa comparação pode parecer injusta se considerarmos que o Espírito da criança é um Espírito antigo, e que traz, ao renascer, as imperfeições de existências anteriores das quais ainda não se libertou. Somente um Espírito que atingiu a perfeição poderia nos dar o modelo da verdadeira pureza. Porém, a comparação de Jesus é exata, do ponto de vista da vida presente, pois a criança, não podendo manifestar, ainda, nenhuma tendência para o mal, nos oferece a imagem da inocência e da candura. Além do que, Jesus não diz, de maneira definitiva, que o Reino de Deus *é para as crianças, mas sim para aqueles que a elas se assemelham.*

4 – Por que o Espírito de uma criança, que já viveu outras encarnações, não se apresenta, desde o nascimento, tal como é? Tudo é sabedoria na obra de Deus. A criança necessita de cuidados especiais que somente a ternura de uma mãe pode lhe dar, e essa ternura aumenta diante da fragilidade e da ingenuidade da criança. Para uma mãe, seu filho é sempre um anjo, e isso é necessário para que ele cative a sua atenção. Ela não teria o mesmo devotamento se, em vez da graça ingênua, encontrasse, em seu filho, um caráter viril e as ideias de um adulto e, muito menos, se conhecesse o seu passado.

É necessário, também, que a *inteligência* seja proporcional à *fragilidade do corpo*, pois um corpo frágil não poderia resistir a uma atividade muito intensa do Espírito, como se observa nas crianças demasiadamente precoces. É por isso que, quando se aproxima a encarnação, o Espírito entra num estado de perturbação e vai perdendo, pouco a pouco, a consciência de si mesmo. Ele permanece, durante certo período, numa espécie de sono, na qual todas as suas faculdades ficam adormecidas. Esse estado transitório é necessário para que o Espírito, ao reencarnar, tenha um novo ponto de partida e esqueça o que fez e o que foi. A lembrança do passado só iria atrapalhar a sua nova existência terrena. Assim, sem essa lembrança, o Espírito renasce muito mais forte, moral e intelectualmente, sustentado pela intuição que conserva das experiências adquiridas em outras encarnações.

A partir do nascimento, suas ideias retornam gradualmente ao seu consciente, acompanhando o desenvolvimento do corpo. Então podemos dizer que, durante os primeiros anos, o Espírito é verdadeiramente uma criança, pois as ideias que formam a base do seu caráter ainda não se manifestaram. Durante o período em que seus instintos estão adormecidos, o Espírito é mais dócil, e, por isso, fica mais acessível às impressões que podem modificar a sua natureza e fazê-lo progredir, tornando mais fácil a tarefa dos pais.

Desse modo, o Espírito se reveste, por algum tempo, da roupagem da inocência, e Jesus, sabendo dessa verdade, toma a criança como símbolo da pureza e da simplicidade, apesar das suas existências anteriores.

PECADO POR PENSAMENTO – ADULTÉRIO

5 – *Aprenderam o que foi dito aos antigos: "Não cometam adultério. Mas Eu digo a vocês que todo aquele que tiver olhado para uma mulher, cobiçando-a, já, em seu coração, cometeu adultério" (Mateus, 5:27 e 28).*

6 – A palavra *adultério* deve ser entendida, aqui, com um sentido mais abrangente, e não apenas no sentido de quem trai seu esposo ou sua esposa. Jesus empregou-a muitas vezes para designar o mal, o pecado, e todo e qualquer mau pensamento, como, por exemplo, nesta passagem: *"Porque se alguém se envergonhar de Mim e de Minhas palavras, dentre esta geração adúltera e pecadora, Eu também Me envergonharei dele, quando vier acompanhado dos santos anjos, na glória de Meu Pai" (Marcos, 8:38).*

A verdadeira pureza não está somente nos atos, está, também, no pensamento, pois aquele que tem puro o coração nem sequer pensa no mal. Foi o que Jesus quis dizer ao condenar o pecado, mesmo em pensamento, porque não deixa de ser um sinal de impureza.

7 – *Esse ensinamento nos leva a uma pergunta: sofremos as consequências de um mau pensamento, mesmo que ele não tenha produzido nenhum efeito?*

É preciso fazer aqui uma importante distinção: a alma que está no mau caminho, à medida que avança na vida espiritual, vai se esclarecendo e se livrando, pouco a pouco, de suas imperfeições. Essa evolução ocorre conforme a sua maior ou menor boa vontade em usar seu livre-arbítrio para a prática do bem. Assim, todo o mau pensamento é resultado da imperfeição da alma. De acordo com o desejo que tenha em se depurar, até mesmo um mau pensamento torna-se para ela um motivo de progresso, se o repele com energia. É o sinal de uma imperfeição que a alma se esforça em apagar. Dessa forma, não cederá à tentação de satisfazer um mau desejo e, após ter resistido, sentir-se-á mais forte e feliz com a sua vitória.

Ao contrário, a alma que procura a oportunidade de praticar um mau ato e não consegue, não é porque não quis, mas porque não teve oportunidade de fazê-lo. Será, assim, tão culpada quanto se o tivesse praticado.

Resumindo: a pessoa que nem sequer pensa no mal, já realizou um progresso; aquela que pensa no mal, mas o repele, o progresso está em vias de se realizar. Porém, aquela que tem um mau pensamento e nele se satisfaz, é porque o mal ainda existe na plenitude de sua força. Numa, o trabalho está feito, nas outras, está por se realizar. Deus, que é justo, leva em conta todas essas diferenças, ao responsabilizar os homens por seus atos e pensamentos.

VERDADEIRA PUREZA – MÃOS NÃO LAVADAS

8 – *Então, os escribas e os fariseus, que tinham vindo de Jerusalém, aproximaram-se de Jesus e perguntaram: "Por que Seus discípulos violam a tradição dos antigos, uma vez que não lavam as mãos quando fazem as refeições?". Jesus lhes respondeu: "Por que vocês mesmos também violam o mandamento de Deus para seguir a tradição? Porque Deus ordenou: 'Honrem o pai e a mãe'. E ordenou, também: 'Aquele que amaldiçoar o seu pai ou a sua mãe seja punido com a morte'. Entretanto, vocês dizem que qualquer um que diga a seu pai ou a sua mãe: Toda oferenda que faço a*

Deus é útil também a vocês, está cumprindo a Lei, mesmo que depois não honrem, nem assistam a seu pai ou a sua mãe. Agindo assim, tornaram inútil o mandamento, pela tradição".

"Hipócritas, bem profetizou, sobre vocês, o Profeta Isaías, quando disse: Este povo me honra com os lábios, mas o seu coração está longe de mim. É em vão que me honram, ensinando Leis e Mandamentos que vêm dos homens".

Depois, Jesus chamou o povo e disse: "Ouçam e entendam bem isso: não é o que entra pela boca que torna o homem impuro, mas sim o que sai dela". Então, os discípulos se aproximaram de Jesus e disseram: "Os fariseus, depois de ouvir o que o Senhor disse, se escandalizaram". E Jesus respondeu: "Toda planta que Meu Pai não plantou, será arrancada pela raiz. Deixem-os, são cegos que conduzem cegos, e, se um cego guia a outro, ambos cairão no abismo". Pedro, então, falou: "Jesus, explica-nos essa parábola".E Ele respondeu: "Vocês também não compreenderam? Tudo que entra pela boca desce ao ventre e se lança, depois, num lugar escuso. Porém, as coisas que saem da boca vêm do coração, e estas são as que fazem o homem impuro, porque é do coração que saem os maus pensamentos, os homicídios, os adultérios, as fornicações, os furtos, os falsos testemunhos e as blasfêmias. Essas são as coisas que fazem o homem impuro. O ato de comer com as mãos por lavar não faz o homem impuro" (Mateus, 15:1 a 20).

9 – *Enquanto Jesus falava, um fariseu pediu-Lhe que jantasse em sua casa. Ele foi e sentou-se à mesa. O fariseu disse para si mesmo: "Por que Ele não lavou as mãos antes do jantar?". Então, o Senhor lhe disse: "Vocês, fariseus, têm grande cuidado em limpar o exterior do copo e do prato, mas o interior de seus corações está cheio de vícios e maldades. Como são insensatos!* ***Aquele que fez o exterior, não fez também o interior?****" (Lucas, 11:37 a 40).*

10 – Os judeus haviam desprezado os verdadeiros mandamentos de Deus, para se apegarem à prática de regras rígidas estabelecidas pelos homens. Eles faziam dessas práticas um caso de consciência. Qualquer ensinamento, ainda que fosse de compreensão simples, tornava-se complicado pela formalidade das demonstrações exteriores. Ainda assim, era mais fácil seguir essas práticas do que realizar a própria reforma moral, ou seja, *era mais fácil lavar as mãos do que limpar o coração.* Dessa forma, os homens iludiam a si mesmos, e acreditavam estar quites com a justiça de Deus. Acomodavam-se no exercício das práticas exteriores, continuando a ser como eram, já que lhes era ensinado que Deus não iria lhes pedir nada além disso. Eis por que o Profeta Isaías disse: *"É em vão que este povo me honra com os lábios, ensinando Mandamentos e Leis que vêm dos homens" (Isaías, 29:13).*

Assim também aconteceu com a Doutrina Moral do Cristo, que acabou sendo esquecida. Esse esquecimento fez muitos cristãos acreditarem, a exemplo do que haviam feito os antigos judeus, ser mais fácil a salvação pelas práticas exteriores do que pelas práticas morais. É, certamente, a esses acréscimos, feitos pelos homens à Lei de Deus, que Jesus faz alusão quando diz: *"Toda planta que Meu Pai celestial não plantou será arrancada pela raiz"*.

A finalidade de toda religião deve ser conduzir o homem a Deus, mas ele só chega ao Criador quando se torna perfeito. Portanto, a religião que não torna o homem melhor, não atinge o seu objetivo. Aquela que serve de apoio para que ele faça o mal, ou é falsa ou foi falsificada em seus fundamentos. Esse é o resultado que fornecem as religiões em que a aparência é mais importante do que o fundamento. De nada adianta acreditar na eficácia dos símbolos exteriores se essa crença não impede que se cometam os homicídios, os adultérios, os roubos e as calúnias. Essas religiões fazem homens supersticiosos, hipócritas e fanáticos. Não fazem, portanto, homens de bem.

Não basta ter somente a aparência da pureza, acima de tudo, é necessário ter a pureza do coração.

ESCÂNDALOS – SE A MÃO DE VOCÊS É MOTIVO DE ESCÂNDALO, CORTEM-NA

11 – *Jesus disse: "Aquele que escandalizar a um desses pequeninos que creem em Mim, melhor seria, para ele, que lhe pendurassem no pescoço uma pedra de moinho e o lançassem no fundo do mar.*

Ai do mundo por causa dos escândalos. Porque é necessário que eles aconteçam, mas ai daquele por cuja mão o escândalo venha.

Se a mão ou pé é motivo de escândalo, cortem-no e atirem-no para bem longe de vocês. Porque é melhor retornar para a vida espiritual não tendo uma mão ou um pé, do que ter os dois e serem lançados no fogo do inferno. Se o olho é motivo de escândalo, arranquem-no e atirem-no para longe de vocês. Melhor será retornar à vida espiritual com um olho só, do que ter os dois e serem lançados no fogo do inferno. Cuidem para não desprezar nenhum desses pequeninos, pois Eu digo a vocês que, lá no Céu, seus Espíritos protetores veem, sem cessar, a face de Meu Pai que também está nos Céus. Porque Eu vim para salvar o que estava perdido" (Mateus, 18:6 a 11. - 5:29 e 30).

12 – No sentido vulgar, *escândalo* é tudo aquilo que choca a moral ou o decoro de uma maneira ostensiva. O *escândalo* não está na ação em si, mas na repercussão que ela causa. A palavra *escândalo* está sempre associada à ideia de um certo tumulto ou confusão. Muitas pessoas se contentam em evitar o *escândalo*, pois o seu orgulho sofreria com ele e a sua reputação ficaria diminuída entre os homens. Desde que suas maldades não sejam descobertas, é o quanto basta para que suas consciências fiquem tranquilas. Estes são, segundo as palavras de Jesus, *"Sepulcros brancos por fora, mas cheios de podridão por dentro, vasos limpos por fora, e sujos por dentro"*.

É muito amplo o significado da palavra *escândalo,* frequentemente utilizada no Evangelho, motivo por que, às vezes, ela não é compreendida. *Escândalo* não é somente o que ofende a consciência alheia, é tudo o que resulta dos vícios e das imperfeições humanas. São, também, todas as más ações praticadas de indivíduo para indivíduo, com ou sem repercussões. O *escândalo,* nesse caso, *é o resultado efetivo do mal moral.*

13 – *"É necessário que aconteçam escândalos no mundo"*, disse Jesus, porque os homens, sendo imperfeitos como o são, possuem a tendência para fazer o mal, e porque árvores más só podem dar maus frutos. Devemos entender, por essas palavras, que o mal é uma consequência da imperfeição humana, e não que os homens tenham a obrigação de praticá-lo.

14 – *"É necessário que aconteça o escândalo"*, pois os homens, cumprindo suas penas na Terra, punem-se a si mesmos pelo contato com os seus próprios vícios, dos quais são as suas primeiras vítimas e cujos inconvenientes acabam por compreender. Quando estiverem cansados de sofrer os efeitos do mal, procurarão o remédio no bem. A convivência com esses vícios serve, ao mesmo tempo, de castigo para uns e de prova para outros. É assim que, do mal, Deus faz surgir o bem, e os próprios homens aprendem com suas imperfeições, fruto do mau uso que fazem de seu livre-arbítrio. Sendo assim, pode-se dizer que o mal é necessário e vai durar para sempre, pois, se ele viesse a desaparecer, Deus ficaria sem um poderoso meio de corrigir os culpados. Podemos pensar, então, que é inútil procurar melhorar os homens. Porém, não é bem assim, pois, quando não houver mais culpados, não haverá mais necessidade de castigos.

15 – Se a Humanidade toda fosse transformada em homens de bem e ninguém mais procurasse fazer mal a seu próximo, todos seriam felizes, porque seriam bons. Este é o estado dos mundos adiantados, de onde o mal foi excluído, e será, também, o futuro da Terra, quando a Humanidade tiver progredido o suficiente. Assim, enquanto alguns mundos avançam, outros se formam e são povoados por Espíritos primitivos. Esses mundos recém-formados servem também de morada, de exílio e de lugar de provas e expiações para Espíritos rebeldes, obstinados em fazer o mal, e que foram expulsos dos orbes em que as Humanidades realizaram o progresso moral.

16 – *Mas ai daquele por quem o* ***escândalo*** *venha*, ou seja, o mal é sempre o mal e aquele que, de algum modo, serviu de instrumento, permitindo que seus maus instintos fossem utilizados para que a Justiça Divina se cumprisse, nem por isso deixou de fazer o mal e deverá, também, responder pelo que fez. É assim, por exemplo, que um **filho ingrato** é uma punição ou uma prova para o pai que o suporta. Esse mesmo pai, talvez, tenha sido um mau filho que também fez o seu pai sofrer. Por isso, ele suporta agora a *Pena de Talião* – olho por olho, dente por dente. Mesmo assim, o filho não terá desculpas por ter sido ingrato e deverá ser castigado tendo filhos rebeldes ou de alguma outra maneira.

17 – *Se a mão de vocês é motivo de escândalo, cortem-na.* Afirmativa enérgica, que seria um absurdo se levada ao pé da letra. Significa, apenas, que cada um deve destruir, em si mesmo, toda a causa de escândalo, ou seja, toda prática do mal. É necessário arrancar do coração todo o sentimento impuro e toda a tendência viciosa. Será melhor para um homem ter a mão cortada do que esta mão lhe servir de instrumento para praticar uma má ação. Será melhor ser privado da visão do que seus olhos servirem para despertar maus pensamentos. Jesus nada disse de absurdo para quem quiser compreender o sentido figurado e profundo de Suas palavras. Mesmo assim, muitas coisas não podem ser compreendidas sem o auxílio dos esclarecimentos espíritas.

Instruções dos Espíritos

DEIXEM QUE VENHAM A MIM AS CRIANCINHAS

João, o Evangelista – Paris, 1863.

18 – Disse o Cristo: *"Deixem que venham a Mim as criancinhas"*. Essas palavras, sábias em sua simplicidade, não continham apenas um chamamento dirigido às crianças, mas, especialmente, às almas que se encontram nas regiões inferiores, onde a infelicidade que suportam faz com que elas não saibam o que é esperança. Jesus chamava para esclarecimento as criaturas adultas, mas que ainda estavam na infância da inteligência e da compreensão. Eram os fracos, os escravizados e os viciosos. Ele não ensinaria nada às crianças que elas não pudessem compreender. Na infância, sob o domínio dos instintos infantis, que para as crianças é uma necessidade e um benefício, elas não entenderiam o ensinamento e nem teriam vontade de praticá-lo.

Jesus queria que os homens fossem até Ele com a mesma confiança das crianças. Assim, Ele envolvia as almas com a Sua terna e misteriosa autoridade. *Jesus foi o farol que iluminou as trevas, a claridade da manhã que despertou os homens.* Ele foi o iniciador do Espiritismo, que deve chamar a si, não as crianças, mas os homens de boa vontade. A vigorosa ação foi iniciada. Não se trata mais de crer cegamente e de obedecer de maneira mecânica, é preciso que o homem siga as Leis racionalmente, o que lhe dará uma visão universal.

Meus bem-amados, é chegado o tempo em que os erros que foram apresentados a vocês como sendo verdades precisarão ser revistos e a verdade triunfará. Nós ensinaremos o sentido exato das parábolas e mostraremos a forte correlação que existe entre o que Jesus falou e o que realmente é correto. É preciso dizer-lhes que a manifestação espírita alarga os horizontes, e Eu, João, o Evangelista, aqui estou como seu enviado, pois a manifestação espírita resplandecerá como o sol acima das montanhas.

Um Espírito Protetor

Bordeaux, 1861.

19 – Deixem que venham a Mim as criancinhas, porque Eu possuo o alimento que fortifica os fracos. Deixem que venham a Mim aqueles que são tímidos e debilitados, pois eles têm necessidade de amparo e consolo. Deixem que venham a Mim os ignorantes, para que Eu os esclareça. Deixem que venham a Mim todos aqueles que sofrem, a multidão dos aflitos e infelizes, que Eu lhes darei o grande remédio para aliviar os males da vida e o segredo para curar suas feridas! Qual é, meus amigos, esse remédio poderoso, que possui a virtude de ser aplicado em todas as chagas do coração, e curá-las? É o amor, é a caridade! Se possuírem essa chama Divina, o que poderão temer? Dirão em todos os instantes de suas vidas: "Meu Pai, que seja feita a Sua vontade e não a minha! Se é necessário provar-me pela dor e pelas aflições, bendito seja! Porque eu sei que é para o meu bem que Sua mão pesa sobre mim. Se agrada ao Meu Senhor, ter piedade dessa fraca criatura e dar ao seu coração as alegrias que ele mereça receber, bendito Seja mais uma vez! Mas faça com que o Amor Divino não adormeça em minha alma e que a prece do meu reconhecimento sempre suba à Seus pés!".

Se tiverem amor, terão tudo o que é permitido desejar na Terra; possuirão uma pérola preciosa que não poderá ser retirada, nem pelos incidentes da vida, nem pela maldade daqueles que os odeiam e perseguem. Se tiverem amor, terão guardado o tesouro lá onde os vermes e a ferrugem não podem chegar. Verão desaparecer de suas almas tudo quanto possa lhes manchar a pureza. Sentirão o peso da matéria diminuir, dia após dia. E, tal como o pássaro que voa pelos ares e não se lembra mais da Terra, estarão sempre subindo, até que a alma desfrute a verdadeira vida no seio do Senhor.

BEM-AVENTURADOS AQUELES QUE TÊM OS OLHOS FECHADOS

Vianney, Pároco de Ars – Paris, 1863.

20 – Meus bons amigos, por que me chamaram? Será que foi para curar esta pobre sofredora, impondo sobre ela minhas mãos? Que sofrimento, santo Deus! Ela perdeu a visão e ficou nas trevas. Pobre criança! Ela que ore e mantenha acesa a chama da esperança. Não sei fazer milagres sem a vontade do bom Deus. Todas as curas que obtive, e que são do conhecimento de todos, devem ser atribuídas apenas ao Senhor, Pai de todos nós.

Quando estiverem aflitos, olhem sempre para o Céu e digam, do fundo do coração: “Meu Pai, curai-me, mas faça com que minha alma doente seja curada antes das enfermidades do meu corpo. Castigue minha carne, se isso for necessário, para que minha alma chegue até o Senhor com a brancura que possuía quando saiu de suas mãos”. Após essa prece, meus bons amigos, que o bom Deus sempre ouvirá, receberão a força e a coragem, e, talvez, também a cura que timidamente pediram, como recompensa pelo devotamento que tiveram.

Por estar em uma assembleia onde o assunto principal é o estudo, eu digo que todos aqueles que estão privados da visão deveriam estar felizes pela prova que suportam. É preciso lembrar-se do que o Cristo falou: “Se possuem um olho mau, melhor seria arrancá-lo e atirá-lo ao fogo, evitando que ele cause a perdição de vocês”. Quantos existem na Terra que, um dia, nas trevas, amaldiçoarão terem visto a luz! Como são felizes os que suportam a prova de ficar sem a visão! Seu olho não será motivo nem de escândalo e nem de queda. Os cegos podem viver inteiramente a vida das almas e podem ver mais do que aqueles que têm boa visão. Quando Deus me permite devolver a visão para alguns desses pobres sofredores, digo a mim mesmo: “Alma querida, por que será que você desconhece todas as delícias do Espírito, que, não podendo enxergar, vive de contemplação e de amor? Então, não pediria para ver imagens menos puras e menos dignas do que aquelas que você percebe sem a sua visão.

Bem-aventurado o cego que quer viver com Deus! Ele é mais feliz do que os que estão aqui, pois ele sente a felicidade, pode tocá-la, vê as almas e pode se lançar com elas nas Esferas Espirituais, que nem mesmo os predestinados da Terra conseguem ver. Os olhos abertos estão sempre prontos a fazer com que a alma se perca. Os **olhos fechados**, pelo contrário, estão sempre prontos para fazer com que a alma se eleve a Deus. Meus bons amigos, acreditem em mim, a cegueira dos olhos é, muitas vezes, a verdadeira luz do coração, enquanto a vista é muitas vezes o anjo tenebroso que conduz à morte.

E agora, algumas palavras para você, minha pobre sofredora: tenha esperança e seja corajosa! Se eu lhe dissesse: “Minha filha, seus olhos vão se abrir, como ficaria feliz!”. E quem sabe se essa alegria não seria a sua perdição? Tenha confiança no bom Deus que fez a felicidade e permite a tristeza! Farei por você tudo o que me for permitido, mas, por sua vez, faça uma oração e reflita sobre o que eu acabo de lhe dizer.

Antes de partir, todos os que estão aqui, recebam a minha bênção.

21 – *Nota*: Quando uma aflição não é consequência dos atos da vida presente, é preciso procurar a sua causa em uma vida anterior. O que chamamos de caprichos da vida nada mais são do que os efeitos da Justiça de Deus, ou melhor, o cumprimento da **Lei de Causa e Efeito**. Ele não aplica punições injustas e quer que, entre a falta cometida e a reparação da falta, sempre exista uma relação. Se Deus, em sua bondade, lançou um véu sobre nossos atos passados, aponta-nos, entretanto, o caminho, dizendo: "Quem matou pela espada, pela espada morrerá", palavras que podem ser traduzidas assim: "Sempre se é corrigido naquilo em que se errou". Se alguém está aflito pela perda da visão, é porque esta lhe foi causa de queda. Talvez essa criatura tenha sido responsável pela perda da visão de outra pessoa, talvez ela tenha levado alguém à cegueira pelo excesso de trabalho que lhe impôs, ou como consequência de maus tratos, ou falta de cuidado etc. Desse modo, ela sofre, agora, a Pena de Talião, que manda pagar o mal com o mal. Ela mesma, antes de reencarnar, em seu arrependimento, pode ter escolhido essa prova, aplicando a si própria as palavras de Jesus: "Se o olho é motivo de escândalo, arranque-o".

Comentários

8 – A verdadeira pureza – A Lei de Deus é uma só, e os ensinamentos estão no Evangelho para nos servirem de guia. As distorções, acréscimos e desvios à Lei de Deus, fruto da ignorância e da imprevidência dos homens, são as ervas daninhas, ou melhor, "as plantas que o Meu Pai não plantou", e que o tempo e o progresso se encarregarão de arrancar.

Mãos não lavadas – Os fariseus estavam longe de se preocupar com os verdadeiros mandamentos de Deus e com as coisas do Espírito, em razão do orgulho que os caracterizava. Eles davam mais valor às aparências e aos regulamentos terrenos, porque para eles era mais fácil manter a prática dos atos exteriores do que ter que modificar suas emoções, sentimentos e pensamentos, pois nem sequer conseguiam praticar o que pregavam.

9 – O interior e o exterior – Aquele que fez o exterior e o interior foi Deus. A pergunta de Jesus era no sentido de colocar em dúvida o fato dos fariseus lavarem as mãos, mas não possuírem bons sentimentos. Os outros não lavavam as mãos, e eram puros de coração. O mais importante é ter bons sentimentos e praticar boas ações (interior), em vez de se preocupar somente com as aparências (exterior).

16 – Escândalo – Aquele que provoca o escândalo demonstra ser ainda um Espírito imperfeito e carente de evolução. Sempre será preferível sofrer um escândalo a causar um. Portanto, é feliz aquele a quem o escândalo é dirigido, pois está saldando seus débitos para com a Providência.

O filho ingrato – Num primeiro momento, pode-se pensar que estamos diante de um círculo vicioso, do qual será impossível sair. Se um pai foi um mau filho, recebe, também, filhos maus e assim por diante. O entendimento de que não é um círculo vicioso surge quando levamos em consideração que: em cada encarnação, tanto o pai quanto o filho vão se melhorando; assim, chegará o dia em que não haverá mais necessidade de receberem filhos maus. Em qualquer situação, *pagar o mal com o bem* é questão de escolha, de uso do livre-arbítrio; se realizada, abrevia o tempo de expiação para uma das partes, ou para ambas.

20 – Bem-aventurados os que têm os olhos fechados – Esta comunicação foi obtida em favor de uma pessoa cega, onde foi evocado o Espírito de Jean Marie Baptiste Vianney, pároco da cidade de Ars.

21 – Lei de Causa e Efeito – Ninguém sofre sem que exista uma finalidade para esse sofrimento. Assim, podemos concluir que o acaso não existe, pois tudo o que nos acontece é consequência de nossos atos, nesta vida ou em vidas anteriores.

CAPÍTULO

9

BEM-AVENTURADOS OS MANSOS E PACÍFICOS

• Injúrias e violências

Instruções dos Espíritos:
• A afabilidade e a doçura
• A paciência
• Obediência e resignação
• A cólera

INJÚRIAS E VIOLÊNCIAS

1 – *Bem-aventurados os mansos, porque eles* ***herdarão a Terra*** *(Mateus, 5:4).*

2 – *Bem-aventurados os pacíficos, porque serão chamados filhos de Deus (Mateus, 5:9).*

3 – *Jesus disse para aqueles que O escutavam: "Aprenderam o que foi dito aos antigos: Não matem, e todo aquele que matar merecerá ser condenado pelo julgamento. Porém, Eu digo que todo aquele que se enfurecer contra seu irmão merecerá ser condenado pelo julgamento. E aquele que disser 'Racca' a seu irmão, merecerá ser condenado pelo conselho. E aquele que disser 'És louco', merecerá ser condenado ao fogo do inferno" (Mateus, 5:21 e 22).*

4 – Por estes ensinamentos morais, Jesus estabeleceu como Lei a doçura, a moderação, a brandura, a afabilidade e a paciência, condenando, consequentemente, a cólera, a violência e qualquer expressão descortês para com os semelhantes. *Racca*, entre os hebreus, era uma expressão de desprezo que significava *homem inútil, desprezível,* e se pronunciava cuspindo e virando o rosto para o lado. Jesus vai ainda mais longe, pois ameaça com o fogo do inferno aquele que disser a seu irmão: *"És louco"*.

É evidente que nesta, como em qualquer outra circunstância, a *intenção* de quem pronuncia as palavras pode agravar ou atenuar a falta. Então, pergunta-se: por que uma simples palavra pode ser tão grave a ponto de merecer uma reprovação tão severa? É porque toda *palavra ofensiva* expressa um sentimento contrário à Lei do Amor e da Caridade, que deve fazer com que os homens mantenham, entre si, uma relação de concórdia e união. Uma *palavra ofensiva*, além de alimentar o ódio e o rancor, também é um insulto à bondade e à fraternidade que deve existir entre todos os irmãos. Depois da humildade para com Deus, ser caridoso para com o próximo deve ser a primeira Lei de todo Cristão.

5 – Mas como entender o significado destas palavras de Jesus: *"Bem-aventurados aqueles que são mansos, porque herdarão a Terra"*, se Ele mesmo havia recomendado renunciar aos bens deste mundo, prometendo os bens do Céu?

Enquanto aguarda os bens do Céu, o homem tem necessidade dos bens da Terra para viver. O que Jesus recomenda é que os bens da Terra não recebam mais importância que os do Céu.

Pelas palavras: *"Felizes aqueles que são mansos, porque herdarão a Terra"*, Jesus quis dizer que até agora somente os violentos se apossaram dos bens terrenos, em prejuízo daqueles que são mansos e pacíficos. Enquanto os violentos possuem em excesso, para os mansos, frequentemente, falta até o necessário. Jesus lhes promete que a justiça será feita *"assim na Terra como no Céu"*, porque os mansos e pacíficos serão chamados de filhos de Deus. Quando a Lei do Amor e da Caridade for a Lei da Humanidade, não haverá mais egoísmo; o fraco e o pacífico não serão mais explorados pelo forte e pelo violento. Assim será a Terra quando, de acordo com a Lei do Progresso e a promessa de Jesus, ela se tornar um mundo feliz em razão do afastamento daqueles que resistem em praticar o bem.

Instruções dos Espíritos

A AFABILIDADE E A DOÇURA

Lázaro – Paris, 1861.

6 – Aquele que ama o próximo é bondoso para com os semelhantes. Essa bondade se manifesta através da afabilidade e da doçura. Entretanto, nem sempre se deve confiar nas aparências. Uma pessoa bem educada e experiente pode parecer possuir as qualidades da afabilidade e da doçura. Muitos apenas fingem ter a bondade. Utilizam-na apenas como uma máscara para uso externo, como se fosse um traje, cuja aparência bem talhada disfarça as deformidades do corpo! O mundo está cheio desse tipo de pessoas que têm o sorriso nos lábios e o veneno no coração; *que são mansas desde que nada as incomode, mas que agridem à menor* *contrariedade;* que costumam falar bem quando estão pela frente, mas, pelas costas, suas palavras transformam-se em dardos venenosos.

A essa classe pertencem, ainda, os homens que são bondosos quando estão fora de casa, mas que no lar são verdadeiros tiranos, fazendo com que sua família e seus subordinados suportem o peso de seu orgulho e de sua opressão. Compensam, assim, o constrangimento a que se submetem quando estão fora. Não ousando impor sua autoridade aos estranhos, pois estes os recolocariam em seu lugar, querem, pelo menos, ser temidos por aqueles que não podem lhes oferecer resistência. Sua vaidade alegra-se quando podem dizer: "Aqui eu mando e sou obedecido", sem lhes ocorrer que poderiam acrescentar: "e sou detestado".

Não basta que os lábios falem leite e mel, se o coração nada tem a ver com isso; trata-se de pura hipocrisia. Aquele, cuja afabilidade e doçura não são fingidas, nunca se contradiz. É sempre o mesmo, diante da sociedade ou na intimidade, pois ele sabe que pelas aparências pode enganar os homens, mas não pode enganar a Deus.

A PACIÊNCIA

Um Espírito amigo – Havre, 1862.

7 – A dor é uma bênção que Deus envia a seus eleitos. Portanto, não se aflijam quando sofrerem, pelo contrário, bendigam a Deus Todo-Poderoso que, através da dor neste mundo, concede a oportunidade para que possam evoluir. Vocês foram os escolhidos para entrar no Reino de Deus.

Sejam pacientes. A paciência também é caridade e devem praticar a Lei da Caridade ensinada pelo Cristo, que foi enviado por Deus. A caridade que consiste em dar esmola aos pobres é a mais fácil de todas. Existe outra, bem mais difícil e, por consequência, bem mais meritória, que é a *de perdoar aqueles a quem Deus colocou em nosso caminho para serem os instrumentos de nossos sofrimentos e colocar à prova nossa paciência.*

Sei que a vida é difícil. Ela pode ser comparada a mil alfinetadas, que acabam por ferir. Se considerarmos os *deveres* que nos são impostos e as *consolações* que recebemos em troca, veremos que as bênçãos são mais numerosas do que as dores. O fardo parece mais leve quando se olha para o alto do que quando se curva a fronte para a Terra.

Coragem, amigos! O Cristo é o modelo de todos. Ele sofreu mais do que qualquer um e não tinha nada do que ser acusado. Já no caso de vocês, existe um passado de culpas a resgatar e um futuro a modificar. Sejam pacientes, sejam Cristãos, essa palavra resume tudo.

OBEDIÊNCIA E RESIGNAÇÃO

Lázaro – Paris, 1863.

8 – A Doutrina de Jesus ensina sempre a obediência e a resignação, duas virtudes companheiras da doçura. Os homens, erroneamente, confundem ser obedientes e resignados com não possuírem vontade nem sentimentos. *A obediência é o uso da razão e a resignação é o uso do coração*. Essas duas qualidades, obediência e resignação, são forças muito grandes, pois os homens revoltam-se quando precisam ser pacientes e resignados. O covarde não é uma criatura resignada, assim como o orgulhoso e o egoísta não podem ser obedientes. Jesus foi a encarnação dessas virtudes que foram desprezadas pelos materialistas da Antiguidade. Ele veio no momento em que a sociedade romana agonizava, destruída pela corrupção. Veio fazer brilharem, no seio da Humanidade, moralmente enfraquecida, os triunfos do sacrifício e da renúncia à sensualidade.

Cada época é marcada pela soma das virtudes que a devem salvar ou pela soma dos vícios que irão fazer com que ela se perca. A virtude da geração de vocês é a atividade intelectual e o seu vício é a indiferença moral. Eu disse atividade intelectual, mas deveria ter dito apenas atividade, porque a atividade é a soma dos esforços de todos os homens comuns para atingir um objetivo apenas razoável, mas que comprova a elevação intelectual de uma época. Já a *atividade intelectual* é exercida pelo homem que é gênio e que, por possuir uma inteligência bem acima da média, se projeta e descobre sozinho os horizontes que a multidão somente verá muito tempo depois dele.

Submetam-se ao incentivo que viemos trazer ao Espírito de vocês. Submetam-se à grande Lei do Progresso, que é a palavra de ordem dessa geração. Infeliz do Espírito preguiçoso, daquele que fecha as portas para o entendimento! Infeliz porque nós, que somos os guias da Humanidade em marcha, vamos agir contra sua vontade rebelde e, através do sofrimento, iremos controlá-lo e fazer com que ele nos obedeça. Assim, toda resistência orgulhosa, cedo ou tarde, deverá ceder. Bem-aventurados, portanto, aqueles que são mansos, pois receberão com doçura os ensinamentos.

A CÓLERA

Um Espírito protetor – Bordeaux, 1863.

9 – Os homens, levados pelo orgulho, julgam-se mais do que são e não conseguem suportar uma comparação que poderia rebaixá-los. Consideram-se bem acima de seus irmãos, seja em conhecimento, seja pela posição social que ocupam, seja até mesmo pelas vantagens materiais de que desfrutam. Por isso, a menor comparação lhes causa irritação e aborrecimento. E o que acontece, então? Ficam encolerizados.

Procurem a origem desses acessos de demência passageira, que fazem com que se igualem aos brutos, perdendo o sangue-frio e a razão. Procurem o porquê de tal proceder e, quase sempre, encontrarão por base o orgulho ferido. É justamente o orgulho ferido que os leva a repelirem, cheios de cólera, os mais sensatos conselhos. Até mesmo a impaciência, que tem a sua causa nas contrariedades fúteis, advém da importância que cada um atribui a sua própria personalidade, perante a qual julgam que tudo e todos devam se curvar.

Em sua loucura, o homem colérico volta-se contra tudo: desde a natureza bruta até os objetos que acaba destruindo por não lhe obedecerem. Ah, se em tais momentos ele pudesse ver-se a sangue-frio, ou teria medo de si mesmo ou se acharia bem ridículo! Que julgue por aí a impressão que deve causar nos outros. Ainda que seja por respeito a si mesmo, deveria esforçar-se para vencer uma tendência que o torna digno de piedade.

Se parasse para pensar, veria que a cólera nada resolve, pois, além de lhe alterar a saúde, compromete a sua própria vida, fazendo com que ele se torne a sua primeira vítima. Além disso, uma outra consideração deveria contê-lo: a certeza de que faz infelizes todos aqueles que o cercam. Se ele possui coração, não sentirá remorso em fazer sofrer as criaturas a quem mais ama? E que remorso mortal sentiria se, num acesso de raiva, cometesse um ato do qual tivesse que se arrepender pelo resto de sua vida.

Em resumo, o homem que possui temperamento colérico não deixa de ter certas qualidades no coração. Entretanto, a cólera pode ser um empecilho para que ele pratique o bem, e pode levá-lo a praticar o mal. Isso deve ser suficiente para que ele se esforce em dominá-la. O espírita ainda deve levar em conta uma outra razão: a cólera é contrária à caridade e à humildade cristãs.

Hahnemann

Paris, 1863.

10 – Segundo a ideia, muito falsa, de que o homem não pode alterar sua própria natureza, ele se julga dispensado de fazer esforços para se corrigir dos defeitos nos quais se satisfaz de bom grado. Para eliminar esses defeitos, o homem precisaria ter muita perseverança. É assim que o sujeito inclinado à cólera quase sempre encontra desculpas em seu temperamento. Antes de se considerar culpado, atribui a responsabilidade ao seu próprio organismo, acusando a Deus por seus próprios defeitos. É, ainda, uma consequência do orgulho, que se encontra misturado a todas as suas imperfeições.

Não há dúvida de que existem temperamentos que se prestam, mais do que outros, a atos violentos, assim como há músculos mais flexíveis, que se adaptam melhor a certos exercícios físicos. Entretanto, não acreditem que esteja aí a principal causa da cólera e tenham a certeza de que um Espírito pacífico, mesmo num corpo guerreiro, será sempre pacífico, assim como um Espírito violento, num corpo frágil, será sempre violento e arrumará uma maneira de manifestar essa violência. Portanto, se a cólera não encontrar um organismo apropriado ela ficará contida; caso encontre, ela se manifestará.

O corpo não dá a cólera àquele que não a possui, assim como também não lhe dá outros vícios. Todas as virtudes e todos os vícios pertencem à natureza do próprio Espírito. Se não fosse assim, onde estaria o mérito e a responsabilidade? O Espírito não pode fazer com que aquele que possui uma deformidade física torne-se sadio, mas pode modificar para melhor aquilo que é do Espírito, quando é portador de uma vontade firme e determinada.

Espíritas! A experiência não prova até onde vai o poder da vontade pelas transformações verdadeiramente milagrosas que veem acontecer? *O homem só permanece vicioso porque quer*, pois aquele que deseja se corrigir, sempre encontrará oportunidade; caso contrário, a Lei do Progresso não existiria para o homem.

Comentário

1 – Herdar a Terra – Significa permanecer nela após a sua mudança de um mundo de provas e expiações para um mundo de regeneração. Essa mudança acontecerá com o afastamento, para planetas mais primitivos que a Terra, dos Espíritos que insistem em fazer o mal.

CAPÍTULO

10

BEM-AVENTURADOS OS QUE SÃO MISERICORDIOSOS

• Perdoem para que Deus possa lhes perdoar
• Reconciliem-se com seus adversários
• O sacrifício mais agradável a Deus
• O cisco e a trave no olho • Não julguem para não serem julgados - Aquele que estiver sem pecado, atire a primeira pedra

Instruções dos Espíritos:

• O perdão das ofensas • A indulgência
• É permitido repreender os outros? • É permitido observar as imperfeições alheias? • É permitido divulgar o mal alheio?

PERDOEM PARA QUE DEUS POSSA LHES PERDOAR

1 – *"Bem-aventurados os que são misericordiosos, porque eles próprios alcançarão a misericórdia" (Mateus, 5:7).*

2 – *"Se perdoarem as faltas que os homens cometem contra vocês, também receberão o perdão de Meu Pai Celestial. Mas, se não perdoarem os homens quando forem ofendidos, Meu Pai Celestial também não os perdoará" (Mateus, 6:14 e 15).*

3 – *"Se um irmão pecou contra vocês, vão e acertem a falta em particular com ele, e, se ele ouvir, terão ganho o seu irmão". Pedro, aproximando-se de Jesus, perguntou: "Senhor, quantas vezes terei que perdoar meu irmão, quando ele pecar contra mim? Será até sete vezes?". E Jesus lhe respondeu: "Você deve perdoá-lo não apenas sete vezes, mas sim, setenta vezes sete vezes" (Mateus, 18:15, 21 e 22).*

4 – A misericórdia é o complemento da doçura, pois aquele que não for misericordioso também não será manso nem pacífico. A misericórdia consiste no esquecimento e no perdão das ofensas. O ódio e o rancor são próprios de uma alma sem elevação e sem grandeza. O esquecimento das ofensas é próprio de uma alma elevada que está acima do mal que lhe queiram fazer. A alma que odeia é sempre ansiosa, sua sensibilidade é sombria, desconfiada e cheia de amargura. A alma elevada é calma, cheia de mansidão e caridade.

Infeliz daquele que diz: "Nunca perdoarei!". Se não for condenado pelos homens, certamente, o será por Deus. Com que direito pedirá o perdão para suas próprias faltas, se ele mesmo não consegue perdoar as que os outros cometem? Jesus nos ensina que a misericórdia não deve ter limites, quando diz que *"devemos perdoar nosso irmão, não sete vezes, mas setenta vezes sete vezes"*.

Existem duas maneiras bem diferentes de perdoar: A primeira é grande, nobre e verdadeiramente generosa, pois esquece o que passou e, evita com delicadeza, ferir o amor-próprio e a suscetibilidade do agressor, mesmo que ele seja culpado. A segunda é quando aquele que se julga ofendido impõe condições humilhantes ao seu ofensor, fazendo com que ele sinta todo o peso de um perdão que irrita em vez de acalmar. Se estende a mão, não o faz com bondade, e sim com ostentação, para que possa dizer a todos: "Vejam como sou generoso!". Em tais condições, é impossível que a reconciliação seja sincera de ambas as partes. Isto não é generosidade, é, antes, uma maneira de satisfazer o orgulho. Portanto, aquele que possui uma alma verdadeiramente grande, em todas as disputas, se mostrará mais pacificador, mais tolerante e mais caridoso. Agindo assim, conquistará sempre a simpatia das pessoas imparciais.

RECONCILIEM-SE COM SEUS ADVERSÁRIOS

5 – *"Reconciliem-se o mais rápido possível com seus adversários, **enquanto estiverem com eles a caminho**, para que não ocorra que seus adversários os entreguem ao juiz, e o juiz os entregue ao ministro da justiça, e que sejam enviados à **prisão**. Em verdade, Eu digo a vocês que não sairão de lá enquanto não pagarem até o último centavo" (Mateus, 5:25 e 26).*

6 – Na prática do perdão, assim como na prática do bem, além do efeito moral, existe, também o efeito material. Sabemos que a morte não nos livra dos nossos inimigos. Os Espíritos desencarnados que desejam vingança perseguem, frequentemente, com seu ódio, aqueles contra os quais ainda guardam rancor. Por isso, o provérbio que diz: *"morta a cobra, morto o veneno"*, torna-se falso, quando aplicado ao homem. O Espírito mau, por estar desligado do corpo físico, possui mais liberdade. Ele se aproveita dessa condição para atormentar a sua vítima, que está presa ao corpo, prejudicando seus interesses ou as suas afeições mais caras. O Espírito que já desencarnou continua sentindo ódio e rancor e não consegue perdoar aquele que lhe fez mal. Aí reside a causa da maior parte dos casos de

obsessão, principalmente, aqueles que apresentam maior gravidade, como a ***subjugação*** e a ***possessão***.

O obsediado e o possesso são quase sempre vítimas de uma vingança, cuja causa se encontra em uma existência anterior, onde os dois foram responsáveis por condutas erradas. Deus permite que a obsessão aconteça como uma espécie de punição para aqueles que não foram caridosos nem misericordiosos ao não perdoarem os que lhe fizeram mal. É importante, para tranquilidade futura, corrigir, o mais rápido possível, os erros que cada um de nós comete contra o próximo. Devemos perdoar os inimigos a fim de eliminar, antes de desencarnar, qualquer motivo de desavença, ódio ou rancor. Desse modo, pode-se fazer de um inimigo neste mundo um amigo no Mundo Espiritual, ou, pelo menos, ficar do lado do bem. Deus sempre ampara aqueles que perdoam.

Quando Jesus recomenda que nos reconciliemos, o mais rápido possível, com os nossos adversários, não quer somente evitar as discórdias na vida presente, mas, principalmente, evitar que elas continuem nas existências futuras. Jesus disse: *"Não sairão de lá enquanto não pagarem até o último centavo"*. Isso quer dizer: "Enquanto não perdoarmos uns aos outros, estaremos sempre presos em cadeias de ódio e rancor, das quais só nos libertaremos quando a Justiça de Deus for integralmente cumprida. É preciso, também, que tenhamos a consciência de que essa Justiça age sobre nós de forma isenta e correta".

O SACRIFÍCIO MAIS AGRADÁVEL A DEUS

7 – *"Quando estiverem fazendo a oferenda diante do altar e lembrarem-se de que seu irmão tem alguma coisa contra vocês, deixem a oferenda ao pé do altar e vão primeiro se reconciliar com seu irmão, e só depois voltem para fazer a oferenda" (Mateus, 5:23 e 24).*

8 – Quando Jesus disse: *"Reconciliem-se primeiro com o seu irmão, antes de apresentarem a oferenda ao altar"*, ensinou que o sacrifício mais agradável ao Senhor é o sacrifício do próprio ressentimento, pois, antes de solicitar o perdão de Deus, é preciso já ter perdoado. Se cometemos alguma injustiça contra um de nossos irmãos, é preciso que essa injustiça já tenha sido reparada. Somente assim a oferenda será agradável a Deus, pois virá de um coração puro e livre de qualquer mau pensamento. Naquela época, era costume, entre os judeus, oferecer bens materiais a Deus. Eles faziam isso como forma de demonstrar seu amor e respeito. Pelo ensinamento de que primeiro era preciso se reconciliar com o irmão, antes de apresentar a oferenda, Jesus estava adequando Suas palavras aos costumes que vigoravam na época. O verdadeiro cristão não precisa fazer doações materiais a Deus, pois ele espiritualizou o sacrifício e sabe que o ensinamento do perdão é muito mais importante do que a oferenda. Ele oferece a sua alma e essa deve estar purificada. *Ao entrarem no Templo do Senhor, devem deixar do lado de fora todo mau pensamento contra o seu irmão e todo sentimento de ódio e animosidade.* Só então os Espíritos Superiores levarão suas preces ao Altíssimo. Eis o que Jesus ensina com estas palavras: *"Deixem sua oferenda ao pé do altar e vão primeiro se reconciliar com seus irmãos, se quiserem ser agradáveis ao Senhor".*

O CISCO E A TRAVE NO OLHO

9 – *Como vocês conseguem ver um cisco que está no olho de seu irmão e não conseguem ver a* ***trave*** *que está em seu próprio olho? Como podem dizer a seu irmão: Deixe-me tirar o cisco que está em seu olho, se no de vocês possui uma trave? Hipócritas, retirem primeiro a trave que está em seu olho, para depois retirarem o cisco que está no olho do seu irmão (Mateus, 7:3 a 5).*

10 – Um dos defeitos da Humanidade é ver primeiro o mal alheio, para depois ver o seu próprio. Para fazer um julgamento correto, seria preciso que o homem olhasse seu interior num espelho, se transportasse de alguma forma para fora de si mesmo e, considerando-se como outra pessoa, perguntasse: O que eu iria pensar se visse alguém fazendo o que eu faço? Indiscutivelmente, é o orgulho que faz com que o homem disfarce seus próprios defeitos, tanto morais quanto físicos. Esse comportamento é totalmente contrário à caridade, pois a verdadeira caridade é modesta, simples e tolerante. Não faz sentido praticar a caridade de maneira orgulhosa, pois a caridade e o orgulho são sentimentos que se neutralizam um ao outro. Aquele que é orgulhoso não consegue praticar a caridade. Um homem bastante vaidoso, que acredita possuir qualidades superiores, não consegue ressaltar o bem em outras pessoas, pois isso poderia ofuscá-lo. Assim, prefere ressaltar o mal que poderia promovê-lo. O orgulho, além de ser o pai de muitos vícios, ainda impede a manifestação de muitas virtudes. Ele é a razão de quase todas as más ações do homem, e foi por isso que Jesus se dedicou tanto em combatê-lo. O orgulho é, sem dúvida, o principal obstáculo ao progresso da Humanidade.

NÃO JULGUEM PARA NÃO SEREM JULGADOS - AQUELE QUE ESTIVER SEM PECADO, ATIRE A PRIMEIRA PEDRA

11 – *Não julguem para não serem julgados, pois serão julgados conforme julgarem os outros. E será aplicada a vocês a mesma medida que usaram para medir os outros (Mateus, 7:1 e 2).*

12 – *Então, escribas e fariseus levaram até Jesus uma mulher que havia sido surpreendida em adultério e, fazendo com que ela ficasse em pé, no meio do povo, disseram: "Mestre, essa mulher acaba de ser surpreendida em adultério. Moisés nos ordena, na Lei, apedrejar as adúlteras. Qual é a Sua opinião a respeito desse assunto?". Eles diziam isso querendo tentar Jesus, a fim de terem do que acusá-lo. Porém, Jesus, abaixando-se, começou a escrever com Seu dedo na areia. Como continuassem a interrogá-lo, Ele levantou e disse: "Aquele dentre vocês que estiver sem pecado atire a primeira pedra". Após isso, abaixou-se novamente e continuou a escrever na areia. Mas eles, tendo ouvido Jesus falar assim, retiraram-se um após o outro, saindo em primeiro lugar os mais velhos, porque possuíam mais pecados. Após todos se retirarem, Jesus ficou sozinho com a mulher no meio da praça.*

Então, Ele levantou-se de novo e disse: "Mulher, onde estão os que lhe acusavam? Ninguém condenou você?". E ela respondeu: "Ninguém, Senhor". Então, Jesus lhe disse: "Eu também não vou lhe condenar. Vá, e não volte a pecar" (João, 8:3 a 11).

13 – Com esse ensinamento: *"Aquele que estiver sem pecado, atire a primeira pedra"*, Jesus faz do perdão um dever, pois não existe ninguém que não precise dele para si mesmo. Ele nos ensina que não devemos julgar os outros mais severamente do que julgaríamos a nós mesmos, e nem condenar no próximo o que perdoaríamos em nós. Antes de condenar alguém por uma falta, vejamos se a mesma reprovação não nos pode ser aplicada.

A censura da conduta alheia pode ter dois motivos: o primeiro é reprimir o mal, e o segundo é desacreditar a pessoa cujos atos estamos criticando. No segundo caso, nunca encontraremos desculpa, pois a crítica tem origem na maledicência e na maldade. Reprimir o mal é louvável e constitui, em alguns casos, até mesmo um dever, principalmente, se dessa repressão resultar um bem. Sem esse procedimento, o mal nunca seria combatido na sociedade, e o homem deve ajudar sempre no progresso de seus semelhantes. Este princípio: *"Não julguem para não serem julgados"*, não deve ser aplicado em sentido absoluto, porque *a letra mata e o Espírito vivifica*, ou seja, *o que estiver escrito não terá valor nenhum se o ensinamento não for seguido.*

Não é possível que Jesus tenha proibido a censura do mal, pois em todas as oportunidades Ele o combateu de maneira enérgica. Ensinou que a autoridade para censurar está na razão direta da autoridade moral daquele que censura. Se nos sentimos culpados por aquilo que condenamos nos outros, não temos o direito de ter a autoridade para censurar e, ainda mais, estaríamos condenando alguém de forma injusta. Em nosso íntimo, não conseguimos obedecer a alguém que, mesmo tendo poder, não respeita as Leis e os princípios da autoridade que está querendo aplicar. *Não existe autoridade mais legítima aos olhos de Deus do que aquela que se apoia no exemplo dado pelo homem de bem.* Isso é o que fica ressaltado, de forma bem clara, nos ensinamentos de Jesus.

Instruções dos Espíritos

O PERDÃO DAS OFENSAS

Simeão – Bordeaux, 1862.

14 – "Quantas vezes perdoarei ao meu irmão?", perguntou Pedro a Jesus. *"Você deve perdoá-lo não sete vezes, mas sim, setenta vezes sete vezes."* Esse é um dos ensinamentos de Jesus que mais deve marcar a inteligência de vocês e falar bem alto aos seus corações. Comparem essas palavras de misericórdia com a prece tão simples, tão resumida e tão grande em suas aspirações, a oração do Pai Nosso que Jesus ensinou a Seus discípulos, e encontrarão sempre o mesmo pensamento. Jesus, o justo por excelência, responde a Pedro: "Você perdoará, mas sem limites; perdoará ainda que a ofensa lhe seja feita muitas vezes; ensinará a seus irmãos o esquecimento de si mesmo, que os torna invulneráveis às agressões, aos maus tratos e às injúrias. Será doce e humilde de coração, nunca medindo a sua mansidão nem a sua brandura. Fará aos outros o que deseja que o Pai Celestial faça por você. Ele não o tem perdoado sempre? Por acaso, conta as inúmeras vezes que o Seu perdão vem apagar as suas faltas?". Prestem atenção na resposta de Jesus e, como Pedro, procurem aplicá-la a vocês mesmos. Sejam generosos no amor, isto é, perdoem, usem de misericórdia, sejam caridosos. Deem, e o Senhor lhes restituirá. Perdoem, e o Senhor vai perdoá-los. Abaixem-se, e o Senhor os reerguerá. Humilhem-se, e o Senhor fará com que sentem à Sua direita.

Vão, meus bem-amados, estudem e comentem essas palavras que eu dirijo a todos, da parte Daquele que, do alto dos esplendores Celestes, sempre cuida de vocês e continua, com amor, a tarefa ingrata que começou há dezoito séculos.

Perdoem o próximo, pois também precisam do seu perdão. Se vocês são prejudicados pelos atos dos seus irmãos, é mais um motivo para serem tolerantes, porque o mérito de perdoar é proporcional à gravidade do mal cometido. Além disso, nenhum merecimento terão, se não perdoarem, sinceramente, seus irmãos pelas pequenas ofensas que eles lhes fazem.

Espíritas, nunca esqueçam que, tanto nas palavras como nas ações, o perdão dos insultos nunca deve ser uma palavra vazia. Se vocês se dizem espíritas, então o sejam de fato. Esqueçam o mal que lhes foi feito e pensem apenas em uma coisa: No bem que podem fazer. Aquele que entrou nesse caminho não deve se afastar dele, nem mesmo em pensamento, porque todos são responsáveis por aquilo que pensam e Deus conhece bem o que andam pensando. Cuidem para que todo pensamento seja desprovido de qualquer sentimento de rancor. Deus sabe o que se passa no coração de cada um de Seus filhos. *Feliz daquele que, a cada noite, pode deitar-se e dizer: "Nada tenho contra o meu próximo".*

Paulo, apóstolo

Lyon, 1861.

15 – Perdoar os inimigos é pedir perdão para si mesmo. Perdoar os amigos é dar a eles uma prova de amizade. Perdoar as ofensas é demonstrar que se está melhorando. Perdoem, meus amigos, para que Deus também possa perdoá-los. Se forem duros, exigentes e rigorosos, mesmo por uma pequena ofensa, como vão querer que Deus esqueça que, a cada dia, vocês também têm necessidade de perdão?

Infeliz daquele que diz: "Nunca perdoarei", pois está pronunciando a sua própria condenação. Será que fazendo uma autoanálise não irão encontrar, em vocês mesmos, o agressor? Quem sabe se, nessa luta que começa por um simples desentendimento e termina numa ruptura, o primeiro golpe não partiu de vocês? Será que não deixaram escapar uma palavra ofensiva? Será que usaram a moderação necessária? Sem dúvida, o adversário errou em se mostrar tão melindroso, mas isso deve ser mais uma razão para serem indulgentes e não o censurarem. Vamos admitir que foram, realmente, os ofendidos em uma determinada circunstância; quem garante que não envenenaram a situação por vingança, transformando em disputa séria o que poderia ter caído facilmente no esquecimento? Se dependeu de vocês impedir as consequências e não o fizeram, então são realmente culpados. Vamos imaginar também que não tenham absolutamente nada a reprovar em suas condutas; nesse caso, quanto maior tiver sido a capacidade de perdoar, maior será o mérito de vocês.

Existem duas maneiras diferentes de perdoar: o perdão dos lábios e o perdão do coração. Muitas pessoas dizem a respeito do seu adversário: "Eu o perdoo", enquanto, interiormente, alegram-se com o mal que lhe acontece, dizendo a si mesmos que ele bem o mereceu. Quantos dizem: "Eu perdoo" e acrescentam: "Mas nunca me reconciliarei, não quero vê-lo pelo resto de minha vida"; será esse o perdão ensinado pelo Evangelho? Não! O verdadeiro perdão ensinado pelo Cristo é aquele que lança um véu sobre o passado. É o único que será levado em consideração, pois Deus não se contenta com aparências. Ele examina o fundo dos corações e os mais secretos pensamentos, não aceitando apenas palavras e simples fingimentos. O esquecimento completo e absoluto das ofensas é próprio das grandes almas. O rancor é sempre um sinal de inferioridade. O verdadeiro perdão se reconhece mais pelos atos do que pelas palavras.

A INDULGÊNCIA

Joseph, Espírito Protetor – Bordeaux, 1863.

16 – Espíritas, gostaríamos de falar hoje sobre a **indulgência**, ou, melhor, sobre o perdão, a misericórdia, a tolerância, sentimentos tão doces, tão fraternais que todo homem deveria ter para com seus irmãos, mas que poucos praticam.

A indulgência jamais vê os defeitos alheios, e, se os vê, evita falar deles e divulgá-los. Ao contrário, ela os esconde, a fim de que não sejam conhecidos. Se a maledicência os descobre, a indulgência sempre tem uma desculpa pronta para amenizá-los, mas sempre uma desculpa razoável, séria, e não daquelas que, em vez de atenuar a falta, ressaltam-na de um modo maldoso.

A indulgência jamais se ocupa com os erros alheios, a menos que eles possam ser usados para servir de exemplo à sociedade e, ainda assim, os utiliza tomando o cuidado para atenuá-los tanto quanto possível.

A indulgência não faz observações ofensivas, nem censuras verbais, mas apenas limita-se a dar conselhos, quase sempre de maneira despercebida. Quando criticam, que conclusão devem tirar de suas palavras? É a de que vocês que criticam jamais irão fazer o que reprovam e, também, de que são melhores do que o culpado. Quando será que irão julgar os seus próprios corações, os seus próprios pensamentos, os seus atos, sem se ocuparem com o que fazem os seus irmãos? Quando irão olhar com severidade somente para vocês mesmos?

Sejam severos para consigo mesmos e indulgentes para com os outros. Lembrem-se Daquele que julga em última instância e que vê os pensamentos secretos de cada coração. Por isso, muitas vezes, Deus perdoa as faltas que vocês censuram em seus irmãos, e condena as que vocês desculpam, porque Ele conhece bem a causa de todos os atos. Muitas vezes, aqueles que pedem para que o próximo seja castigado, talvez, tenham cometido faltas ainda mais graves.

Sejam indulgentes, meus amigos, pois a indulgência atrai, acalma e reergue, ao passo que o rigor demasiado desanima, afasta e irrita.

João

Bispo de Bordeaux, 1862.

17 – Sejam indulgentes para com as faltas alheias, quaisquer que sejam elas. Julguem com severidade apenas as próprias ações e o Senhor usará de indulgência para com vocês, da mesma maneira que usam para com os outros.

Apoiem os fortes, encorajando-os a prosseguir no bem. Fortifiquem os fracos, mostrando-lhes a bondade de Deus, que leva em consideração o menor arrependimento. Mostrem a todos o anjo do arrependimento estendendo suas asas brancas sobre as faltas humanas, ocultando-as dos olhos daqueles que não veem senão o que é impuro. Compreendam a misericórdia infinita do Pai e não esqueçam nunca de Lhe dizer pelo pensamento, mas, principalmente, pelos atos: *"Perdoa as nossas ofensas, assim como nós perdoamos aqueles que nos têm ofendido"*. Compreendam bem o valor dessas sublimes palavras, não só sua letra é admirável, mas também o ensinamento que elas contêm.

O que pedem ao Senhor quando solicitam o seu perdão? Somente o esquecimento das faltas que cometeram? Se Deus se contentasse em esquecer suas faltas, Ele não os puniria, *mas também não os recompensaria*. A recompensa não pode ser o prêmio pelo bem que não fizeram e menos ainda pelo mal que praticaram, mesmo que esse mal tenha sido esquecido. Ao pedirem a Deus para que perdoe seus desvios, peçam a Ele a graça para não mais cometê-los, e a força necessária para entrar em um novo caminho de obediência e amor, no qual, junto com o arrependimento, poderão acrescentar a reparação do erro.

Quando perdoarem seus irmãos, não se contentem em estender o véu do esquecimento sobre suas faltas. Esse véu é, na maioria das vezes, muito transparente aos olhos de vocês. Ao perdoarem, acrescentem, também, o amor, façam aos outros o que gostariam que o Pai Celestial fizesse por vocês. Troquem a cólera que desonra pelo amor que purifica. Preguem dando o exemplo dessa caridade incansável que Jesus ensinou. Preguem como Ele próprio fez, durante o tempo em que viveu na Terra, e como ainda prega, sem cessar, desde que retornou ao Plano Espiritual. Sigam o Divino Modelo, sigam Seus passos, pois eles os conduzirão a um lugar de refúgio, onde encontrarão o repouso após a luta. Como Jesus, carreguem sua cruz e subam, com coragem, o ***calvário***, pois no seu cume está a glorificação.

Dufêtre

Bispo de Nevers – Bordeaux.

18 – Sejam severos para consigo mesmos e indulgentes para com as fraquezas alheias. Esta é uma prática caridosa que poucas pessoas observam. Todos têm tendências ruins a vencer, defeitos a corrigir, hábitos a modificar. Todos têm um fardo mais ou menos pesado e precisam se livrar dele para chegar ao cume da montanha do progresso. Por que são tão exigentes para com o próximo e tão cegos para consigo mesmos? Quando deixarão de perceber, no olho do irmão, o cisco que o fere, enquanto vocês possuem uma trave que os cega e faz com que caminhem de queda em queda? Creiam nos Espíritos, pois eles são os seus irmãos. Todo homem orgulhoso que se achar superior, em virtude e mérito, a seus irmãos encarnados, é sempre um insensato, e Deus o julgará por isso no dia de Sua justiça. O verdadeiro sentido da caridade é a *modéstia* e a *humildade*. Ambas consistem em ver apenas superficialmente os defeitos alheios e ressaltar, no próximo, as virtudes e o que existe de bom. Ainda que o coração humano seja um abismo de corrupção, sempre existe, em alguma de suas regiões mais profundas, o gérmen dos bons sentimentos, como se fosse uma lembrança de sua realidade espiritual.

Espiritismo, Doutrina consoladora e bendita! Felizes são aqueles que a conhecem e tiram proveito dos salutares ensinamentos dos Espíritos do Senhor! Para eles, o caminho está iluminado e, ao longo da jornada terrena, podem ler essas palavras que lhes indicam o meio de chegar ao objetivo: caridade praticada com o coração, caridade para com o próximo e para consigo mesmo. Resumindo, caridade para com todos e o amor a Deus acima de todas as coisas. O amor a Deus resume todos os deveres e é impossível amar realmente a Deus sem praticar a caridade, da qual Ele fez uma Lei para todas as criaturas.

É PERMITIDO REPREENDER OS OUTROS?

São Luís – Paris, 1860.

19 – *Se ninguém é perfeito, significa que ninguém tem o direito de repreender o seu próximo?*

Certamente que não é essa a conclusão a ser tirada, pois cada um deve trabalhar pelo progresso de todos e, principalmente, pelo progresso daqueles a quem Deus nos confiou a proteção. Por isso, essa repreensão deve ser feita com moderação, com um objetivo útil e não como se faz, na maioria das vezes, pelo prazer de denegrir. Nesse caso, a repreensão será sempre uma maldade. A censura feita com moderação é um dever que a caridade manda realizar com todos os cuidados possíveis. E, ainda mais, a repreensão que se faz aos outros deve, ao mesmo tempo, ser dirigida a nós, para vermos se também não a merecemos.

É PERMITIDO OBSERVAR AS IMPERFEIÇÕES ALHEIAS?

São Luís – Paris, 1860.

20 – *Seremos repreendidos em observar as imperfeições alheias, quando disso não resultar nenhum proveito para eles, mesmo que não as divulguemos?*

Tudo vai depender da intenção com que se faz essa repreensão. Certamente, não é proibido ver o mal, quando o mal existe. Seria mesmo inconveniente ver, por toda parte, somente o bem. Essa ilusão prejudicaria o progresso. O erro está em fazer tal observação em prejuízo do próximo, rebaixando-o sem necessidade perante a opinião pública. Seria, ainda, condenável observar as imperfeições alheias apenas para satisfazer nossos sentimentos de maldade e de alegria, ao verificar o defeito dos outros. Ocorre o contrário quando lançamos um véu sobre o mal, ocultando-o do público e nos limitando a observá-lo para proveito próprio, ou seja, para estudá-lo a fim de evitar fazer o que repreendemos nos outros. Esta observação é útil aos homens sérios que se dedicam ao estudo da moral, pois, como eles descreveriam os defeitos da Humanidade, se não estudassem os seus exemplos?

É PERMITIDO DIVULGAR O MAL ALHEIO?

São Luís – Paris, 1860.

21 – *Haverá casos em que pode ser útil revelar o mal dos outros?*

Esta questão é muito delicada e é nesse ponto que a caridade precisa ser bem compreendida. Se os defeitos de uma pessoa prejudicam apenas a ela mesma, não existe nenhuma utilidade em divulgá-los. Porém, se esses defeitos podem prejudicar outras pessoas, é preferível o interesse da maioria ao interesse de um só. Em alguns casos, desmascarar a hipocrisia e a mentira pode ser um dever, pois é preferível a queda de um homem do que vários serem vítimas de sua enganação. Neste caso, é preciso pesar a soma das vantagens e dos inconvenientes.

Comentários

5 – "Enquanto estiverem com eles a caminho" – Essa expressão significa que devemos nos reconciliar com os nossos adversários enquanto estivermos vivendo com eles na Terra, nesta encarnação.

Prisão – A prisão referida por Jesus, no ensinamento do item 5, pode ser entendida como um lugar de sofrimento e aflição no Plano Espiritual, para onde vão aqueles que deixam a Terra sem terem perdoado ou se reconciliado com seus adversários. Ele adverte que o Espírito não sairá de lá até que se arrependa, do fundo do coração, dos erros que cometeu.

6 – Obsessão – É a influência maléfica de um Espírito desencarnado sobre um Espírito encarnado. Essa influência maléfica também pode dar-se: de um Espírito encarnado sobre um Espírito desencarnado, entre Espíritos desencarnados e, finalmente, entre Espíritos encarnados.

Subjugação – É uma forma de obsessão em que a vítima perde a vontade própria e sofre uma dominação profunda do obsessor.

Possessão – É um estado bem mais avançado de obsessão, pois a vítima, além de perder o domínio total dos sentidos e das ações, passa a agir sob o comando do obsessor.

9 – Trave – Na época de Jesus, era um tronco de árvore empregado em construção, uma madeira grossa.

16 – Indulgência – É uma das virtudes que caracteriza o verdadeiro cristão e que se manifesta pela postura complacente, condescendente e compreensiva, perante as faltas e imperfeições alheias.

17 – Calvário – Em aramaico, Gólgota. É o nome dado à colina que, na época de Cristo, ficava fora da cidade de Jerusalém, onde Jesus foi crucificado. O termo calvário também pode ser usado como sinônimo de martírio, longo sofrimento.

CAPÍTULO

11

AMAR O PRÓXIMO COMO A SI MESMO

• **O MANDAMENTO MAIOR**
• **PARÁBOLA DOS CREDORES E DOS DEVEDORES**
• **FAZER AOS OUTROS O QUE GOSTARÍAMOS QUE OS OUTROS FIZESSEM POR NÓS**
• **DAR A CÉSAR O QUE É DE CÉSAR**

Instruções dos espíritos:

• **A Lei do Amor** • **O egoísmo**
• **A fé e a caridade** • **Caridade para com os criminosos**
• **Devemos arriscar nossa vida por um malfeitor?**

O MANDAMENTO MAIOR

1 – *Os fariseus, quando souberam que Jesus havia feito os saduceus se calarem, reuniram-se em conselho, e um deles, que era doutor da Lei, perguntou-Lhe, para tentá-Lo: "Mestre, qual é o maior mandamento da Lei?". E Jesus lhe respondeu: "Amar a Deus, de todo o seu coração, de toda sua alma e com todo seu entendimento. Este é o maior e o primeiro mandamento. E o segundo, semelhante a esse, é: Amar o próximo como a si mesmo. Esses dois mandamentos contêm toda a* ***Lei e os Profetas****" (Mateus, 22:34 a 40).*

2 – *"Façam aos homens tudo o que gostariam que eles fizessem para vocês, pois esta é a Lei e os Profetas" (Mateus, 7:12).*

"Tratem todos os homens da mesma maneira que gostariam de ser tratados" (Lucas, 6:31).

PARÁBOLA DOS CREDORES E DOS DEVEDORES

3 – *"O Reino dos Céus é comparável a um rei que quis ajustar contas com seus servidores. E, tendo começado a fazê-lo, apresentaram-lhe um que lhe devia dez mil* *talentos. Mas como ele não tinha condições de pagar, o rei ordenou que ele vendesse sua mulher, seus filhos e tudo o que possuía para liquidar a sua dívida. O servidor, atirando-se aos pés do rei, suplicou-lhe dizendo: Senhor, tenha um pouco de paciência e eu lhe pagarei tudo. Então, o rei, compadecido por aquele servidor deixou-o ir e perdoou-lhe a dívida. Mas esse servidor, mal tendo saído, encontrou um de seus companheiros que lhe devia cem moedas. Agarrou-o pelo pescoço e, sufocando-o, disse: Você vai me pagar agora o que me deve. E seu companheiro, atirando-se a seus pés, suplicou-lhe dizendo: Tenha um pouco de paciência e eu lhe pagarei tudo; mas ele não quis escutá-lo e, retirando-se, mandou prendê-lo até que pagasse o que devia. Os outros servidores, seus companheiros, vendo o que se passava, ficaram extremamente aflitos e foram avisar o rei sobre o que tinha acontecido. O rei mandou buscá-lo e disse: Mau servidor, perdoei-lhe tudo o que me devia, pois assim me pediu. Não deveria, então, ter tido piedade do seu companheiro como eu tive de você? E o rei, furioso, entregou-o aos carrascos até que ele pagasse tudo o que lhe devia."*

"É assim que Meu Pai, que está no Céu, irá tratá-los, se não perdoarem, do fundo do coração, as faltas que são cometidas contra vocês" (Mateus, 18:23 a 35).

FAZER AOS OUTROS O QUE GOSTARÍAMOS QUE OS OUTROS FIZESSEM POR NÓS

4 – *Amar o próximo como a si mesmo, fazer aos outros o que gostaríamos que os outros fizessem por nós*, é a expressão mais completa da caridade, pois resume todos os deveres do homem para com o próximo. Não podemos encontrar guia mais seguro do que adotar, como regra, fazer aos outros o que desejamos para nós. Com que direito exigiremos de nossos semelhantes bom procedimento, compaixão, bondade e dedicação, se não lhes oferecemos o mesmo? A prática desses ensinamentos morais leva à destruição do egoísmo. Quando os homens adotarem esses princípios como regra de conduta e como base para suas instituições, compreenderão a verdadeira fraternidade e reinará entre eles a paz e a justiça. Não haverá mais ódios nem desavenças, somente união, concórdia e amabilidade mútua.

DAR A CÉSAR O QUE É DE CÉSAR

5 – *Ao se retirarem, os fariseus combinaram, entre si, comprometer Jesus em Suas palavras. Enviaram seus discípulos em companhia dos* ***herodianos****, para Lhe perguntar: "Mestre, sabemos que o Senhor é verdadeiro, e que ensina o caminho de Deus de acordo com a verdade, sem descriminar a quem quer que seja; diga-nos, então, qual a Sua opinião sobre este assunto: Devemos ou não pagar o tributo a César?". Entretanto, Jesus, conhecendo-lhes a malícia, disse: "Hipócritas, por que querem Me tentar? Mostrem-me a moeda exigida para o pagamento do tributo". Tendo eles mostrado a moeda, Jesus* *perguntou: "De quem é esta imagem e esta inscrição?". "De César" – disseram. Então Jesus respondeu: "Dai a César o que é de César e a Deus o que é de Deus".*

Ao ouvirem a resposta, admiraram-se com ela, e, deixando Jesus, se retiraram (Mateus, 22:15 a 22; Marcos, 12:13 a 17).

6 – A pergunta feita a Jesus era motivada pelo horror que os judeus tinham em relação ao pagamento dos impostos que os romanos lhes impunham, e eles haviam feito disso uma questão religiosa. Um numeroso partido havia se formado para lutar contra o imposto. Portanto, o pagamento do tributo era, para eles, uma irritante questão da atualidade, sem o que a pergunta feita a Jesus, *"devemos ou não pagar o tributo a César?"*, não teria o menor sentido. A pergunta em si já era uma armadilha, e, conforme a resposta dada por Jesus, pretendiam jogá-lo contra a autoridade romana ou contra os judeus dissidentes. Mas Jesus, *conhecendo-lhes a malícia*, contorna a dificuldade dando a eles uma lição de justiça, mandando dar a cada um o que lhe é de direito *(ver na introdução: Publicanos).*

7 – O ensinamento: *Dar a César o que é de César* deve ser entendido de uma maneira mais abrangente. Significa o cumprimento dos deveres em relação à família, à sociedade, à autoridade, bem como a todos os indivíduos, respeitando as Leis vigentes e sendo cidadãos responsáveis. *Dar a Deus o que é de Deus* significa cultivar os valores espirituais, amando o próximo e praticando a caridade, pois esses são comportamentos indispensáveis ao nosso crescimento moral e espiritual. Esse ensinamento é consequência daquele que manda agir para com os outros do mesmo modo que gostaríamos que os outros agissem para conosco. Assim, Jesus condena todo prejuízo material e moral que possa causar dano e violar os interesses do próximo. Determina que respeitem os direitos de cada um, como cada um gostaria que os seus fossem respeitados.

Instruções dos Espíritos

A LEI DO AMOR

Lázaro – Paris, 1862.

8 – O amor resume, de forma completa, toda a Doutrina de Jesus, porque é o sentimento mais elevado e sublime que existe. Os *sentimentos* são os *instintos* que vão se aprimorando à medida que o Espírito vai evoluindo. Nas primeiras encarnações, o homem possui somente *instintos*. À medida que avança e aumenta o convívio com outros homens, passa a possuir *sensações*, e, quando se encontra mais instruído e purificado, adquire, então, *sentimentos*. O sentimento mais nobre e evoluído de todos é o amor. Não o amor no sentido vulgar da palavra, mas sim o amor interior que reúne todas as aspirações e todas as sublimes manifestações da alma humana. A Lei do Amor substitui o individualismo pela integração das criaturas e acaba com as misérias sociais. Feliz daquele que, no decorrer de sua vida, ama, amplamente, seus irmãos em sofrimento! Feliz daquele que ama, pois não sofre as angústias da alma, nem as do corpo. Seus pés são leves e ele vive como se estivesse transportado para fora de si mesmo. Quando Jesus pronunciou a divina palavra *Amor*, os povos se emocionaram, pois, através dos Seus ensinamentos, eles compreenderam que ninguém morre e a vida continua. Assim, os mártires, com fé e cheios de esperança na vida futura, desciam aos circos onde seriam devorados pelas feras, com a certeza de que, mesmo morrendo o corpo físico, o Espírito continuaria vivendo.

O Espiritismo, por sua vez, vem pronunciar uma segunda palavra do alfabeto Divino. Fiquem atentos, pois essa palavra levanta a laje das sepulturas vazias: é a *Reencarnação*, que, triunfando sobre a morte, revela ao homem, deslumbrado, seu patrimônio intelectual. A morte já não o conduz mais às aflições, mas à conquista de si mesmo, elevado e transformado pela experiência adquirida na encarnação que finda. O sangue daquele que morre, liberta seu Espírito, permitindo que ele retorne ao Mundo Espiritual, e o Espírito, através de sua evolução, deve libertar o homem da matéria, ou melhor, da necessidade de reencarnar.

Eu disse que nas primeiras encarnações o homem possuía apenas *instintos*, e aqueles que ainda se deixam dominar por eles, estão mais próximos do ponto de partida do que do ponto de chegada. Para avançar no caminho do progresso, é preciso vencer os *instintos* em favor dos *bons sentimentos*. É preciso aperfeiçoar os *sentimentos* para nos afastarmos das coisas materiais. Os *instintos* são o início dos *sentimentos* e trazem consigo o gérmen do progresso, assim como a semente traz, no seu interior, a árvore. As criaturas atrasadas, mesmo se libertando de suas inferioridades, ainda permanecem escravizadas aos seus *instintos*. O Espírito precisa ser cultivado como um campo. A riqueza futura dependerá do trabalho atual, que, além de dar ao homem os bens terrenos, ainda o conduzirá a uma gloriosa elevação. Ao compreenderem a Lei do Amor, que une todos os seres, encontrarão nela os suaves prazeres da alma, que são o início das alegrias celestes.

Fénelon

Bordeaux, 1861.

9 – O amor é de essência Divina. Todos os homens, do primeiro ao último, possuem, no fundo do coração, a chama desse fogo sagrado. É um fato que já puderam constatar muitas vezes: o pior dos homens, o mais perverso, o mais criminoso, sempre tem, *por um ser ou por um objeto qualquer*, uma grande afeição e luta contra tudo o que tente diminuí-la. Mesmo no homem mais endurecido, essa afeição pode atingir proporções admiráveis.

Eu disse *"por um ser ou por um objeto qualquer"*, porque existem pessoas que dedicam todo o seu amor aos animais, às plantas e, até mesmo, a objetos materiais. São os solitários, aqueles que evitam viver em sociedade e que reclamam da Humanidade em geral. Eles resistem à tendência natural de sua alma, que buscam, ao seu redor, a afeição e a simpatia. Agindo assim, rebaixam a Lei do Amor à condição de *instinto*. Porém, façam o que fizerem, não serão capazes de sufocar o amor vivo que Deus depositou em seus corações quando de sua criação. Esse amor se desenvolve e cresce com a moral e com a inteligência. Embora frequentemente oprimido pelo egoísmo, o amor é a fonte das afeições sinceras e duradouras, que ajudam os homens a percorrerem o difícil e duro caminho da existência humana.

Existem pessoas que não aceitam a reencarnação, pela ideia de que outros participarão do convívio com as pessoas pelas quais elas têm simpatia, carinho e, também, ciúmes. Pobres criaturas! É o seu afeto que as torna egoístas. Seu amor está restrito a um círculo íntimo de parentes e amigos, sendo indiferentes às demais pessoas. Pois bem! Para praticar a Lei do Amor como Deus gostaria, é preciso que, pouco a pouco, consigam amar todos os seus irmãos, indistintamente! A tarefa é longa e difícil, mas se cumprirá, porque Deus assim o quer.

A Lei do Amor é o primeiro e o mais importante ensinamento da Nova Doutrina. É ela que, um dia, destruirá o egoísmo sob qualquer forma que ele se apresente. Além do egoísmo pessoal, existe ainda o egoísmo de família, de classe social e de nacionalidade. Jesus disse: *"Amem o próximo como a vocês mesmos"*. Mas, afinal, quem é o meu próximo? Será a família, a religião, a pátria? Não. É a Humanidade inteira. Nos mundos superiores, é o amor recíproco que harmoniza e dirige os Espíritos adiantados que os habitam. Já o planeta Terra, destinado a realizar, em breve, um sensível progresso e uma grande transformação social, verá a sublime Lei do Amor ser praticada por seus habitantes, como um reflexo da Divindade.

Os efeitos dessa Lei são o aperfeiçoamento moral da raça humana e a felicidade durante a vida terrena. Os mais rebeldes e os mais viciosos deverão se reformar quando virem os benefícios produzidos pela Lei do Amor, que diz: *"Não façam aos outros o que não gostariam que os outros fizessem a vocês, mas, ao contrário, façam a eles todo o bem que puderem"*.

Não acreditem na secura e no endurecimento do coração humano. Mesmo a contragosto, ele cede ao verdadeiro amor. É como se fosse um ímã ao qual não se pode resistir. A prática do amor desperta os germens dessa virtude que está adormecida em seus corações. A Terra, morada de provações e de exílio, será purificada por esse fogo sagrado chamado amor. Quando isso acontecer, nela serão praticadas todas as virtudes filhas do amor, ou seja, a caridade, a humildade, a paciência, a resignação e o sacrifício em favor do próximo. Não se cansem de ouvir o que dizia João, o Evangelista, que, mesmo na velhice, quando já estava enfermo e não podia mais pregar, apenas repetia essas doces palavras: *"Meus filhinhos, amem-se uns aos outros"*.

Caros irmãos amados, pratiquem essas lições; sua prática é difícil, mas a alma retira delas um imenso benefício. Acreditem em mim e façam o sublime esforço que eu peço: *"Amem-se"* e verão a Terra se transformar em um novo paraíso, onde as almas virtuosas desfrutarão do repouso merecido.

Sansão

Antigo membro da Sociedade Espírita de Paris, 1863.

10 – Meus caros companheiros de estudo, os Espíritos aqui presentes falam a vocês por meu intermédio: Amem muito para serem amados! Esse pensamento é tão justo que encontrarão nele tudo o que consola e acalma as aflições de cada dia, ou, melhor: praticando o ensinamento de amar para ser amado, irão se elevar de tal maneira acima da matéria, que se espiritualizarão antes mesmo de deixarem o corpo físico. Através dos estudos espíritas, puderam aumentar a compreensão em relação ao futuro, e possuem hoje uma certeza: chegarão até Deus vendo realizadas todas as promessas que correspondem às aspirações de suas almas. Procurem se elevar bem alto, para julgarem sem as limitações da matéria e não condenarem o próximo sem antes terem dirigido o pensamento a Deus.

Amar, no sentido profundo da palavra, é ser honrado, leal, consciencioso, e fazer aos outros aquilo que se deseja para si mesmo. É procurar aliviar as dores que afligem os irmãos que nos rodeiam. É olhar a grande família humana como se fosse a sua, porque a encontrarão em outra época, em mundos mais adiantados, pois os Espíritos que a compõem são, também, filhos de Deus destinados a se elevarem ao infinito.

Não recusem o amor que receberam, generosamente, de Deus a nenhum de seus irmãos. Ficariam também felizes se recebessem, deles, tudo o que necessitam. Deem a todos os sofredores uma palavra de esperança e de conforto, e serão todo amor e todo justiça.

Acreditem que essas sábias palavras: *"Amem muito, para serem amados"*, seguirão seu caminho de maneira firme e imutável, pois elas são revolucionárias. Entretanto, os que me escutam já ganharam algo: são, hoje, infinitamente melhores do que eram há cem anos. Mudaram de tal modo para melhor que, atualmente, aceitam, sem contestar, uma grande quantidade de novas ideias sobre a liberdade e a fraternidade, que antigamente não aceitavam. Daqui a cem anos, facilmente aceitarão outras ideias que, no momento, não conseguem compreender.

Hoje, que o movimento Espírita avançou bastante, vejam com que rapidez as ideias de justiça e de renovação, encontradas nos ensinamentos dos Espíritos, são aceitas por boa parte do mundo inteligente. É porque essas ideias correspondem a tudo que existe de Divino em cada um de vocês. A semeadura fértil do último século implantou na sociedade as grandes ideias de progresso. E como tudo está sob a orientação do Altíssimo, todas as lições recebidas e aceitas resultarão em uma mudança universal no que diz respeito ao amor em relação ao próximo. Pela orientação do Espiritismo, os Espíritos encarnados, compreendendo melhor as coisas e sentindo-se como irmãos, vão reunir-se fraternalmente por todo o planeta, acabando com todas as injustiças e com todas as causas de desentendimento entre os povos.

Essa grande renovação causada pela Doutrina Espírita, tão bem exposta no *Livro dos Espíritos*, produzirá o grande milagre dos séculos futuros: o da conciliação de todos os interesses materiais e espirituais dos homens, pela aplicação desse ensinamento bem compreendido: *"Amem muito, para também serem amados"*.

O EGOÍSMO

Emmanuel – Paris, 1861.

11 – O egoísmo, esta chaga da Humanidade, precisa desaparecer da Terra, pois retarda o seu progresso moral. É ao Espiritismo que está reservada a tarefa de fazer com que a Terra se eleve na hierarquia dos mundos. O egoísmo é o alvo para o qual todos os cristãos devem dirigir suas armas, sua coragem e suas forças. *Digo coragem*, porque é preciso mais coragem para vencer a si mesmo do que para vencer aos outros. Que cada um empregue todos os esforços para combater o seu próprio egoísmo, pois ele, sendo filho do orgulho, devora as inteligências e é o causador de todas as misérias terrenas. O egoísmo é a negação da caridade, sendo, por isso mesmo, o maior obstáculo à felicidade dos homens.

Jesus deu o exemplo da caridade e Pôncio Pilatos o do egoísmo. Enquanto Jesus percorre as ***Santas Estações*** do Seu martírio, Pilatos lava as mãos dizendo: "Que me importa!". E diz aos judeus: "Este homem é justo, por que querem crucificá-Lo?". E, no entanto, deixa que O conduzam ao suplício.

Se o cristianismo ainda não cumpriu a sua missão por completo, é devido à luta que se trava entre a caridade e o egoísmo, pois este invadiu o coração humano como uma praga. Cabe aos Espíritas, a quem os Espíritos Superiores esclarecem, a tarefa e o dever de destruir esse mal, dando ao cristianismo toda a sua força e retirando do caminho os obstáculos que impedem a sua marcha. Expulsem da Terra o egoísmo, para que ela possa elevar-se na escala dos mundos, pois já é tempo de a Humanidade lutar com bravura e virilidade, mas para isso é preciso, inicialmente, expulsar o egoísmo do coração dos homens.

Pascal

Sens, 1862.

12 – Se houvesse amor entre os homens, a caridade seria melhor praticada. Libertem seus corações desse sentimento de indiferença e sejam mais sensíveis ao sofrimento alheio, pois a indiferença mata todos os bons sentimentos. Cristo atendia a todos que O procuravam, desde a mulher adúltera até o criminoso, todos eram igualmente socorridos. Ele nunca temeu que Sua reputação viesse a sofrer com isso. Quando irão usá-Lo como modelo para as suas ações? *Se a caridade reinasse na Terra, os homens maus não predominariam. Eles fugiriam envergonhados e se esconderiam, porque em toda parte iriam sentir-se deslocados.* O mal então desapareceria, fiquem bem certos disso.

Iniciem dando o exemplo e sejam caridosos para com todos, indistintamente. Não se preocupem com aqueles que os desprezam. Deixem a Deus o encargo de fazer toda justiça, pois, a cada dia, em Seu Reino, Ele separa o ***joio do trigo***.

O egoísmo é o sentimento oposto ao da caridade. Sem a caridade, não haverá paz na sociedade humana e nem segurança. Com o egoísmo e o orgulho andando juntos, a vida será sempre uma competição. Uma verdadeira luta de interesses, onde nem mesmo os laços sagrados da família e nem as santas afeições serão respeitados.

A FÉ E A CARIDADE

Um Espírito protetor – Cracóvia, 1861.

13 – Eu disse recentemente, meus queridos filhos, que a caridade sem a fé não basta para manter entre os homens uma ordem social capaz de torná-los felizes. Deveria ter dito que a caridade é impossível sem a fé. Na verdade, poderão encontrar impulsos generosos até mesmo entre as pessoas sem religião. Mas a caridade verdadeira, aquela que se pratica com a renúncia constante dos interesses egoístas, somente a fé poderá inspirar. Somente ela nos dá condições de carregar, com coragem e persistência, a cruz desta vida.

Meus filhos, é em vão que o homem ávido de prazeres tenta se iludir quanto ao seu destino aqui na Terra, achando que deve ocupar-se apenas com a sua felicidade. Deus criou o homem com a certeza de que ele será feliz na eternidade, por isso, a vida terrena deve servir unicamente para o seu aperfeiçoamento moral. Esse aperfeiçoamento se consegue mais facilmente com o auxílio do corpo físico e das exigências do mundo material. As dificuldades comuns da vida, a diversidade dos gostos, das tendências, das necessidades, tudo isso constitui um meio para que se aperfeiçoem, exercitando a caridade. Apenas à custa de concessões e sacrifícios é que poderão manter a harmonia entre elementos tão diversos.

Aqui na Terra, a felicidade está destinada aos homens que a procuram na prática do bem e não aos que a procuram nos prazeres materiais. A história da cristandade nos fala dos mártires que caminhavam com alegria para o suplício. Para ser cristão, na sociedade atual, não é mais necessário o sacrifício do mártir, nem o sacrifício da própria vida, mas, simplesmente, o sacrifício do egoísmo, do orgulho e da vaidade. Vocês serão vencedores, se forem inspirados pela caridade e sustentados pela fé.

CARIDADE PARA COM OS CRIMINOSOS

Elisabeth de França – Havre, 1862.

14 – A verdadeira caridade é um dos ensinamentos mais sublimes que Deus forneceu ao mundo através de Jesus. Entre os verdadeiros discípulos de Sua Doutrina, deve existir uma completa fraternidade. Recebam os infelizes e os criminosos como criaturas de Deus, para as quais o perdão e a misericórdia serão dados um dia, desde que se arrependam, do mesmo modo que é dado a todos os que cometem faltas contra Sua Lei. Muitos deveriam saber que são mais culpados do que aqueles para aos quais recusam o perdão e a compaixão. Na maioria das vezes, eles não têm consciência da existência de Deus, ao passo que vocês têm. É por isso que será pedido menos a eles do que será pedido a vocês.

Não julguem! Não julguem, meus queridos amigos, porque o critério que usarem para julgar o próximo será usado ainda mais severamente para julgá-los! E todos têm necessidade de indulgência para as faltas que cometem com frequência. Existem muitas ações que são crimes aos olhos de Deus e que o mundo não as considera sequer como faltas leves.

A verdadeira caridade não consiste em apenas dar esmola e nem nas palavras de consolo que acrescentam. Não, não é apenas isso que Deus exige de vocês! A caridade Divina, ensinada por Jesus, consiste em ser sempre bondoso para com tudo aquilo que diga respeito ao próximo. Todos podem praticar essa virtude sublime com muitas criaturas que não precisam de esmolas, e sim de palavras de amor, de consolo e de encorajamento. Essas palavras poderão conduzir essas criaturas ao Senhor.

Estão próximos os tempos, volto a dizer, em que a grande fraternidade reinará na Terra. A Lei do Cristo é a que regerá os homens, através do equilíbrio e da esperança, conduzindo as almas a moradas mais felizes. Amem-se como filhos do mesmo Pai. Não façam distinção para com os infelizes, pois Deus quer que todos sejam iguais, por isso, não desprezem ninguém. Para servir de ensinamento, Deus permite que grandes criminosos estejam entre os homens. Brevemente, quando todos praticarem as verdadeiras Leis de Deus, esses ensinamentos não serão mais necessários, e *todos os Espíritos impuros e revoltados serão dispersados para mundos inferiores, de acordo com suas tendências*.

A verdadeira caridade está em socorrer os criminosos com suas preces. Não se deve falar de um criminoso: "É um miserável, é preciso eliminá-lo da Terra, a morte que lhe é imposta é muito branda para uma criatura dessa espécie" Não, não é assim que devem falar. O que Jesus, que é o nosso modelo, diria se visse um infeliz desses ao Seu lado? Além de lamentar a sua situação e considerá-lo um doente digno de piedade, ainda lhe estenderia a mão. Na verdade, ainda não estão em condições de fazer o mesmo, mas ao menos podem orar por ele, dando assistência a seu Espírito durante o período que ele ainda deve permanecer na Terra. O arrependimento pode tocar seu coração se orarem com fé. Lembrem-se de que tanto o *homem de bem* quanto o *criminoso* são nossos próximos. Assim, a alma desnorteada e revoltada do criminoso também foi criada para se aperfeiçoar; então, ajudem-no a sair da situação ruim em que se encontra e orem por ele.

DEVEMOS ARRISCAR NOSSA VIDA POR UM MALFEITOR?

Lamennais – Paris, 1862.

15 – *Um homem corre perigo de morte. Para salvá-lo é preciso arriscar nossa própria vida. Sabe-se que ele é um malfeitor e que, se escapar, poderá cometer novos crimes. Devemos, ainda assim, arriscar-nos para salvá-lo?*

Esta é uma questão muito importante e que, naturalmente, pode ocorrer. Responderei segundo o meu adiantamento moral, pois é preciso saber se devemos arriscar a nossa vida, ainda que seja por um malfeitor. O devotamento é cego. Se socorrermos um inimigo, devemos, também, socorrer um malfeitor, que é um inimigo da sociedade. Ao socorrê-lo, não vamos evitar somente a sua morte, pois nos últimos minutos da vida, o homem perdido vê toda a sua última encarnação desfilar diante de si. Esse fato proporciona a ele a chance de se arrepender e a oportunidade de um reerguimento moral. A morte talvez chegasse cedo demais para esse infeliz, e sua próxima reencarnação poderia lhe ser terrível. Coragem, homens, a quem a Ciência Espírita esclareceu. Socorram-no, tirando-o de sua condenação, e, talvez, esse homem, que teria morrido insultando a todos, se lançará nos braços daquele que teve **caridade** para com ele. Mesmo assim, não devem perguntar se ele vai agradecer ou não; ao salvá-lo, estarão obedecendo à voz do coração, que diz: "Se podem salvá-lo, salvem-no".

Comentários

2 – A Lei e os Profetas – Ao citar a Lei, Jesus referia-se aos livros do Velho Testamento, que continham os mandamentos a que os Israelitas obedeciam. Já os Profetas foram todos os Espíritos Superiores que estiveram na Terra, antes de Jesus, para falar em nome de Deus como porta-vozes da Espiritualidado.

5 – Herodianos – Eram os partidários de Herodes e faziam oposição aos fariseus.

11 – Santas Estações – São os lugares onde Jesus parou para descansar enquanto carregava Sua cruz, de madeira, a caminho da crucificação.

12 – Separar o joio do trigo – O **joio** é uma espécie vegetal que nasce no meio do **trigo**, como uma praga. A expressão, *separar o joio do trigo* significa separar o mal do bem.

15 – Caridade – Sem a caridade das almas nobres, o malfeitor demoraria muito mais tempo para recuperar-se.

CAPÍTULO

12

AMEM OS SEUS INIMIGOS

• Pagar o mal com o bem
• Os inimigos desencarnados
• Se alguém bater na sua face direita, apresenta-lhe também a outra

Instruções dos Espíritos:

• A vingança • O ódio • O duelo

PAGAR O MAL COM O BEM

1 – *Jesus disse para aqueles que O escutavam: "Aprenderam o que foi dito: Amem o próximo e odeiem os inimigos. Porém, Eu digo a vocês: Amem os inimigos, façam o bem para aqueles que os odeiam, orem por aqueles que os perseguem e caluniam, para que sejam filhos do Meu Pai, que está nos Céus, que faz nascer o sol sobre os bons e os maus e faz chover sobre os justos e os injustos. Pois, se amarem apenas os que amam vocês, que recompensa terão? Os publicanos também não fazem o mesmo? E, se saudarem apenas os irmãos mais próximos, o que estarão fazendo mais do que os outros? Os pagãos também não fazem o mesmo? Porém, Eu digo a vocês que, se não aplicarem uma justiça maior e mais perfeita que a dos escribas e fariseus, jamais entrarão no Reino dos Céus" (Mateus, 5:5 a 20, 43 a 47).*

2 – *"Se saudarem apenas os parentes e amigos, que recompensa terão? As pessoas de má vida também não fazem o mesmo? E se fizerem o bem apenas para aqueles que fazem o bem a vocês, que recompensa terão? E se emprestarem somente para aqueles que podem lhes retribuir, que recompensa terão? As pessoas de má vida também não se ajudam umas às outras para receberem a mesma vantagem?"*

"Quanto a vocês, amem os inimigos, façam o bem a todos, emprestem sem nada esperar em troca, e suas recompensas serão bem maiores. Serão os filhos do Altíssimo. Pois Ele é bom para os ingratos e também para os maus. Sejam, pois, misericordiosos, assim como seu Pai o é" (Lucas, 6:32 a 36).

3 – Se a caridade tem como princípio amar o próximo, amar os inimigos é a mais sublime aplicação desse princípio. A virtude de amar os inimigos é uma das maiores vitórias alcançadas sobre o egoísmo e o orgulho.

A palavra amar, utilizada por Jesus neste ensinamento, pode causar algum equívoco quanto a sua interpretação, pois Ele não quis dizer que devemos ter pelo inimigo a mesma ternura que temos por um amigo. A ternura requer confiança e não podemos depositar confiança em uma pessoa sabendo que ela nos quer mal. Não podemos ter por ela a mesma demonstração de amizade, sabendo que ela pode abusar dessa amizade. Entre pessoas que desconfiam umas das outras, não pode haver a mesma simpatia que existe entre aqueles que possuem as mesmas ideias. Quando encontramos um inimigo, não podemos sentir por ele a mesma alegria que sentimos quando encontramos um amigo.

Esse sentimento de amor e aversão resulta de uma das Leis da Física: *A Lei da Assimilação e da Repulsão dos Fluidos*. A corrente fluídica emitida pelo mau pensamento traz consigo uma influência muito ruim; já o bom pensamento nos envolve agradavelmente. Por isso a diferença das sensações que experimentamos quando nos aproximamos de um amigo ou de um inimigo. Portanto, *amar os inimigos* não pode significar que não se deva fazer nenhuma distinção entre amigos e inimigos. Este ensinamento nos parece difícil e até mesmo impossível de ser praticado, porque entendemos, erradamente, que ele manda dar aos amigos e aos inimigos o mesmo lugar no coração. Devido à pobreza das línguas humanas, somos obrigados a usar a palavra *AMAR* para expressar diversas *formas de sentimentos*. Assim, precisamos completar seu significado, explicando que *amar os inimigos* é ter para com eles um sentimento desprovido de animosidade.

Amar os inimigos não é ter para com eles uma afeição forçada, que não seja natural, já que o encontro com um inimigo faz bater nosso coração de uma maneira diferente da que quando encontramos um amigo. Amar os inimigos, segundo esse ensinamento de Jesus, é não ter contra eles nem ódio, nem rancor, nem desejo de vingança. É perdoar *o mal que eles nos fazem, sem impor condições e sem ter segundas intenções*. É não colocar nenhum obstáculo à reconciliação. É desejar-lhes o bem em vez do mal. É alegrar-se pelo bem que lhes aconteça, em vez de ficarmos tristes. É socorrê-los em caso de necessidade. É não usar palavras nem cometer atos que possam prejudicá-los. É, enfim, pagar-lhes todo o mal com o bem, sem intenção de humilhá-los. Quem fizer isso, estará seguindo o mandamento: *"Amem os seus inimigos"*.

4 – O ensinamento *amar os inimigos* é um absurdo para o incrédulo. Aquele para quem a vida presente é tudo, só vê em seu inimigo um ser nocivo e perturbador de sua tranquilidade. Ele pensa que somente a morte poderá livrá-lo de sua presença, surgindo, assim, o desejo de vingança. O incrédulo não possui nenhum interesse em perdoar, a menos que seja para satisfazer seu orgulho aos olhos do mundo. O próprio ato de perdoar, em certos casos, parece mesmo uma fraqueza, indigna de sua personalidade. Se não consegue se vingar, nem por isso deixará de guardar rancor e um desejo secreto de lhe fazer o mal.

Para aquele que crê, e especialmente para o espírita, a maneira de ver as coisas é completamente diferente. Ao observar os fatos olhando para o passado e também para o futuro, ele percebe que a vida presente não passa de um momento. O espírita também sabe que, pela própria destinação da Terra, é natural encontrar, nela, homens maus e perversos. Sabe que a maldade da qual é vítima faz parte das provas que precisa suportar. O esclarecimento maior que possui faz com que ele veja os problemas da vida de maneira menos amarga, venham eles dos homens ou das coisas. *Se o Espírita não reclama das provas, não deve reclamar também dos que servem de instrumento para que essas provas se cumpram.* Em vez de se lamentar, deve agradecer a Deus por querer experimentá-lo. Deve agradecer também àquele que lhe oferece a oportunidade de testar sua paciência e sua resignação. Esse pensamento leva o Espírita, naturalmente, ao perdão. Ele sente que, quanto mais generoso for, mais se engrandece aos seus próprios olhos, ficando, desse modo, fora do alcance do ódio de seu inimigo.

O homem que ocupa no mundo uma posição de destaque não se ofende com os insultos de seus inferiores. O mesmo ocorre com aquele que se eleva, moralmente, acima da Humanidade material. Ele compreende que o ódio e o rancor o fariam sentir-se desprezível e o rebaixariam. Para ser superior ao seu adversário, é preciso possuir uma alma maior, mais nobre e mais generosa.

OS INIMIGOS DESENCARNADOS

5 – O espírita tem, ainda, outros motivos para perdoar seus inimigos. Ele sabe que a maldade não é o estado permanente dos homens, mas que ela é fruto de uma imperfeição temporária. Assim como a criança se corrige de seus defeitos, o homem mau, um dia, reconhecerá os seus erros e se tornará bom.

O espírita também sabe que a morte apenas o deixa livre da presença material de seu inimigo, e que esse pode persegui-lo com seu ódio, mesmo após ter deixado a Terra. Sabe que qualquer vingança que fizer não atingirá seu objetivo, pelo contrário, vai trazer um desgaste ainda maior, que muitas vezes passa de uma existência a outra. Cabia ao Espiritismo demonstrar, pela experiência e pelas Leis que regem as relações do Mundo Visível com o Mundo Invisível, que a expressão: *"Extinguir o ódio com sangue"* é completamente falsa, pois o sangue realimenta o ódio, mesmo após a pessoa ter desencarnado. Desse modo, o Espiritismo apresenta uma utilidade prática para o ato de perdoar e para o sublime ensinamento do Cristo: *"Amem os seus inimigos"*. Não existe coração tão perverso que não se deixe tocar pelas boas ações, mesmo a contragosto. Pelo bom proceder, elimina-se todo e qualquer motivo para vinganças. Assim, de um inimigo pode-se fazer um amigo, antes e depois de sua morte. Pelo mau proceder, o homem irrita seu inimigo, fazendo com que ele próprio sirva de *instrumento para que se cumpra a Justiça de Deus, que sempre pune aquele que não perdoa.*

6 – Podemos, desse modo, ter inimigos entre os encarnados e os desencarnados. Os inimigos desencarnados manifestam sua maldade através das obsessões e subjugações, às quais tantas pessoas estão expostas. Essas obsessões são provações que o homem enfrenta durante a vida e que contribuem para o seu adiantamento na Terra. Por isso, elas devem ser aceitas com resignação e como consequência da natureza inferior dos Espíritos que vivem no nosso globo terrestre. Se não existissem homens maus na Terra, não haveria Espíritos maus ao seu redor. Se devemos perdoar e ter misericórdia para com os inimigos encarnados, devemos ter, também, para com os inimigos desencarnados.

Antigamente, eram sacrificados animais e até pessoas para apaziguar a fúria dos *deuses infernais*. Mais tarde, esses deuses foram substituídos pelos *demônios*. O Espiritismo ensina que esses *demônios* não passam de *Espíritos maus*, que deixam a Terra e ainda continuam presos aos instintos materiais. Esses Espíritos somente poderão ser pacificados por meio da *caridade* e do *amor* que a eles for destinado. A caridade, além de impedir que eles pratiquem o mal, também os conduz ao caminho do bem, contribuindo, assim, para o seu esclarecimento e elevação moral. É desse modo que o ensinamento de Jesus: *"Amem os seus inimigos"* não fica limitado ao planeta Terra e à vida presente, mas inclui, também, a grande Lei da Solidariedade e da Fraternidade Universais.

SE ALGUÉM BATER NA SUA FACE DIREITA, APRESENTA-LHE TAMBÉM A OUTRA

7 – *Jesus disse: "Aprenderam o que foi dito: 'Olho por olho, dente por dente'. Porém, Eu digo para que não resistam ao mal que lhe queiram fazer. Se alguém bater na sua face direita, apresenta-lhe, também, a outra. E se alguém tentar tirar sua túnica, entregue-lhe, também, o seu manto. E se alguém lhe obrigar a andar mil passos, anda com ele mais dois mil. Procura dar para aquele que lhe pede, e não rejeita nunca aquele que lhe pedir emprestado" (Mateus, 5: 38 a 42).*

8 – Os preconceitos do mundo sobre o que se convencionou chamar de "questão de honra" provocam esses melindres, nascidos do orgulho e da exaltação da personalidade que leva o homem a pagar injúria por injúria, ofensa por ofensa. Esse procedimento parece estar muito certo para aquele cujo senso moral não consegue se elevar acima das paixões terrenas. Essa é a razão por que a Lei de Moisés dizia: *"Olho por olho, dente por dente"*, Lei que estava em harmonia com a época em que Moisés vivia. Quando o Cristo veio, disse: *"Paguem o mal com o bem"*. E disse mais: *"Não resistam ao mal que lhe queiram fazer; se alguém lhe bater numa face, apresenta-lhe, também, a outra"*. Ao orgulhoso, esse ensinamento parece uma covardia, pois ele não compreende que é preciso ter mais coragem para suportar um insulto do que para se vingar. Isso porque sua noção do que significa a vida não ultrapassa o momento presente.

Devemos levar ao pé da letra este ensinamento de Jesus? Não, da mesma maneira que não devemos levar aquele que manda arrancar o olho, se este for motivo de escândalo. Se o ensinamento fosse seguido literalmente, a consequência seria a condenação de toda a repressão, deixando o campo livre aos maus, que nada teriam a temer. Se não colocarmos um freio em suas agressões, logo todos os homens de bem seriam suas vítimas. O próprio instinto de conservação, que é uma Lei da Natureza, diz que não se deve desistir da vida sem luta. Por esse ensinamento: "oferecer a outra face", Jesus não quis proibir a defesa, e sim *condenar a vingança*. Quando disse para oferecer a outra face, quando uma for batida, quis dizer, em outras palavras, que não é preciso pagar o mal com o mal, pois o homem deve aceitar com humildade tudo o que faz rebaixar o seu orgulho. Que é mais glorioso ser ferido do que ferir, suportar pacientemente uma injustiça do que cometê-la. Que é melhor ser enganado do que enganar, ser arruinado do que arruinar os outros. Ao falar assim, Jesus condena o duelo, que nada mais é do que uma manifestação do orgulho. Somente a fé na *vida futura* e na Justiça de Deus, que nunca deixa o mal impune, pode nos dar força para suportarmos pacientemente os golpes desferidos contra os nossos interesses e contra o nosso amor-próprio. Eis por que dizemos sempre: "Olhem para frente, quanto mais se elevarem pelo pensamento acima da vida material, menos serão atingidos pelas coisas da Terra".

Instruções dos Espíritos

A VINGANÇA

Jules Olivier – Paris, 1862.

9 – A vingança e o duelo são vestígios da barbárie, que tendem a desaparecer entre os homens. São costumes selvagens que fazem a Humanidade sofrer. A vingança é um sinal da inferioridade dos homens que a ela recorrem e dos Espíritos que se juntam a eles para inspirá-la. Portanto, meus amigos, esse sentimento não deve, jamais, fazer parte do coração daquele que se diga espírita. Vingar-se é totalmente contrário ao ensinamento do Cristo que diz: *"Perdoem os seus inimigos"*, e aquele que se recusa a perdoar, não é espírita e também não é cristão.

A vingança é um sentimento tão nocivo quanto a falsidade e a baixeza, que são suas companheiras constantes, porque todo aquele que se vinga, quase nunca o faz a céu aberto. Quando é mais forte, ataca ferozmente aquele a quem considera seu inimigo, bastando, para isso, a simples presença do desafeto para que cresça nele a cólera, a paixão e o ódio. Na maioria das vezes, ele toma uma aparência fingida, disfarçando, no fundo do coração, seus maus sentimentos. Seguindo caminhos escusos, persegue, na sombra, seu inimigo, sem que ele de nada desconfie. Espera o momento mais favorável para executar a sua vingança, evitando correr algum risco. Escondendo-se, vigia o inimigo sem cessar, preparando-lhe armadilhas odiosas, e, quando surge a ocasião, derrama-lhe no copo o veneno mortal.

Quando o seu ódio não chega a tais extremos, ele ataca o inimigo em sua *honra* e em suas *afeições*. Faz uso da *calúnia* e das *falsas insinuações*, que, habilmente semeadas aos quatro ventos, vão crescendo por onde passam. Dessa forma, quando o perseguido se apresenta nos lugares onde a calúnia e as falsas insinuações já passaram, se admira ao encontrar rostos frios onde encontrava, antigamente, rostos amigos e bondosos. Fica surpreso quando as mãos que se estendiam para ele agora se recusam a cumprimentá-lo. Enfim, fica arrasado quando seus melhores amigos e parentes se desviam e fogem dele. O covarde que se vinga dessa maneira é cem vezes mais culpado do que aquele que enfrenta seu inimigo e o insulta pela frente.

Parem, portanto, com esses costumes selvagens! Parem com esses costumes de outros tempos! Todo o espírita que se achar no direito de se vingar, não será digno de figurar por mais tempo entre aqueles que tomaram por lema: *"Fora da caridade não há salvação!"*. Recuso-me a aceitar a simples ideia de que um membro da grande família espírita possa ceder ao impulso da vingança em vez de perdoar.

O ÓDIO

Fénelon – Bordeaux, 1861.

10 – Amem-se uns aos outros e serão felizes. Procurem amar, principalmente, aqueles que inspiram em vocês a indiferença, o ódio e o desprezo. Cristo, que deve ser o modelo de todos, deu o exemplo desse devotamento. Missionário do amor, Ele amou a ponto de dar Seu sangue e Sua própria vida. O sacrifício de amar aqueles que nos ofendem e nos perseguem é difícil, mas é isso que nos tornará superiores a eles. Se os odiarmos como eles nos odeiam, não valeremos mais do que eles. Amar os inimigos é o presente que devemos oferecer a Deus, pois esse gesto chegará até Ele como um perfume de agradável aroma.

A Lei do Amor, que manda amar indistintamente a todos, não nos livra o coração do convívio e da ação dos maus. Amar a todos é uma das provas mais difíceis, eu bem sei, pois, durante a minha última existência terrena, passei por essa tortura. Os que violam a Lei do Amor serão punidos por Deus, nessa vida ou na outra. Não esqueçam, meus queridos filhos, o amor nos aproxima de Deus e o ódio nos afasta Dele.

O DUELO

Adolpho, Bispo de Argel – Marmande, 1861.

11 – Só é verdadeiramente grande aquele que, considerando a vida como uma viagem que deve conduzi-lo a um destino certo, não se importa com as contrariedades do caminho, e não deixa que seus passos se desviem, nem por um instante, do objetivo a ser alcançado. Com o olhar fixo em sua meta, pouca importância dá aos obstáculos e espinhos que o ameaçam. Eles apenas o roçam sem ferir e não o impedem de avançar. Arriscar-se em um duelo para se vingar de uma ofensa é recuar diante das provas da vida. Além do que, o duelo será sempre um crime aos olhos de Deus. Se não estivessem iludidos pelos preconceitos que possuem, este ato seria ridículo aos olhos da Humanidade.

O homicídio por duelo é crime e a própria legislação dos homens reconhece. Ninguém tem o direito, sob hipótese alguma, de tirar a vida do seu semelhante. Como já dissemos, o duelo é um crime aos olhos de Deus, pois para cada ser humano Ele traçou uma linha de conduta a ser seguida. Nesse caso, mais do que em qualquer outro, vocês são juízes em causa própria. Lembrem-se de que serão perdoados conforme perdoarem. O perdão aproxima as criaturas da Divindade, pois a clemência é irmã do poder. Enquanto uma gota de sangue humano correr na Terra, pela mão do homem, o verdadeiro Reino de Deus ainda não terá chegado. Reino de paz e de amor que afastará para sempre do planeta o rancor, a discórdia e a guerra. Assim, a palavra duelo não existirá mais na linguagem humana. Ela será apenas uma vaga lembrança de um passado distante. Os homens só aceitarão disputar, entre si, competições voltadas à nobre prática do bem.

Santo Agostinho

Paris, 1862.

12 – O duelo pode, em alguns casos, ser considerado como prova de coragem física e de desprezo pela própria vida, mas é, indiscutivelmente, uma prova de covardia moral, assim como o suicídio. O suicida não tem coragem para enfrentar as dificuldades da vida e o duelista não tem coragem para suportar as ofensas. O Cristo disse: *"É preciso ter mais coragem para oferecer a face esquerda quando alguém nos bater na direta, do que para se vingar de uma ofensa"*. O Cristo também disse a Pedro, no Jardim das Oliveiras: *"Coloca a sua espada na bainha, pois aquele que matar pela espada, pela espada morrerá"*. Assim falando, Jesus condenou o duelo para sempre.

Meus filhos, que coragem é essa, nascida de um temperamento violento, homicida e colérico, que reage à primeira ofensa? Que grandeza pode possuir a alma daquele que, ao sofrer uma ofensa, quer lavá-la com sangue? Mas que ele trema! Porque sempre, no fundo de sua consciência, uma voz lhe gritará: "Caim! Caim! O que você fez com seu irmão?". E ele responderá a essa voz: "Foi necessário derramar sangue para lavar minha honra". E a voz, então, lhe dirá: "Você quis salvá-la diante dos homens pelo pouco tempo de vida que ainda lhe restava na Terra e não pensou em salvá-la diante de Deus". Pobre tolo! Quanto sangue o Cristo precisará lhe pedir pelas ofensas que tem recebido de você! Além de feri-lo com os espinhos e a lança, ainda O pregou na cruz infame, fazendo com que Ele escutasse as zombarias que Lhe foram dirigidas. Após tantas ofensas, que reparação Ele lhe pediu? O último grito do Cordeiro foi uma prece para Seus carrascos. Tal como Ele, perdoem e rezem por aqueles que insistem em ofendê-los.

Amigos, lembrem-se desse princípio: *"Amem-se uns aos outros"*, e ao golpe desferido pelo ódio, respondam com um sorriso, e à ofensa, com o perdão. Sem dúvida, o mundo se voltará furioso contra vocês, pois serão chamados de covardes; elevem a cabeça bem alto e mostrem que sua fronte também não tem medo de ser coroada com espinhos, a exemplo do Cristo. Que a mão de vocês nunca sirva para ser cúmplice de um homicídio que tem a falsa aparência de honra, e que na verdade não passa de uma manifestação de orgulho e amor-próprio. Ao criar o homem, Deus não deu a ele o direito de decidir sobre a vida ou a morte de seu semelhante. Ele só deu esse direito à Natureza, para que ela possa se reformar e se reconstruir. Quanto a vocês, nem sobre o próprio corpo possuem total domínio. Assim como o suicida, o duelista também estará manchado de sangue quando comparecer perante Deus, e tanto para um quanto para o outro, a Justiça Divina reserva longos e dolorosos anos de sofrimento. Se Deus, através de Jesus, ameaçou com a Sua Justiça aquele que dissesse ***Racca*** a seu irmão, que pena severa não estará reservada para aquele que se apresentar diante Dele com as mãos sujas do sangue do seu irmão!

Um Espírito Protetor

Bordeaux, 1861.

13 – O duelo, que antigamente era chamado de julgamento de Deus, é um desses costumes bárbaros que ainda têm vestígios na sociedade. O que diriam se vissem dois adversários mergulhados em água fervente ou em contato com um ferro em brasa, para resolverem suas questões e dar ganho de causa àquele que melhor suportasse a prova? Diriam tratar-se de costumes insensatos. Pois o duelo é ainda pior do que tudo isso. O duelista habilidoso comete um assassinato a sangue-frio, pois, com toda ação planejada antecipadamente, está seguro do golpe que vai desferir. Para o adversário, quase certo de que vai morrer na luta, em razão de sua fraqueza e inabilidade, é um suicídio cometido com a mais fria reflexão. Muitas vezes, procuramos evitar o duelo usando a alternativa, igualmente criminosa, que elege o acaso como juiz. Mas isso é o mesmo que voltar ao que chamávamos de *julgamento de Deus*, na Idade Média. Porém, naquela época, éramos infinitamente menos culpados, pois até mesmo a denominação *julgamento de Deus* indicava uma fé ingênua na justiça divina, que não deixaria morrer um inocente. No duelo, tudo é resolvido pela força bruta, onde o ofendido é quem geralmente morre.

Estúpido amor-próprio, tola vaidade e louco orgulho! Quando iremos trocar tudo isso pela caridade cristã, pelo amor ao próximo e pela humildade que Cristo tanto ensinou e deu o exemplo? Somente quando isso acontecer é que irão desaparecer da Terra esses costumes monstruosos que ainda governam os homens e que as Leis são impotentes para reprimir. Não basta impedir o mal e querer o bem. É preciso que o sentimento do bem e do horror ao mal estejam gravados no coração do homem.

Francisco Xavier
Bordeaux, 1861.

14 – Que juízo farão de mim, se eu me recusar a tirar satisfação daquele que me ofendeu? Os loucos e os homens atrasados, como vocês, irão me censurar. Porém, aqueles que são esclarecidos, intelectual e moralmente, dirão que eu agi com muita sabedoria. Reflita um pouco: por uma palavra inofensiva, muitas vezes, dita sem querer, seu orgulho fica machucado e, ao responder de maneira agressiva, acontece a provocação. Antes que chegue o momento de tomar uma atitude decisiva, pergunte a si mesmo: "Será que agi como cristão? Se você eliminar da sociedade um de seus membros, como explicará isso? Como alguém poderá não sentir remorso em tirar de uma mulher, o seu marido; de uma mãe, o seu filho; das crianças, o seu pai e, com ele, o sustento delas?".

Certamente, aquele que ofendeu deve uma satisfação. Não seria muito mais honroso para ele reparar a ofensa espontaneamente, reconhecendo seu erro? Por que, então, arriscar a vida daquele que tem o direito de se queixar, convidando-o para um duelo? Concordo que, algumas vezes, o ofendido pode sentir-se seriamente atingido, seja em seu amor-próprio, seja em relação aos que lhe são caros. Não é somente o amor-próprio que está em jogo, o coração também está ferido e sofrendo muito. Ainda assim, é uma estupidez arriscar a vida contra um miserável capaz de praticar infâmias. Mesmo que ele venha a morrer, por acaso a afronta deixará de existir? O sangue derramado chamará ainda mais atenção sobre o fato, pois, se ele for falso, cairá por si mesmo no esquecimento e, se for verdadeiro, melhor seria que ele ficasse no silêncio. Nesse caso, só restaria a satisfação da vingança executada, nada mais. Triste satisfação, que já nesta vida deixa insuportáveis remorsos! E se o ofendido morrer, onde ficará a reparação da ofensa?

Quando a caridade for a regra de conduta entre os homens, eles deverão ajustar seus atos e palavras ao ensinamento de Jesus: *"Não façam aos outros o que não gostariam que os outros fizessem a vocês"*. Quando isso acontecer, desaparecerão todas as causas de desavenças, e, com elas, os duelos e também as guerras, que são duelos entre povos!

Agostinho
Bordeaux, 1861.

15 – O homem que, por uma palavra ofensiva, um motivo fútil, arrisca sua vida e a de seu semelhante em um duelo, é cem vezes mais culpado do que o miserável que, levado pela cobiça e, às vezes pela necessidade, entra em uma casa para roubar e mata aqueles que tentam impedi-lo. Esse infeliz é, quase sempre, uma criatura sem educação, com imperfeitas noções do bem e do mal, enquanto o duelista pertence, geralmente, às classes mais esclarecidas. O infeliz mata brutalmente, o duelista mata com método e cortesia, o que faz a sociedade desculpá-lo. Acrescento, ainda, que o duelista é infinitamente mais culpado que o infeliz que, levado por um sentimento de vingança, mata num momento de desespero. O duelista não tem como desculpa o sentimento da violenta emoção, pois entre o insulto e a reparação existe sempre um tempo para refletir. Ele age planejada e friamente, tudo é estudado e calculado para matar com mais segurança o seu adversário. É verdade que ele também arrisca a sua vida, e é isso que justifica o duelo aos olhos do mundo, pois consideram um ato de coragem e desapego à própria vida. Mas será que existe realmente coragem quando se está seguro de si? O duelo data dos tempos selvagens, quando o direito do mais forte fazia a Lei. Ele desaparecerá com uma análise mais criteriosa e justa do que significa realmente o verdadeiro *ponto de honra*, e à medida que o homem depositar uma fé mais viva na *vida futura*.

16 – Nota: os duelos tornaram-se cada vez mais raros e se, de vez em quando, ainda vemos alguns dolorosos exemplos, seu número não é mais comparável ao que foi no passado. Antigamente, um homem não saía de casa sem prever um confronto e, por isso, tomava sempre as precauções necessárias. Usar armas, de forma visível ou não, era um sinal característico da cultura daqueles tempos. A abolição desse uso já revela o abrandamento dos costumes. É interessante acompanhar-se as modificações ao longo do tempo. Antigamente, os cavaleiros só cavalgavam com armaduras de ferro e armados de lança. A espada, que a princípio era uma arma, mais tarde tornou-se apenas um enfeite, um acessório de nobreza. Outra característica do abrandamento dos costumes é que, naqueles tempos, os combates pessoais aconteciam em plena rua, diante da multidão que se afastava para deixar o campo livre. Hoje, os combatentes procuram se esconder. Atualmente, a morte de um homem é um acontecimento que provoca comoção, enquanto que antigamente ninguém lhe dava atenção. O Espiritismo se empenha em apagar esses últimos vestígios de selvageria, despertando na mente dos homens o espírito de caridade e de fraternidade.

Comentário

12 – Racca – Entre os hebreus, a palavra Racca significava homem de má conduta, e se pronunciava cuspindo no chão e virando o rosto para o lado.

CAPÍTULO

13

QUE A SUA MÃO ESQUERDA NÃO SAIBA O QUE FAZ A SUA MÃO DIREITA

• Fazer o bem sem ostentação
• Os infortúnios ocultos • O óbolo da viúva
• Convidar os pobres e os estropiados – Ajudar sem esperar recompensa

Instruções dos Espíritos:

• A caridade material e a caridade moral
• A beneficência • A piedade • Os órfãos
• Benefícios pagos com ingratidão • Beneficência exclusiva

FAZER O BEM SEM OSTENTAÇÃO

1 – *Tomem cuidado para não fazerem suas boas obras diante dos homens, para que elas não sejam vistas por eles, porque assim não serão recompensados por Deus. Quando derem uma esmola, não façam alarde, como fazem os hipócritas nas sinagogas e nas ruas, para serem honrados pelos homens. Em verdade, Eu digo a vocês que eles já receberam a sua recompensa. Quando derem uma esmola, que a sua mão esquerda não saiba o que faz a sua mão direita, a fim de que a esmola fique em segredo e Deus, que vê o que se passa em segredo, os recompensará (Mateus, 6:1 a 4).*

2 – *Uma grande multidão seguia Jesus quando Ele descia da montanha. Nesse momento, um leproso veio ao Seu encontro e, respeitosamente, Lhe disse: "Senhor, se quiser, poderá me curar". Jesus, estendendo a mão, tocou-o e disse: "Assim Eu quero, fica curado!". E no mesmo instante a lepra foi curada. Depois, Jesus lhe disse: "Procura não falar sobre esse assunto a quem quer que seja, mas vai mostrar sua cura aos sacerdotes, a fim de que ela sirva de testemunho a eles. Depois disso, você poderá fazer sua oferenda, conforme prescreveu Moisés" (Matheus, 8:1 a 4).*

3 – Fazer o bem sem ostentação é um grande mérito. Ocultar a mão que dá é ainda mais louvável. É o sinal incontestável de uma grande superioridade moral. Para compreender as coisas mais elevadas, acima do conhecimento comum do povo, é preciso elevar-se acima da vida presente. É preciso colocar-se acima da Humanidade para renunciar à satisfação que o aplauso dos homens proporciona, e preocupar-se somente com a aprovação de Deus. Aquele que prefere ser aprovado pelos homens, em vez de ser aprovado por Deus, demonstra possuir mais fé nos homens do que em Deus. Para ele, a vida presente é mais importante do que a *vida futura*, ou, melhor, ele não acredita na *vida futura*. Se disser o contrário, age como se não acreditasse no que diz.

Quantas pessoas ajudam apenas na esperança de que essa ajuda tenha grande repercussão. Que, em público, dariam grandes somas em dinheiro, e que, sozinhas, não dariam sequer uma moeda! Foi por isso que Jesus disse: *"Aqueles que fazem o bem com ostentação, já receberam sua recompensa"*. Aquele que procura sua glorificação na Terra pelo bem que fez, já pagou a si mesmo; Deus nada mais lhe deve; resta-lhe apenas receber a punição pelo seu orgulho.

"Que a sua mão esquerda não saiba o que faz a sua mão direita" é um ensinamento que caracteriza, admiravelmente, a caridade praticada com modéstia. Entretanto, se existe a verdadeira caridade, também existe a falsa, isto é, aquela modéstia que fica só na aparência. Existem pessoas que escondem a mão que dá, tendo o cuidado de deixar aparecer uma parte de sua ação, na esperança de que alguém observe o que estão fazendo. Ato ridículo em relação aos ensinamentos do Cristo. Se os benfeitores orgulhosos já são desconsiderados entre os homens, imaginem o quanto não serão diante de Deus. Eles também já receberam sua recompensa na Terra. Foram vistos e ficaram satisfeitos por terem sido vistos. É tudo o que terão.

Qual será a recompensa daquele que faz com que o seu irmão sinta o peso do beneficio recebido? Que lhe exige demonstrações de reconhecimento? Que faz com que ele sinta sua posição inferior ao ressaltar os sacrifícios que precisou passar para beneficiá-lo? Oh! Para esse, nem mesmo a recompensa terrena existe, pois é privado da satisfação de ouvir outras pessoas falando bem de seu nome. Esse é o primeiro castigo para seu orgulho. As lágrimas que ele seca ao beneficiar os outros servem apenas para satisfazer a sua vaidade e, em vez de subirem ao Céu, recaem sobre o coração do beneficiado, ferindo-o ainda mais. O bem que realizou não lhe traz nenhum proveito, pois ele lamenta ter feito esse bem, e todo bem que é lamentado não possui valor algum.

Fazer o bem sem ostentação tem um duplo mérito, pois além de ser caridade material é também caridade moral. Quem age dessa maneira, respeita os sentimentos do beneficiado. Faz com que ele aceite o benefício, sem ferir seu amor-próprio, resguardando, assim, a sua dignidade humana. Existem pessoas que aceitam um serviço mas recusam uma esmola. Converter um serviço em esmola, pela maneira como ele é realizado, é humilhar aquele que o recebe, e sempre existirá orgulho e maldade em humilhar alguém. A verdadeira caridade, ao contrário, é habilidosa e disfarça, de modo sutil, o benefício, evitando, assim, a menor possibilidade de melindre, uma vez que toda ofensa moral aumenta ainda mais o sofrimento do necessitado. Ela também sabe encontrar palavras doces e afáveis que deixam o beneficiado à vontade diante do benfeitor, enquanto que a caridade orgulhosa o humilha. A verdadeira generosidade encontra o seu ponto mais sublime quando o benfeitor, invertendo os papéis, encontra um meio de parecer ser ele próprio o beneficiado perante aquele a quem está ajudando. É isso o que significam essas palavras de Jesus: *"Que a sua mão esquerda não saiba o que faz a sua mão direita"*.

OS INFORTÚNIOS OCULTOS

4 – Nas grandes calamidades, a caridade se manifesta e observamos campanhas nobres e generosas para diminuir o efeito desses infortúnios. Sempre ao lado dessas tragédias coletivas, existem milhares de tragédias particulares que passam despercebidas: é o caso das pessoas que permanecem num leito de dor sem se queixar. São esses os infortúnios ocultos que a verdadeira generosidade sabe descobrir, sem esperar que venham lhe pedir assistência.

Quem é esta mulher com ar distinto, vestida de maneira simples, embora bem cuidada, acompanhada de uma jovem que também se veste modestamente? Chega numa casa de aspecto miserável, onde, sem dúvida, é conhecida, porque, ao entrar, é cumprimentada com respeito. Para onde ela vai? Sobe até um quarto humilde, onde mora uma mãe de família, cercada por criancinhas. A sua chegada é motivo de alegria para aquelas crianças emagrecidas. É porque ela vem acalmar todas as dores. Traz o necessário, pois vem acompanhada de palavras consoladoras, fazendo com que seus protegidos, que não são mendigos profissionais, aceitem o benefício sem constrangimentos. O pai está no hospital e, durante esse tempo, a mãe não pode suprir as necessidades da família. Graças a essa senhora, as crianças não sofrerão, nem com o frio, nem com a fome. Irão à escola bem agasalhadas e no seio da mãe não faltará o leite para amamentar os pequeninos. Se alguma criança adoecer, ela não terá dúvidas em tratá-la. Dali, vai ao hospital levar ao pai algum consolo e tranquilizá-lo sobre a situação de sua família. Na esquina, uma carruagem a espera, verdadeiro armazém de tudo o que doa a seus protegidos, que frequentemente costuma visitar. Ela não lhes pergunta qual a sua crença, nem qual a sua opinião, pois considera todos os homens irmãos e filhos de Deus. Quando termina a visita, ela diz a si mesma: Comecei bem o meu dia. Qual é o seu nome? Onde mora? Ninguém sabe dizer. Para os infelizes, apesar de ser um nome desconhecido, é o anjo da consolação. À noite, um cântico de bênçãos se eleva por ela até o Criador. Católicos, judeus, protestantes, todos a querem bem.

Por que ela se veste de maneira tão simples? É para não insultar a miséria com seu luxo. Por que se faz acompanhar de sua jovem filha? É para que ela aprenda como se deve praticar a caridade. Sua filha também quer fazer o bem, mas sua mãe lhe diz: "O que você pode dar minha filha, se nada tem para oferecer?". Se eu lhe passar alguma coisa para dar aos outros, qual será o seu mérito? Na realidade, serei eu quem estará fazendo a caridade e você receberá o mérito, o que não é justo. Quando visitarmos os doentes, você vai me ajudar a cuidar deles, pois dispensar cuidados já é dar alguma coisa. Aprenda a costurar e poderá fazer roupas para essas crianças, assim, dará algo que vem de você. Isso não lhe parece suficiente? É assim que esta mãe, verdadeiramente cristã, prepara sua filha para praticar as virtudes que o Cristo ensinou. É espírita? O que importa!

Para a sociedade, é uma mulher do mundo, pois a sua posição assim o exige. Mas ninguém sabe o que ela faz, pois não quer outra aprovação senão a de Deus e da sua consciência. Certo dia, um acontecimento imprevisto levou até sua casa uma de suas protegidas que andava a vender bordados. Esta, ao reconhecê-la, quis pedir sua bênção. "Silêncio!", disse ela. "Não contes nada a ninguém!". Assim também falava Jesus.

O ÓBOLO DA VIÚVA

5 – *Jesus sentou-se em frente ao* ***gazofilácio*** *para observar de que modo o povo colocava ali o seu dinheiro. Depois de algum tempo, percebeu que as pessoas ricas depositavam grandes quantidades. Veio, então, uma pobre viúva que depositou apenas duas pequenas moedas. Vendo isso, Jesus chamou Seus discípulos e lhes disse: Em verdade, Eu digo a vocês que esta pobre viúva deu mais do que todos aqueles que antes depositaram suas dádivas no gazofilácio. Enquanto todos os outros deram daquilo que sobrava de sua abundância, a viúva deu do que lhe fazia falta, deu mesmo tudo o que tinha para o seu sustento (Marcos, 12:41 a 44; Lucas, 21:1 a 4).*

6 – Muitas pessoas lamentam não poder fazer todo o bem que gostariam, por não possuírem recursos suficientes. Desejam a riqueza, dizem elas, para utilizar em benefício dos outros. Sem dúvida, a intenção é louvável e, talvez, muito sincera por parte de alguns, mas será que é totalmente sincera e desinteressada por parte de todos? Não existiriam aqueles que, desejando fazer o bem aos outros, não hesitariam em começar por si mesmos? Permitindo-se alguns prazeres a mais, comprando coisas supérfluas que hoje não possuem, sob a condição de dar o restante aos pobres? Esta segunda intenção, que se encontra escondida no fundo do coração, de fazer o bem aos outros pensando primeiro em si, é a que anula o mérito da intenção. O homem que pratica a verdadeira caridade pensa primeiro nos outros para depois pensar em si mesmo.

A beleza da caridade está em procurar no seu trabalho, no emprego de suas forças, de sua inteligência, de seus talentos, os recursos necessários para realizar o bem ao próximo. Aí está o sacrifício mais agradável ao Senhor. Infelizmente, a maioria das pessoas sonha com um meio fácil de enriquecer rapidamente e, se possível, sem esforço. Correm atrás de ilusões, como a descoberta de tesouros, o recebimento de heranças inesperadas, o surgimento de uma oportunidade favorável, e assim por diante. O que dizer daqueles que esperam que os Espíritos lhes auxiliem na busca de coisas desse tipo? Certamente não conhecem o sagrado objetivo do Espiritismo e, muito menos, a missão dos Espíritos, aos quais Deus permite que se comuniquem com os homens. Essas pessoas são, geralmente, punidas com grandes decepções *(ver Livro dos Médiuns, questões 294 e 295).*

Aqueles cuja intenção é desprovida de todo e qualquer interesse pessoal devem se consolar em não poder fazer todo bem que gostariam. Devem lembrar que *a esmola do pobre, que dá privando-se do necessário, pesa mais na balança de Deus do que o ouro do rico, que dá sem se privar de coisa alguma.* A satisfação seria grande em poder socorrer amplamente a pobreza, mas, se isso não é possível, é preciso limitar-se a fazer o que se pode. Aliás, não é apenas com dinheiro que se pode secar as lágrimas e não é preciso ficar sem ação por não ter dinheiro! Aquele que quer ajudar seu irmão, com sinceridade, encontra mil maneiras de fazê-lo. Se não for de um jeito, será de outro, pois não existe ninguém que, sendo normal, não possa prestar um serviço, consolar alguém, aliviar um sofrimento físico ou moral, tomar uma providência que seja útil. Na falta de dinheiro, cada um possui seu trabalho, seu tempo, seu repouso, dos quais pode dar uma pequena parcela em benefício de seus irmãos mais necessitados. Ajudar dessa forma pode ser comparado com a esmola do pobre, que dá privando-se do necessário, ou, também, com as moedas que a viúva depositou no gazofilácio, segundo o ensinamento de Jesus.

CONVIDAR OS POBRES E OS ESTROPIADOS – AJUDAR SEM ESPERAR RECOMPENSA

7 – *Jesus também disse para aquele que O tinha convidado: "Quando você der um banquete, não convide seus amigos, nem seus irmãos, parentes, ou vizinhos que forem ricos, para que não aconteça que também eles o convidem, retribuindo, assim, o que receberam. Quando oferecer um banquete, convide os pobres, os aleijados, os mancos e os cegos, e você será feliz, porque eles não terão como lhe retribuir. Sua recompensa virá nas encarnações futuras".*

*Um daqueles que estavam à mesa, tendo ouvido essas palavras, disse a Jesus: "**Feliz daquele que comer o pão no Reino de Deus!**" (Lucas, 14:12 a 15).*

8 – Jesus disse: *"Quando você oferecer um banquete, não convide seus amigos, mas sim os pobres e os estropiados"*. Essas palavras, que parecem absurdas, se levadas ao pé da letra, são sublimes quando entendemos o seu verdadeiro sentido. Jesus não quis dizer que em vez dos amigos é necessário reunir à mesa os mendigos da rua. Sua linguagem era quase sempre figurada e, para os homens daquela época, incapazes de entender as sutilezas mais delicadas do pensamento, eram necessárias imagens mais fortes, como, por exemplo, convidar estropiados em vez de amigos. A essência do pensamento de Jesus se revela nessas palavras: *"E você será feliz, porque eles não têm com o que lhe retribuir"*. Isto quer dizer que não se deve fazer o bem pensando em uma retribuição, mas sim pelo simples prazer de fazê-lo. Para tornar clara a comparação, Jesus diz: *"Convida os pobres para o seu banquete, pois você sabe que eles não podem lhe retribuir"*. E por banquete é preciso entender não a refeição propriamente dita, mas a participação na abundância daquilo que você desfruta.

Todavia, esse ensinamento de Jesus pode ser aplicado num sentido mais verdadeiro. Quantas pessoas convidam para sentar à sua mesa somente aqueles que podem lhes honrar com sua presença ou que podem retribuir-lhes o convite! Todos nós possuímos amigos e parentes menos afortunados e muitos sentem grande satisfação em recebê-los. Essa é uma forma de ajudá-los, disfarçadamente, sem que eles percebam. Essas pessoas, sem precisarem ir recrutar os cegos e os estropiados, praticam o ensinamento de Jesus, pois o fazem por bondade, sem ostentação, e sabem disfarçar o benefício por meio de uma sincera cordialidade.

Instruções dos Espíritos

A CARIDADE MATERIAL E A CARIDADE MORAL

Irmã Rosália – Paris, 1860.

9 – *"Amemos-nos uns aos outros e façamos aos outros o que gostaríamos que os outros nos fizessem."* Toda religião e toda moral se encontram contidas nesses dois ensinamentos. Se eles fossem seguidos, aqui na Terra, todos seriam felizes, pois não haveria ódios, nem conflitos, nem ressentimentos e, principalmente, não haveria pobreza, porque daquilo que sobra da mesa dos ricos, muitos pobres se alimentariam. Assim, vocês não veriam mais, nos bairros sombrios em que vivi, durante a minha última encarnação, pobres mulheres arrastando consigo crianças miseráveis, necessitadas de tudo.

Ricos! Pensem um pouco em tudo isso. Ajudem os infelizes com o melhor que puderem. Deem, para que, um dia, Deus possa retribuir o bem que fizeram, e para que possam encontrar, quando desencarnarem, um grande número de Espíritos agradecidos que irão recebê-los na fronteira de um mundo mais feliz.

Se pudessem imaginar a alegria que senti ao reencontrar, no Além, aqueles a quem pude ajudar em minha última encarnação terrena!

Portanto, amem ao próximo. Amem como amariam a vocês mesmos, pois agora sabem que o infeliz que afastam pode ter sido, outrora, um irmão, um pai, um amigo que agora rejeitam. Qual não será o desespero de vocês ao reconhecê-lo no mundo dos Espíritos!

Espero que tenham entendido bem o que deve ser a *caridade moral*, aquela que qualquer um pode fazer, porque não custa dinheiro e, ainda assim, é a mais difícil de ser praticada.

A caridade moral consiste em se tolerarem uns aos outros, e é o que menos fazem nesse mundo inferior onde estão encarnados atualmente. Possui um grande mérito, acreditem em mim, o homem que sabe calar-se para deixar falar um outro que seja mais tolo que ele. Agir assim é uma forma de praticar a caridade. Não deem ouvidos quando uma palavra de menosprezo escapa de uma boca acostumada a zombar. Ignorem o sorriso desdenhoso com que muitos os recebem, por se acreditarem superiores. Na vida espiritual, que é a *única real*, essas pessoas, frequentemente, estão muito abaixo de vocês. Proceder dessa forma não é ser humilde, mas caridoso, pois não observar o erro dos outros é uma forma de praticar a caridade moral.

Entretanto, a caridade moral não deve impedir a caridade material. Cuidem para não desprezar o seu semelhante. Lembrem-se do que eu disse: "O pobre que hoje rejeitam, pode ter sido um Espírito que foi muito importante para vocês em outra vida, e que, momentaneamente, se encontra em uma posição inferior". Tive a oportunidade de reencontrar, na Vida Espiritual, um dos pobres a quem pude, por felicidade, ajudar algumas vezes na Terra, e a quem hoje me cabe implorar por seu auxílio.

Lembrem-se de que Jesus disse que somos todos irmãos, e pensem sempre nisso antes de rejeitarem o indigente ou o mendigo. Adeus, pensem naqueles que sofrem e orem por eles!

Um Espírito Protetor

Lyon, 1860.

10 – Meus amigos, tenho ouvido muitos dizerem: "Como posso fazer a caridade, se muitas vezes nem mesmo tenho o necessário?"

A caridade pode ser feita de mil maneiras. Podem praticá-la por *pensamento*, por *palavras* e por *ações*. Como praticar a *caridade por pensamento*? Orando pelos pobres abandonados que morreram sem terem podido viver com dignidade. Uma prece vinda do coração os aliviará.

Como praticar a *caridade por palavras*? Dirigindo, aos companheiros do dia a dia, conselhos benéficos. Dizendo aos homens amargurados pelo desespero, pelas privações e que, por isso, ofendem a Deus: "Eu era como vocês, sofria e me considerava infeliz, mas acreditei no Espiritismo e hoje sou feliz". Aos velhos que dizem: "É inútil, estou no fim da vida, vou morrer como vivi", respondam assim: "A Justiça de Deus é igual para todos, lembrem-se dos trabalhadores da última hora". Digam às crianças, que já estão viciadas pelas más companhias, e que, prestes a ceder às más tentações, se perderão pelo mundo: "Deus toma conta de vocês, meus queridos pequenos", e não temam em repetir, sempre, para elas, essas doces palavras. Elas acabarão sendo assimiladas por suas jovens inteligências, e, em vez de pequenos vagabundos, terão feito homens de bem. Isso também é fazer a caridade.

Como praticar a *caridade por ações*? Oferecendo aos irmãos um sorriso, tendo para com eles um gesto afetuoso, dispensando-lhes singelas atenções, prestando-lhes pequenos favores, enfim, procurando tratá-los como gostariam de ser tratados.

Muitos de vocês dizem: "Somos tantos na Terra que Deus não pode nos ver a todos". Escutem bem isso, meus amigos: quando estão no alto da montanha, não abrangem com o olhar os milhões de grãos de areia que a circundam? Pois bem! Deus observa a todos do mesmo modo. Ele deixa que usem o livre-arbítrio, assim como vocês deixam os grãos de areia se moverem ao sabor do vento que os dispersa. A diferença é que Deus, em Sua misericórdia infinita, colocou, no fundo do coração de vocês, uma *sentinela vigilante* que se chama *consciência*. Escutem-na, porque ela somente dará bons conselhos. Às vezes. conseguem entorpecê-la, deixando que o espírito do mal se manifeste; então, ela se cala. Mas fiquem certos de que ela se fará ouvir novamente, tão logo perceba em vocês o primeiro sinal de arrependimento. Escutem e questionem sua consciência, pois ela sempre terá bons conselhos para confortá-los.

Meus amigos, a cada novo regimento, o general confia uma bandeira. Eu trago a minha através desse ensinamento do Cristo: *"Amem-se uns aos outros"*. Pratiquem e reúnam-se em torno desse ensinamento e receberão como retorno a felicidade e a consolação.

A BENEFICÊNCIA

Adolpho, Bispo de Alger – Bordeaux, 1861.

11 – A **beneficência**, meus amigos, dará a vocês as mais puras e as mais belas alegrias do coração, dessas que nunca são perturbadas, nem pelo remorso, nem pela indiferença. Se pudessem compreender tudo o que existe de grande e doce na generosidade das almas que são belas. Essas almas pensam primeiro no próximo, para só depois pensarem em si mesmas. Elas sentem-se felizes em despir a roupa para cobrir o próximo. Se pudessem ter apenas a doce ocupação de fazer os outros felizes! Que festas, na Terra, poderiam ser comparadas à alegria de serem representantes da Divindade, levando contentamento a essas pobres famílias que da vida só conhecem as dificuldades e as amarguras. Quando virem a face desses miseráveis, com seus filhos pequenos, se iluminarem de esperança, pois a instantes não tinham pão e ouviam seus filhinhos gritando, repetidamente, a chorar, estas palavras: "Estou com fome!", grito esse que penetrava como agudo punhal nos corações maternos.

Aí, então, compreenderão como sentem-se felizes as pessoas que trazem alegria, onde momentos atrás só existia desespero! Compreenderam agora quais são as obrigações para com seus irmãos? Vão! Vão de encontro ao infortúnio. Vão em socorro, principalmente, das misérias ocultas, que são as mais dolorosas. Vão, meus bem-amados, e recordem as palavras do Salvador: *"Quando vestirem a um desses pequeninos, lembrem-se que é a Mim que estarão vestindo!"*.

Caridade! Palavra sublime que reúne todas as virtudes, sua tarefa é conduzir os povos à felicidade! Quem a praticar, terá prazeres infinitos no futuro e, durante o período em que estiverem encarnados na Terra, terão na caridade a consolação. Ela antecipará as alegrias que irão desfrutar mais tarde, quando estiverem todos reunidos junto ao Deus de amor. Foi a caridade, essa virtude divina, que me proporcionou os únicos momentos de alegria que tive na Terra. Que os amigos encarnados me acreditem: é na caridade que devem procurar a paz do coração, o contentamento da alma, o remédio contra as aflições da vida. Quando estiverem a ponto de acusar Deus, olhem para baixo e verão quantas misérias a aliviar, quantas crianças sem famílias, quantos velhos desamparados, sem uma mão amiga para fechar seus olhos na hora da morte. Quanto bem a ser feito! Não lamentem, pelo contrário, agradeçam a Deus. Distribuam, à vontade, sua simpatia, seu amor, seu dinheiro, a todos que, desprovidos dos bens terrenos, se enfraquecem no sofrimento e na solidão. Assim, colherão, aqui na Terra, muitas alegrias e, mais tarde... somente Deus o sabe!

São Vicente de Paulo

Paris, 1858.

12 – Sejam bons e caridosos e terão em suas mãos a chave para entrar no Céu. Toda felicidade eterna está contida neste ensinamento de Jesus: *Amem-se uns aos outros*. É somente pelo devotamento ao próximo que a alma pode elevar-se a regiões espirituais superiores. Ela apenas encontrará felicidade e consolação na prática da caridade. Sejam bons, amparem seus irmãos, deixem de lado a terrível chaga do egoísmo e trabalhem com o objetivo de abrir o caminho para a felicidade eterna. Quem já não se sentiu alegre, com o coração batendo mais forte, ao ouvir o relato de uma boa ação, de uma obra verdadeiramente caridosa? Se procurarem apenas o prazer que proporciona uma boa ação, estarão sempre no caminho do progresso espiritual. Exemplos não faltam. A boa vontade é que é rara de ser encontrada. Observem que a história sempre guarda lembranças de amor e respeito por uma multidão de homens de bem.

O Cristo ensinou tudo sobre as virtudes da caridade e do amor. Por que deixar de lado os Seus Divinos ensinamentos? Por que fechar os olhos e os ouvidos às Suas Divinas palavras, e o coração às Suas bondosas recomendações? Eu gostaria que dispensassem mais interesse, mais fé às leituras evangélicas. No entanto, desprezam o Evangelho, fazendo dele uma palavra vazia, uma carta fechada; deixam esse admirável código moral entregue ao esquecimento. Seus males provêm apenas do abandono, voluntário, a esse resumo das Leis divinas. Leiam essas páginas que mostram todo o devotamento de Jesus; meditem sobre elas e, certamente, aprenderão muito.

Homens fortes, preparem-se. Homens fracos, façam da doçura e da fé suas ferramentas. Sejam mais convincentes e constantes na propagação da Doutrina Espírita. Deus permite que nos manifestemos a vocês apenas para encorajar e estimular o zelo e as virtudes que já possuem. Mas, se cada um quisesse estimular esse zelo e essas virtudes, bastaria apenas a sua própria vontade e a ajuda de Deus; as manifestações espíritas são necessárias especialmente para os que possuem os olhos fechados e os corações impacientes.

A caridade é a virtude fundamental que deve sustentar todas as virtudes terrenas, pois sem ela as outras não existem. Sem a caridade, não existe esperança de um futuro melhor, nem interesse moral que nos sirva de guia. Sem a caridade, a fé desapareceria, pois a fé é apenas um raio de luz que faz brilhar uma alma caridosa.

A caridade é a âncora eterna da salvação em todos os mundos. É a mais pura emanação do próprio Criador. É a virtude mais elevada que Ele nos oferece. Como desconhecer essa suprema bondade? Qual coração seria tão perverso, a ponto de desprezar e expulsar esse sentimento puramente Divino? Qual seria o filho bastante mau para se revoltar contra esse doce carinho, a caridade?

Não ouso falar do que fiz, porque os Espíritos também são modestos em relação às suas obras. Mas acredito naquela que comecei como uma das que mais deve contribuir para o alívio de nossos semelhantes. Vejo, com frequência, os Espíritos pedirem, como missão, continuar minha tarefa. Eu as vejo, minhas queridas e bondosas irmãs, em sua missão Divina, praticando a virtude que eu recomendei, sentindo toda alegria que proporciona essa existência de devotamento e sacrifício. É uma grande alegria, para mim, ver o quanto o caráter de vocês é nobre, o quanto a missão que abraçaram é amada e protegida. Homens de bem, de boa e forte vontade, unam-se para continuar a obra de propagar a caridade. No próprio exercício dessa virtude, encontrarão a recompensa, pois não existe alegria espiritual que ela não proporcione já na vida presente. Sejam unidos, amem-se uns aos outros, conforme os ensinamentos do Cristo. Que assim seja!

Cáritas, Martirizada em Roma

Lyon, 1861.

13 – Meu nome é Caridade, eu sou o caminho principal que conduz a Deus. Sigam-me, pois sou o objetivo a que todos devem perseguir.

Fiz, esta manhã, minha caminhada habitual, e digo-lhes com o coração aflito: Meus amigos, quanta miséria, quantas lágrimas e quanto trabalho a realizar para secá-las! Procurei, em vão, consolar as pobres mães, dizendo-lhes ao ouvido: Coragem! Existem corações bondosos a protegê-las, não ficarão abandonadas. Paciência! Deus está aqui, e vocês são suas amadas, suas eleitas. Elas pareciam me ouvir e voltavam para mim seus olhos arregalados e distantes. Eu via, em suas expressões, que o corpo estava com fome, e se minhas palavras tranquilizavam um pouco seus corações, elas não lhes saciavam o estômago.

Então, eu repetia: Coragem! Coragem! E uma pobre mãe, bem jovem, que amamentava uma criancinha, tomou-a em seus braços e estendeu-a no espaço vazio, como a me pedir para que protegesse aquele pequeno ser, que encontrava alimento insuficiente, num seio quase sem leite.

Mais adiante, meus amigos, vi pobres velhos sem trabalho e também sem abrigo, atormentados pela necessidade e envergonhados de sua miséria. Não tinham sequer coragem para pedir esmola aos que passavam, pois que nunca mendigaram. Eu, que nada tenho, com o coração tomado de compaixão, me fiz mendiga para eles e vou por toda parte estimular a beneficência, inspirar bons pensamentos aos corações generosos e sensíveis. Por isso, venho até aqui dizer: existem, por aí, infelizes, em cujos casebres não têm pão para comer, não tem fogo no fogão e não tem cobertor em sua cama. Não digo o que é preciso fazer. Deixo que seus bons corações tomem a iniciativa. Se dissesse como devem proceder, suas boas ações não teriam mérito. Eu apenas digo: Sou a Caridade e estendo as mãos pelos irmãos sofredores.

Mas, se peço, também dou, e dou muito. Eu convido a todos para um grande banquete e forneço a árvore onde irão se saciar! Vejam como é bela, como está carregada de flores e frutos! Venham, peguem todos os frutos dessa bela árvore que se chama beneficência. No lugar dos ramos que arrancarem, colocarei todas as boas ações que fizeram e levarei até Deus, para que Ele a carregue de novo, pois a beneficência é inesgotável. Sigam-me, meus amigos, a fim de que eu possa colocá-los entre aqueles que seguem a minha bandeira. Não tenham medo, eu vou conduzi-los pelo caminho da salvação, pois sou *a Caridade*.

Cáritas

Lyon, 1861.

14 – Muitos acham que fazer a caridade é somente dar esmola, mas, na verdade, ela pode ser praticada de muitas outras maneiras. Entre a esmola e a caridade existe uma diferença muito grande. A esmola, meus amigos, às vezes, pode ser útil, pois dá alívio aos pobres, mas é quase sempre humilhante, tanto para quem a dá, quanto para quem a recebe. A caridade, ao contrário, liga o benfeitor ao beneficiado e, além disso, sabe se disfarçar de várias maneiras! Pode-se praticar a caridade entre colegas, amigos e familiares, tolerando-se uns aos outros, perdoando-se mutuamente as fraquezas, cuidando para não ferir o amor-próprio de ninguém. Os espíritas podem ser caridosos para com aqueles que não pensam como eles, levando os menos esclarecidos a crer, mas sempre tomando o cuidado para não afrontar as suas convicções, conduzindo-os amigavelmente às reuniões, onde eles poderão nos ouvir e onde saberemos encontrar a brecha que nos permitirá entrar em seus corações. Eis, também, uma das formas de praticar a caridade.

Escutem agora o que é a caridade para com os pobres, esses esquecidos da Terra, mas recompensados por Deus, que saberão aceitar as suas próprias misérias sem reclamar, dependendo da ajuda que receberem de vocês. Vou esclarecer com um exemplo.

Observo, algumas vezes na semana, uma reunião de senhoras de todas as idades, que, para nós, como sabem, são todas irmãs. Elas trabalham muito rápido e seus dedos são ágeis. Vejo também como os seus semblantes estão radiantes e como os seus corações vibram todos juntos! Mas qual é o objetivo delas? É que elas sabem que o inverno se aproxima e será rude para com as famílias carentes. As pobres mães se preocupam e choram pensando nos filhinhos que sentirão frio e fome! Tenham paciência, minhas irmãs! Deus inspirou aquelas que são mais afortunadas. Elas estão reunidas e confeccionando roupas. Quando o frio chegar, irão se lamentar dizendo: "Deus não é justo", expressão que sempre utilizam nos períodos de sofrimento. Aí, então, verão aparecer em suas casas um dos filhos dessas boas trabalhadoras, que se tornaram operárias dos pobres. Sim, era para vocês que elas trabalhavam tanto, e suas lamentações se transformarão em bênçãos, porque, no coração dos infelizes, o amor caminha muito próximo do ódio.

Como todas essas trabalhadoras necessitam de um estímulo, as comunicações dos bons Espíritos lhes chegam de todos os lados. Os homens que fazem parte dessa sociedade trazem, também, a sua ajuda, fazendo leituras agradáveis. E nós, para recompensar o esforço de todos e de cada um em particular, prometemos a essas laboriosas trabalhadoras uma boa clientela, que lhes pagará à vista, em bênçãos, a única moeda que tem valor nos Céus. Asseguramos, ainda, e sem medo de errar, que essas bênçãos jamais lhes faltarão.

Um Espírito Protetor

Lyon, 1861.

15 – Meus caros amigos, a cada dia, ouço quando dizem: "Sou pobre, não posso fazer a caridade", e todos os dias vejo muitos não perdoarem seus semelhantes. Além de não perdoarem nada, ainda se colocam como juízes severos. Certamente não gostariam de ser tratados da mesma maneira. O perdão também não é caridade? Aqueles que puderem fazer somente a caridade através do perdão, façam pelo menos essa, mas façam em grande quantidade. Em relação à caridade material, vou lhes contar uma história do outro mundo.

Dois homens acabam de morrer e Deus havia dito: "Enquanto esses dois homens viverem, suas boas ações serão colocadas em sacos separados, para que sejam pesados após a sua morte". Quando ambos chegaram aos últimos momentos de suas vidas, Deus mandou trazer os dois sacos. Um estava pesado, grande, bem cheio, e nele ressoava o metal que o enchia. O outro era tão pequeno e fino, que dava para ver através do pano as poucas moedas que continha. Cada um dos homens reconheceu o seu saco: "Eis o meu, disse o primeiro, posso reconhecê-lo, fui rico e dei muito". "Eis o meu, disse o outro, sempre fui pobre e não tinha quase nada para repartir". Mas que surpresa! Quando os dois sacos foram colocados na balança, o maior tornou-se leve e o menor ficou pesado, tanto que elevou muito o outro prato da balança. Então Deus disse ao rico: "Você deu muito, é verdade, mas deu por ostentação e para ver seu nome figurar em todos os templos do orgulho. Além disso, ao dar você não se privou de nada. Vai para esquerda e fica satisfeito pelo fato de suas esmolas ainda lhe servirem para alguma coisa". Depois disse ao pobre: "Você deu pouco, meu amigo, mas cada uma das moedas que estão na balança lhe representou uma privação. Se não deu esmola, fez a caridade, e, o que é melhor, fez naturalmente, sem pensar que um dia ela seria levada em conta. Foi tolerante e não julgou seus semelhantes, pelo contrário, encontrou desculpa para todas as más ações que eles cometeram. Passa à direita e vai receber a sua recompensa".

João

Bordeaux, 1861.

16 – A mulher rica, feliz, que não precisa empregar o seu tempo com os trabalhos de casa, pode dedicar algumas horas em benefício de seus semelhantes. Com o que sobra de seus gastos com o supérfluo, compre agasalho para os infelizes que não têm o que vestir. Com suas mãos delicadas, confeccione roupas simples, porém aconchegantes para ajudar a pobre mãe a vestir o filho que vai nascer. Se por causa disso seu filho ficar sem alguns enfeites de renda, o do pobre, além de não ficar esquecido, também estará agasalhado. Trabalhar para os pobres é trabalhar na seara do Senhor.

E você, pobre trabalhadora, que não dispõe de sobras, mas que por amor aos seus irmãos também quer ajudá-los dando um pouco do que possui, dedica a eles algumas horas do seu tempo, que é o seu único tesouro. Faça alguns trabalhos delicados que chamem a atenção dos mais afortunados; venda o produto do seu esforço e também poderá contribuir com aqueles irmãos mais necessitados. Você terá, com isso, algumas horas de repouso a menos, mas dará sapatos aos que andam com os pés descalços.

E vocês, mulheres devotadas a Deus, trabalhem também para as obras dedicadas à caridade. Que esses trabalhos dispendiosos não sirvam apenas para enfeitar suas capelas e chamar atenção sobre a habilidade e a paciência que possuem. Trabalhem, minhas filhas, e que o produto desse trabalho seja destinado ao socorro dos pobres, que também são filhos de Deus. Trabalhar pelos pobres é glorificar a Deus. Sejam para eles a voz da Providência que diz: *"Para as aves do céu, Deus dá o alimento"*. Que o dinheiro ganho se transforme em roupas e alimentos aos necessitados. Façam isso e seus trabalhos serão abençoados.

Todos que podem de alguma forma contribuir, que o façam. Ajudem oferecendo o talento, a inspiração, o coração, e Deus vai abençoá-los. Poetas e literatos, que são lidos pelas pessoas da sociedade, satisfaçam seus lazeres, mas dediquem o produto de algumas obras ao consolo dos infelizes. Pintores, escultores e artistas em geral, que suas inteligências também ajudem seus irmãos; isto aliviará o sofrimento de muitos e a glória que possuem não será diminuída em nada.

Todos podem dar algo. Qualquer que seja a classe a que pertençam, sempre existirá alguma coisa que podem dividir. Das coisas que receberam de Deus, uma parcela deve ser dada aos que não têm o necessário, pois no lugar deles também ficariam felizes em receber essa parcela. Seus tesouros na Terra ficarão um pouco menores, mas, em compensação, os do Céu ficarão bem maiores. Assim, no Mundo Espiritual, irão colher cem vezes mais o que tiverem semeado em benefícios aqui na Terra.

A PIEDADE

Michel – Bordeaux, 1862.

17 – A piedade é a virtude que mais aproxima os homens dos anjos, pois ela é a irmã da caridade que vai conduzi-los a Deus. Deixem que o coração de vocês se comova diante das misérias e dos sofrimentos dos seus semelhantes. As lágrimas que derramam por esses infelizes são como um bálsamo que aplicam sobre suas feridas. Quando conseguem proporcionar a esses miseráveis um pouco de esperança e consolo, eu imagino que alegria vocês devem experimentar! É bem verdade que essa alegria tem um certo amargor, pois nasce ao lado da infelicidade.

Se essa alegria não possui o forte sabor dos prazeres terrenos, também não possui as decepções do vazio que esses mesmos prazeres trazem consigo, pelo contrário, ela possui uma suavidade penetrante que envolve a alma.

A piedade, quando profundamente sentida, é amor. O amor é devotamento. E o devotamento é o esquecimento de si mesmo. Esse esquecimento, essa renúncia em favor dos infelizes, é a virtude em seu mais alto grau. A mesma que Jesus praticou durante a Sua vida e que ensinou em Sua Doutrina tão santa, tão sublime. Quando essa Doutrina retornar à sua pureza original e for aceita por todos os povos, a Humanidade encontrará sua felicidade, pois reinará a concórdia, a paz e o amor.

A piedade é o sentimento que mais faz os homens progredirem, pois ao dominar o orgulho e o egoísmo prepara a alma para ser humilde, fazer o bem e amar o próximo. A piedade faz com que vocês se comovam profundamente com o sofrimento alheio e estendam as mãos caridosas para auxiliar, enquanto derramam lágrimas de compaixão. Jamais escondam do coração essa emoção celeste; não façam como esses egoístas endurecidos que se afastam dos aflitos, porque a visão de suas misérias perturbaria por instantes a sua alegre existência. Tenham medo de ficar indiferentes quando puderem ser úteis. A tranquilidade conseguida com a indiferença, em relação à miséria alheia, é semelhante à tranquilidade do ***mar Morto***, que esconde, no fundo de suas águas, o lodo apodrecido e a corrupção.

A piedade ainda está longe de causar a perturbação e o aborrecimento de que o egoísta sente medo! Quando a alma entra em contato com a desgraça do próximo, ela sofre um abalo natural e profundo, que faz vibrar todo o ser e o comove profundamente. A compensação sempre será grande quando conseguirem devolver a coragem e a esperança a um irmão infeliz, que se emociona ao aperto de uma mão amiga. Seu olhar, emocionado e reconhecido, em lágrimas, volta-se para vocês antes de se elevar ao Céu, em agradecimento por ele ter enviado um consolador, um amigo. A piedade tem compaixão pelos males alheios e se manifesta antes da caridade, que é a primeira das virtudes. A piedade, sendo irmã da caridade, prepara e enobrece os benefícios que irão colher mais adiante.

OS ÓRFÃOS

Um Espírito Familiar – Paris, 1860.

18 – Meus irmãos, amem os órfãos. Se soubessem o quanto é triste estar só e abandonado, principalmente na infância! Deus permite que existam órfãos para que nos encorajemos a lhes servir de pais. Que Divina caridade é ajudar uma pobre criancinha abandonada, evitar que ela sofra fome e frio, orientar sua alma para que ela não se perca no vício! Aqueles que amparam uma criança abandonada são agradáveis a Deus, porque compreendem e praticam a Sua Lei. Lembrem-se também que, muitas vezes, a criança que agora socorrem pode ter sido alguém muito querido a vocês em uma encarnação anterior, e, caso pudessem recordar, a adoção não seria mais um ato de caridade e sim um dever. Assim, meus amigos, todo aquele que sofre é irmão de vocês e tem direito à caridade que puderem oferecer. Não aquela caridade que fere o coração, não aquela esmola que queima a mão de quem a recebe, pois suas esmolas são frequentemente bem amargas! Quantas vezes seriam recusadas, se em casa a doença e a miséria não precisassem delas! Deem delicadamente, acrescentando ao benefício o bem mais precioso de todos: uma palavra de incentivo, uma carícia, um sorriso amigo. Evitem esse ar de proteção que machuca o coração já aflito; saibam que, ao fazer o bem, estão trabalhando para vocês mesmos e para os seus.

BENEFÍCIOS PAGOS COM INGRATIDÃO

Um Guia Protetor – Sens, 1862.

19 – *O que pensar das pessoas que, recebendo a ingratidão como pagamento por um benefício prestado, deixam de fazer o bem com receio de encontrar outras pessoas ingratas?*

Essas pessoas são mais egoístas do que caridosas, pois fazer o bem esperando reconhecimento não é fazê-lo com desinteresse. O benefício desinteressado é o único que agrada a Deus. São também pessoas orgulhosas, pois se comprazem na humildade com que o beneficiado vem agradecer, a seus pés, o benefício recebido. Quem procura na Terra a recompensa pelo bem que faz, não irá recebê-la no Céu. Deus só recompensará aquele que não procurou na Terra o reconhecimento pelos bens que praticou.

É necessário sempre ajudar os fracos, mesmo sabendo que eles não nos agradecerão. Se aquele que é ajudado esquece o benefício recebido, Deus os recompensará mais do que seriam recompensados pela gratidão do beneficiado. *Se Deus permite que, às vezes, vocês sejam pagos com a ingratidão, é para experimentar a perseverança que devem ter em praticar o bem.*

Como podem saber se o benefício, esquecido no momento, não trará bons frutos mais tarde? Fiquem certos de que é uma semente que com o tempo germinará. Infelizmente, vê-se apenas o presente. Trabalhem para vocês e não pelos outros. Os benefícios abrandam o coração mais endurecido. Ele pode até esquecer os favores recebidos aqui na Terra, mas quando o Espírito retornar ao Mundo Espiritual ele se lembrará, e essa lembrança será para ele um castigo. Ele, então, lamentará a sua ingratidão e desejará reparar a sua falta, pagar a sua dívida em uma outra existência, e, muitas vezes, aceitando uma vida de devotamento ao seu benfeitor. É assim que, sem suspeitarem, terão contribuído para o adiantamento moral desse Espírito, e reconhecerão, mais tarde, toda a verdade deste ensinamento: um benefício jamais se perde. Além disso, também terão trabalhado por vocês mesmos, pois possuirão o mérito de terem praticado o bem com desinteresse, não deixando se abater pelas decepções.

Meus amigos, se vocês conhecessem todos os laços que ligam a vida presente às existências anteriores; se pudessem entender o grande número de relações que unem os seres uns aos outros, para que eles possam progredir juntos, admirariam ainda mais a sabedoria e a bondade do Criador, que nos permite reviver para chegar até Ele.

BENEFICÊNCIA EXCLUSIVA

São Luís – Paris, 1860.

20 – *É correta a beneficência quando praticada exclusivamente entre pessoas de uma mesma opinião, de uma mesma crença, ou de um mesmo partido?*

Não, pois é justamente o espírito de grupo, de seita e de partido que é preciso abolir, uma vez que todos os homens são irmãos. O verdadeiro cristão vê irmãos em todos os seus semelhantes e, quando socorre aquele que está necessitado, não pergunta qual sua crença, qual sua opinião, seja sobre o que for. Quem rejeita um infeliz por ele ter uma crença diferente da sua, não está sendo um verdadeiro cristão, e muito menos seguindo o ensinamento do Cristo que diz para amar até mesmo os inimigos. Portanto, socorram sem interrogar sua consciência, porque se ele for um inimigo da religião, será um meio de fazer com que ele goste dela. Repelindo-o, poderão fazer com que ele a odeie.

Comentários

5 – Óbolo – É o mesmo que esmola.
Gazofilácio – Era o nome dado à caixa de esmolas que ficava na entrada dos templos.

7 – Feliz daquele que comer o pão no Reino de Deus – Ou seja, feliz daquele que receber e aceitar os ensinamentos que Jesus veio trazer em nome de Deus.

11 – Beneficência – É o mesmo que praticar o bem, ou seja, fazer um benefício a alguém.

17 – Mar Morto – É um lago que fica na Palestina, onde deságua o rio Jordão. Devido à grande quantidade de sal em suas águas, a vida é praticamente impossível. Por isso o nome de mar Morto, ou seja, sem vida.

CAPÍTULO

14

HONRAR O PAI E A MÃE

• **PIEDADE FILIAL**
• **QUEM É MINHA MÃE E QUEM SÃO MEUS IRMÃOS?**
• **PARENTESCO CORPORAL E PARENTESCO ESPIRITUAL**

Instruções dos Espíritos:

• **A ingratidão dos filhos e os laços de família**

1 – *Jesus disse para aqueles que O escutavam: "Vocês conhecem os mandamentos: Não cometer adultério, não matar, não roubar, não prestar falso testemunho, não fazer mal a ninguém, honrar o pai e a mãe" (Marcos, 10:19, Lucas, 18:20, Mateus, 19: 18 e19).*

2 – *Honrem o pai e a mãe, a fim de viverem muito tempo na Terra que Deus dará a vocês (Decálogo, Êxodo, 20:12).*

PIEDADE FILIAL

3 – O mandamento "*honrar o pai e a mãe*" é uma consequência da Lei da Caridade e de Amor ao próximo, porque não se pode amar o próximo sem amar o pai e a mãe. O termo *"honrar"* encerra um dever a mais para com eles: o da piedade filial. Deus quer que ao amor que se deve ter pelos pais se junte o respeito, a atenção, a obediência e a paciência. Assim, é preciso ser mais caridoso e atencioso para com os pais do que para com o próximo de um modo geral. Deve-se ter também o mesmo carinho e atenção para com aqueles que assumem o papel de pai e mãe. O mérito desses pais será proporcional à dedicação que dispensarem a seus filhos não biológicos. Deus sempre pune com rigor toda violação a este mandamento.

Honrar pai e mãe não é somente respeitá-los, é, também, ajudá-los em suas necessidades. É proporcionar a eles o repouso na velhice, cercando-os de cuidados como eles fizeram conosco na infância.

É, principalmente, para com os pais sem recursos que se demonstra a verdadeira piedade filial. Existem filhos que julgam estar cumprindo o mandamento "*honrar pai e mãe*" dando-lhes apenas o necessário para que não morram de fome, enquanto eles não se privam de nada. Colocam seus pais nos piores cômodos da casa, só para não deixá-los na rua, reservando para si o que há de melhor e mais confortável. Menos mal, quando não o fazem de má vontade, obrigando os pais a fazerem os trabalhos domésticos pelo resto de suas vidas! Caberá aos pais velhos e fracos servirem aos filhos jovens e fortes? Quando eles ainda estavam no berço, sua mãe cobrou-lhes o leite com que os alimentava? Contou quantas vezes deixou de dormir quando estavam doentes? Contou quantos passos deu para lhes proporcionar os cuidados necessários? Não. O que os filhos devem a seus pais pobres não é só o estritamente necessário. Devem dar a eles as pequenas alegrias do supérfluo, as atenções, os cuidados carinhosos, pois estarão apenas retribuindo o amor que receberam e pagando uma dívida sagrada! Essa é a única piedade filial aceita por Deus.

Infeliz daquele que esquece sua dívida para com aqueles que o sustentaram na infância, aqueles que com a vida material lhe deram também a vida moral e que, muitas vezes, se submeteram a duras privações para lhe assegurar o bem-estar. Infeliz do ingrato, porque será punido com a ingratidão e o abandono. Será atingido em suas afeições mais caras, *algumas vezes já na vida presente*, mas, certamente, em outras existências em que sofrerá o que fez os outros sofrerem.

É bem verdade que alguns pais descuidam-se de seus filhos e não são para eles o que deveriam ser. Cabe a Deus puni-los. Não cabe aos filhos censurá-los, porque, talvez, eles mesmos fizessem por merecer pais assim. Se a Lei da Caridade manda pagar o mal com o bem, ser indulgente para com as imperfeições alheias, não maldizer seu próximo, esquecer e perdoar as faltas e amar até mesmo os inimigos, quanto maior não deverão ser as obrigações em relação aos pais? Os filhos devem, portanto, tomar como regra de conduta para com os pais, todos os ensinamentos que Jesus recomenda para com o próximo; também devem estar cientes de que toda conduta condenável em relação a estranhos é ainda mais condenável em relação aos pais. O erro que se comete em relação a estranhos pode ser considerado apenas uma falta leve, mas o mesmo erro cometido em relação aos pais pode ser considerado um crime, pois, nesse caso, existe falta de caridade e ingratidão.

4 – *Nos Dez Mandamentos está escrito: Honrem o pai e a mãe, a fim de viverem por muito tempo na Terra que Deus dará a vocês.*

Por que Deus promete como recompensa a vida na Terra e não a vida no Céu? A explicação encontra-se nesta frase: "*que Deus dará a vocês*", que foi suprimida dos Dez Mandamentos na versão moderna da Bíblia. O trecho que permaneceu foi: "*Honrem o pai e a mãe, a fim de viverem muito tempo na Terra*". Ao suprimir o trecho: "*que Deus dará a vocês*", o sentido do ensinamento ficou completamente alterado. Para compreender melhor essas palavras, é preciso voltar ao tempo em que elas foram pronunciadas, entender como os hebreus viviam e qual eram suas ideias e seus pensamentos na época. Eles não compreendiam ainda a *vida futura*, e seu entendimento não ia além da vida presente. Portanto, deviam ser mais sensibilizados pelas coisas que viam do que pelas coisas que não viam. É por isso que Deus fala com os hebreus utilizando uma linguagem que estivesse ao seu alcance, como se estivesse falando com crianças e dando-lhes uma perspectiva que poderia satisfazê-los. Eles estavam ainda no deserto. A Terra que Deus lhes dará é a Terra Prometida, objeto de suas aspirações. Eles não desejavam nada além disso e Deus lhes diz que viveriam lá por muito tempo, ou seja, que eles a possuiriam se cumprissem Seus mandamentos.

Quando Jesus chegou, as ideias dos hebreus já estavam mais desenvolvidas e era então o momento de receberem um esclarecimento maior. Jesus os inicia na vida espiritual dizendo: *"O Meu Reino não é deste mundo e será nele, e não na Terra, que receberão a recompensa por suas boas obras"*. Com essas palavras, a Terra Prometida deixa de ser Material e passa a ser uma Pátria Espiritual. Assim, quando Jesus lhes recomenda o respeito pelo mandamento: *Honrar o pai e a mãe*, já não é mais a Terra que Ele promete, e sim o Céu *(ver, nesta obra, os cap. 2 e 3)*.

QUEM É MINHA MÃE E QUEM SÃO MEUS IRMÃOS?

5 – *Quando Jesus chegou em casa, lá reuniu-se uma multidão tão grande de pessoas que nem mesmo puderam completar sua refeição. Ao saberem disso, seus parentes saíram para prendê-Lo, pois diziam: "**Ele perdeu o Espírito**".*

Sua mãe e Seus irmãos chegaram, e, ficando do lado de fora, mandaram chamá-Lo. O povo que estava sentado ao seu redor lhe disse: "Sua mãe e seus irmãos estão lá fora e chamam por Você". Jesus, então, respondeu: "Quem é Minha mãe e quem são Meus irmãos?". E olhando para aqueles que estavam ao Seu redor, disse: "Eis, aqui, Minha mãe e Meus irmãos, pois quem quer que faça a vontade de Deus, é Meu irmão, Minha irmã e Minha mãe" (Marcos, 3:20, 21 e 31 a 35, Mateus, 12:46 a 50).

6 – Certas palavras ditas por Jesus parecem estranhas e não combinam com sua bondade e meiguice. Os incrédulos aproveitaram a ocasião para dizer que Jesus estava se contradizendo. Sua Doutrina baseia-se principalmente na Lei do Amor e da Caridade, sendo assim, não é possível que Ele destruísse de um lado o que tinha estabelecido de outro. Se alguns ensinamentos estão em contradição com a Lei do Amor e da Caridade, surge uma consequência inevitável: as palavras atribuídas a Jesus foram mal traduzidas, mal compreendidas ou não Lhe pertencem.

7 – É mesmo de se admirar que nessa passagem Jesus mostre tanta indiferença para com seus parentes e, de certo modo, renegue Sua mãe.

Em relação a Seus irmãos, sabe-se que eles nunca tiveram simpatia por Jesus. Eram Espíritos pouco adiantados e não compreendiam Sua missão. Achavam Sua conduta estranha e Seus ensinamentos não os convenciam, tanto que nenhum deles tornou-se Seu discípulo. Até certo ponto, concordavam com as prevenções que os inimigos de Jesus tinham contra Ele. Em família, eles O tratavam mais como um estranho do que como um irmão. É o Apóstolo João quem afirma claramente: *"Os irmãos de Jesus não acreditavam Nele" (João cap.7:5).*

Quanto a sua mãe, ninguém poderá contestar a ternura que dedicava ao filho, mas é preciso deixar claro que ela também não fazia uma ideia exata de Sua missão. Até onde se sabe, ela nunca seguiu Seus ensinamentos, nem deu testemunho deles, como fez João Batista. O cuidado maternal era seu sentimento dominante. Quanto a Jesus, imaginar que Ele pudesse ter renegado Sua mãe, seria desconhecer-lhe o caráter. Tal pensamento não poderia partir Daquele que disse: *"Honrem o pai e a mãe"*. É preciso procurar um outro significado para as palavras de Jesus, quase sempre encobertas pela forma figurada de falar.

Jesus não perdia nenhuma oportunidade para transmitir um ensinamento. Aproveitou a chegada de Sua família para estabelecer a diferença que existe entre o parentesco corporal e o parentesco espiritual.

PARENTESCO CORPORAL E PARENTESCO ESPIRITUAL

8 – Os laços de sangue não estabelecem necessariamente as ligações entre os Espíritos. O corpo origina-se do corpo, mas o Espírito não se origina do Espírito, uma vez que ele já existia antes da formação do corpo. Não são os pais que criam o Espírito do filho, eles apenas lhe fornecem o corpo de carne. Além de gerar o corpo, os pais são responsáveis pelo desenvolvimento intelectual e moral dos filhos, ajudando-os a progredir.

Os Espíritos que encarnam numa mesma família, como parentes próximos, são quase sempre Espíritos simpáticos entre si e unidos por relações anteriores. Essas relações se manifestam pela afeição que existe entre eles durante a vida terrena. Pode acontecer, também, que os Espíritos sejam completamente estranhos uns aos outros ou separados por antipatias igualmente anteriores, e que se manifestam por aversões mútuas. Enquanto estiverem encarnados na Terra, essas aversões serão para eles uma grande provação. Os verdadeiros laços de família não são os laços de sangue, mas sim os laços de simpatia e afinidade de pensamentos, que unem os Espíritos, *antes, durante e depois* da encarnação. É por isso que dois seres nascidos de pais diferentes podem ser mais irmãos pelo espírito do que pelo sangue. Eles se querem, se procuram e sentem prazer por estarem juntos, enquanto que dois irmãos de sangue podem repelir-se, conforme se observa todos os dias. É um problema moral que só o Espiritismo pode explicar através das diversas existências vividas pelos Espíritos *(ver cap. 4:13).*

Existem, portanto, duas espécies de famílias: *as famílias por laços espirituais e as famílias por laços corporais*. As famílias que se unem por Laços Espirituais possuem um relacionamento duradouro e se fortalecem pela purificação de seus membros. Assim, elas continuarão se relacionando no Mundo dos Espíritos e na Terra, por meio das inúmeras encarnações da alma. A união das famílias por Laços Corporais é frágil como a própria matéria e termina com o tempo. Muitas vezes essa união se desfaz, moralmente, já na existência atual. Foi isto o que Jesus quis ensinar quando disse a Seus discípulos: "Eis, aqui, Minha mãe e Meus irmãos", ou seja, minha família pelos Laços do Espírito, *"pois quem quer que faça a vontade de Meu Pai, que está nos Céus, é Meu irmão, Minha irmã e Minha mãe"*.

A hostilidade dos irmãos de Jesus está claramente expressa no relato do Apóstolo Marcos, quando ele diz: "Os irmãos de Jesus tinham a intenção de se apoderarem Dele, sob o pretexto de que Ele estava louco". Jesus, informado da chegada de Seus parentes e sabendo o que eles pensavam a Seu respeito, aproveita a oportunidade para transmitir a Seus discípulos o ensinamento sobre o ponto de vista da família Espiritual, ao dizer: *"Eis, aqui, Meus verdadeiros irmãos"*, embora na companhia dos irmãos de Jesus estivesse também Sua mãe. Ele utiliza a ocasião para explicar que os verdadeiros irmãos são aqueles que se unem pelos laços espirituais e não pelos laços de sangue. Não se deve entender, com isso, que Sua mãe, segundo o sangue, não Lhe significasse nada, segundo o espírito, ou que tinha por ela indiferença. Sua conduta em outras ocasiões comprova suficientemente o contrário.

Instruções dos Espíritos

A INGRATIDÃO DOS FILHOS E OS LAÇOS DE FAMÍLIA

Santo Agostinho – Paris, 1862.

9 – A ingratidão é um dos frutos mais imediatos do egoísmo e revolta sempre os corações honestos. Entretanto, a ingratidão dos filhos em relação aos pais tem um caráter ainda mais odioso. É particularmente sob o ponto de vista da ingratidão dos filhos para com os pais que faremos a análise de suas causas e de seus efeitos. Também nessa questão, como em tantas outras, o Espiritismo vem esclarecer um dos grandes problemas do coração humano.

Quando o Espírito deixa a Terra, leva consigo as paixões e as virtudes próprias de sua natureza. Retorna ao Plano Espiritual para se aperfeiçoar ou permanecer estacionário até que deseje se esclarecer. Muitos desencarnam levando consigo grandes ódios e desejos de vinganças que não puderam executar. Os que estão mais evoluídos conseguem perceber uma parte da verdade. Compreendem, então, os efeitos danosos de suas paixões e procuram se melhorar, reconhecendo que para chegar até Deus só existe um caminho: *a caridade*. Porém, não existe caridade sem o esquecimento das ofensas e das injúrias, não existe caridade com ódio no coração, e não existe caridade sem perdão.

Então, com um esforço muito grande, eles olham aqueles a quem odiaram na Terra, e essa visão desperta seu rancor. A ideia de perdoar e amar aqueles que destruíram, talvez, sua fortuna, sua honra, sua família, lhes revolta. Assim, o coração desses infelizes está abalado. Eles hesitam, vacilam, agitados por sentimentos contrários. Uma vez que o Espírito toma a decisão de encarnar entre inimigos de vidas passadas, ele roga a Deus e aos bons Espíritos auxílio para enfrentar e vencer a prova.

Após anos de meditação e prece, o Espírito aproveita-se de um corpo que está em preparo e pede aos Espíritos encarregados de transmitir as ordens superiores, permissão para reencarnar na família daquele a quem detestou. Realizará, na Terra, o destino daquele corpo que acaba de se formar. Qual será, então, a sua conduta nessa família? Ela dependerá da maior ou menor persistência em cumprir as resoluções tomadas antes de reencarnar. O contato incessante com aqueles a quem odiou é uma prova terrível, e muitas vezes o Espírito fracassa se não tiver uma vontade bastante forte. Desse modo, conforme prevaleçam ou não as boas decisões que tomou, ele será amigo ou permanecerá inimigo daqueles em cujo meio veio viver. É desse modo que se explicam os ódios, as repulsas instintivas que se notam em certas crianças e que nenhum ato anterior consegue justificar. Para compreender essa antipatia é necessário voltar os olhos ao passado, pois não existe nenhum fato, nessa nova existência, que possa explicá-la.

Espíritas! Compreendam o grande papel da Humanidade, compreendam que quando se gera um corpo, a alma que nele reencarna vem do Plano Espiritual para progredir. Cumpram com os seus deveres e façam o que for possível para aproximar essa alma de Deus, mas façam com muito amor. Esta é a missão que foi confiada a vocês, e serão recompensados se a cumprirem fielmente. Os cuidados, a educação que vão lhe dispensar, ajudarão no seu aperfeiçoamento e no seu bem-estar futuro. A cada pai e a cada mãe, Deus perguntará: "O que fizeram do filho que lhes foi confiado?". Se permaneceu atrasado por culpa de vocês, seu castigo será vê-lo entre os Espíritos sofredores, pois sua felicidade dependia da dedicação que dispensariam a ele. Então, atormentados pelo remorso, pedirão uma oportunidade para repararem a falta. Solicitarão uma nova encarnação para ambos, na qual irão criá-lo com o maior cuidado, e ele, cheio de reconhecimento, irá retribuí-los com o seu amor.

Não rejeitem, portanto, o filho que no berço repele a mãe, nem aquele que só sabe pagar com a ingratidão o que recebe. Não foi o acaso que o fez assim, como também não foi o acaso que o enviou para que dele cuidassem. É o passado que está se revelando e, através dele, podem deduzir que um ou outro já odiou muito ou foi muito ofendido. Que um ou outro veio para perdoar, ou para expiar as desavenças de vidas anteriores. Mães! Abracem o filho que lhes causa desgosto e digam para vocês mesmas: *"Um de nós é culpado"*. Façam por merecer os prazeres da maternidade, ensinando a seus filhos que eles estão na Terra para se aperfeiçoar e para aprender a amar. Muitas mães, em vez de combaterem pela educação, os maus princípios de nascença provenientes de existências anteriores, mantêm e desenvolvem esses mesmos princípios, por serem fracas no agir ou por serem negligentes. Mais tarde, com o coração amargurado pela ingratidão dos filhos, sofrerão, já nesta vida, o começo de suas expiações.

A tarefa não é tão difícil quanto podem pensar, pois ela não exige cultura. Tanto o ignorante quanto o sábio podem cumpri-la. O Espiritismo vem facilitá-la, ensinando-nos a causa das imperfeições humanas.

Desde o nascimento, a criança manifesta os instintos bons ou maus que traz de suas existências anteriores. É preciso aplicar-se em estudá-los. Todos os males têm origem no egoísmo e no orgulho. Cabe aos pais observar e combater os menores sinais de manifestação desses vícios, sem esperar que criem raízes profundas. Façam como o bom jardineiro, que arranca os brotos daninhos à medida que os vê aparecerem na árvore. Se deixarem que o egoísmo e o orgulho se desenvolvam, não se espantem, mais tarde, se forem pagos com a ingratidão.

Quando os pais fazem tudo o que podem para o adiantamento moral dos filhos, e ainda assim não alcançam êxito, suas consciências devem ficar tranquilas e o desgosto que sentem por verem todos os seus esforços fracassados é natural. Deus lhes reserva uma imensa consolação, na certeza de que isso é apenas um atraso momentâneo desse Espírito. Será permitido aos pais terminarem, em uma outra existência, a obra começada nessa, e um dia o filho ingrato os recompensará com seu amor *(veja, nesta obra, cap. 13:19)*.

Deus não dá a prova acima das forças daquele que a pede. Ele apenas permite aquelas que podem ser cumpridas. Se fracassamos, não é por falta de condições, mas por falta de vontade. Existem muitos que em vez de resistirem aos maus pensamentos, neles se comprazem. É para esses que estão reservados o choro e os sofrimentos em existências posteriores. Admirem, portanto, a bondade de Deus, que nunca fecha as portas ao arrependimento.

Chegará o dia em que o culpado, cansado de sofrer, com seu orgulho dominado, pedirá ajuda. Só então Deus abrirá Seus braços paternais para o ***filho pródigo***, que se lançará a Seus pés. *As grandes provações, quando aceitas com o pensamento em Deus, quase sempre indicam o fim de um sofrimento e, por consequência, um aperfeiçoamento para o Espírito.* É um momento supremo, e o Espírito não deve se lamentar se não quiser perder o fruto da prova e ter que recomeçá-la. Em vez de reclamarem, agradeçam a Deus pela oportunidade de poderem vencer e receber o prêmio pela vitória. Quando saírem da vida terrena e entrarem no Mundo dos Espíritos, serão aclamados como o soldado que sai vitorioso da batalha.

As provas mais difíceis são aquelas que afetam o coração. Existem aqueles que suportam com coragem a miséria e as privações materiais, mas abatem-se ao peso das amarguras domésticas, atormentados pela ingratidão dos seus. Que angústia terrível! Nesses casos, mais que o conhecimento das causas do mal, a certeza de que não existem sofrimentos eternos é que ajuda a reerguer a coragem moral, porque Deus não quer que Sua criatura sofra para sempre. O que pode existir de mais consolador e encorajador do que saberem que depende apenas de seus próprios esforços abreviar o sofrimento, destruindo em vocês mesmos as causas do mal? Para isso, não poderão observar apenas uma existência terrena; será necessário elevarem-se a ponto de abrangerem a percepção do passado e do futuro. Então, a Justiça infinita de Deus se revelará aos seus olhos e passarão a encarar a vida com paciência, pois terão a explicação do que parecia uma monstruosidade na Terra; as feridas que suportaram parecerão arranhões. Olhando para o conjunto das várias existências, os laços de família aparecem como realmente são. Já não são mais os laços frágeis da matéria que reúnem os seus membros, mas sim, os laços duráveis do Espírito que se perpetuam, se consolidam e se purificam, em vez de se romperem pelo efeito da reencarnação.

Os Espíritos que buscam o progresso moral e possuem semelhanças de gostos e afeições, reúnem-se, formando famílias. Esses Espíritos, quando retornam à Terra, procuram se agrupar como faziam no Mundo Espiritual, dando origem a famílias unidas e homogêneas. Se nas suas idas e vindas ficarem temporariamente separados, mais tarde eles se reencontram e ficam felizes pelos novos progressos realizados. Entretanto, como não devem trabalhar apenas para si mesmos, Deus permite que Espíritos mais atrasados venham encarnar-se entre eles, a fim de receberem conselhos e bons exemplos para progredirem. Esses Espíritos atrasados, geralmente, causam perturbações no ambiente dos Espíritos mais evoluídos, o que constitui, para estes, uma prova a ser suportada. Portanto, acolham e os ajudem como irmãos, e mais tarde, no mundo dos Espíritos, a família se alegrará por ter salvo alguns náufragos, que, por sua vez, poderão salvar outros.

Comentários

5 – Perder o Espírito – Na época de Jesus, essa expressão significava "estar louco".

9 – A Parábola do filho pródigo – (ver cap. 7.10).

CAPÍTULO

15

FORA DA CARIDADE NÃO HÁ SALVAÇÃO

• O QUE É PRECISO PARA SER SALVO – PARÁBOLA DO BOM SAMARITANO
• O MANDAMENTO MAIOR
• NECESSIDADE DA CARIDADE SEGUNDO O APÓSTOLO PAULO
• FORA DA IGREJA NÃO HÁ SALVAÇÃO • FORA DA VERDADE NÃO HÁ SALVAÇÃO

Instruções dos Espíritos:

• Fora da caridade não há salvação

O QUE É PRECISO PARA SER SALVO – PARÁBOLA DO BOM SAMARITANO

1 – *Quando Jesus vier acompanhado de todos os anjos, irá sentar-se no trono de Sua glória. E quando todas as nações estiverem reunidas Ele irá separar os homens uns dos outros, como o pastor separa as ovelhas dos cabritos. Ele colocará as ovelhas à Sua direita e os cabritos à Sua esquerda.*

Então, Jesus dirá para aqueles que estiverem à Sua direita: "Venham, abençoados de Meu Pai, tomem posse do Reino que foi preparado para vocês desde o início do mundo. Porque Eu tive fome e Me deram de comer, tive sede e Me deram de beber, tive necessidade de abrigo e Me abrigaram, estive nu e Me vestiram, estive doente e foram Me visitar, estive na prisão e foram Me ver".

Os justos, então, vão perguntar a Jesus: "Senhor, quando foi que O vimos com fome, com sede, sem abrigo, sem roupas, doente ou na prisão e Lhe oferecemos assistência?". E Jesus responderá: "Em verdade, Eu digo a vocês que todas as vezes que fizeram isso a um desses pequeninos, foi a Mim mesmo que o fizeram".

Ele dirá, em seguida, aos que estiverem à Sua esquerda: "Malditos, afastem-se para longe de Mim; vão para o fogo eterno que foi preparado para o diabo e todos os seus seguidores. Pois tive fome e não Me deram de comer, tive sede e não Me deram de beber, tive necessidade de abrigo e não Me abrigaram, estive nu e não Me vestiram, estive doente e na prisão e não foram Me visitar".

Então, eles também vão perguntar a Jesus: "Senhor, quando foi que O vimos com fome, com sede, sem abrigo, sem roupas, doente, ou na prisão e não Lhe oferecemos assistência?". E Jesus Lhes responderá: "Em verdade, Eu digo a vocês que todas as vezes que deixaram de dar assistência a um desses pequeninos, foi a Mim mesmo que deixaram de assistir. Vocês irão para o castigo eterno e os justos para a vida eterna" (Mateus, 25:31 a 46).

2 – *Eis que um doutor da Lei levantou-se e disse, para tentá-lo: "Mestre, o que devo fazer para receber como herança a vida eterna?". E Jesus respondeu: "O que é que está escrito na Lei? Como você consegue interpretá-la?". E ele respondeu: "Devo amar o Senhor meu Deus, de todo o meu coração, com toda minha força, e com todo o meu entendimento, e o meu próximo como a mim mesmo". E Jesus disse: "Respondeu muito bem, faça isso e você viverá". Mas o doutor da Lei, querendo justificar-se, perguntou a Jesus: "E quem é o meu próximo?". E Jesus, tomando a palavra disse:*

"Um homem, que descia de Jerusalém a Jericó, foi assaltado por ladrões que o despojaram de tudo e ainda cobriram-no de feridas, deixando-o quase morto. Um sacerdote, que descia pelo mesmo caminho, quando viu o homem, tratou de passar bem longe. Um levita, que vinha mais atrás, ao ver o homem caído, também passou longe. Mas um samaritano, ao passar por onde o homem estava caído, foi tomado de compaixão. Aproximou-se dele, passou azeite e vinho em suas feridas e depois as enfaixou. Colocou o homem sobre o seu cavalo, levou-o a uma hospedaria e cuidou dele. No dia seguinte, tirou duas moedas de prata e deu ao hospedeiro dizendo: 'Cuide bem desse homem, e tudo o que você gastar a mais, eu lhe pagarei quando retornar'. Qual dos três, a seu ver, parece ter sido o próximo daquele que foi assaltado? E o doutor Lhe respondeu: 'Aquele que teve misericórdia para com ele'. 'Vá', disse Jesus, 'e faça o mesmo' (Lucas, 10:25 a 37).

3 – Toda moral de Jesus se resume na caridade e na humildade, ou seja, nas duas virtudes contrárias ao orgulho e ao egoísmo. Em todos os ensinamentos, Ele aponta essas duas virtudes, caridade e humildade, como sendo o caminho para a felicidade eterna. Jesus disse: "Bem-aventurados os pobres de espírito, ou seja, os humildes, porque é deles o Reino dos Céus, bem-aventurados os que têm puro o coração, bem-aventurados os que são mansos e pacíficos, bem-aventurados os que são misericordiosos. Amem o próximo como a vocês mesmos, façam aos outros o que gostariam que os outros fizessem por vocês, respeitem os inimigos, perdoem as ofensas se quiserem ser perdoados, façam o bem sem ostentação, julguem-se a si mesmos antes de julgarem os outros".

Humildade e caridade, eis o que Jesus não cansa de recomendar e dar o exemplo. Orgulho e egoísmo, eis o que Ele não cansa de combater. Jesus faz mais do que recomendar a caridade; Ele coloca, de maneira bem clara, que a caridade é a única condição para se alcançar a felicidade.

No quadro em que Jesus nos apresenta o Juízo Final é necessário separar o que é apenas linguagem figurada. Ele falava a homens incapazes de compreender as questões puramente Espirituais, por isso, devia apresentar imagens materiais surpreendentes e capazes de impressioná-los. Para que essas imagens fossem aceitas, quanto à forma como eram apresentadas, elas não podiam se afastar muito das ideias da época. Jesus reservou para o futuro a verdadeira interpretação de Suas palavras e dos pontos sobre os quais não podia explicar claramente. Entretanto, ao lado da linguagem figurada do quadro que fez sobre o Juízo Final, existe uma ideia dominante: a da felicidade reservada ao justo e a da infelicidade reservada ao mau.

Nesse julgamento Divino, o que realmente está sendo levado em consideração? O juiz não procura saber se a pessoa preencheu esta ou aquela formalidade, se observou as práticas exteriores, se frequentou essa ou aquela religião. Pergunta apenas se a caridade foi praticada e se pronuncia dizendo: "Passem à direita, vocês que deram assistência a seus irmãos, e passem à esquerda, vocês que foram duros para com eles". O juiz não pergunta sobre a fidelidade aos princípios da fé. Não faz distinção entre os que creem de um modo e os que creem de outro. Jesus coloca o samaritano, contrário aos dogmas da religião, mas que possui amor ao próximo, acima do sacerdote fiel aos princípios da fé, mas que falta com a caridade. Ele não coloca a caridade apenas como uma das condições para a salvação, e sim como a condição única. Se houvesse outras a serem consideradas, Ele as teria mencionado. Se Jesus coloca a caridade como a primeira das virtudes, é porque ela contém, implicitamente, todas as outras: a humildade, a mansidão, a bondade, a indulgência, a justiça etc. e, também, porque a caridade é totalmente oposta ao orgulho e ao egoísmo.

O MANDAMENTO MAIOR

4 – *Os fariseus, quando viram que Jesus tinha feito os saduceus se calarem, reuniram-se em conselho e um deles, que era doutor da Lei, fez a seguinte pergunta para tentá-Lo: "Mestre, qual é o maior mandamento da Lei?". E Jesus respondeu: "Você deve amar o Senhor seu Deus de todo o seu coração, com toda sua força e de todo seu entendimento. Esse é o primeiro e o maior mandamento. E eis o segundo mandamento, que é semelhante ao primeiro: Você deve amar o seu próximo como a si mesmo". Toda Lei e os Profetas estão contidos nesses dois mandamentos (Mateus, 22:34 a 40).*

5 – Caridade e humildade, eis o único caminho para a salvação; egoísmo e orgulho, eis o caminho da perdição. Esse ensinamento está resumido nessas palavras: *Você deve amar a Deus com toda sua força e a seu próximo como a si mesmo. Toda Lei e os Profetas estão contidos nesses dois mandamentos.*

Para que não houvesse dúvidas na interpretação do amor a Deus e ao próximo, Jesus acrescentou: *"Eis o segundo mandamento, que é semelhante ao primeiro"*, isto é: não se pode amar verdadeiramente a Deus sem amar o próximo, nem amar o próximo sem amar a Deus. Assim, tudo o que se faz contra o próximo se faz contra Deus. Não podemos amar a Deus sem praticar a caridade para com o próximo. Todos os deveres do homem se encontram resumidos nesse ensinamento moral: *"Fora da caridade não há salvação"*.

NECESSIDADE DA CARIDADE SEGUNDO O APÓSTOLO PAULO

6 – *Ainda que eu falasse todas as línguas dos homens e até mesmo à língua dos anjos, se não tiver caridade, sou apenas um metal que produz som e um sino que toca. Ainda que eu tivesse o dom de profetizar e conhecer todos os mistérios, e tivesse um perfeito conhecimento de todas as coisas, e ainda que tivesse toda fé possível, capaz de transportar montanhas,* ***se não tiver caridade, nada serei****. E se tivesse distribuído meus bens para alimentar os pobres, e entregado meu corpo para ser queimado, se não tiver caridade, tudo isso de nada me serviria.*

A caridade é paciente, é doce e benigna, não é invejosa, não é afoita, nem precipitada. Não se enche de orgulho, não despreza ninguém, não procura seus próprios interesses, não se vangloria, nem se irrita com nada. A caridade também não faz julgamentos precipitados, não se alegra com a injustiça, e sim com a verdade. Ela tudo suporta, tudo crê, tudo espera e tudo sofre.

Entre essas três virtudes: a fé, a esperança e a caridade, a maior delas é a caridade (Paulo, 1ª carta aos Coríntios, 13:1 a 7,13).

7 – O apóstolo Paulo compreendeu tão claramente essa grande verdade que disse: *"Ainda que eu falasse a língua dos anjos, ainda que eu tivesse o dom de profetizar e conhecer todos os mistérios, e ainda que tivesse toda fé possível, capaz de transportar montanhas, se não tiver caridade, nada serei. Dentre essas três virtudes: A fé, a esperança e a caridade, a mais excelente é a caridade"*. O apóstolo Paulo coloca dessa forma, com muita clareza, a virtude da caridade até mesmo acima da fé. É porque a caridade está ao alcance de todos, do ignorante ao sábio, do rico ao pobre, e é independente de toda e qualquer crença particular. E vai mais longe: definiu a verdadeira caridade e mostrou-a não apenas na beneficência, mas na reunião de todas as qualidades do coração, na bondade e na benevolência para com o próximo.

FORA DA IGREJA NÃO HÁ SALVAÇÃO

8 – Enquanto que o ensinamento moral *"Fora da caridade não há salvação"* se apoia em um princípio universal e abre a todos os filhos de Deus o acesso à felicidade suprema, o dogma *"Fora da Igreja não há salvação"* apoia-se numa fé especial, com dogmas particulares criados pela própria Igreja. Também não leva em consideração a fé fundamental em Deus e a imortalidade da alma, que é comum a todas as religiões. Essa afirmação, além de ser separatista, não aceita contestações.

Esse dogma, em vez de unir os filhos de Deus, os divide. Em vez de estimulá-los ao amor fraterno, mantém e estimula o rancor entre os seguidores de diferentes cultos, que passam a se considerar inimigos eternos, ainda que sejam parentes ou amigos nesse mundo. Desprezando a grande Lei da Igualdade diante da morte, separa os filhos de Deus até mesmo no cemitério. O ensinamento moral *"Fora da caridade não há salvação"* consagra o princípio da igualdade perante Deus e da liberdade de consciência, tendo como ponto de partida que todos os homens são irmãos, seja qual for sua maneira de adorar o Criador. Assim, eles se dão as mãos e oram uns pelos outros. Com o dogma *"Fora da Igreja não há salvação"*, eles se amaldiçoam e se perseguem mutuamente, vivendo como inimigos. O pai não ora mais pelo filho, nem o filho pelo pai, nem o amigo pelo amigo, pois julgam-se reciprocamente condenados para sempre. Esse dogma da Igreja é essencialmente contrário aos ensinamentos do Cristo e da Lei Evangélica.

FORA DA VERDADE NÃO HÁ SALVAÇÃO

9 – *Fora da verdade não há salvação* equivale a dizer *"Fora da Igreja não há salvação"*. Essa afirmação é também exclusivista, pois não existe uma única seita que não pretenda ter o privilégio da verdade. Qual o homem que pode vangloriar-se de possuí-la por inteiro, quando o conhecimento cresce sem parar e as ideias evoluem diariamente? A verdade absoluta é acessível somente aos Espíritos de ordem superior, e a Humanidade terrena não pode pretendê-la, porque não lhe é permitido saber tudo. Ela pode apenas conhecer uma verdade relativa e proporcional ao seu adiantamento. Se a posse da verdade absoluta fosse a condição única para a felicidade futura, Deus teria estabelecido uma sentença de exclusão geral, pois ninguém a consegue atingir, ao passo que a caridade, até mesmo no seu sentido mais amplo, pode ser praticada por todos. O Espiritismo, de acordo com o Evangelho, entende que todos podem ser salvos, independentemente da crença que possuam, desde que observem a Lei de Deus. Portanto, o Espiritismo não diz: *"Fora do Espiritismo não há salvação"*, e, como ele não pretende ainda ensinar toda a verdade, também não diz: *"Fora da verdade não há salvação"*, o que dividiria os irmãos em vez de uni-los, tornando eternas as rivalidades.

Instruções dos Espíritos

FORA DA CARIDADE NÃO HÁ SALVAÇÃO

Paulo, apóstolo – Paris, 1860.

10 – Meus filhos, *"Fora da caridade não há salvação"* é o ensinamento moral, responsável pelo destino dos homens, tanto na Terra quanto no Céu. Na Terra, porque ao praticar a caridade viverão em paz; no Céu, porque aqueles que a praticaram na Terra serão recompensados pelo Senhor. O ensinamento *"Fora da caridade não há salvação"* é a luz Celeste que guia o homem no deserto da vida para conduzi-lo à Terra Prometida. Ele brilha no Céu e ilumina a fronte dos eleitos. Esse ensinamento, na Terra, está gravado no coração daqueles a quem Jesus dirá: *"Passem à direita, abençoados de Meu Pai"*. Vocês os reconhecerão pelo perfume de caridade que exalam em torno de si. Nada exprime melhor o pensamento de Jesus, nada resume melhor os deveres do homem, do que esse ensinamento moral de ordem Divina.

O Espiritismo não poderia encontrar melhor maneira de provar a sua origem do que ter, como regra, o ensinamento *"Fora da caridade não há salvação"*, pois ele é o reflexo do mais puro Cristianismo e, com esta orientação, o homem jamais se perderá. Dediquem-se, meus amigos, a compreender o profundo significado desse ensinamento, e também suas consequências, procurando aplicá-los em si mesmos. Deixem que a caridade controle todas as suas ações, pois ela além de impedi-los de fazer o mal, vai levá-los a fazer o bem. Não basta uma virtude passiva; é preciso uma virtude ativa. Para fazer o bem, é preciso sempre a ação da vontade. Para fazer o mal, basta, apenas, não fazer nada e ficar indiferente às coisas que acontecem.

Agradeçam a Deus, meus amigos, que permitiu a vocês desfrutarem da luz do Espiritismo. Não é só porque os que possuem conhecimento Espiritual podem salvar-se, mas porque o Espiritismo ajuda-os a compreender melhor os ensinamentos do Cristo e faz com que vocês se tornem melhores cristãos. Que os irmãos que observarem vocês possam dizer que o verdadeiro espírita e o verdadeiro cristão são a mesma coisa. Assim, todos aqueles que praticam a caridade são discípulos de Jesus, independentemente da religião a que pertençam.

Comentário

6 – Se não tiver caridade, nada serei – Nesta afirmação, o apóstolo Paulo exalta a caridade como sendo a *MAIOR de todas as virtudes*; porque, para ser caridoso, é preciso possuir *TODAS as outras virtudes*. Daí provém o ensinamento: " Fora da caridade não há salvação" .

CAPÍTULO

16

NÃO SE PODE SERVIR A DEUS E A MAMON

• Salvação dos ricos
• Resguardar-se da avareza • Jesus na casa de Zaqueu
• Parábola do mau rico • Parábola dos talentos
• Utilidade providencial da riqueza – Provas da riqueza e da miséria
• Desigualdade das riquezas

Instruções dos Espíritos:

• A verdadeira propriedade
• Emprego da riqueza • Desprendimento dos bens terrenos
• Transmissão da riqueza

SALVAÇÃO DOS RICOS

1 – *Ninguém pode servir a dois senhores porque, ou ele vai odiar a um e amar o outro, ou vai se afeiçoar a um e desprezar o outro. Não se pode servir ao mesmo tempo a Deus e a **Mamon** (Lucas, 16:13).*

2 – *Um jovem aproximou-se de Jesus e perguntou: "Bom Mestre, o que devo fazer para alcançar a vida eterna?". E Jesus lhe respondeu: "Por que você Me chama de bom? Só Deus é bom. Se você quer alcançar a vida eterna, siga os mandamentos". "Que mandamentos?" , perguntou o jovem. E Jesus respondeu: "Não matar, não cometer adultério, não roubar, não prestar falso testemunho, honrar o pai e a mãe, e amar o próximo como a si mesmo". O jovem, então, replicou: "Sigo todos esses mandamentos desde que cheguei à mocidade, o que ainda me falta?". E Jesus respondeu: "Se você quer alcançar a vida eterna, venda tudo o que tem e dê aos pobres, e então receberá um tesouro no Céu, depois venha e Me siga". Porém, o jovem, ouvindo essas palavras, retirou-se, muito triste, porque possuía muitos bens. Então, Jesus disse a Seus discípulos: "Em verdade, Eu digo a vocês que é bem difícil um rico entrar no*

Reino dos Céus". E acrescentou: "É mais fácil um ***camelo*** *passar pelo buraco de uma agulha, do que um rico entrar no Reino dos Céus" (Mateus, 19:16 a 24; Lucas, 18: 18 a 25; Marcos, 10: 17 a 25).*

RESGUARDAR-SE DA AVAREZA

3 – *No meio da multidão, um homem disse a Jesus: "Mestre, ordena a meu irmão que divida comigo a herança que recebemos". E Jesus lhe perguntou: "Homem, quem lhe disse que Eu sou juiz para fazer partilhas?". Depois acrescentou: "Tenha cuidado para não ser avarento, porque a nossa vida não dependerá da abundância dos bens que possuímos".*

Jesus depois lhe contou essa parábola: "Existia um homem rico, cujas terras haviam produzido muito, e esse homem pensava consigo mesmo: O que farei? Não tenho lugar para guardar tudo o que vou colher. Já sei, pensou ele: derrubarei os meus celeiros e construirei outros maiores ainda, onde colocarei toda minha colheita e todos os meus bens, e então direi a minha alma: você tem agora muitos bens de reserva que irão durar anos. Descanse, coma, beba, divirta-se". Porém, Deus, nesse mesmo instante, disse a esse homem: "Como você é insensato! Sua alma será arrebatada ainda esta noite, e para quem ficará tudo o que acumulou?".

"O mesmo acontece com aquele que guarda tesouros para si mesmo, mas não é rico perante Deus" (Lucas, 12:13 a 21).

JESUS NA CASA DE ZAQUEU

4 – *Jesus entrou em Jericó e atravessou a cidade. Lá existia um homem muito rico chamado Zaqueu, que era chefe dos publicanos. Zaqueu queria encontrar Jesus para conhecê-Lo, mas não conseguia devido à multidão e à sua baixa estatura. Assim, correu na frente e subiu em uma grande árvore para vê-Lo, pois Ele deveria passar por ali. Quando Jesus chegou, levantou os olhos e, vendo Zaqueu, disse-lhe: "Desça daí, depressa, pois preciso ficar, hoje, em sua casa". Zaqueu desceu, rápido, e O recebeu com alegria. Vendo isso, todos murmuraram, dizendo: "Ele vai se hospedar na casa de um homem de má conduta" (ver, na Introdução desta obra: Publicanos).*

Entretanto, Zaqueu apresentou-se diante de Jesus e Lhe disse: "Senhor, dou a metade dos meus bens aos pobres, e, se fiz o mal a quem quer que seja, pago-lhe quatro vezes mais". E Jesus lhe respondeu: "Esta casa recebeu hoje a salvação, pois você também é filho de ***Abraão****. Porque Eu vim para procurar e salvar o que estava perdido" (Lucas, 19:1 a10).*

PARÁBOLA DO MAU RICO

5 – *Havia um homem muito rico que se vestia de* ***púrpura*** *e linho, e que se banqueteava todos os dias. Havia, também, um mendigo chamado Lázaro, deitado à sua porta, todo coberto de chagas e que desejava saciar-se com as migalhas que caíam da mesa do rico. Mas não lhe sobrava quase nada, e os cães ainda vinham lamber as suas feridas. O mendigo morreu e foi levado pelos anjos ao encontro de Abraão. O rico também morreu e foi para o inferno. Quando o rico estava no auge do seu sofrimento, elevou os olhos ao alto e viu de longe Abraão com Lázaro ao seu lado, e, aos gritos, disse: "Meu pai Abraão, tenha piedade de mim e mande Lázaro aqui, para que ele molhe a ponta de seu dedo na água e refresque minha sede, pois sofro muito nesse lugar"*

Porém, Abraão lhe respondeu: "Meu filho, você deve lembrar que recebeu seus bens em vida, enquanto Lázaro apenas recebeu migalhas. Por isso, ele está agora na consolação e você nos tormentos. Além disso, nesse momento, existe um grande abismo entre nós, pois aqueles que estão aqui não conseguem chegar até aí, e os que estão aí também não conseguem passar para o lado de cá".

Então o rico disse: "Eu lhe suplico, pai Abraão, para que envie Lázaro à casa de meu pai, onde tenho cinco irmãos, a fim de contar-lhes o quanto estou sofrendo, para que eles também não venham parar nesse lugar horrível". E Abraão lhe respondeu: "Eles já têm os ensinamentos de Moisés e dos Profetas, que eles sigam esses ensinamentos". "Meu pai Abraão", disse o rico, "se algum dos mortos for encontrá-los, eles se submeterão a sacrifícios a fim de resgatar os pecados que cometeram". Abraão lhe respondeu: "Se eles não ouvem nem a Moisés e nem aos Profetas, não acreditarão em mais nada, ainda que algum dos mortos ressuscite" (Lucas, 16:19 a 31).

PARÁBOLA DOS TALENTOS

6 – *O Senhor age como um homem que, tendo que fazer uma longa viagem para fora de seu país, chamou seus servidores e lhes entregou seus bens. Distribuiu seus* ***talentos*** *segundo a capacidade de cada um. Ao primeiro, deu cinco, ao segundo, dois e ao terceiro, somente um, e depois partiu. Aquele que recebeu cinco talentos negociou com o dinheiro e ganhou outros cinco. Aquele que havia recebido dois, também negociou e ganhou mais dois talentos. Porém, o servidor que recebeu apenas um talento, cavou um buraco na Terra e lá guardou o dinheiro de seu amo. Depois de muito tempo, o Senhor retornou da viagem e chamou seus servidores para que lhe prestassem contas. Aquele que recebeu cinco talentos, apresentou-se e disse: "Senhor, recebi cinco talentos e trago, além desses, outros cinco que ganhei". E o amo lhe disse: "Bom e fiel servidor, porque você foi fiel com pouca coisa, vou dar-lhe muito mais, venha e compartilhe da minha alegria". Aquele que recebeu dois talentos, também se apresentou e disse: "Senhor, recebi dois talentos e trago, além desses, outros dois que ganhei". E o amo lhe disse: "Bom e fiel servidor, porque você foi fiel com pouca coisa, vou dar-lhe muito mais, venha e compartilhe,* *também, da minha alegria". Aquele que tinha recebido apenas um talento apresentou-se em seguida e disse: "Senhor, sei o quanto é exigente e que colhe onde não semeou, por isso, com medo, escondi o talento na Terra, devolvo agora o que lhe pertence". Porém o amo lhe disse: "Servidor mau e preguiçoso, se você sabia que eu era exigente, deveria ter colocado meu dinheiro no banco, para que, após o meu retorno, eu pudesse retirar com juros o que me pertencia. Tirem dele o talento e deem ao servidor que possui dez talentos. Porque é preciso dar a todos os que têm e eles ficarão na abundância, mas daquele que nada tem, deve-se tirar até mesmo o que ele parece ter. Joguem, portanto, esse servidor inútil nas trevas, onde haverá prantos e ranger de dentes" (Mateus, 25:14 a 30).*

UTILIDADE PROVIDENCIAL DA RIQUEZA – PROVAS DA RIQUEZA E DA MISÉRIA

7 – Não podemos interpretar as palavras de Jesus ao pé da letra; precisamos entender o seu sentido; caso contrário, a riqueza se tornaria um obstáculo absoluto à salvação daquele que a possuísse. Deus não colocaria a riqueza na mão do homem, se ela fosse um instrumento inevitável de perdição; esse pensamento contraria a razão. A riqueza é, sem dúvida, uma prova muito arriscada, chegando a ser mais perigosa do que a miséria, em virtude das tentações que oferece e da fascinação que exerce. A riqueza também é o maior estimulante do orgulho, do egoísmo e da vida sensual. É o laço mais forte que prende o homem à Terra e desvia seus pensamentos do Céu. Causa tamanha perturbação, que vemos, frequentemente, aquele que passa da miséria à fortuna esquecer-se rapidamente de sua condição anterior. Esquece daqueles que foram seus companheiros e que o ajudaram, tornando-se insensível, egoísta e fútil. Embora a riqueza dificulte o caminho para o aperfeiçoamento, ela não o torna impossível e pode até vir a ser um meio de salvação na mão daquele que a souber utilizá-la. O mesmo ocorre com certos venenos que restabelecem a saúde, quando empregados de modo correto e com equilíbrio.

Quando Jesus responde ao jovem que O perguntava sobre os meios de alcançar a vida eterna: *"Você deve desfazer-se dos bens que possui e depois Me seguir"*, não pretendeu estabelecer como princípio absoluto que cada um se desfaça do que possui e que a salvação só se consegue a esse preço. Pretendeu, apenas, mostrar que o *apego aos bens terrenos* é um obstáculo à salvação. De fato, aquele jovem julgava-se sem dívidas para com a Lei, porque cumpria os mandamentos, mas recuou diante da ideia de vender seus bens e dar o dinheiro aos pobres. Seu desejo de alcançar a vida eterna não ia até o sacrifício de abandonar os bens que possuía.

A proposta de Jesus era uma questão decisiva, com objetivo de colocar às claras o verdadeiro pensamento do jovem. Ele podia, sem dúvida, ser um homem honesto perante o mundo, não fazer o mal a ninguém, não maldizer o seu próximo, não ser leviano nem orgulhoso, honrar o seu pai e a sua mãe. Porém, não possuía a verdadeira caridade no coração; sua virtude não chegava até a renúncia em favor do próximo. Nessa passagem, Jesus quis demonstrar a aplicação do princípio: *"Fora da caridade não há salvação"*.

Se as palavras de Jesus fossem levadas ao pé da letra, determinariam a *eliminação da riqueza*, por ser prejudicial à felicidade futura e por causar inúmeros males à Humanidade; determinariam, também, a condenação do trabalho, que pode proporcionar a riqueza. Estas consequências são absurdas, pois reconduziriam o homem à vida selvagem, e estariam em contradição com a Lei do Progresso, que é uma Lei de Deus.

Se a riqueza é a fonte de muitos males, se estimula tanto as paixões nocivas, se provoca tantos crimes, não é a ela que devemos culpar, e sim o homem que dela faz mau uso, assim como faz mau uso de todas as dádivas que recebe de Deus. Pelo abuso, o homem torna ruim o que poderia lhe ser útil. É a consequência do seu estado de inferioridade no mundo em que vive. Se a riqueza produzisse somente o mal, Deus não a teria colocado na Terra. Cabe ao homem utilizá-la somente para o bem. Se ela não é um componente direto do progresso moral, é, sem dúvida, um poderoso componente do progresso intelectual.

O homem tem por missão trabalhar pelo aprimoramento material do planeta. Deve cultivar, limpar e preparar a Terra para que ela receba, no futuro, toda a população que sua extensão comporta. Para alimentar a população, que está sempre crescendo, é preciso aumentar a produção de alimentos. Se a produção de um país não é suficiente, é preciso que ele busque os alimentos fora de seu território. Assim, as relações entre os povos tornam-se uma necessidade. Para que essas relações fiquem mais fáceis, é preciso eliminar os obstáculos materiais, tornar as comunicações mais rápidas. Para a execução dos grandes trabalhos, o homem teve que procurar material nas próprias entranhas da Terra. Procurou, na Ciência, os meios para que fossem executados com mais segurança e rapidez. A *necessidade* fez com que ele produzisse a riqueza e fez, também, com que ele descobrisse a Ciência. A atividade exigida por esses trabalhos aumenta e desenvolve a inteligência humana. A mesma inteligência, utilizada na satisfação de suas necessidades materiais, o ajudará, mais adiante, a compreender as grandes verdades morais. A riqueza é, portanto, o principal meio de realização das necessidades do homem. Sem ela, não haveria grandes empreendimentos, nem atividades, nem estímulos e nem pesquisas. É com razão que ela é considerada um fator de progresso.

DESIGUALDADE DAS RIQUEZAS

8 – A desigualdade das riquezas é um desses problemas que, inutilmente, se procura resolver quando se leva em conta apenas a vida atual. A primeira questão que se apresenta é esta: por que todos os homens não são igualmente ricos? Não o são por uma razão muito simples: *é porque eles não são igualmente inteligentes, participativos e trabalhadores para adquirir os bens, nem igualmente moderados e previdentes para conservá-los*. Está matematicamente demonstrado que, se a riqueza fosse igualmente repartida, caberia a cada um uma parte mínima e insuficiente. Imaginado-se que essa divisão pudesse ser feita, o equilíbrio seria rompido em pouco tempo, porque as pessoas possuem capacidades e aptidões diferentes entre si. Supondo-se que essa divisão, além de ser feita, se mantivesse ao longo do tempo, o resultado seria a interrupção das grandes obras que contribuem para o progresso e o bem-estar da Humanidade. O homem, ao perceber que já possui o necessário, sentir-se-ia desestimulado às grandes descobertas e aos empreendimentos úteis. Se Deus concentra a riqueza em certos pontos, é para que ela dali se distribua em quantidade suficiente, segundo as necessidades de cada um.

Ao se admitir isso, pergunta-se: por que Deus concede a riqueza para pessoas incapazes de fazê-la frutificar para o bem de todos? Ainda aí está uma prova da sabedoria e da bondade de Deus. Ao dar ao homem a liberdade de agir, Deus quis que ele chegasse, pela própria experiência, a distinguir o bem do mal, e que a prática do bem fosse o resultado de seus esforços, e de sua própria vontade. O homem não deve ser conduzido, de maneira definitiva, nem para o bem, nem para o mal, porque então ele seria, a exemplo dos animais, apenas um ser passivo e sem responsabilidade. A riqueza é um meio de colocá-lo à prova, moralmente. Mas como ela é também um poderoso meio de ação para o progresso, Deus não quer que ela fique muito tempo improdutiva, e é por isso que Ele *a transfere incessantemente*. Todos devem possuí-la para apreender a utilizá-la e demonstrar que sabem fazer bom uso dela. Mas é materialmente impossível que todos a possuam ao mesmo tempo. Se todos fossem ricos, ninguém trabalharia, e o progresso da Terra ficaria prejudicado. É por essa razão que *cada um a possui por sua vez*. Assim, quem não possui a riqueza hoje é porque já a possuiu antes, ou a possuirá em uma próxima existência, e quem a tem hoje poderá perdê-la amanhã. Existem ricos e pobres porque Deus, sendo justo como é, determina que cada um trabalhe por sua vez. A carência é para uns a prova da paciência e da resignação; a riqueza é, para outros, a prova da caridade e da abnegação.

É com razão que se lamenta o uso que algumas pessoas fazem de suas riquezas; são vergonhosas as paixões que a ambição provoca. Então, se pergunta: Deus é justo dando a riqueza a tais pessoas? É claro que, se o homem tivesse apenas uma existência, nada justificaria tal repartição dos bens terrenos. Entretanto, se em vez do homem limitar sua visão à vida presente, considerar o conjunto das existências, percebe que tudo se equilibra com justiça. Assim, o pobre não tem motivos para acusar a Providência, nem para invejar os ricos, nem os ricos têm motivos para se vangloriarem do que possuem. Se eles abusam da riqueza, não será com decretos nem com Leis que limitem o uso do luxo e do supérfluo que se diminuirá o mal. As leis podem, momentaneamente, modificar as aparências, mas não podem modificar a essência do sentimento humano. É por isso que essas Leis têm apenas uma duração temporária e são sempre recebidas com uma certa revolta. A origem do mal está no egoísmo e no orgulho. Os abusos de toda espécie cessarão por si mesmos, quando os homens se conduzirem pela Lei da Caridade.

Instruções dos Espíritos

A VERDADEIRA PROPRIEDADE

Pascal – Genebra, 1860.

9 – O homem, na verdade, só é proprietário daquilo que ele pode levar deste mundo. Das coisas que ele encontra ao chegar e do que ele deixa ao partir, só as usufrui durante o período que permanece na Terra. Ao desencarnar, o homem é forçado a abandonar tudo, por isso, apenas usufrui de seus bens enquanto estiver na Terra. Assim, não tem sobre eles a posse verdadeira. Do que, então, ele é proprietário? Nada do que se destina ao uso do corpo e tudo o que se destina ao uso da alma: a inteligência, os conhecimentos e as qualidades morais, é isso o que ele traz e leva consigo. Esses valores ninguém poderá lhe retirar e terão muito mais utilidade no Mundo Espiritual do que neste. Então, dependerá somente do homem estar mais rico ao partir do que quando chegou a este mundo, pois sua posição futura será o resultado do que tiver adquirido em bens morais. Quando um homem viaja para um país distante, arruma sua bagagem com os objetos que terão serventia naquele país e não leva os que não lhe serão úteis. Façam o mesmo em relação à *vida futura* e carreguem tudo o que lá poderá servi-los.

O viajante que chega a uma estalagem receberá um bom alojamento, se puder pagar. Aquele que pouco possui, vai receber acomodações menos agradáveis. Aquele que nada tem, será deixado ao relento. O mesmo acontece com o homem quando retorna ao Mundo dos Espíritos. O lugar para onde ele irá depende de suas posses morais e não será com ouro que ele poderá pagá-lo. Ninguém lhe perguntará: Quanto você tinha na Terra? Que posição social ocupava? Você era príncipe ou operário? Mas lhe será perguntado: O que você traz consigo? Não será levado em conta nem o valor de seus bens nem os seus títulos, mas sim a soma de suas virtudes. Portanto, é desse modo que o operário poderá ser mais rico que o príncipe. Em vão o homem poderá alegar que, antes de partir, pagou com ouro a sua entrada no Céu, pois terá como resposta: Aqui os lugares não são comprados, são conquistados pela prática do bem. Com a moeda terrestre, você pôde comprar campos, casas, palácios, porém, aqui, tudo é pago com as qualidades da alma. Se você é rico dessas qualidades, seja bem-vindo e ocupe a primeira fila, onde todas as felicidades o esperam. Se não as possui, vá para os últimos lugares, onde o tratarão de acordo com suas posses.

M., Espírito Protetor
Bruxelas, 1861.

10 – Os bens da Terra pertencem a Deus, que os distribui de acordo com a Sua vontade. O homem, sendo um administrador mais ou menos íntegro e inteligente, apenas usufrui desses bens sem ter sobre eles a posse. Esses bens não constituem propriedade individual do homem e Deus, frequentemente, frustra todas as previsões, fazendo com que a riqueza escape daquele que acreditava ter sobre ela todos os direitos.

Podemos pensar que isso só acontece em relação aos bens herdados, e não em relação à riqueza adquirida pelo trabalho. Sem dúvida, se existe *riqueza legítima*, é aquela que foi adquirida honestamente *e que, para possuí-la, não se prejudicou ninguém*. Serão exigidas rigorosas contas de todo dinheiro ganho com o prejuízo de alguém. O homem que conquistou a riqueza por si mesmo não terá vantagem alguma ao morrer, e são, muitas vezes, inúteis os cuidados que ele toma para transmiti-la a seus descendentes. Se Deus não quer que ela seja transmitida, nada poderá prevalecer sobre a Sua vontade.

Pode o homem usar e abusar de sua riqueza, impunemente, sem ter que prestar contas? Não, pois ao permitir sua posse, Deus talvez quisesse recompensá-lo por seus esforços, sua coragem e sua perseverança nesta vida. Se ele utilizar a riqueza somente para satisfazer os seus desejos e o seu orgulho, ela se tornará um motivo de queda em suas mãos e melhor teria sido, para ele, não a ter possuído. Nesse caso, além de perder o que ganhou, ele mesmo anula o mérito do seu trabalho. Quando deixar a Terra, Deus lhe dirá: "Você já recebeu a sua recompensa".

EMPREGO DA RIQUEZA

Cheverus – Bordeaux, 1861.

11 – *Não se pode servir a Deus e a Mamon*. Guardem bem isso, vocês que são dominados pelo amor ao ouro e que venderiam suas almas para possuir tesouros, pois eles os colocariam acima dos outros homens e dariam os prazeres das paixões. *Não, não se pode servir a Deus e a Mamon!* Se a alma de vocês está dominada pela ambição da carne, procurem se apressar para se libertarem desse domínio que os oprime, porque Deus, justo e severo, Lhes dirá: "O que fizeram, administradores infiéis, com os bens que Eu confiei a vocês? Empregaram esse poderoso instrumento de boas obras apenas para satisfazer os seus desejos pessoais".

Qual é, então, o melhor emprego que se pode dar à riqueza? Procurem neste ensinamento: *"Amem-se uns aos outros"*, pois aí está o segredo para o bom emprego das riquezas. Aqueles que amam o próximo já têm sua linha de conduta traçada. Empregar a riqueza para fazer a caridade é o que mais agrada a Deus. Não a caridade fria e egoísta, que consiste em espalhar ao seu redor apenas o que lhe sobra, mas sim a caridade cheia de amor, que procura o infortunado e o socorre sem humilhá-lo.

Ricos, deem aquilo que lhes sobra; façam melhor, deem um pouco do seu necessário, pois ele ainda é excessivo, mas deem com sabedoria. Não rejeitem aquele que se queixa, com medo de serem enganados por ele, mas procurem a origem do mal. Ajudem primeiro e só depois se informem e verifiquem se os seus esforços, os seus conselhos e até mesmo as suas afeiçoes não serão mais eficazes do que simplesmente dar uma esmola. Espalhem, em sua volta, o amor a Deus, o amor ao trabalho e o amor ao próximo. Coloquem suas riquezas sobre uma base segura, ou seja, a das boas obras, e elas lhes garantirão grandes lucros. A riqueza da inteligência deve servi-los como a riqueza material. Transfiram seus conhecimentos, instruindo aqueles que puderem, amem seus irmãos e verão os benefícios frutificarem.

Um Espírito Protetor

Cracóvia, 1861.

12 – Quando considero a brevidade da vida, causa-me dolorosa impressão o fato de possuírem como objetivo permanente a conquista do bem-estar material. Os homens dão pouca importância e dedicam pouco tempo para o seu aperfeiçoamento moral, que é tão somente o que será levado em conta na eternidade. Aliás, o aperfeiçoamento moral deveria ser uma questão do mais alto interesse para a Humanidade. Na realidade, os interesses de vocês estão em satisfazer seus exageros, suas vaidades e seus excessos. Quanto sofrimento, quantos cuidados e tormentos, quantas noites em claro para aumentar uma fortuna muitas vezes já mais do que suficiente! O cúmulo da cegueira é ver pessoas se sujeitando a trabalhos árduos, vangloriando-se de uma existência dita de sacrifícios, tudo por amor excessivo ao dinheiro e aos prazeres que ele proporciona, como se trabalhassem somente para os outros e não para si mesmos. Insensatos! Acreditam realmente que serão levados em conta os esforços cujo egoísmo, orgulho e vaidade são os verdadeiros responsáveis? Acreditam que alguma coisa será considerada, se não derem importância ao futuro, se não auxiliarem o próximo, vocês que possuem uma boa posição social? Pensaram apenas no corpo, em seu bem-estar, seus prazeres. Esses são os únicos objetivos das preocupações egoístas que possuem. Pelo corpo, que um dia vai morrer, descuidaram-se do Espírito que viverá eternamente. Assim, esse corpo, tão estimado e acariciado por vocês, tornou-se um tirano, fazendo com que o Espírito se torne um verdadeiro escravo. Seria esse o objetivo da existência que Deus concedeu aos homens?

Fénelon

Argel, 1860.

13 – O homem é o administrador dos bens que pertencem a Deus e terá que prestar contas rigorosas do emprego que deles fizer, usando o seu livre-arbítrio. O mau uso desses bens consiste em utilizá-los apenas para a sua satisfação pessoal. Ao contrário, o bom uso consiste em utilizá-lo para beneficiar o próximo, e o mérito será proporcional ao sacrifício que para isso o homem tiver que suportar. A caridade é apenas uma das maneiras de se empregar a riqueza. Ela alivia a miséria atual, mata a fome, protege do frio e dá asilo aos abandonados. A riqueza também possui o grande dever de prevenir a miséria. Eis a missão das grandes fortunas: gerar e executar trabalhos de toda espécie. Mesmo que a atividade da riqueza resulte em ganho para aqueles que a possuam, ainda assim, o bem não deixa de ser feito. O trabalho desenvolve a inteligência e aumenta a dignidade do homem, pois permite que ele diga, com satisfação, que trabalha para ganhar o pão que o alimenta, ao passo que a esmola humilha e envergonha. A riqueza concentrada em uma só mão deve ser como uma fonte de progresso, espalhando produtividade e bem-estar ao seu redor.

Os ricos, que empregam a riqueza segundo a vontade de Deus, serão os primeiros a se beneficiar dessa fonte generosa, e terão, ainda nessa vida, os indescritíveis prazeres da alma, em vez dos prazeres materiais do egoísta, que sempre produzem um vazio no coração. Ricos, seus nomes serão abençoados na Terra, e quando retornarem, o soberano Senhor dirá, como na parábola dos talentos: "*Bom e fiel servidor, compartilha da Minha alegria!*". Nessa parábola, o servidor que guardou na terra o dinheiro que lhe foi confiado representa as pessoas avarentas, em cujas mãos a riqueza se torna improdutiva. Se Jesus fala principalmente das esmolas, é porque, no seu tempo e no país onde vivia, ainda não se conheciam os *trabalhos* que a *arte* e as *indústrias* mais tarde criariam. Através desses trabalhos, a riqueza pôde ser utilizada em benefício de todos. Aos que podem dar, independente de ser muito ou pouco, eu direi: deem a esmola quando for necessário, mas, sempre que possível, a transformem em salário, a fim de que aquele que a receba não tenha do que se envergonhar.

DESPRENDIMENTO DOS BENS TERRENOS

Lacordaire – Constantina, 1863.

14 – Venho, meus amigos, trazer o meu auxílio para ajudá-los a caminhar corajosamente na via do aperfeiçoamento em que entraram. Somos devedores uns dos outros, e somente pela união sincera e fraternal entre os Espíritos e os homens é que esse melhoramento será possível.

O apego aos bens terrenos é um dos maiores obstáculos ao adiantamento moral e espiritual do homem. Pelo desejo de possuírem esses bens, destroem seus sentimentos de afetividade e colocam suas energias inteiramente na conquista das coisas materiais. Sejam sinceros: a riqueza proporciona uma felicidade sem problemas? Quando os cofres estão cheios, não existe sempre um vazio no coração? Será que no fundo dessa cesta de flores não existe sempre um réptil escondido? Deus aprova e considera muito justa a satisfação sentida pelo homem que, através de um trabalho honrado e constante, consegue sua fortuna. Porém, dessa satisfação a um apego que absorva todos os outros sentimentos e provoque a frieza do coração existe uma distância tão grande quanto a que separa a mesquinhez do esbanjamento, dois vícios entre os quais Deus colocou a caridade, santa e salutar virtude, que ensina o rico a dar sem orgulho para que o pobre receba sem humilhação.

Quer a riqueza tenha vindo de família, quer tenha sido adquirida pelo trabalho, existe uma coisa que não devem esquecer nunca: *tudo o que vem de Deus, retorna a Deus*. Nada, na Terra, pertence aos homens, nem mesmo o corpo que usam: a morte os liberta do corpo como de todos os bens materiais. Considerem-se como aqueles a quem foi confiado um depósito; por isso, não são proprietários, não se enganem. Deus emprestou a vocês e devem Lhe restituir, pois Ele empresta sob a condição de que, pelo menos, o supérfluo reverta em favor daqueles que não têm o necessário.

Quando um amigo empresta um dinheiro, mesmo que vocês não sejam honestos, existirá sempre a obrigação de devolver o empréstimo e ainda ficarem agradecidos. Essa também é a posição de todo homem rico, pois Deus é o amigo celeste que lhe emprestou a riqueza. Ele não pede nada além de amor e reconhecimento, mas exige que o rico dê aos pobres, que, assim como ele, também são Seus filhos.

Os bens que Deus confia aos homens despertam uma ardente e louca ambição em seus corações. Ao se apegarem loucamente a uma riqueza, tão perecível e passageira quanto o corpo que utilizam, esquecem que um dia terão que prestar contas ao Senhor do que Ele lhes emprestou. A riqueza lhes impõe o título de *ministros da caridade na Terra*, e terão que distribuí-la com inteligência. Quando utilizam a riqueza em benéfico próprio, tornam-se iguais àqueles a quem foi confiado um depósito e dele não souberam cuidar. O esquecimento voluntário dos deveres se acabará com a morte, que rasgará o véu debaixo do qual se escondem. Então, terão que prestar contas até mesmo para com aquele amigo esquecido, que um dia os ajudou e que, nesse momento, se apresenta diante de vocês com a autoridade de um juiz.

É em vão que na Terra procurem se iludir, chamando de virtude o que, frequentemente, não passa de egoísmo. O que chamam de economia e previdência não passa de ambição e pão-durismo. O que chamam de generosidade não passa de esbanjamento em favor próprio. Ao deixar de fazer a caridade, um pai de família economiza, junta ouro sobre ouro e diz que tudo isso é para deixar seus filhos com a maior quantidade de bens possíveis, evitando, assim, que eles caiam na miséria. É muito justo e paternal e não se pode censurá-lo por isso, mas será esse o único objetivo a orientá-lo? Não estará ele, muitas vezes, se desculpando para com sua própria consciência? Justificando aos próprios olhos e aos olhos do mundo o apego pessoal aos bens terrenos? Admitindo-se que o amor paternal seja seu único propósito, será isso motivo para esquecer seus irmãos perante Deus? Se ele mesmo já tem o supérfluo, deixará seus filhos na miséria, só porque terão um pouco menos desse supérfluo? Não estará ele dando uma lição de egoísmo e endurecendo o coração de seus filhos? Não estará ele desestimulando-os a praticar o amor ao próximo? Pais e mães, vocês cometem um grande erro acreditando que, desse modo, conseguirão maior afeição de seus filhos. Se eles são ensinados a serem egoístas com os outros, também serão com vocês.

Quando um homem acumula bens pelo suor do seu trabalho, ouvimos dizer frequentemente: "Quando o dinheiro é ganho com esforço, sabemos lhe dar o valor". Nada pode ser mais verdadeiro. Se esse homem que diz conhecer o valor do dinheiro, fizer a caridade segundo as suas possibilidades, terá um mérito muito maior do que aquele que já nasceu rico e desconhece as difíceis fadigas do trabalho. Porém, se esse homem que recorda do esforço e do sofrimento que passou para adquirir a sua fortuna, se tornar egoísta, insensível para com os pobres, será bem mais culpado do que aquele que já nasceu rico. Porque, quanto mais cada um conhece, por si mesmo, as dores ocultas da miséria, mais deve se empenhar em ajudar os outros.

Infelizmente, o homem de posses sempre carrega consigo um outro sentimento, tão forte quanto o apego à riqueza; é o sentimento do orgulho. É comum ver-se o novo-rico importunar o infeliz que implora sua ajuda, com o relato de suas obras e de suas habilidades. Em vez de ajudá-lo, ainda lhe diz: "Faça como eu fiz". Em sua opinião, a bondade de Deus em nada influiu para que ele conquistasse a sua riqueza. O mérito cabe somente a ele. Seu orgulho lhe coloca uma venda nos olhos e lhe tapa os ouvidos. Apesar de toda a sua inteligência e capacidade, não compreende que Deus pode derrubá-lo com uma só palavra.

Desperdiçar a riqueza não significa desprendimento dos bens terrenos; é, antes, descaso e indiferença. O homem, como administrador desses bens, não tem o direito de esbanjá-los ou usá-los em benefício próprio. O gasto irresponsável não é generosidade; é, quase sempre, uma forma de egoísmo. Aquele que esbanja ouro para satisfazer uma fantasia, talvez não dê um centavo para prestar um auxílio. O desprendimento dos bens terrenos consiste em dar à riqueza o seu verdadeiro valor, em utilizá-la em favor dos outros e não somente em benefício próprio, em não sacrificar, por ela, os interesses da vida futura. Desprendimento dos bens terrenos também consiste em perder a riqueza sem reclamar, se Deus assim julgar necessário. Se, por uma infelicidade inesperada, ficarem como ***Jó***, digam o mesmo que ele: *"Meu Deus, o Senhor me deu, e o Senhor me tirou, que seja feita a Sua vontade"*. Eis o verdadeiro desprendimento.

Sejam, antes de tudo, submissos. Tenham fé Naquele que, assim como deu e tirou, pode devolver. Resistam, com coragem, ao abatimento, ao desespero que paralisa as forças. Nunca esqueçam que, ao lado de uma prova difícil, Deus sempre coloca uma consolação. Existem bens infinitamente mais preciosos que os bens da Terra, e esse pensamento os ajudará a se desprenderem deles. Quanto menos valor derem a uma determinada coisa, menos sensíveis ficarão em relação à sua perda. O homem que se apega aos bens da Terra é como uma criança que apenas vê o momento presente. Aquele que não se apega aos bens terrenos é como o adulto, que vê somente as coisas mais importantes, pois compreende as palavras proféticas do Salvador: *"O Meu Reino não é deste mundo"*.

O Senhor não solicita a ninguém para que se desfaça daquilo que possui e se torne mendigo voluntário, porque, nesse caso, essa pessoa seria uma carga a mais para a sociedade. Agir desse modo é compreender mal o ensinamento do desprendimento dos bens terrenos. É, antes, outro tipo de egoísmo, pois essa pessoa estará fugindo à responsabilidade que a riqueza faz pesar sobre os ombros de quem a possui. Deus dá a riqueza a quem Lhe parece ser bom para administrá-la em benefício de todos. O rico tem, portanto, uma missão que ele pode tornar bela e proveitosa para si mesmo. Rejeitar a riqueza quando é dada por Deus, é renunciar ao bem que se pode fazer administrando-a com sabedoria. Saber viver sem a riqueza quando não a temos, saber empregá-la utilmente quando a possuímos e saber sacrificá-la quando for necessário é agir de acordo com a vontade do Senhor. Aqueles que recebem uma boa fortuna devem dizer: "Meu Deus, o Senhor me enviou uma nova tarefa, me envia também as forças para desempenhá-la segundo a Sua santa vontade".

Eis, meus amigos, o que eu queria ensinar quanto ao desprendimento dos bens terrenos, e resumirei, dizendo: Aprendam a se contentar com pouco. Se forem pobres, não invejem os ricos, pois a riqueza não é necessária para a felicidade. Se forem ricos, não esqueçam que seus bens lhes foram confiados, e que terão que justificar o emprego que fizerem deles, como quem presta contas sobre um empréstimo recebido. Não façam como aquele a quem foi confiado um depósito e dele não soube cuidar, fazendo com que servisse apenas para satisfação do orgulho e da sensualidade. Não se julguem com o direito de aproveitar, somente em benefício próprio, a riqueza recebida: ela não lhes foi dada, e sim emprestada. Se não sabem fazer com que ela frutifique, não têm o direito de pedir. Lembrem-se de que aquele que dá aos pobres, salda a dívida que contraiu com Deus.

TRANSMISSÃO DA RIQUEZA

São Luís – Paris, 1860.

15 – *O homem é apenas o depositário da fortuna que Deus lhe permite utilizar durante a sua vida na Terra. Após o desencarne, terá ele o direito de transmitir essa fortuna a seus descendentes?*

O homem, ao desencarnar, pode perfeitamente transmitir os bens que utilizou durante a vida, mas a consolidação desse desejo estará sempre subordinada à vontade de Deus, pois Ele pode, quando quiser, impedir que os descendentes recebam esses bens. É por isso que vemos ruírem fortunas que pareciam solidamente constituídas. Assim, o homem é impotente quanto à vontade que possui de querer manter sua fortuna em família. Porém, isso não lhe tira o direito de transmitir o empréstimo que recebeu, uma vez que Deus poderá retirá-lo de seus descendentes, se assim achar necessário.

Comentários

1 – **Mamon** – É o Deus da riqueza. O ensinamento de Jesus: Não se pode servir a Deus e a Mamon, é uma advertência para aqueles que só valorizam as coisas materiais (Mamon), descuidando-se do lado espiritual (Deus).

2 – **Camelo e cabo** – A língua hebraica utilizava a mesma palavra para designar **camelo** e **cabo**. O cabo era uma corda grossa e feita com os pelos do camelo. Na tradução, foi utilizado o significado "camelo"; é bem provável que no pensamento de Jesus estivesse o significado "cabo", pois este é, pelo menos, bem mais compreensível.

3 – **Resguardar-se da avareza** – Os bens que devemos acumular são os bens morais, pois serão apenas esses que levaremos para a Pátria Espiritual, em benefício nosso e do nosso próximo.

4 – **Abraão** – Nasceu dois mil anos antes de Cristo, na cidade de Ur (na antiga Mesopotâmia, hoje Iraque). Foi o primeiro patriarca a chefiar uma antiga família do povo hebreu. Abraão significa: "Pai de uma multidão". Combateu a crença de que os ídolos de barro eram deuses e ensinou que todos deveriam adorar a um único Deus. Abraão foi casado três vezes, e desses casamentos descenderam Moisés, Jesus e Maomé, entre outros.

5 – **Púrpura** – Era um tecido que variava da cor violeta até o carmim. Era usado pelas pessoas ricas, pelos reis e sacerdotes.

6 – **Talento** – Medida de peso e unidade monetária dos hebreus, romanos e gregos, na Antiguidade.

Parábola dos talentos – Essa parábola refere-se à responsabilidade na multiplicação dos bens que recebemos. Se o Criador houve por bem ofertar-nos a luz do conhecimento espírita, não podemos ocultá-lo com receio de represálias ou dissabores. O terceiro servidor recebe o conhecimento espírita e o devolve intacto, ou seja, não o divulga. Portanto, aqueles que multiplicam o benefício recebido capacitam-se a receberem cada vez mais dos benfeitores espirituais. Porém, aqueles que permanecem estagnados são temporariamente abandonados, até que decidam progredir.

14 – **Jó** – Patriarca judeu que escreveu O Livro de Jó, onde encontramos grandes ensinamentos sobre a renúncia e a confiança que devemos ter em Deus. Este livro pertence ao Velho Testamento.

CAPÍTULO

17

SEJAM PERFEITOS

• Características da perfeição
• O homem de bem
• Os bons Espíritas
• Parábola do semeador

Instruções dos Espíritos:

• O dever • A virtude • Os superiores e os inferiores
• O homem no mundo • Cuidar do corpo e do Espírito

CARACTERÍSTICAS DA PERFEIÇÃO

1 – *Jesus disse: "Amem os inimigos, façam o bem para aqueles que os odeiam, e orem por aqueles que perseguem e caluniam vocês. Assim, serão filhos de seu Pai que está nos Céus, e que faz nascer o sol sobre os bons e os maus, e faz chover sobre os justos e os injustos. Pois, se amarem apenas aqueles que amam vocês, que recompensa terão? Os publicanos também não fazem o mesmo? E se saudarem apenas os irmãos mais próximos, o que fazem mais do que os outros? Os* ***pagãos*** *também não fazem o mesmo? Sejam, pois, perfeitos, como seu Pai Celestial é perfeito" (Mateus, 5:44, 46 a 48).*

2 – Uma vez que Deus possui a perfeição infinita em todas as coisas, este ensinamento moral: *"Sejam, pois, perfeitos, como seu Pai Celestial é perfeito"*, se tomado ao pé da letra, daria a entender a possibilidade do homem também atingir a perfeição absoluta. Se fosse dado à criatura ser tão perfeita quanto o Criador, ela O igualaria, o que é inadmissível. Os homens, aos quais Jesus falava, não tinham condições de compreender essa questão, por isso, Ele se limitou em apresentar-lhes um modelo, e pediu para que se esforçassem em atingi-lo.

Jesus falava de uma perfeição relativa, aquela que a Humanidade era capaz de compreender e que a aproximasse mais da Divindade. Mas em que consiste essa perfeição? Jesus mesmo disse: *"Amar os inimigos, fazer o bem para aqueles que nos odeiam, orar por aqueles que nos perseguem"*. Ele mostra, com isso, que a essência da perfeição é a caridade, pois, para praticá-la, é necessário possuir todas as outras virtudes.

De alguma forma, a prática da caridade é influenciada pelos vícios e pelos pequenos defeitos que o homem possui. Todos esses vícios nascem do egoísmo e do orgulho, que são os seus sentimentos contrários. Tudo que estimula exageradamente a personalidade enfraquece os princípios da verdadeira caridade, que são: a bondade, a indulgência, a abnegação e o devotamento. Se aquele que ama o próximo consegue também amar os inimigos, isso é sempre um indício de superioridade moral. Assim, o grau de perfeição de uma pessoa está na razão direta do amor que ela consegue ter pelo seu próximo. Eis por que Jesus, após ter dado a Seus discípulos as regras da caridade, no que ela tem de mais sublime, disse: *"Sejam, pois, perfeitos, como seu Pai Celestial é perfeito"*.

O HOMEM DE BEM

3 – O verdadeiro homem de bem é aquele que pratica a Lei da Justiça, do Amor e da Caridade em toda sua pureza. Questiona sua consciência sobre seus próprios atos, pergunta a si mesmo se não violou essa Lei, se não fez o mal, se fez todo bem que podia, se, de propósito, não deixou escapar uma ocasião de ser útil, se ninguém tem queixa dele, enfim, se fez aos outros tudo o que gostaria que os outros lhe fizessem.

O homem de bem tem fé em Deus, na Sua bondade, na Sua justiça e na Sua sabedoria Divina. Sabe que nada acontece sem a Sua permissão e, em todas as ocasiões, se submete à Sua vontade.

Tem fé no futuro, razão pela qual coloca os bens espirituais acima dos bens materiais.

Sabe que todas as dificuldades da vida, todas as dores, todas as decepções, são provas ou expiações, e as aceita sem se queixar.

O homem bondoso, que possui o sentimento de caridade e de amor ao próximo, faz o bem pelo bem sem esperar recompensa, retribui o mal com o bem, defende o fraco contra o forte e sacrifica, sempre, seus interesses pela justiça.

Encontra satisfação nos benefícios que distribui, nos serviços que presta, nas alegrias que proporciona ao próximo, nas lágrimas que seca, nas consolações que leva aos aflitos. Pensa primeiro nos outros, antes de pensar em si, procura os interesses alheios antes de procurar os seus. O egoísta, ao contrário, calcula os ganhos e as perdas de cada ação generosa.

O homem de bem é bom, humano e benevolente para com todos, não faz distinção *de raças ou crenças*, pois vê todos os homens como seus irmãos.

Respeita nos outros todas as convicções sinceras e não amaldiçoa quem não pensa como ele.

O homem de bem, em todos os momentos, tem como guia a caridade. Sabe que todo aquele que prejudica os outros com palavras maldosas, que fere com o seu orgulho e o seu desprezo os sentimentos de alguém, que não se importa em causar um sofrimento quando este poderia ser evitado, e que não possui amor pelo próximo, não merecerá o perdão do Senhor até que se arrependa do fundo do coração.

Não tem ódio, nem rancor, nem desejos de vingança. A exemplo de Jesus, perdoa e esquece as ofensas, e apenas se lembra dos benefícios, pois sabe que será perdoado assim como perdoou.

É tolerante para com as fraquezas alheias porque sabe que ele mesmo tem necessidade de tolerância e recorda das palavras do Cristo: *Aquele que estiver sem pecado, atire a primeira pedra.*

Não se satisfaz em procurar os defeitos dos outros, nem colocá-los em evidência. Se a necessidade o obriga a fazer isso, procura sempre o bem que possa atenuar o mal.

Estuda suas próprias imperfeições e trabalha sem cessar para combatê-las. Emprega todos os seus esforços para poder dizer, no dia seguinte, que existe nele algo de melhor do que no dia anterior.

Procura não exaltar seus conhecimentos em detrimento de outros, ao contrário, aproveita todas as ocasiões para ressaltar as qualidades alheias.

O homem de bem não se envaidece de sua riqueza nem de suas vantagens pessoais, pois sabe que tudo o que lhe foi dado pode ser retirado.

Usa, mas não abusa dos bens que lhe são concedidos, porque sabe que se trata de um depósito do qual terá que prestar contas. Sabe, também, que, se empregar esses bens na satisfação de suas paixões, o maior prejudicado será ele mesmo.

Se nas relações sociais alguns homens estão sob o seu comando, trata-os com bondade e benevolência, pois são seus semelhantes perante Deus. Usa sua autoridade para erguer-lhes o moral e não para esmagá-los com seu orgulho. Evita tudo o que poderia tornar mais difícil a posição subalterna em que estão.

O subordinado, por sua vez, compreende os deveres da posição que ocupa e se empenha em cumpri-los da melhor maneira possível *(veja cap. 17:9).*

Finalmente, o homem de bem respeita todos os direitos que as Leis da Natureza asseguram aos seus semelhantes, como deseja que os seus sejam respeitados.

Esta não é a relação completa de todas as qualidades que distinguem o homem de bem; mas aquele que se esforçar para possuí-las, estará no caminho que conduz às demais virtudes.

OS BONS ESPÍRITAS

4 – O Espiritismo, bem compreendido e bem vivenciado, leva o homem a possuir as qualidades descritas para o homem de bem. Essas qualidades caracterizam o verdadeiro espírita, assim como o verdadeiro cristão, pois tanto um quanto o outro são a mesma coisa. O Espiritismo não cria uma nova moral, ele apenas facilita aos homens a compreensão e a prática da moral do Cristo. Oferece uma fé sólida e traz o esclarecimento para aqueles que duvidam ou vacilam.

Muitos, que acreditam nas manifestações espíritas, não compreendem suas consequências, nem seu alcance moral, ou, se os compreendem, não aplicam a si mesmos. Por que isso acontece? Será falta de clareza da Doutrina? Não, pois a Doutrina Espírita não utiliza nenhuma linguagem figurada que possa dar margem a falsas interpretações. Sua essência está em sua própria clareza, e é daí que vem sua força, pois ela explica as coisas de maneira fácil, atingindo diretamente a inteligência daqueles que a procuram. Ela não possui nada de misterioso, e seus seguidores não estão de posse de nenhum segredo oculto ao povo.

Será necessária, então, para compreendê-la, uma inteligência fora do comum? Não, pois existem homens de reconhecida capacidade intelectual que não a compreendem, enquanto que, pessoas comuns, jovens recém-saídos da adolescência, apreendem-na com admirável facilidade, até mesmo nos seus detalhes mais sutis. Isso acontece porque a parte *material da Ciência* não requer mais do que olhos para ser observada, ao passo que a *essência do Espiritismo* requer um certo grau de sensibilidade que independe da idade ou do nível de instrução da criatura. Essa sensibilidade pode ser chamada de *maturidade do senso moral.* Essa maturidade, que lhe é própria, corresponde ao grau de desenvolvimento que o Espírito encarnado já possui.

Em algumas pessoas, os laços que as prendem às coisas materiais estão ainda muito fortes para permitir que o Espírito se desprenda das coisas terrenas. O nevoeiro que as envolve impede-lhes a visão do infinito. Eis por que não conseguem romper facilmente com seus gostos e com seus hábitos, pois não compreendem que possa existir algo melhor do que aquilo que possuem. A crença nos Espíritos, para essas pessoas, é um simples fato que não modifica em nada suas tendências instintivas. Enxergam apenas um raio de luz, insuficiente para orientá-las e despertar uma vontade decidida que seja capaz de modificar seus pensamentos. Elas apegam-se mais aos fenômenos espíritas do que à moral, que lhes parece banal e monótona. Pedem aos Espíritos para terem acesso de imediato aos novos mistérios, sem procurar saber se já se tornaram dignas de conhecer os segredos do Criador. São espíritas imperfeitos, porque não se desenvolvem e acabam se afastando de seus irmãos em crença, pois recuam ante a obrigação de se reformarem. Preferem reservar suas simpatias para os que possuem as mesmas fraquezas ou prevenções. De qualquer forma, aceitar os princípios da Doutrina Espírita é um primeiro passo que facilitará o segundo, numa outra existência.

Aquele que pode ser qualificado como verdadeiro espírita já se encontra num grau superior de adiantamento moral. Seu Espírito já possui um domínio maior sobre a matéria, por isso, tem uma percepção mais clara do futuro. Os princípios da Doutrina Espírita fazem vibrar nele o lado espiritual, que ainda permanece adormecido nas outras criaturas. Podemos dizer que ele *foi tocado no coração*, que sua fé tornou-se inabalável. O espírita é como um músico que se comove com os acordes, enquanto que a maioria ouve apenas o som. *O verdadeiro espírita é reconhecido por sua transformação moral e pelos esforços que faz para dominar suas más tendências.* Enquanto o homem comum se satisfaz com seu horizonte limitado, o espírita compreende a existência de alguma coisa melhor e procura libertar-se para atingi-la. Ele sempre conseguirá, se tiver uma vontade firme e determinada.

PARÁBOLA DO SEMEADOR

5 – *Jesus, ao sair de casa, sentou-se à beira-mar, e uma grande multidão de pessoas reuniu-se ao seu redor. Assim, Ele subiu em um barco, e todos ficaram em pé na praia. Foi então que Ele falou ao povo, em forma de parábolas:*

Aquele que semeia, saiu a semear. Enquanto semeava, algumas sementes caíram ao longo da estrada, e os pássaros do Céu vieram e comeram-nas.

Uma outra quantidade caiu nas pedras, onde havia pouca terra, por isso, logo germinaram. Como a terra era pouca, não puderam criar raízes e, quando o sol nasceu, as sementes secaram.

Outras caíram nos espinhos e, quando eles cresceram, sufocaram as sementes.

Finalmente, outras caíram em terra boa e deram frutos. Alguns grãos renderam cem por um, outros sessenta, e outros, trinta.

Que ouçam aqueles que têm ouvidos para ouvir (Mateus, 13:1 a 9).

Escutem, vocês também, a parábola do semeador.

Todo aquele que ouve a palavra do Reino de Deus e não presta atenção, faz surgir o Espírito mau, que arrebata tudo o que havia sido semeado em seu coração. Esse é aquele que deixou a semente cair ao longo da estrada.

O que deixou a semente cair junto às pedras é aquele que ouve a palavra do Cristo, e a recebe na mesma hora, com alegria, mas, por não ter raízes em si, essa alegria dura pouco tempo. Quando surgem os problemas e as perseguições por causa da palavra, ele logo se revolta e abandona tudo.

O que deixou a semente cair entre os espinhos é aquele que ouve a palavra, mas é sufocado pelas modernidades e pelas ilusões da riqueza. Por isso, a palavra, para ele, torna-se sem valor.

O que deixou a semente cair em uma terra boa é aquele que escuta a palavra de Cristo, presta atenção e procura segui-la. É nele que a palavra produzirá frutos que irão render cem ou sessenta ou trinta por um (Mateus, 13:18 a 23).

6 – A **parábola do semeador** descreve as diversas maneiras de se pôr em prática os ensinamentos do Evangelho. Quantas pessoas existem para as quais os ensinamentos não passam de palavras sem valor. Elas são como as sementes que caíram sobre as pedras, nada produzem, nada frutificam!

Essa parábola se aplica, também, aos diversos tipos de Espíritas. Ela é o símbolo daqueles que se apegam somente aos fenômenos materiais, sem tirar deles nenhum proveito. Veem os fenômenos como mero objeto de curiosidade. Simboliza, também, os que procuram somente o lado brilhante das comunicações dos Espíritos, interessando-se apenas enquanto elas satisfazem a sua imaginação. Porém, depois de ouvi-las, continuam frios e indiferentes como eram antes. A parábola do semeador também simboliza aqueles que acham os conselhos muito bons, mas para serem aplicados aos outros, e não em si mesmos. E, finalmente, simboliza aqueles para quem os ensinamentos são como a semente que caiu em terra boa e produz bons frutos.

Instruções dos Espíritos

O DEVER

Lázaro – Paris, 1863.

7 – O dever é a obrigação moral do homem, primeiro para consigo mesmo, em seguida, para com os outros. O dever é uma Lei da Vida, pois é encontrado tanto nos atos mais simples como nos mais elevados. Quero examinar, aqui, apenas o dever moral e não o dever que as profissões impõem.

O dever é um sentimento muito difícil de ser cumprido, pois está em oposição com os interesses materiais e os interesses do coração. Quando cumprimos com o dever, não fazemos mais do que a nossa obrigação e não nos elogiamos por isso. Quando não cumprimos, também não permitimos que a nossa consciência nos repreenda.

O dever íntimo do homem é governado pelo seu livre-arbítrio; a consciência está sempre o advertindo contra as condutas erradas. Ainda assim, ele, muitas vezes, se deixa levar pelos enganos da paixão. O homem se eleva quando observa, fielmente, os *deveres do coração*, que nada mais são que os seus *valores interiores*. Mas como esses deveres podem ser determinados? Onde começam? Onde terminam? *Os deveres começam, precisamente, no ponto onde se ameaça a felicidade ou a tranquilidade do próximo e terminam no limite em que não se desejaria ver a própria felicidade ou a tranquilidade ameaçadas.*

Deus criou todos os homens iguais perante a dor. Pequenos ou grandes, incultos ou esclarecidos, todos sofrem pelas mesmas coisas, a fim de que cada um avalie, de maneira consciente, o mal que pode fazer. O mesmo critério de que todos são iguais perante a dor não pode ser aplicado para o bem, pois nem todos são iguais em suas capacidades de fazer o bem. *A igualdade perante a dor é uma sublime providência de Deus, pois Ele quer que Seus filhos, instruídos pela experiência comum, não pratiquem o mal alegando a ignorância de seus efeitos.*

Na prática, o dever reflete todas as virtudes morais; é uma fortaleza da alma que enfrenta as angústias da luta diária. O dever é severo e dócil. Está sempre pronto a se submeter às mais diversas situações, mas permanece sempre firme perante as tentações. *Aquele que cumpre seu dever, ama mais a Deus do que aos homens, e aos homens mais do que a si mesmo.* É, ao mesmo tempo, juiz e escravo em causa própria.

O dever é o que a razão possui de mais belo. Ele provém da razão, assim como o filho provém de sua mãe. O homem deve amar o dever, não porque ele o preserve dos males da vida, aos quais a Humanidade está sujeita, mas porque ele fornece à alma a força necessária ao seu desenvolvimento.

Nos estágios superiores da Humanidade, o dever se apresenta sob uma forma mais elevada. A obrigação moral da criatura para com Deus nunca cessa. Ela deve refletir as virtudes do Criador, que não aceita um esboço imperfeito, pois quer que a beleza de Sua obra resplandeça aos Seus próprios olhos.

A VIRTUDE

François - Nicolas - Madeleine - Cardeal Morlot – Paris, 1863.

8 – A virtude é o conjunto de todas as qualidades que constituem o homem de bem. Ser bom, caridoso, trabalhador, moderado, modesto, são qualidades do homem que possui virtudes. Infelizmente, elas são quase sempre acompanhadas de pequenas falhas morais que as desmerecem e as enfraquecem. Aquele que se vangloria de suas virtudes não é virtuoso, pois lhe falta a principal qualidade: a modéstia, e porque tem o principal vício: o orgulho. A verdadeira virtude não gosta de se exibir, ao contrário, é preciso descobri-la, pois ela se esconde no anonimato e foge da admiração das massas. Vicente de Paulo e Jean Marie Vianney, digno pároco da cidade de Ars, eram virtuosos e possuíam qualidades, assim como muitos outros desconhecidos pelo mundo, mas conhecidos por Deus. Todos esses homens de bem não sabiam que eram virtuosos. Deixavam-se ir ao sabor de suas inspirações e praticavam o bem com total desinteresse e completo esquecimento de si mesmos.

Meus filhos! É para a virtude verdadeiramente cristã e espírita, praticada com desinteresse, que eu os convoco. Afastem de seus corações o sentimento de orgulho, de vaidade, de amor-próprio, que sempre desvalorizam as mais belas qualidades. Não imitem o homem que se apresenta como modelo a ser seguido e que se gaba de suas próprias qualidades para aqueles que estão dispostos a ouvi-lo. Essa virtude com ostentação esconde, quase sempre, muitas mesquinharias e fraquezas.

Em princípio, o homem que exalta a si mesmo, que ergue uma estátua à sua própria virtude, aniquila todos os méritos que efetivamente possa ter. E o que dizer daquele que dá valor em parecer aquilo que não é? Compreendo que o homem que faz o bem, sinta no fundo do coração uma satisfação íntima. Porém, se essa satisfação for usada para lhe render elogios, ela se transforma em amor-próprio.

Todos vocês, a quem a fé espírita reanimou com seus ensinamentos, que sabem o quanto o homem está longe da perfeição, não cometam nunca uma tolice dessas. A virtude é uma graça que desejo a todos os espíritas sinceros, mas advirto: mais valem poucas virtudes com modéstia, do que muitas com orgulho; é pelo orgulho que as civilizações vêm, sucessivamente, se perdendo e será pela humildade que elas irão se redimir um dia.

OS SUPERIORES E OS INFERIORES

François - Nicolas - Madeleine - Cardeal Morlot – Paris, 1863.

9 – Aquele que recebe a autoridade terá que prestar contas, assim como aquele que recebe a riqueza. Não acreditem que a autoridade seja dada para satisfazer o vão prazer de mandar, assim como acreditam erroneamente a maior parte dos poderosos da Terra, que pensam que a autoridade lhes foi dada como um direito ou uma propriedade.

Deus tem provado, constantemente, que a autoridade não é um direito e, muito menos, uma propriedade, pois a retira dos que dela se acham proprietários quando Lhe convém. Se a autoridade fosse um privilégio ligado à pessoa, ela seria intransferível. Ninguém pode dizer que uma coisa lhe pertence, quando ela pode lhe ser retirada sem o seu consentimento. Deus concede a autoridade a título de *missão* ou de prova, quando quer, e a retira quando julga necessário.

Todo aquele que recebe a autoridade, seja qual for o tamanho dessa autoridade, desde um patrão para com o seu empregado até o soberano para com o seu povo, não poderá esquecer que é um *encarregado de almas* e que responderá pela boa ou má orientação que der a seus subordinados. Toda responsabilidade recairá sobre aquele que, tendo autoridade, deixar que seus comandados cometam faltas e sejam levados pelo vício ou pelos maus exemplos; da mesma maneira que colherá os frutos de seu esforço por conduzi-los ao bem. Todo homem tem, na Terra, uma missão, seja ela pequena ou grande, sempre lhe será dada para o bem. Desviá-la do seu verdadeiro objetivo é fracassar em sua execução.

Assim como Deus pergunta aos ricos: "*O que fizeram da riqueza que, em suas mãos, deveria ser uma fonte espalhando fecundidade ao redor de todos?*", também perguntará para aqueles que receberam alguma autoridade: "*O que fizeram da autoridade que lhes foi concedida? Que mal impediram? Que progresso promoveram?*". Se Eu dei a vocês, subordinados, não foi para que fizessem deles escravos de suas vontades, nem instrumentos dóceis dos seus caprichos ou de suas ambições. Se

Eu fiz vocês fortes e confiei-lhes os fracos, foi para que pudessem ampará-los, ajudando-os a chegarem até Mim.

Aqueles que possuem autoridade e seguem as palavras de Cristo, não desprezam nenhum dos que estão abaixo, pois sabem que as diferenças sociais não existem perante Deus. O Espiritismo ensina que devem tratar de maneira igual a todos os seus subordinados; que aqueles que hoje lhe obedecem, talvez, já tenham lhe dado ordens ou poderão vir a dar em uma existência futura. Ensina, também, que serão tratados amanhã, conforme estão tratando, hoje, aqueles sobre os quais exercem a sua autoridade.

Tanto os superiores quanto os inferiores possuem sagrados deveres a cumprir. Se o subordinado é espírita, sua consciência lhe dirá, com mais forte razão, que não pode deixar de desempenhar seus deveres, mesmo que seu chefe não cumpra com os seus; o espírita sabe que não deve pagar o mal com o mal e que as faltas de uns não justificam as faltas de outros. Se sofre, na condição de subalterno, sabe que esse sofrimento é merecido, porque ele mesmo pode já ter abusado, em existências anteriores, da autoridade que possuía. Experimenta agora, por sua vez, o que fez os outros sofrerem. Se precisa suportar o emprego atual, por não encontrar outro melhor, o Espiritismo lhe ensina a aceitar essa situação sem reclamar, como sendo uma prova para a sua humildade e necessária ao seu adiantamento. Sua conduta é norteada pelo conhecimento espiritual que possui e ele age para com o seu patrão como gostaria que seus subordinados agissem para consigo, caso ele fosse o chefe. Assim, é mais cuidadoso no cumprimento de suas obrigações, pois sabe que toda negligência em seu trabalho é um prejuízo para aquele que o remunera e a quem deve seu tempo e seus esforços. Resumindo, ele é guiado pelo sentimento do dever que sua fé lhe fornece e pela certeza de que todo o afastamento do caminho reto é uma dívida que, cedo ou tarde, terá que pagar.

O HOMEM NO MUNDO

Um Espírito Protetor – Bordeaux, 1863.

10 – Um sentimento de piedade deve sempre orientar o coração daqueles que se reúnem sob os olhos do Senhor e imploram a assistência dos bons Espíritos. Purifiquem seus corações, não se perturbem por pensamentos fúteis ou mundanos. Elevem seus pensamentos em direção aos Espíritos que evocam, para que eles possam encontrar em vocês as condições necessárias para poder ajudá-los, inspirando-lhes os sentimentos da caridade e da justiça.

Não acreditem que, ao incentivar a *prece* e a *evocação dos bons Espíritos*, desejamos que vocês vivam uma vida mística, que os coloque fora das Leis da Sociedade onde estão obrigados a viver. Não é assim! Procurem viver com os homens de sua época, vivam como eles vivem. Se sacrificarem as necessidades, ou até mesmo as banalidades do dia a dia, façam isso com um sentimento de pureza, para que essa renúncia possa ser santificada.

Se forem obrigados a conviver com Espíritos de natureza diferente, com características opostas às que possuem, não devem afrontar nem contrariar esses Espíritos. Sejam alegres e felizes, mas com uma alegria que venha de uma consciência tranquila. Vivam com a felicidade de um herdeiro do Céu, que conta os dias que faltam para o seu retorno.

A virtude não consiste em assumir um aspecto severo e sombrio, rejeitando os prazeres que a condição humana permite. Basta que todos os atos de vocês sejam regidos pela Lei do Criador, que deu a vida a todos. Ao começarem uma obra, elevem o pensamento a Deus e peçam a Ele proteção, para que essa obra tenha êxito. Ao terminarem, peçam a Deus para que abençoe essa obra. Ao realizarem qualquer atividade, elevem também o pensamento a Deus, e procurem não realizar nada sem que a lembrança do Criador venha purificar e santificar a execução dessas tarefas.

A perfeição está inteiramente, como disse Cristo, na prática da caridade sem limites. O dever da caridade se estende a todas as posições sociais, desde a maior até a menor. O homem, se vivesse sozinho, não teria como praticar a caridade. É no contato com os seus semelhantes, na luta difícil do dia a dia, que ele encontra a ocasião para praticá-la. Aquele que se isola, priva-se, voluntariamente, do meio mais poderoso para se aperfeiçoar. Ao pensar apenas em si, sua vida é a de um egoísta *(veja, nesta obra cap. 5:26).*

Não imaginem que para viver em comunicação constante conosco, para viver sob a observação do Senhor, seja preciso entregar-se ao ***cilício*** e ***cobrir-se de cinzas***. Não! Mais uma vez, não! Sejam felizes, de acordo com as necessidades humanas, mas que essa felicidade nunca tenha um pensamento ou um ato que possa ofender a Deus, ou entristecer o semblante daqueles que amam e dirigem vocês. Deus é amor e abençoa aqueles que sabem amar.

CUIDAR DO CORPO E DO ESPÍRITO

Georges, Espírito protetor – Paris, 1863.

11 – Será válido, ao homem, maltratar o próprio corpo para buscar a purificação de seu Espírito? Para responder essa questão, me apoiarei em princípios básicos, demonstrando a necessidade de cuidar do corpo. O corpo influi sobre a alma de uma maneira muito importante, conforme esteja sadio ou doente, pois precisamos considerar a alma como uma prisioneira do corpo físico. Para que a alma viva, se expanda e chegue mesmo a criar as ilusões de liberdade, o corpo tem que estar sadio, disposto e forte. O corpo e a alma devem manter o equilíbrio entre as suas aptidões e necessidades tão diferentes. O segredo está justamente em achar esse equilíbrio.

Aqui, dois sistemas se defrontam: o dos ***ascetas***, que não dão nenhuma importância ao corpo, e o dos *materialistas* que querem negar a alma. Dois sistemas violentos e insensatos, tanto um quanto o outro. Ao lado dessas duas grandes correntes de pensamento, existe um grande número de pessoas indiferentes, que, sem convicções e sem afeições, amam com frieza e não sabem aproveitar a vida. Onde está, então, a sabedoria e a ciência de viver? Em nenhum lugar. Esse problema ficaria sem solução, se o Espiritismo não viesse em auxílio dos pesquisadores, demonstrando as relações que existem entre o corpo e a alma, ensinando-lhes que é preciso cuidar dos dois, pois que um depende do outro. Amem a alma, mas cuidem também do corpo, que é o seu instrumento de manifestação. Ignorar as necessidades que a própria natureza indica é desconhecer a Lei de Deus. Não castiguem o corpo pelas faltas que o próprio livre-arbítrio os leva a cometer, pois são tão responsáveis por elas quanto um cavalo mal guiado o é pelos acidentes que causa. Por acaso serão mais perfeitos se martirizarem o corpo e continuarem egoístas, orgulhosos e não praticando a caridade para com o próximo? Não! A perfeição não está nessa tortura. Ela encontra-se nas reformas que conseguirem impor a seu Espírito, e não ao corpo. O Espírito precisa ter o egoísmo e o orgulho dobrados, humilhados, dominados, pois esse é o meio de torná-lo mais dócil à vontade de Deus. É, também, o único caminho que o conduzirá à perfeição.

Comentários

1 – Pagãos – São todos os povos que praticavam o politeísmo (crença em vários deuses), que não acreditavam em um Deus único; aqueles contrários aos dogmas do judaísmo e, posteriormente, aos da Igreja Romana.

6 – Parábola do semeador – Jesus é o semeador da mensagem divina, e cada Espírito, encarnado ou desencarnado, é um tipo de solo que renderá, ou não, frutos, conforme sua disposição em receber essa semente.

10 – Cilício – Túnica grosseira feita de crina ou lã áspera. Vestia-se sobre a pele como uma forma de fazer penitência, ou, melhor, sacrifício voluntário.

Cobrir-se de cinzas – Alusão ao hábito dos antigos hebreus, que se cobriam de cinzas, como uma forma de fazer penitência.

11 – Ascetas – Pessoas inteiramente consagradas à prática da meditação e da penitência. Desenvolvem apenas o lado espiritual, não dando nenhuma importância aos relacionamentos sociais nem ao corpo físico.

CAPÍTULO

18

MUITOS SÃO OS CHAMADOS E POUCOS OS ESCOLHIDOS

• **Parábola da festa de núpcias**
• **A porta estreita**
• **Nem todos os que dizem "Senhor! Senhor!" entrarão no Reino dos Céus**
• **A quem muito foi dado, muito será pedido**

Instruções dos Espíritos:

• **Será dado àquele que já tem**
• **Reconhece-se o cristão pelas suas obras**

PARÁBOLA DA FESTA DE NÚPCIAS

1 – *Jesus, falando, ainda, em parábolas disse: "O Reino dos Céus é semelhante a um rei que, querendo fazer uma festa para o casamento de seu filho, enviou seus servidores para que chamassem os convidados para as bodas, mas eles se recusaram a vir. O rei, então, enviou outros servidores, com o seguinte recado aos convidados: 'Digam a eles que já preparei meu banquete, mandei matar meus bois e todos os animais que tinha engordado, tudo já está pronto, digam a eles que venham para as festividades'. Porém, os convidados desprezaram novamente o convite e se foram, uns para suas casas de campo, outros para os seus negócios. Outros, após terem insultado os servidores do rei, ainda os mataram. O rei, após saber o que aconteceu, ficou muito furioso, e enviou seus soldados, matando os assassinos e queimando suas cidades.*

Então, o rei disse a seus servidores: 'As festividades estão prontas, mas os que foram convidados não eram dignos de participar. Vão pelas encruzilhadas e convidem para os festejos todos aqueles que encontrarem'. Os servidores do rei foram, então, para as ruas e convidaram todos que encontravam, bons e maus, e a sala do banquete de núpcias ficou repleta de pessoas.

Em seguida o rei entrou na sala para ver os que estavam à mesa, e percebendo um homem que não estava com a ***roupa nupcial****, lhe disse: 'Meu amigo, como entrou* *aqui sem ter a roupa nupcial?'. E o homem permaneceu em silêncio. Então, o rei disse a seus servidores: 'Atem as mãos e os pés e lancem esse homem nas* ***trevas exteriores****, onde haverá* ***pranto e ranger de dentes****, pois muitos são os chamados e poucos os escolhidos'" (Mateus, 22:1 a 14).*

2 – O incrédulo ri desta parábola que lhe parece uma ingenuidade, pois não compreende que possa haver tanta dificuldade para ir a uma festa, ainda mais quando os convidados chegam ao ponto de massacrar os enviados do dono da casa. "As parábolas", diz o incrédulo, "trazem, sem dúvida, uma linguagem figurada, mas é preciso que elas não ultrapassem o limite do aceitável".

O mesmo pode-se dizer das fábulas mais criativas, quando não entendemos o seu verdadeiro sentido. Jesus criava Suas fábulas com os fatos mais comuns do dia a dia, e as adaptava aos costumes e ao caráter do povo a quem falava. A maioria delas tinha como objetivo fazer o povo compreender a ideia da vida Espiritual. Quando aqueles que interpretam as fábulas de Jesus não levam em conta o aspecto Espiritual, o seu significado não é compreendido.

Nessa parábola, Jesus compara o Reino dos Céus, onde tudo é alegria e felicidade, a uma festa de núpcias. Em relação aos primeiros convidados, Ele refere-se aos ***hebreus***, que foram os primeiros a serem chamados por Deus, para que conhecessem Suas Leis. Os enviados do rei são os Profetas, que convidaram os hebreus a seguirem o caminho da verdadeira felicidade. As palavras dos Profetas foram pouco escutadas, seus ensinamentos desprezados e muitos foram mesmo massacrados, como os servidores do rei na parábola da festa de núpcias. Os convidados que deixaram de comparecer, alegando que tinham que cuidar de seus campos e de seus negócios, simbolizam as pessoas absorvidas pelos problemas materiais e que não dão importância às coisas Espirituais.

Os judeus daquela época acreditavam que a sua nação deveria ter o domínio sobre todas as outras. Deus não tinha prometido a Abraão que seus descendentes cobririam toda a Terra? Mas, como sempre acontece, os homens usaram o ensinamento Divino em interesse próprio, acreditando, realmente, que sua nação deveria dominar as outras no Plano Material.

Antes da vinda de Jesus, todos os povos, com exceção dos hebreus, eram idólatras, ou seja, adoravam ídolos de barro, estátuas, e eram, também, politeístas, pois acreditavam em vários deuses. Se alguns homens mais instruídos tinham a ideia de um Deus único, essa ideia ficava para eles, pois em nenhuma parte ela era aceita como verdade fundamental, a não ser por alguns iniciados, que escondiam seus conhecimentos sob um véu de mistério, inacessível à compreensão do povo. Os hebreus foram os primeiros que praticaram publicamente o monoteísmo, ou seja, a crença em um Deus único. Foi a eles que Deus transmitiu a Sua Lei, primeiro por Moisés, depois por Jesus. E foi desse pequeno foco que partiu a luz que deveria se espalhar pelo mundo inteiro, vencer o politeísmo e dar a Abraão, que foi o primeiro patriarca judeu a divulgar a crença em um Deus único, vários seguidores pelo mundo afora.

Os judeus, embora rejeitassem a idolatria, descuidaram-se do cumprimento das Leis Morais, para se dedicarem ao culto dos rituais exteriores, que era uma prática bem mais fácil. O mal tinha chegado a seu ponto mais alto. A nação, dominada pelos romanos, estava desfigurada pelas facções políticas, dividida pelas várias seitas. A descrença havia penetrado até mesmo no Templo de Jerusalém. Foi nesse período que Jesus foi enviado para chamar a atenção do povo judeu quanto à observância da Lei, e abrir para eles os novos horizontes da vida futura. Os judeus foram os *primeiros* a ser convidados para o grande banquete da fé universal, e, além de rejeitarem a palavra do Messias, ainda o crucificaram. Foi assim que perderam o fruto que poderiam ter colhido por sua própria iniciativa.

Entretanto, não é justo acusar todo o povo hebreu por esse estado de coisas. A responsabilidade coube, principalmente, aos fariseus, com seu orgulho e fanatismo, e aos saduceus, com sua incredulidade. Juntos, esses dois segmentos arruinaram a nação. É a eles que Jesus comparou os convidados que se recusaram a comparecer à festa de núpcias. Depois Jesus acrescenta: *"O rei, vendo isso, mandou convidar todos aqueles que se encontravam nas encruzilhadas, bons e maus"*. Quis dizer, desse modo, que a palavra de Deus seria pregada a todos os outros povos, incluindo os pagãos, que não acreditavam em Deus, e os idólatras que adoravam ídolos de barro. Se estes aceitassem a palavra, seriam admitidos na festa de núpcias, no lugar dos primeiros convidados.

Porém, não basta ser convidado, não basta dizer-se cristão, nem sentar-se à mesa para fazer parte do Banquete Celestial. É preciso estar vestido com a roupa nupcial, ou seja, ter a pureza de coração e praticar a Lei levando em conta seu aspecto espiritual.

A Lei está toda contida nestas palavras: *Fora da caridade não há salvação.* Mas, dentre todos aqueles que ouvem a palavra de Deus, poucos são os que se interessam por ela e a colocam em prática. Por isso, poucos são, também, aqueles que se tornam dignos de entrar no Reino dos Céus! Foi por isso que Jesus disse: *"Muitos são os chamados e poucos os escolhidos"*.

A PORTA ESTREITA

3 – *Entrem pela porta estreita, pois a porta da perdição é larga e o caminho que a ela conduz é espaçoso, e há muitos que por ela entram. Como é pequena a porta da vida! Como o caminho que conduz a essa porta é estreito! E como há poucos que a encontram! (Mateus, 7:13 e 14).*

4 – *Alguém da multidão perguntou a Jesus: "Senhor, são poucos os que se salvam?" E Ele respondeu: "Vocês devem se esforçar para entrar pela porta estreita, pois Eu asseguro que muitos tentarão entrar por ela e não conseguirão. E depois que o pai de família entrar e fechar a porta, vocês, tendo ficado do lado de fora, irão bater à porta dizendo: 'Senhor, abra a porta para nós'. E Ele responderá: 'Eu não sei de onde vocês são'. Então, começarão a dizer: 'Comemos e bebemos na Sua presença, recebemos Seus ensinamentos em nossas praças públicas'. E Ele responderá: 'Não sei de onde são, afastem-se de Mim, todos vocês que cometem atos de injustiça. Quando virem Abraão, Isaac, Jacó e todos os Profetas no Reino de Deus, e vocês ficarem excluídos, haverá choro e ranger de dentes. Virão do Oriente e do Ocidente, do Sul e do Norte, muitos os que terão lugar na festa do Reino de Deus. Então, aqueles que foram os últimos, serão os primeiros, e os que foram os primeiros, serão os últimos'" (Lucas, 13:23 a 30).*

5 – A porta da perdição é larga porque as más paixões são numerosas e o caminho do mal é frequentado pela maioria. A porta da salvação é estreita porque o homem que deseja transpô-la deve fazer grandes esforços para vencer suas más tendências e poucos se submetem a isso. É a constatação do ensinamento moral: *"Muitos são os chamados e poucos os escolhidos".*

Esse é o estado atual da Humanidade terrena, e a Terra é um mundo de provas e expiações onde o mal ainda predomina. Quando a Humanidade terrena evoluir, moral e intelectualmente, transformará a Terra em um mundo de regeneração, e o caminho do bem será o mais frequentado. Esse ensinamento deve ser entendido no seu verdadeiro significado, ou seja, de que a Humanidade está sempre em evolução. Se o estado normal da Humanidade fosse viver em um mundo de provas e expiações, Deus estaria condenando, voluntariamente, à perdição, a maior parte de Suas criaturas, suposição esta que não pode ser admitida, desde que se reconheça que Deus é todo justiça e todo bondade.

A ideia de viver uma única existência faz o homem estar sempre em contradição consigo mesmo e com a Justiça de Deus. Se a alma nada fez de ruim antes dessa vida, por que a Humanidade mereceria uma sorte tão triste, no presente e no futuro, tendo que viver num mundo de expiações como a Terra? Por que tantos entraves no caminho? Qual a necessidade de uma porta tão estreita, onde somente poucos conseguem transpor, se a sorte da alma está definitivamente fixada após a morte? Com o ensinamento de que a alma já viveu várias existências e de que existem diversos mundos habitados, o horizonte do homem se alarga e a luz ilumina os pontos menos esclarecidos da fé. O presente e o futuro tornam-se consequência do passado. Só assim podemos compreender toda grandeza, toda a verdade e toda a sabedoria dos ensinamentos morais do Cristo.

NEM TODOS OS QUE DIZEM "SENHOR! SENHOR!" ENTRARÃO NO REINO DOS CÉUS

6 – *Nem todos os que dizem: "Senhor! Senhor!" entrarão no Reino dos Céus. Apenas entrarão aqueles que fazem a vontade de Meu Pai que está nos Céus. Muitos vão dizer: "Senhor! Senhor! Não profetizamos em Seu nome? Não expulsamos os demônios, e também não fizemos diversos milagres em Seu nome?" E então, Eu direi em voz alta: "Afastem-se de Mim, todos vocês que cometem atos de injustiça" (Mateus, 7:21 a 23).*

7 – *Todo aquele que ouvir e praticar as palavras que Eu digo, será comparado a um homem sábio que construiu a sua casa sobre a rocha. Quando a chuva veio e os rios transbordaram e os ventos sopraram, ela não caiu, pois foi construída sobre uma base firme. Mas todo aquele que ouvir e não praticar as palavras que Eu digo, será como o homem insensato que construiu a sua casa sobre a areia. Quando a chuva caiu e os rios transbordaram e os ventos sopraram, ela desmoronou e foi grande o prejuízo de seu dono (Mateus, 7:24 a 27; Lucas, 6:46 a 49).*

8 – *Aquele que violar os mandamentos e que ensinar os homens a violá-los, será considerado como o último no Reino dos Céus. Porém, aquele que seguir os mandamentos e ainda ensinar a outros, será o primeiro no Reino dos Céus (Mateus, 5:19).*

9 – Todos os que reconhecem a missão de Jesus dizem "Senhor! Senhor!". Mas para que serve chamá-lo de Mestre ou Senhor, se os Seus ensinamentos não são seguidos? Será que são Cristãos, aqueles que O adoram apenas pela aparência e, ao mesmo tempo, se entregam ao orgulho, ao egoísmo, à ambição e a todas as paixões? Será que são Seus discípulos, aqueles que passam dias rezando e não se tornam melhores, nem mais caridosos, nem mais tolerantes para com seus semelhantes? Não! Porque, assim como os fariseus, eles têm a prece nos lábios e não no coração. Com o ritual, eles podem se impor aos homens, mas não a Deus. É em vão que eles dirão a Jesus: "Senhor, profetizamos, ou seja, ensinamos em Seu nome, expulsamos os demônios em Seu nome, bebemos e comemos com o Senhor", pois Ele lhes responderá: "Não sei quem são vocês, afastem-se de Mim, todos vocês que cometem atos de injustiça, que desmentem suas palavras com suas ações, que caluniam o próximo, que despojam as viúvas e cometem adultério. Afastem-se de Mim, vocês cujo coração destila ódio e fel, que derramam o sangue de seus irmãos em Meu nome, que fazem correr as lágrimas em vez de secá-las. Para vocês, haverá choro e ranger de dentes, porque o Reino de Deus é para aqueles que são mansos, humildes e caridosos. Não esperem enganar a justiça do Senhor pela quantidade de palavras que dizem ao rezar e pelo número de vezes que se ajoelham. O único meio para alcançar a graça perante Ele é a prática sincera da Lei do Amor e da Caridade".

As palavras de Jesus são eternas porque representam a verdade. Elas garantem a passagem para a Vida Celeste, como também garantem a paz, a tranquilidade e a estabilidade para os homens durante a Vida Terrena. Eis por que todas as instituições humanas, políticas, sociais e religiosas que se apoiarem em suas palavras serão estáveis como a casa construída sobre a rocha, e os homens irão conservá-las porque nelas encontrarão a sua felicidade. Porém, aquelas instituições que violarem a palavra de Jesus, serão como a casa construída sobre a areia, onde o vento das transformações e o rio do progresso irão arrastá-las.

A QUEM MUITO FOI DADO, MUITO SERÁ PEDIDO

10 – *O servidor que conhece a vontade do seu Senhor, e não fez o que lhe foi pedido, será punido com muito mais rigor. Aquele que não conhece a vontade do seu Senhor e fez coisas dignas de castigo, será punido com menos rigor. Aquele a quem muito foi dado, muito será pedido e cobrado. Uma grande prestação de contas será exigida daquele a quem muitas coisas foram confiadas (Lucas, 12:47 e 48).*

11 – *Jesus disse: "Eu vim a este mundo para fazer um julgamento, a fim de que aqueles que não enxergam as verdades que foram ensinadas, passem a enxergá-las. E aqueles que já as enxergam se tornem cegos para as coisas que atrapalham o seu progresso". Alguns fariseus, que estavam com Jesus, ao ouvirem essas palavras, Lhe perguntaram: "Por acaso, nós também somos cegos?". E Jesus lhes respondeu: "Se vocês fossem cegos, não teriam pecados. Porém, agora estão me dizendo que enxergam, ou melhor, que conhecem a Lei de Deus. E, se ainda assim não a praticam, é por isso que o pecado permanece em vocês" (João, 9:31 a 41).*

12 – Essas palavras de Jesus encontram sua aplicação, especialmente, no ensinamento dos Espíritos. É certamente culpado todo aquele que conhece a Doutrina do Cristo e não a pratica. O Evangelho, que contém os ensinamentos de Jesus, é difundido apenas entre as religiões cristãs. E, mesmo entre essas religiões, muitas pessoas não o leem, e, entre aquelas que leem, muitas não conseguem compreendê-lo! Disso resulta que as palavras do Cristo ficam perdidas para um grande número de pessoas.

Os Espíritos, pelo fato de se comunicarem em todos os lugares, procuram explicar as palavras de Jesus de uma forma universal, para que todos possam entendê-las. Cultos ou incultos, crentes ou incrédulos, cristãos ou não, qualquer um pode recebê-las. Ninguém que receba o ensinamento, diretamente dos Espíritos ou por intermédio de outras pessoas, poderá alegar ignorância, nem desculpar-se por não possuir instrução, nem dizer que o ensinamento não possui clareza ou que possui sentido figurado. Assim, aquele que conhece os ensinamentos de Jesus e não os utiliza para melhorar a sua conduta, tornando-se menos fútil, menos orgulhoso, menos egoísta, menos apegado aos bens materiais, que não se melhora em relação ao próximo, é muito mais culpado porque teve mais meios de conhecer a verdade. Essas pessoas admiram os ensinamentos como coisas interessantes e curiosas, mas eles não tocam seus corações.

Os médiuns que recebem boas comunicações são ainda mais culpados se persistirem no mal, pois, muitas vezes, escrevem sua própria condenação. Se não fossem cegos pelo orgulho, reconheceriam que é a eles mesmos que os Espíritos se dirigem. Mas em vez de tomarem para si as lições das mensagens que recebem, seu único pensamento é o de aplicá-las aos outros, confirmando, assim, as palavras de Jesus: *"Veem o cisco que está no olho do próximo e não veem a trave que está no seu"* (ver nesta obra, cap. 10:9).

Por essas palavras: *"Se fossem cegos, não teriam pecados"*, Jesus confirma que a culpa está na razão direta do conhecimento que se possui. Os fariseus, que tinham a pretensão de ser, e que, de fato, eram, a parcela mais esclarecida da nação, eram mais culpados aos olhos de Deus do que o povo ignorante.

O mesmo acontece hoje. Aos Espíritas, muito será pedido, porque muito receberam, mas aqueles que aproveitarem o ensinamento, muito receberão em troca.

O primeiro pensamento de todo Espírita sincero deve ser o de procurar, no conselho dado pelos Espíritos, se não existe alguma coisa que lhe diga respeito.

O Espiritismo vem multiplicar o número dos *chamados*, e, pela fé que proporciona, multiplicará, também, o número dos *escolhidos*.

Instruções dos Espíritos

SERÁ DADO ÀQUELE QUE JÁ TEM

Um Espírito amigo, Bordeaux, 1862.

13 – *Os discípulos de Jesus lhe perguntaram: "Por que o Senhor fala por* ***parábolas****?". E Ele respondeu: "Aos Meus discípulos foi permitido conhecer os mistérios do Reino dos Céus, mas aos outros isso não foi permitido. Porque aquele que já tem conhecimento, que trabalhou e produziu boas obras, será dado ainda mais, e ele ficará na abundância. Aquele que não tem, porque não se interessou em aprender, não trabalhou, nem produziu boas obras, lhe será retirado até mesmo o pouco que tem. É por isso que Eu falo por parábolas, porque ao ver, eles nada enxergam, e, ao ouvir, nada compreendem. Neles se cumpre a profecia de Isaías, que disse: 'Escutarão com seus ouvidos e não entenderão, olharão com seus olhos e não enxergarão'" (Mateus, 13:10 a 14).*

14 – *Jesus disse: "Prestem atenção ao que vão ouvir – vocês serão medidos com a mesma medida que usarem para medir os outros e ainda lhes será acrescido um pouco mais. Porque* ***aqueles que têm, receberão ainda mais*** *e aqueles que não têm, até mesmo o pouco que possuem lhes será retirado" (Marcos, 4:24 e 25).*

15 – *Dar para aqueles que têm e retirar daqueles que não têm.* Meditemos um pouco sobre esse grande ensinamento, que, muitas vezes, parece contraditório. Aqueles que receberam são aqueles que entenderam o ensinamento de Deus. Receberam porque se esforçaram e se tornaram dignos para tanto. O Senhor, em Seu amor misericordioso, encoraja aqueles cujos esforços tendem para o bem. A dedicação daqueles que perseveram atrai as graças do Senhor. É como um ímã que atrai as coisas boas e os torna fortes para subirem a montanha sagrada, no alto da qual encontrarão o repouso após o trabalho.

Tirar daqueles que nada têm, ou têm pouco. Entendamos isso como um ensinamento figurado. Deus não retira de Suas criaturas o bem que se dignou a fazer-lhes. Homens cegos e surdos! Abram suas inteligências e seus corações. Vejam pelo Espírito, entendam pela alma e não interpretem de maneira tão grosseira as palavras de Jesus. Não é Deus quem retira daqueles que receberam pouco; são os próprios homens que, esbanjadores e descuidados, não sabem conservar o que possuem. Não sabem aumentar, pelo esforço de seus trabalhos, a dádiva que receberam em seus corações.

O filho que herdou de seu pai um campo e que, por não cultivá-lo, vê esse campo cobrir-se de ervas daninhas, poderá dizer que seu pai é culpado pelas colheitas que não colheu? Se ele, por falta de cuidado, deixou morrer no campo os grãos que estavam destinados a produzir, deve acusar seu pai pela falta de produção? Em vez de acusar o pai, que tudo lhe deu e que agora lhe retoma os bens, deve acusar a si mesmo, porque ele é o verdadeiro responsável por seu fracasso. Quando se arrepender, deve se entregar ao trabalho, com fé e coragem, preparando o solo improdutivo com o esforço da sua vontade. Deve trabalhar com amor no coração, pois com o auxílio do arrependimento e da esperança semeará, com confiança, os grãos que escolheu como bons e os regará com seu amor e sua dedicação. Assim, o Deus de amor e bondade dará ainda mais para aquele que já tem, e ele verá seus esforços coroados de sucesso, vendo um grão produzir cem e outro mil. Coragem, trabalhadores! Peguem seus arados e retirem a discórdia de seus corações. Semeiem a boa semente que o Senhor fornece, e o sentimento de amor fará com que produzam frutos de caridade.

RECONHECE-SE O CRISTÃO PELAS SUAS OBRAS

Simeão – Bordeaux, 1863.

16 – *"Nem todos os que dizem 'Senhor, Senhor!' entrarão no Reino dos Céus, mas apenas aqueles que fizerem a vontade de Meu Pai que está nos Céus."*

Escutem a palavra do Mestre, todos vocês que rejeitam a Doutrina Espírita e a tem como obra do demônio. Abram os ouvidos, pois já é tempo de compreender.

Será que basta trazer o símbolo do Senhor para ser Seu fiel servidor? Será que basta dizer "Eu sou Cristão" para seguir o Cristo? Procurem os verdadeiros cristãos e eles serão reconhecidos por suas obras. Jesus falou: *"Uma árvore boa não pode dar maus frutos, assim como uma árvore ruim não pode dar bons frutos. Toda árvore que não dá bons frutos, será cortada e lançada ao fogo"*. Discípulos do Cristo! Compreendam bem essas palavras. Quais são os frutos que deve produzir a árvore do Cristianismo, árvore majestosa, cujos ramos frondosos cobrem com a sua sombra uma parte do mundo, mas que ainda não abriga todos aqueles que deveriam se reunir ao seu redor? Os frutos da árvore da vida são os frutos da esperança e da fé. O Cristianismo, como vem fazendo há muitos séculos, continua pregando sempre as virtudes Divinas, procurando distribuir seus frutos, mas são poucos aqueles que os colhem! A árvore é sempre boa, mas os jardineiros são maus. Eles procuram moldá-la segundo suas ideias e necessidades. Por isso, cortaram, diminuíram e mutilaram a árvore do Cristianismo. Seus ramos já não produzem mais frutos. O viajante cansado, que sob a sua sombra procura o fruto da esperança, que deveria lhe dar força e coragem, encontra apenas ramos áridos que prenunciam o mau tempo. Em vão, ele pede para a árvore da vida que lhe dê o fruto da vida. As folhas caem secas aos seus pés. A mão do homem mexeu tanto, que ela secou!

Abram seus ouvidos e seus corações, meus bem-amados! Cultivem a árvore da vida, cujos frutos dão a vida eterna. Aquele que a plantou os convida a cuidar dela com amor, para vê-la dar, ainda, com abundância, seus frutos Divinos. Deixem a árvore da vida tal como o Cristo a entregou a vocês; não a mutilem; ela quer estender, sobre o Universo, sua imensa sombra, portanto, não cortem seus ramos. Seus frutos generosos caem em abundância para sustentar o viajante faminto que anseia em chegar ao término da jornada. Não amontoem seus frutos para guardá-los e deixá-los apodrecer, a fim de que não sirvam a ninguém. Se *muitos são os chamados e poucos os escolhidos*, é porque existem os monopolizadores do pão da vida, como existem os monopolizadores do pão material. Não estejam entre eles, pois a árvore que produz bons frutos deve distribuí-los para todos. Procurem aqueles que estão famintos e os tragam para a sombra da árvore, dividindo com eles o abrigo que ela oferece. *Não se colhem uvas dos espinheiros*. Meus irmãos, afastem-se daqueles que os chamam somente para mostrar o lado ruim das coisas e sigam aqueles que irão conduzi-los à sombra da árvore da vida.

Jesus disse, e Suas palavras não passarão: *"Nem todos aqueles que Me dizem 'Senhor, Senhor!' entrarão no Reino dos Céus, mas só aqueles que fizerem a vontade de Meu Pai que está nos Céus".*

Que o Senhor de bênçãos os abençoe, que o Deus de luz os ilumine, que a árvore da vida lhes ofereça seus frutos com abundância! Creiam e orem!

Comentários

1 – **Roupa nupcial** – Naquela época, quando alguém recebia do rei o convite para um banquete de núpcias, recebia junto uma roupa que era uma espécie de túnica, e seu uso era obrigatório na festa. Entrar sem vestir os trajes que o rei oferecia era uma grande ofensa, uma demonstração de desprezo para quem fez o convite e um desrespeito. O sentido da roupa nupcial, nessa parábola, é o de que não basta ser convidado, é preciso estar preparado, ou seja, fazer boas obras, ajudar o próximo, possuir amor, pureza, humildade, bondade e todas as qualidades necessárias para entrar no Reino dos Céus.

Trevas exteriores – O termo ser lançado nas trevas exteriores significa ir para um lugar ruim, onde não existe o bem. Provavelmente, Jesus referia-se ao umbral, mas, naquela época, essa palavra não era utilizada, uma vez que o conhecimento sobre esse assunto veio bem mais tarde.

Pranto e ranger de dentes – Significa o extremo sofrimento, o remorso daqueles que não reformaram sua conduta, que não se empenharam em vencer seus vícios e defeitos, substituindo-os por virtudes. Terão encarnações dolorosas, onde passarão pela dor da expiação.

2 – **Hebreus** – Era o nome primitivo do povo judaico.

13 – **Parábola** – É a narração de uma história figurada, simbólica, sob a qual se escondem ensinamentos importantes, geralmente de cunho moral e que devem ser seguidos.

14 – **Aqueles que têm, receberão ainda mais** – Jesus refere-se ao conhecimento espiritual, pois, para aquele que possui conhecimento dos bens espirituais, mais conhecimento lhe será dado, porque ele já está pronto para receber, e ele ficará na abundância. Entretanto, aquele que não desenvolve os bens espirituais, o pouco progresso que possui fica estacionado e ele tem a sensação de perda.

CAPÍTULO

19

A FÉ QUE TRANSPORTA MONTANHAS

• O PODER DA FÉ • A FÉ RELIGIOSA – CONDIÇÕES DA FÉ INABALÁVEL • PARÁBOLA DA FIGUEIRA QUE SECOU

Instruções dos Espíritos:
• A fé, mãe da esperança e da caridade • A fé divina e a fé humana

O PODER DA FÉ

1 – *Quando Jesus veio ao encontro do povo, um homem aproximou-se Dele, ajoelhou-se a Seus pés e disse: "Senhor, tenha piedade de meu filho, que está* ***lunático*** *e sofre muito, pois ele, seguidamente, cai, ora no fogo, ora na água. Apresentei meu filho aos Seus discípulos, mas eles não puderam curá-lo". Jesus respondeu ao pai do menino, dizendo: "Ó, raça incrédula e perversa! Até quando estarei com vocês? Até quando sofrerei com vocês? Traga o menino até aqui". E Jesus, repreendendo o Espírito mau que o acompanhava, fez com que este se afastasse, curando-o no mesmo instante. Então, os discípulos vieram encontrar Jesus e, em particular, Lhe perguntaram: "Por que nós não conseguimos expulsar este demônio?". E Jesus respondeu: "É por causa da pouca fé que possuem. Pois Eu digo, em verdade, que, se tivessem fé do tamanho de um grão de mostarda, diriam a essa montanha: Transporte-se daqui para lá, e ela se transportaria, e nada seria impossível a vocês" (Mateus, 17:14 a 19).*

2 – A confiança do homem em suas próprias forças faz com que ele seja capaz de realizar coisas materiais que não pode fazer quando duvida de si mesmo. Porém, nesse caso, devemos entender as palavras de Jesus unicamente pelo seu sentido moral. As montanhas que a fé transporta são as dificuldades, as resistências, a má vontade dos homens, mesmo quando tudo está correndo bem. Os preconceitos, o interesse material, o egoísmo, a cegueira do fanatismo, as paixões orgulhosas, são, também, montanhas que travam o caminho de todo aquele que trabalha pelo progresso da Humanidade. A fé, quando é forte, fornece a perseverança, a energia e os recursos necessários para vencer os obstáculos, sejam eles pequenos ou grandes. A fé que vacila provoca em nós a falta de confiança de que se aproveitam os adversários que devemos combater; e, mais ainda, a fé que vacila não procura os meios de vencer, pois nem sequer acredita na possibilidade de vitória.

3 – A fé também pode ser considerada como sendo a confiança que se tem na realização de uma determinada tarefa, na certeza de atingir um objetivo. A fé dá uma espécie de lucidez, que faz com que se possa antever, pelo pensamento, a meta a ser alcançada e os meios de chegar até ela. Assim, aquele que a possui caminha com absoluta segurança. Em todos os sentidos, a fé é sempre a responsável pela realização das grandes obras.

A fé sincera e verdadeira é sempre calma, pois confere a paciência que sabe esperar e, também, porque, ao apoiar-se na inteligência e na compreensão das coisas, tem a certeza de atingir seu objetivo. A fé vacilante conhece sua própria fraqueza; quando é estimulada pelo interesse, torna-se furiosa e acredita suprir, pela violência, a força que lhe falta. A calma durante a luta é sempre um sinal de força e de confiança. A violência é sempre um sinal de fraqueza e descrença em si mesmo.

4 – É preciso não confundir a fé com a soberba. A fé verdadeira é uma aliada da Humildade, e aquele que a possui confia mais em Deus do que em si próprio. Quem possui a fé verdadeira sabe que é um simples instrumento da vontade de Deus e que nada pode sem Ele, e é por isso que os bons Espíritos vêm em seu auxílio. A soberba é muito mais um sinal de orgulho do que fé; o orgulho, mais cedo ou mais tarde, é sempre castigado pela decepção e pelos fracassos que lhe são impostos.

5 – O poder da fé tem aplicação direta e especial na ação magnética. É pelo pensamento que o homem atua sobre o fluido que está livre no universo, modifica-lhe as qualidades e dá a esse fluido um impulso irresistível. Aquele que já possui um grande poder sobre os fluidos e junta a esse poder uma fé ardente, pode, simplesmente pela vontade dirigida ao bem, realizar fenômenos especiais de cura e muitos outros. Antigamente, esses fenômenos eram tidos como milagres, mas, na verdade, eles não passam de consequências da aplicação de uma Lei Natural. Esse é o motivo pelo qual Jesus disse a Seus apóstolos: *"Se vocês não o curaram, é porque não tiveram fé"*.

A FÉ RELIGIOSA – CONDIÇÕES DA FÉ INABALÁVEL

6 – Do ponto de vista religioso, a fé é a crença nos dogmas particulares que constituem as diferentes religiões. Todas as religiões têm seus artigos de fé, ou seja, a descrição do que os seguidores devem ou não acreditar. Sob esse aspecto, a fé pode ser *raciocinada* ou *cega*. A fé *cega* não examina nada, aceita tudo sem verificar, tanto o que é falso quanto o que é verdadeiro, e, a cada passo, se choca com as evidências e a razão. A fé *cega*, levada ao excesso, produz o *fanatismo*. Quando a fé está apoiada no erro, cedo ou tarde desmorona. Somente a fé que tem por base a verdade possui um futuro assegurado, pois nada tem a temer com o progresso dos conhecimentos. *O que é verdadeiro na sombra, também o é à luz do dia.* Toda religião pretende ter a posse exclusiva da verdade, mas *impor a alguém a fé cega sobre uma questão de crença é confessar a sua impotência para demonstrar que está com a razão.*

7 – Geralmente, se diz que *a fé não se receita, não se impõe*, o que leva muitas pessoas a dizerem que não são culpadas pelo fato de não a possuírem. Sem dúvida, a *fé não se receita*, e o que é mais correto ainda: *a fé não se impõe.* A fé deve ser adquirida e ninguém está impedido de possuí-la, nem mesmo aqueles que tenham contra ela muita resistência. Falamos de verdades espirituais básicas, e não dessa ou daquela crença em particular. Não é a fé que deve procurar essas pessoas; elas é que devem procurar a fé, e se o fizerem com sinceridade irão encontrá-la. Fiquem certos de que aqueles que dizem: *"Nada mais desejamos do que crer, mas infelizmente não conseguimos"*, o dizem com os lábios e não com o coração, pois, ao mesmo tempo que dizem, fecham os ouvidos. São muitas as provas de que a fé existe, mas porque essas pessoas se recusam a observá-las? Em algumas, é indiferença, noutras, é o medo de serem forçadas a mudarem seus hábitos. Porém, na grande maioria, é o orgulho que se nega a reconhecer um poder superior, porque teriam que se inclinar diante dele.

Para algumas pessoas, a fé parece ter nascido com elas, pois basta uma faísca para desenvolvê-la. Essa facilidade em aceitar as verdades espirituais é um sinal evidente de um progresso anterior. Em outras, ao contrário, as verdades espirituais são assimiladas com muita dificuldade, sinal também evidente de uma natureza em atraso. Aqueles que já possuíam conhecimentos espirituais trazem, ao *renascer*, a intuição do que sabiam. Nesse caso sua educação já foi realizada. Naqueles que não possuem conhecimentos espirituais e que precisam aprender tudo, a educação está por se realizar. Se ela não for concluída nessa existência, certamente, o será em outra.

A resistência daquele que não crê quase sempre se deve à maneira pela qual as coisas lhe são apresentadas. A fé necessita de uma base, e essa base é a perfeita compreensão daquilo em que se deve acreditar. Para acreditar, não basta *ver*, é preciso *compreender*. A *fé cega* não pertence mais aos dias de hoje. É justamente o dogma da fé *cega* que, atualmente, produz o maior número de incrédulos, pois ela quer se impor exigindo que o homem abra mão do seu *raciocínio* e do seu *livre-arbítrio*, que são as maiores conquistas do Espírito. É, principalmente, contra a *fé cega* que o incrédulo se revolta, o que prova ser verdade que esse tipo de fé não se impõe. Ao não admitir provas, a fé *cega* deixa, no Espírito, um vazio que lhe abre o caminho para a dúvida. A *fé raciocinada* é aquela que se apoia nos fatos e na lógica, é clara e não deixa atrás de si nenhuma dúvida. Acredita-se porque se tem certeza, e só se tem certeza porque se compreende. Eis por que ela não se dobra. *Fé inabalável é somente aquela que pode encarar a razão, face a face, em todas as épocas da Humanidade.* Assim, o Espiritismo triunfa sobre a incredulidade, sempre que não encontra oposição sistemática e interesseira.

PARÁBOLA DA FIGUEIRA QUE SECOU

8 – *Quando saíram de Betânia, Jesus teve fome e, vendo uma figueira ao longe, foi até ela, para ver se encontrava algum fruto para comer. Ao se aproximar, encontrou apenas folhas, pois não era época de figos. Então, Jesus disse à figueira: "Que ninguém coma de você nenhum fruto", e os discípulos ouviram. No dia seguinte, ao passarem pela figueira, perceberam que ela estava seca até a raiz. Pedro, lembrando-se das palavras de Jesus, disse-Lhe: "Mestre, olha como a figueira, que o Senhor amaldiçoou, tornou-se seca". E Jesus respondeu: "Tenham fé em Deus. Em verdade, Eu lhes digo que todo aquele que disser a esta montanha "Saia daqui e vá para o mar, sem que seu coração hesite, acreditando firmemente no que está dizendo, verá, de fato, sua ordem se cumprir" (Marcos, 11:12 a 14, 20 a 23).*

9 – A figueira que secou é o símbolo das pessoas que apenas aparentam fazer o bem, mas que, na verdade, não produzem nada de bom. São os oradores que possuem mais brilho do que conhecimento, cujas palavras não têm profundidade e apenas agradam aos ouvidos, mas que, ao serem analisadas, não trazem nada de proveitoso ao coração. Pode-se, então, perguntar: que proveito elas trouxeram a quem as ouviu?

A figueira que secou é, também, o símbolo de todas as pessoas que têm a oportunidade de serem úteis, mas não o são. Representa, ainda, todas as utopias, todos os sistemas sem conteúdo e todas as doutrinas sem base sólida. O que falta, na maioria das vezes, é a fé verdadeira, a fé produtiva, a fé que comove as fibras do coração, ou seja, *a fé que transporta montanhas*. São árvores que têm folhas, mas não têm frutos. Foi por isso que Jesus as condenou à esterilidade, pois chegará o dia em que elas ficarão secas até a raiz. Todos os sistemas, todas as doutrinas que não produzem nenhum bem para a Humanidade, serão reduzidos ao nada. Todos os homens voluntariamente inúteis, que não utilizam os seus recursos, também serão tratados como a figueira que secou.

10 – Os médiuns são os intérpretes dos Espíritos. Por possuírem faculdades específicas para essa atividade, eles emprestam seu corpo físico para que os Espíritos possam transmitir suas instruções. Nos tempos atuais, de renovação social, os médiuns têm uma missão particular: são árvores que devem dar alimento espiritual aos seus irmãos. Eles são muitos para que o alimento seja farto. São encontrados em todos os países, em todas as classes sociais, entre ricos e pobres, entre grandes e pequenos. Eles precisam estar em todos os lugares, a fim de que todos recebam os ensinamentos e para mostrar aos homens que *todos estão sendo chamados*. O objetivo principal da mediunidade é ajudar o próximo e melhorar aquele que a possui. Porém, existem médiuns que a utilizam para coisas fúteis, para prejudicar outras pessoas, para conseguir benefícios materiais em proveito próprio, enfim, deturpam-na de várias maneiras. Esses médiuns serão tratados como a figueira que secou. Deus retirará deles um dom que se tornou inútil em suas mãos, uma semente que não souberam fazer frutificar, e é assim que eles se tornarão alvo dos maus Espíritos.

Instruções dos Espíritos

A FÉ, MÃE DA ESPERANÇA E DA CARIDADE

José, Espírito Protetor – Bordeaux, 1862.

11 – A fé, para ser proveitosa, deve ser ativa, não deve ficar adormecida. A fé é a mãe de todas as virtudes que conduzem a Deus e deve estar sempre atenta para que essas virtudes se desenvolvam.

A *esperança* e a *caridade* são as consequências da *fé*. Essas três virtudes formam um trio inseparável. Não é a fé que dá a esperança de se ver cumprir as promessas do Senhor? Pois, se não há fé, que esperança ter? Não é a fé que dá o amor? E se não há fé, que amor se pode ter? E que amor será esse?

A fé é a divina inspiração de Deus, que desperta todos os nobres sentimentos que conduzem o homem para a prática do bem, tornando-se a base de sua renovação. Porém, é necessário que essa base seja forte e durável, pois se alguma dúvida abalar esse alicerce, o que será do edifício construído sobre ele? Construam esse edifício sobre fundações sólidas, e que a fé de vocês seja mais forte que a zombaria dos incrédulos, pois a fé que não encara a zombaria dos homens não é a fé verdadeira.

A *fé sincera* é atraente, contagiante e envolve até mesmo aqueles que não a possuem, como também aqueles que não fazem questão de possuí-la. A *fé sincera* encontra as palavras certas para tocar a alma, enquanto que a fé aparente, apesar de usar palavras harmoniosas, deixa aqueles que as escutam frios e indiferentes. Preguem através do exemplo, para transmitir aos homens a fé que possuem. Preguem pelo exemplo das boas obras, para que eles vejam o mérito da fé. Preguem através da esperança inabalável, para que os homens percebam a confiança que fortifica e ainda estimula a enfrentar as contrariedades da vida.

Tenham, portanto, a verdadeira fé, na plenitude da sua beleza, da sua bondade, da sua pureza e da sua racionalidade. Não aceitem a fé sem comprovação, pois ela é a filha cega da ignorância. Amem a Deus, mas saibam por que O amam. Acreditem em Suas promessas, mas saibam por que acreditam nelas. Sigam os nossos conselhos, mas sejam conscientes do objetivo que apontamos e dos meios que indicamos para atingi-los. Acreditem e esperem, sem nunca fraquejar, pois os milagres são produzidos pela fé.

A FÉ DIVINA E A FÉ HUMANA

Um Espírito Protetor – Paris, 1863.

12 – A fé é um sentimento que nasce com o homem sobre o seu destino futuro. É a consciência das imensas faculdades que ele possui e que estão, como uma semente, adormecidas em seu íntimo. Cabe ao homem, pela ação da sua vontade, fazer desabrochar e crescer essas faculdades, ao longo do tempo.

Até hoje, a fé é mais compreendida pelo seu aspecto religioso. Isso acontece porque as pessoas não entenderam o verdadeiro caráter da missão de Cristo, considerando O apenas como um chefe de religião, capaz de operar milagres através da fé. Porém, esse não é o único objetivo da fé na vida do homem, ela também reflete a confiança que se tem na possibilidade de se realizar alguma coisa.

O Cristo realizou verdadeiros milagres, demonstrando, com eles, o que pode o homem quando possui fé, ou seja, quando tem *a vontade de querer* e a certeza de que com esta vontade pode realizar muitas coisas. Os apóstolos, tal como Ele, também não realizaram milagres? Os milagres nada mais são do que a ocorrência de fenômenos naturais, que se operam mediante a vontade de quem quer que seja, desde que possua uma fé ardente, sincera e verdadeira. As causas desses efeitos naturais eram desconhecidas pelos homens daquela época. Hoje são, em grande parte, explicados e compreendidos pelo estudo do Espiritismo e do Magnetismo.

A fé pode ser *humana*, se o homem aplicar suas faculdades na realização de coisas *materiais*, ou pode ser *Divina*, quando ele, pensando em seu futuro, usar essas faculdades para o seu *aperfeiçoamento espiritual*. O homem inteligente, que se lança na realização de um grande empreendimento, triunfa se tem fé. Ele sente, em si mesmo, que pode e deve atingir seu objetivo, e é justamente essa certeza íntima que lhe dá uma força extraordinária. O homem de bem, que acredita na continuação da vida após a morte e deseja preencher a sua existência com nobres e belas ações, retira de sua fé e da certeza na felicidade que o aguarda, a força necessária para realizar os milagres da caridade, do devotamento e do desapego. Com a fé não existem tendências más que não possam ser vencidas.

O Magnetismo, quando colocado em ação, é uma das maiores provas do poder que a fé possui. É pela fé que o Magnetismo cura e produz fenômenos especiais que, antigamente, eram qualificados como milagres.

Repito: *A fé é humana e Divina*. Se todos os encarnados tivessem consciência da força que trazem consigo, e se quisessem colocar a sua vontade a serviço dessa força, seriam capazes de realizar o que até agora chamamos de prodígios, mas que não passam do desenvolvimento das faculdades humanas.

Comentário

1 – Lunático – Essa expressão era muito usada, na época de Jesus, referindo-se às pessoas que sofriam de obsessões ou problemas mentais.

CAPÍTULO

20

OS TRABALHADORES DA ÚLTIMA HORA

Instruções dos Espíritos:

• Os últimos serão os primeiros
• Missão dos Espíritas
• Os trabalhadores do Senhor

1 – *O Reino dos Céus é semelhante ao pai de família que saiu, de madrugada, para contratar trabalhadores para sua vinha. Depois de acertar com os trabalhadores o pagamento de uma moeda por dia de trabalho, enviou-os para a sua vinha. Saiu, novamente,* ***à terceira hora do dia****, e encontrando na praça outros trabalhadores, que estavam sem fazer nada, disse-lhes: "Vão, vocês também, trabalhar na minha vinha e eu lhes pagarei o que for razoável" – e eles foram. Saiu, ainda, na* ***sexta e na nona hora*** *do dia e fez a mesma coisa. E, saindo na* ***décima primeira hora****, encontrou outros trabalhadores que também estavam desocupados, e perguntou: "Por que vocês ficam aí todo o dia, sem fazer nada?". "Porque ninguém nos dá trabalho", disseram eles. Então, o pai de família lhes disse: "Vão, também, trabalhar na minha vinha" – e eles foram.*

Ao cair da tarde, o senhor da vinha disse ao seu administrador: "Chame os trabalhadores e pague-lhes o salário, porém, inicie o pagamento pelos últimos que chegaram, para só depois pagar os primeiros". Aproximaram-se, então, os trabalhadores que chegaram à vinha apenas na décima primeira hora, e receberam uma moeda cada um. Ao chegarem os primeiros trabalhadores que foram contratados, pensaram que iriam ganhar mais, porém, eles também receberam uma moeda cada um. Ao recebê-la, queixaram-se do pai de família dizendo: "Os últimos trabalharam apenas uma hora, e receberam tanto quanto nós, que suportamos o peso do dia e do calor". E o senhor respondeu a um deles: "Meu amigo, não cometi nenhuma injustiça com você. Não combinamos que eu iria pagar uma moeda por sua jornada de trabalho? Pegue o que lhe pertence e vá. Quanto a mim, quero dar a esse último tanto quanto dei a você. Será que não me é permitido fazer o que quero com o meu dinheiro? E o seu olho é mau só porque eu sou bom?

Assim, os últimos serão os primeiros, e os primeiros serão os últimos, porque muitos são os chamados e poucos os escolhidos (Mateus, 20:1 a 16. Veja também: Parábola da festa de núpcias, 18:1).

Instruções dos Espíritos

OS ÚLTIMOS SERÃO OS PRIMEIROS

Constantino, Espírito Protetor – Bordeaux, 1863.

2 – O trabalhador da última hora tem direito ao salário; para isso, é preciso que sua boa vontade permaneça à disposição do senhor que vai lhe oferecer o emprego, e que esse atraso não seja fruto da sua preguiça ou da sua má vontade. Ele tem direito ao salário porque, desde o amanhecer, esperava impaciente aquele que o chamaria para trabalhar. Era trabalhador, apenas lhe faltava o trabalho.

Porém, se ele tivesse recusado o trabalho, a qualquer hora do dia, e se tivesse dito: "Tenham paciência! O repouso me faz bem. Quando chegar a última hora, será o momento de pensar no salário do dia. Que me importa trabalhar para um senhor que não conheço, nem estimo? Quanto mais tarde, melhor". Esse, meus amigos, não receberia o salário do trabalhador, e sim o da preguiça.

E o que será daquele que, em vez de permanecer ocioso, empregar as horas destinadas ao trabalho para praticar a delinquência? Insultar Deus com palavras ultrajantes? Derramar o sangue de seus irmãos? Lançar a desarmonia entre as famílias? Arruinar homens de boa fé? Abusar da inocência? Enfim, praticar todas as maldades humanas? O que será dele? Será suficiente dizer, na última hora: "Senhor, utilizei mal meu tempo, não quer me empregar até o fim do dia, para que eu faça, pelo menos, um pouco da minha tarefa e, assim, me pagar o salário do trabalhador de boa vontade?". Não. O Senhor lhe dirá: "Não tenho nenhum trabalho para você no momento. Desperdiçou o seu tempo, esqueceu o que havia aprendido e não sabe mais trabalhar na Minha vinha. Você deve recomeçar a sua aprendizagem e, quando estiver mais disposto, venha Me procurar e Eu lhe abrirei Meu vasto campo, onde poderá trabalhar a qualquer hora do dia".

Bons Espíritas, meus bem-amados, todos vocês são os trabalhadores da última hora. Pode sentir-se bem orgulhoso o homem que disser: "Comecei meu trabalho ao alvorecer do dia e só terminei ao anoitecer". Todos vocês vieram quando foram chamados, uns mais cedo, outros um pouco mais tarde, para a reencarnação que agora estão vivendo. Porém, há quantos séculos o Senhor os está chamando para trabalhar em Sua vinha, sem que aceitem o convite! É chegado o momento de receber o salário, empreguem bem esta hora que resta e nunca esqueçam que a existência, por mais longa que possa parecer, não passa de um momento muito breve na imensidade dos tempos que formam, para vocês, a eternidade.

Henri Heine
Paris, 1863.

3 – Jesus empregava a simplicidade dos símbolos em Sua linguagem. Os *trabalhadores da primeira hora* foram Moisés, os Profetas e todos os Espíritos superiores que reencarnaram para iniciar as diversas etapas do progresso. Eles foram os porta-vozes da Espiritualidade. Os *trabalhadores da segunda hora* foram os primeiros mártires, aqueles que deram a sua vida pelo Cristianismo, os apóstolos, os sábios, os filósofos, os Pais da Igreja, entre eles, Santo Agostinho e São Tomaz de Aquino. Os *trabalhadores da última hora* são os espíritas. Eles foram anunciados e profetizados desde a vinda de Jesus e, mesmo chegando por último, eles receberão a mesma recompensa, ou melhor, receberão uma recompensa ainda maior.

Por serem os últimos a chegar, os espíritas aproveitam o trabalho intelectual já realizado por seus antecessores, pois o homem deve herdar do homem. O trabalho dos espíritas e seus resultados são coletivos, e Deus abençoa a solidariedade. Muitos daquela época revivem hoje, ou reviverão amanhã, para completar a obra que outrora iniciaram. Mais de um Patriarca, mais de um Profeta, mais de um discípulo do Cristo, mais de um propagador da fé cristã encontra-se entre vocês. Eles estão mais esclarecidos, mais adiantados, por isso, trabalham, hoje, na cúpula do edifício e não mais na base. Seus salários serão proporcionais ao seu mérito na obra.

A reencarnação valoriza e faz com que a filiação espiritual se torne eterna. O Espírito, chamado a prestar contas de seu mandato terreno, sente no ar o pensamento de seus antecessores e compreende que a tarefa, que outrora começou, deve continuar. Então, retorna para a luta, amadurecido pela experiência adquirida e procura avançar ainda mais. Todos os trabalhadores, tanto da primeira como da última hora, compreendem a profunda Justiça de Deus e, em vez se lamentarem, passam a adorá-lo.

Um dos verdadeiros sentidos dessa parábola, *em que os últimos serão os primeiros*, como em todas as outras parábolas que Jesus dirigiu ao povo, contém o ensinamento de que a vida continua no futuro. As parábolas trazem, através de suas formas e imagens, a compreensão da magnífica harmonia entre todas as coisas do Universo e da solidariedade que liga os seres de hoje com o passado e com o futuro.

MISSÃO DOS ESPÍRITAS
Erasto, protetor do médium – Paris, 1863.

4 – Não percebem a formação da tempestade que deve assolar o Velho Mundo e reduzir ao nada as perversidades terrenas? Bendigam ao Senhor, todos que colocaram fé em Sua Soberana Justiça. Vocês são, hoje, os novos apóstolos da crença revelada pelos Espíritos superiores. Preguem e ensinem o *novo Dogma da Reencarnação* e o progresso que os Espíritos conseguem através dela, conforme tenham cumprido, bem ou mal, suas missões e suportado suas provas terrenas.

Não temam! As ***línguas de fogo*** estão sobre suas cabeças. Verdadeiros adeptos do Espiritismo, vocês são os eleitos de Deus! Vão e preguem a palavra Divina. É chegada a hora de sacrificar hábitos, trabalhos e ocupações fúteis em favor da divulgação espírita. Vão e preguem! Os Espíritos superiores estão com vocês. Certamente, falarão com pessoas que não querem ouvir a palavra de Deus, pois ela recomenda a renúncia constante. Preguem o desinteresse aos que têm apego excessivo ao dinheiro, preguem a abstinência aos desregrados, a mansidão aos tiranos domésticos e aos opressores. Palavras perdidas? Talvez, mas o que importa? É necessário regar com suor o terreno em que vão semear, pois ele só frutificará se esses esforços forem baseados nos ensinamentos do Evangelho. Vão e preguem!

Sim, todos vocês, homens de boa fé, conscientes da sua inferioridade em face dos mundos espalhados pelo infinito, iniciem sua luta contra a injustiça e a maldade. Vão e aniquilem esse ***culto ao bezerro de ouro*** que cresce dia após dia. Vão, pois Deus os está conduzindo! Homens simples e ignorantes, suas línguas se soltarão e falarão como nenhum orador fala. Vão e preguem. As populações atentas receberão com alegria as suas palavras de consolação, fraternidade, esperança e paz.

Que importam as armadilhas que irão colocar no caminho de vocês? Somente lobos caem em armadilhas para lobos. O pastor saberá defender suas ovelhas dos malvados que querem sacrificá-las.

Vão, homens que são grandes perante Deus e que são mais felizes do que o Apóstolo Tomé, porque acreditam sem precisar ver e aceitam a mediunidade, mesmo sem nunca terem conseguido obtê-la por vocês mesmos. Vão, o Espírito de Deus os guiará!

Marche para frente, grandiosa falange da fé! Os grandes batalhões de incrédulos se desmancharão diante de vocês, como a névoa da manhã se dissipa aos primeiros raios do sol.

Jesus disse: *"A fé é a virtude que transporta montanhas"*. Porém, mais pesadas que as montanhas são as impurezas que estão nos corações dos homens, e todos os vícios que delas derivam. Partam com coragem para remover essas montanhas de maldade, que as gerações futuras só deverão conhecer como lenda, assim como vocês conhecem, muito vagamente, os tempos que antecederam a civilização pagã.

As revoluções morais e filosóficas surgirão em todos os pontos da Terra. Aproxima-se a hora em que a luz Divina brilhará sobre os dois mundos, o Material e o Espiritual.

Vão, portanto, e levem a palavra Divina aos grandes que a desprezarão; aos sábios, que exigirão provas; aos simples e pequeninos, que irão aceitá-la. Porque é, principalmente, entre os trabalhadores que estão em expiação na Terra que encontrarão entusiasmo e fé. Eles receberão os ensinamentos com alegria, agradecendo e louvando a Deus pela consolação Divina que vocês lhes oferecerem. Assim, baixando a fronte, renderão graças pelas aflições que a Terra lhes reservou.

Armem-se de decisão e coragem! Mãos à obra! O arado está pronto e a terra preparada, trabalhem!

Vão e agradeçam a Deus pela gloriosa tarefa que Ele confiou a vocês. Mas cuidado: entre os chamados para o Espiritismo, muitos se desviaram do caminho! Fiquem alertas quanto ao rumo a seguir, busquem a verdade.

PERGUNTA: *Se, entre os chamados para o Espiritismo, muitos irão se perder, como reconhecer os que se encontram no bom caminho*?

RESPOSTA: Poderão reconhecê-los pela verdadeira caridade que vão ensinar e, principalmente, pela que vão praticar. Pela consolação que vão distribuir aos aflitos, pelo amor que vão dedicar ao próximo e pelo seu desinteresse pessoal. Poderão reconhecê-los pela vitória de seus princípios, pois Deus quer que Sua Lei triunfe. Aqueles que a seguem são os que vão vencer, serão os escolhidos. Os que burlam o espírito dessa Lei, para satisfazer as suas vaidades e ambições, serão destruídos.

OS TRABALHADORES DO SENHOR

O Espírito da Verdade – Paris, 1862.

5 – É chegado o tempo em que se cumprirão as coisas anunciadas para a transformação da Humanidade. Felizes serão aqueles que trabalharam no campo do Senhor com desinteresse, movidos apenas pela caridade! Suas jornadas de trabalho serão recompensadas cem vezes mais do que esperavam. Felizes serão aqueles que disserem a seus irmãos: "Vamos trabalhar juntos e unir nossos esforços, para que o Senhor encontre a obra terminada quando chegar", porque Ele vai dizer: *"Venham a mim, vocês que são bons servidores, que souberam calar seus melindres e discórdias para não deixar a obra prejudicada!"*. Mas infelizes daqueles que, por suas divergências vaidosas, retardaram a hora da colheita. A tempestade virá sobre eles e serão levados no turbilhão! E, nessa hora, irão clamar: "Piedade! Piedade, Senhor!". E Ele lhes dirá: "Por que Me pedem piedade, vocês que não tiveram piedade para com seus irmãos? Que recusaram estender a mão ao fraco, e o colocaram em uma situação ruim em vez de socorrê-lo? Por que pedem piedade, vocês que procuraram a sua recompensa nos gozos terrenos e na satisfação do orgulho próprio? Já receberam a sua gratificação de acordo com a sua vontade, nada mais devem pedir. As recompensas celestes são para aqueles que não receberam as recompensas na Terra".

Deus faz, nesse momento, a seleção de Seus servidores fiéis, e já assinalou aqueles que só aparentam devotamento, a fim de que não se apoderem do salário dos servidores corajosos. Somente aos que não recuaram diante da tarefa é que Ele vai confiar os postos mais difíceis na grande obra de regeneração da Terra pelo Espiritismo, e, então, esse ensinamento irá se cumprir: *"Os primeiros serão os últimos, e os últimos serão os primeiros no Reino dos Céus"*.

Comentários

1 – Terceira hora do dia – Nove horas da manhã.
Sexta hora – Meio-dia.
Nona hora – Três horas da tarde.
Décima primeira hora – Seis horas da tarde.

4 – Línguas de fogo – No dia de Pentecostes, os apóstolos de Jesus, que eram todos médiuns, receberam a manifestação dos Espíritos e falaram em línguas desconhecidas. As línguas de fogo nada mais eram do que a ligação fluídica que se formou entre os Espíritos e os médiuns durante a comunicação Espiritual. Essa ligação foi atestada pelos videntes que estavam presentes. O dia de Pentecostes (em grego: Pentikosti) era o quinquagésimo dia após a Páscoa Judaica, mas também o quinquagésimo dia após a Ressurreição de Cristo. Era o dia em que os judeus comemoravam, com uma grande festa, a entrega das Tábuas com os Dez Mandamentos a Moisés, no Monte Sinai.

Culto ao bezerro de ouro – Quando Moisés subiu o Monte Sinai para receber os Dez Mandamentos da Lei de Deus, o povo, fraco e incrédulo, vendo que Moisés tardava para descer da montanha, fundiu os brincos e todo material de ouro que os homens e as mulheres possuíam e moldou um bezerro. Depois, construíram um altar e passaram a adorá-lo. O Senhor, então, disse a Moisés: "Vá, desça, porque se corrompeu o povo que você tirou do Egito".

CAPÍTULO

21

HAVERÁ FALSOS CRISTOS E FALSOS PROFETAS

• Conhece-se a árvore pelos seus frutos
• Missão dos profetas
• Prodígio dos falsos profetas
• Não acreditem em todos os Espíritos

Instruções dos Espíritos:
• Os falsos profetas
• Características do verdadeiro profeta
• Os falsos profetas da erraticidade
• Jeremias e os falsos profetas

CONHECE-SE A ÁRVORE PELOS SEUS FRUTOS

1 – ***A árvore que produz maus frutos não é boa****, e* ***a árvore que produz bons frutos não é má****. Assim, cada árvore é conhecida pelo fruto que produz. Não se colhem figos dos espinheiros e nem cachos de uvas dos* ***abrolhos****. O homem de bem tira coisas boas do seu coração e o homem mau tira coisas ruins do seu coração, pois a boca fala daquilo que o coração está cheio (Lucas, 6:43 a 45).*

2 – *Jesus recomendou: "Guardem-se dos falsos profetas que, por fora, se disfarçam de ovelhas e que, por dentro, são lobos que roubam. Vocês os reconhecerão por seus atos. Por acaso se pode colher uvas dos espinheiros ou figos dos abrolhos? Assim, toda árvore que é boa produz bons frutos, e toda árvore que é má produz maus frutos. Uma árvore boa não pode produzir frutos ruins, e uma árvore má não pode produzir frutos bons. Toda árvore que não produz bons frutos será cortada e lançada ao fogo. Vocês a reconhecerão pelos seus frutos" (Mateus, 7:15 a 20).*

3 – *Jesus disse: "Tomem cuidado para não serem enganados, pois vários virão em Meu nome dizendo: 'Sou o Cristo' e enganarão muita gente. Vários falsos profetas* *se levantarão e enganarão muitas pessoas, e a caridade, em muitos, se esfriará, porque a injustiça se multiplicará. Mas aquele que perseverar até o fim, será salvo".*

"Então, se alguém disser: 'O Cristo está aqui, ou está ali', não acreditem, pois irão se levantar falsos cristos e falsos profetas que farão grandes prodígios e coisas espantosas, a ponto de enganar, se fosse possível, até mesmo os escolhidos" (Mateus, 24:4 e 5, 11 a 13, 23 e 24; Marcos, 13:5 e 6, 21 e 22).

MISSÃO DOS PROFETAS

4 – É comum atribuir-se aos profetas o dom de revelar o futuro e, por isso, as palavras *profecia* e *predição* tornaram-se sinônimos. No sentido evangélico, a palavra *Profeta* tem um significado mais amplo. Os Profetas são seres enviados por Deus, com a missão de instruir os homens e de revelar a eles as verdades do Mundo Espiritual. Assim, um homem pode ser Profeta sem fazer profecias, e essa era a ideia dos judeus, no tempo de Jesus. Eis por que, quando Jesus foi levado à presença do sumo sacerdote Caifás, os escribas e os anciãos, que ali estavam reunidos, Lhe cuspiram no rosto, Lhe deram socos e bofetadas, dizendo: "Cristo, profetiza e diz quem foi que Lhe bateu". Entretanto, existiram Profetas que previram o futuro, por intuição ou por revelação de Espíritos superiores, com a finalidade de prevenir os homens. Como suas previsões aconteceram, o dom de adivinhar o futuro foi considerado como sendo um dos atributos que os Profetas precisavam possuir.

PRODÍGIO DOS FALSOS PROFETAS

5 – Jesus advertiu: *"Surgirão falsos cristos e falsos profetas que farão grandes prodígios e coisas surpreendentes, a ponto de enganar, se fosse possível, até mesmo os escolhidos".* Esta advertência alerta para o verdadeiro sentido da palavra prodígio. No estudo dos textos sagrados, os prodígios e os milagres são fenômenos excepcionais que se situam fora das Leis da Natureza. Sendo obra exclusiva do Criador, essas Leis somente por Ele podem ser alteradas, se assim Ele o quiser. O simples bom senso nos diz que Deus não daria a seres malvados e inferiores um poder igual ao Seu, e, menos ainda, o direito de desfazerem as Suas Leis. Cristo não pode ter aprovado tal princípio. Pelas palavras de Jesus, o Espírito do mal teria o poder de fazer prodígios, pelos quais até mesmo os escolhidos seriam enganados. Disso resulta que, se o Espírito do mal pode fazer o que Deus faz, os prodígios e os milagres não são obras exclusivas dos enviados de Deus. Assim, esses fenômenos nada provam, pois nada distingue os milagres que são feitos pelos santos, dos milagres que são feitos pelos demônios. Portanto, é preciso procurar um sentido mais lógico para as advertências de Jesus.

Aos olhos do povo menos esclarecido, todo fenômeno cuja causa é desconhecida passa a ser algo sobrenatural, maravilhoso e miraculoso. Uma vez conhecida a causa, o fenômeno, por mais extraordinário que possa parecer, nada mais é do que a aplicação de uma Lei da Natureza. Assim, os fatos sobrenaturais vão diminuindo à medida que o conhecimento das Leis Científicas se ampliam. Em todas as épocas, os homens exploraram certos conhecimentos que os habilitariam a executar uma suposta missão Divina, ou usufruir de um poder supostamente sobre-humano. Faziam isso por ambição e pelo desejo de dominação.

Esses são os falsos cristos e os falsos profetas. A propagação dos conhecimentos acaba por desacreditá-los, eis por que o seu número diminui à medida que os homens se esclarecem. O fato de realizarem o que algumas pessoas consideram prodígios não é sinal de uma missão Divina, visto que pode ser o resultado de conhecimentos que qualquer um pode adquirir, ou de ***faculdades orgânicas especiais***, que podem acompanhar tanto o mais digno, quanto o mais indigno. O verdadeiro Profeta se reconhece por características mais sérias, e que são, exclusivamente, de ordem moral.

NÃO ACREDITEM EM TODOS OS ESPÍRITOS

6 – *Meus bem-amados, não acreditem em todos os Espíritos, tenham antes a certeza de que os Espíritos são de Deus, pois muitos falsos profetas têm surgido no mundo (João, 1ª epístola, 4:1.)*

7 – Os fenômenos espíritas, longe de dar crédito aos *falsos cristos* e aos *falsos profetas*, vêm dar-lhes o golpe mortal, contrariando o que muitos falam sobre o Espiritismo. Por isso, não peçam ao Espiritismo milagres nem prodígios, pois ele declara formalmente que não os produz. Assim como a Física, a Química, a Astronomia e a Geologia vieram revelar as Leis do Mundo Material, o Espiritismo vem revelar outras Leis, até então desconhecidas, e que regem as relações entre o Mundo Material e o Mundo Espiritual. As Leis Espíritas também são Leis da Natureza, do mesmo modo que as Leis Científicas. Ao explicar alguns fenômenos, até então incompreendidos, a Ciência Espírita destrói o que ainda permanecia sob o domínio do maravilhoso, impedindo que certas pessoas explorem esses fenômenos em benefício próprio. Assim, aqueles que tentassem se passar por enviados de Deus não poderiam abusar por muito tempo da credulidade alheia, pois logo seriam desmascarados. Aliás, como já foi dito, os fenômenos, por si só, nada provam; a missão se prova pelos efeitos morais, o que não é dado a qualquer um produzir. Eis aí um dos resultados do desenvolvimento da Ciência Espírita, que, ao pesquisar a causa de certos fenômenos, levanta o véu que encobria muitos mistérios. Apenas aqueles que preferem viver no escuro, em vez de viver na luz, têm interesse em combater os ensinamentos espíritas. Mas a verdade é como o sol, dissipa o mais denso dos nevoeiros.

O Espiritismo vem revelar outra categoria bem mais perigosa de falsos cristos e falsos profetas, e que não se encontra entre os homens, mas sim entre os desencarnados: é a dos Espíritos enganadores, hipócritas, orgulhosos e falsos sábios que, após desencarnarem, se disfarçam sob a máscara de nomes respeitáveis para fazer com que suas ideias, absurdas e extravagantes, sejam aceitas. Antes que as relações mediúnicas fossem conhecidas, os Espíritos enganadores atuavam de maneira menos ostensiva, manifestando-se pela inspiração, pela mediunidade inconsciente, auditiva ou falante. É considerável o número daqueles que, em diversas épocas, mas, principalmente, nestes últimos tempos, se fizeram passar por alguns dos antigos Profetas, pelo próprio Jesus, por Maria, Sua mãe e até mesmo por Deus. O apostólo João nos previne sobre eles quando diz: *"Meus bem-amados, não acreditem em todos os Espíritos, tenham antes a certeza de que os Espíritos são de Deus, pois muitos falsos profetas têm surgido no mundo"*. O Espiritismo nos fornece os meios para que possamos reconhecer as características que definem os bons Espíritos, e essas características são *sempre de ordem moral, e nunca de ordem material (ver O Livro dos Médiuns cap. 24 e seguintes)*. Na distinção entre os bons e os maus Espíritos é que podemos aplicar as palavras de Jesus: *"Reconhece-se a qualidade da árvore por seus frutos, pois uma árvore boa não pode produzir maus frutos, e uma árvore má não pode produzir bons frutos"*. Os Espíritos são julgados pela qualidade de suas obras, assim como se julga uma árvore pela qualidade de seus frutos.

Instruções dos Espíritos

OS FALSOS PROFETAS

Luís – Bordeaux, 1861.

8 – Se alguém disser: "O Cristo está aqui", não o procurem, mas ao contrário, fiquem atentos, pois os falsos profetas serão numerosos. Não veem as folhas da figueira que começam a embranquecer, os brotos numerosos esperando a época da floração, e o Cristo não disse a vocês: "Reconhece-se uma árvore por seus frutos"? Se os frutos são amargos, já sabem que a árvore é má, mas se os frutos são doces e saudáveis, vocês dirão: Nada de tão puro pode sair de uma árvore má.

É assim, meus irmãos, que devem julgar; são as obras que devem ser examinadas. Se os que se dizem revestidos do Poder Divino revelam todos os sinais de uma missão de natureza elevada, ou seja, se possuem em alto grau as virtudes cristãs e eternas, tais como: a caridade, o amor, a misericórdia, a bondade que reconcilia todos os corações, e se, além das palavras, juntam também os atos, então podem dizer: Estes são, realmente, os enviados de Deus.

Desconfiem das palavras açucaradas, desconfiem dos escribas e dos fariseus que pregam nas praças públicas vestindo longas túnicas. Desconfiem daqueles que dizem ter a posse única e exclusiva da verdade!

Não, o Cristo não está entre eles. Aqueles que são enviados por Ele para propagar a Sua Doutrina salvadora e regenerar Seu povo serão, a exemplo do Mestre, brandos e humildes de coração, acima de tudo. A Humanidade atual está correndo para a perdição e se desviando por caminhos tortuosos. Aqueles que forem enviados para salvá-la, com seus exemplos e conselhos, terão que ser, acima de tudo, modestos e humildes. Fujam daquele que revelar o menor sinal de orgulho, como fogem de uma praga contagiosa que a tudo contamina. Lembrem-se de que *cada criatura traz, na fronte, mas, principalmente, em seus atos, a marca de sua grandeza ou de sua decadência.*

Vão, meus filhos bem-amados, sigam sem vacilações, sem segundas intenções, o caminho abençoado que escolheram. Vão, avancem sem temor, afastem, corajosamente, tudo o que poderia dificultar a marcha em busca do desenvolvimento eterno. Viajantes, deixem seus corações serem levados pela Doutrina Espírita, que vem revelar as Leis Eternas e satisfazer todas as aspirações da alma com relação ao desconhecido. Ao praticá-la estarão se esclarecendo. Assim, permanecerão pouco tempo nas trevas e nas dores da provação. Agora, já podem dar um sentido a essas esperanças fugazes que aparecem em seus sonhos, e que, por serem de pouca duração, apenas deliciam o Espírito, sem nada dizerem ao coração. Meus amigos, com a chegada do Espiritismo, a morte desapareceu para dar lugar ao reencontro das almas na Morada Celeste! Vocês, que cumpriram a tarefa que foi dada pelo Criador, não precisam mais temer por Sua Justiça, pois Ele é pai e perdoa, sempre, Seus filhos desgarrados que clamam por misericórdia. Continuem avançando sem cessar, e que a bandeira dos homens seja a do progresso. Do progresso contínuo em todas as coisas, até chegarem ao final feliz da jornada, onde estarão esperando por vocês todos aqueles que os antecederam.

CARACTERÍSTICAS DO VERDADEIRO PROFETA

Erasto – Paris, 1862.

9 – *Desconfiem dos falsos profetas.* Essa recomendação é útil em todos os tempos, mas, principalmente, nos momentos de transição, como o atual, onde uma transformação da Humanidade está sendo elaborada. Nessas horas, surge uma multidão de ambiciosos e farsantes que se apresentam como reformadores e messias. É contra esses impostores que é preciso estar atento, e é o dever de todo o homem honesto desmascará-los. Vocês me perguntarão: como é possível reconhecê-los? Eis os seus sinais:

Somente se confia o comando de um exército a um hábil general que tenha capacidade para dirigi-lo. Acreditam que Deus seja menos prudente do que os homens? Saibam que Ele só confia as grandes missões aos que têm condições de cumpri-las, pois elas são fardos pesados que esmagariam o homem fraco que não estivesse preparado para carregá-las. Em todas as coisas, o mestre deve sempre saber mais do que o discípulo. Para que a Humanidade avance, moral e intelectualmente, são necessários homens superiores em inteligência e em moralidade! Por isso, para essas missões, são sempre escolhidos Espíritos bastante adiantados, que fizeram sua evolução em outras existências, visto que, se não forem superiores ao meio onde devem atuar, nada poderão fazer.

Assim sendo, o verdadeiro enviado de Deus justifica a missão para a qual foi escolhido, por sua superioridade, suas virtudes, sua grandeza, pelo resultado de seu trabalho e pela influência moralizadora que suas obras conseguem despertar. Tirem, ainda, essa conclusão: Se pelo seu caráter, por suas virtudes, por sua inteligência, ele demonstrar que não está à altura da missão que recebeu, nem à altura do personagem de cujo nome se utiliza, certamente, trata-se de um farsante que nem mesmo consegue imitar a personalidade que escolheu para modelo.

Os verdadeiros missionários de Deus ignoram-se a si mesmos, realizam a obra para a qual foram chamados, pela determinação do seu caráter e por sua inteligência. São apoiados por um poder superior que os inspira e dirige, sem que disso eles se apercebam, pois não possuem intenção premeditada. Enfim, *os verdadeiros Profetas se revelam por seus atos e são descobertos pela Humanidade, enquanto que os falsos se apresentam por si mesmos como enviados de Deus.* Os verdadeiros são humildes e modestos, já os falsos são orgulhosos e cheios de si, pois falam com arrogância e, como todos os mentirosos, sempre parecem estar receosos de não serem aceitos.

Esses impostores já se apresentaram como apóstolos de Cristo, outros, como o próprio Cristo e, para vergonha da Humanidade, encontraram pessoas capazes de acreditar em suas propostas infames. Uma análise bem simples seria o bastante para abrir os olhos dos mais cegos: a de que, se o Cristo reencarnasse na Terra, o faria com todo o Seu poder e todas as Suas virtudes, a menos que Ele tivesse degenerado, o que seria um absurdo; se tirassem de Deus um só de Seus atributos, não teriam mais Deus, e se tirassem do Cristo uma só de Suas virtudes, também não teriam mais o Cristo.

Aqueles que se fazem passar por Cristo possuem todas as Suas virtudes? Eis a questão. Observem bem, sondem seus pensamentos e os atos que praticam, e logo verão que eles não possuem as qualidades do Cristo, ou seja, a humildade e a caridade. Já os falsos profetas, possuem o que Cristo não tinha, ou melhor, a ambição e o orgulho. Notem que, nesse momento, em diversos países, existem muitos que pretendem ser Jesus, Elias, o Apóstolo João ou o Apóstolo Pedro e que, necessariamente, não podem ser todos verdadeiros. Fiquem certos de que são pessoas que exploram a credulidade alheia e acham cômodo viver às custas daqueles que os escutam.

Desconfiem dos falsos profetas, especialmente, nesses tempos de renovação que estamos vivendo, pois muitos impostores se apresentarão como enviados de Deus. São os que procuram satisfazer suas vaidades na Terra. Uma terrível justiça os espera! Disto podem estar certos.

OS FALSOS PROFETAS DA ERRATICIDADE

Erasto, discípulo de São Paulo – Paris, 1862.

10 – Os falsos profetas não estão somente entre os encarnados. Encontram-se também, e em maior número, entre os Espíritos orgulhosos que, sob a falsa aparência do amor e da caridade, semeiam a desunião, retardando o trabalho de emancipação da Humanidade. Utilizam-se, para isso, de médiuns que aceitam as suas ideias polêmicas e absurdas. Esses falsos profetas, para melhor fascinar aqueles a quem desejam enganar, e para dar mais importância às suas teorias, utilizam-se, sem escrúpulos, de nomes conhecidos e de muito respeito entre os homens.

São eles que semeiam a discórdia entre os grupos espíritas, que os levam a isolarem-se uns dos outros e a olharem-se com desconfiança. Apenas a desarmonia que geram nesses grupos bastaria para desmascará-los, pois, agindo dessa forma, eles mesmos desmentem o que dizem ser. Cegos são os homens que se deixam enganar por eles de maneira tão grosseira.

Existem vários outros meios de se reconhecer os falsos profetas. Os Espíritos do nível ao qual eles dizem pertencer devem ser, não somente, muito bons, mas altamente racionais. Pois bem: passem as ideias desses Espíritos pelo crivo da razão e do bom senso e verão o que restará. Não passam de Espíritos ignorantes e mentirosos, aqueles que indicam medidas impraticáveis, absurdas e ridículas, como remédio para os males da Humanidade, ou como ela deve proceder para alcançar a sua transformação, ou, ainda, quando formulam uma ideia que contradiz com as noções básicas da Ciência.

Se a verdade nem sempre é apreciada pelos indivíduos, ela sempre será apreciada pelo bom senso das massas, e isso também é um critério para se identificar os falsos profetas. Quando dois princípios se contradizem, aquele que encontrar mais repercussão e simpatia será o de maior valor. *Não é lógico que uma doutrina, cujo número de adeptos diminua progressivamente, possa ser mais verdadeira que outra, na qual o número de adeptos aumente continuamente.* Deus, querendo que a verdade chegue a todos, não a limita em um círculo fechado e faz com que ela surja em diferentes lugares, a fim de que em toda parte o conhecimento esteja ao lado da ignorância.

Recusem todos os Espíritos que se apresentam como conselheiros exclusivos, pregando a divisão e o isolamento. São, quase sempre, Espíritos vaidosos e medíocres, que procuram impor-se a homens fracos e crentes, distribuindo-lhes elogios exagerados, com a finalidade de iludi-los e tê-los sob o seu domínio. São, geralmente, Espíritos sedentos de poder, que, quando estavam na Terra, foram tiranos públicos ou em suas famílias, e ainda querem vítimas para tiranizar após a morte. *Desconfiem das comunicações que trazem um caráter de misticismo e extravagância, ou que recomendem cerimônias e atos estranhos.* Nesses casos, sempre existe um motivo legítimo para desconfiança.

Quando uma verdade deve ser revelada à Humanidade, ela é comunicada simultaneamente a todos os grupos que possuem médiuns sérios, e não a este ou aquele grupo, com a exclusão de outros. Ninguém é médium perfeito se estiver obsediado, e, certamente, existe obsessão quando um médium só recebe comunicações de um determinado Espírito, por mais elevado que pretenda ser. Todo médium e todo grupo que acredita ser privilegiado por comunicações que só eles podem receber, e que se sujeitam a superstições, estão, certamente, sob a ação de uma obsessão bem caracterizada. Ainda mais quando o Espírito dominador usa um nome que todos, encarnados e desencarnados, devem honrar e respeitar e não permitir que ele seja, a todo instante, exposto ao ridículo.

Fica fácil rejeitar as coisas absurdas e erradas quando todas as comunicações dos Espíritos são submetidas ao crivo da razão e da lógica. Um médium pode sofrer obsessão, um grupo pode ser enganado, mas o controle severo de outros grupos que possuam dirigentes com elevada autoridade moral, pode pôr fim a essas fraudes. As comunicações marcadas pela autenticidade e pela lógica, trazidas pelos Espíritos esclarecidos, e recebidas por médiuns sérios, rapidamente, irão desmascarar esses ditados mentirosos, procedentes de Espíritos mistificadores e maus *(ver, na introdução desta obra, o parágrafo 2: Controle universal do ensinamento dos Espíritos. Consulte, também, O Livro dos Médiuns, cap. 23, sobre a "obsessão").*

JEREMIAS E OS FALSOS PROFETAS

Luoz, Espírito Protetor – Carlsruhe, 1861.

11 – *Eis o que diz o Profeta Jeremias: "Não escutem as palavras dos profetas, pois eles os enganam ao profetizar. Eles divulgam as visões de seus corações, e não o que ouviram do Senhor. Esses profetas dizem para aqueles que blasfemam do Criador a Deus: 'O Senhor disse que vocês terão paz'. E para todos aqueles que andam corrompendo seus corações, os profetas dizem: 'Nada de mal acontecerá a vocês'. Mas qual dos profetas esteve com Deus e ouviu Suas palavras? Qual deles entendeu o que Ele disse? 'Eu não* *enviei esses profetas', diz o Senhor, 'e eles vieram correndo'! Não lhes falava nada, e eles profetizavam por sua conta! Se eles tivessem estado ao Meu lado, teriam ouvido as palavras que Eu disse ao povo, e o teriam ajudado a não trilhar o caminho do mal e a não praticar más ações. Tenho ouvido o que dizem esses profetas que profetizam a mentira em Meu nome dizendo: 'Sonhei, sonhei'. Até quando essa imaginação estará no coração dos que profetizam a mentira, e cujas profecias são apenas invenções de seus corações? Se alguém do povo, um profeta, ou um sacerdote perguntar: 'Qual é o fardo do Senhor?' Vocês podem responder: 'O fardo do Senhor são vocês mesmos, falsos profetas, e Eu os lançarei para bem longe de Mim, dirá o Senhor'."". (Jeremias, 23:16 a 18, 21, 25 e 26, 33).*

Meus amigos, é a respeito dessa passagem do Profeta Jeremias que eu quero falar. Deus, falando por intermédio do Profeta Jeremias, disse: *É a visão do coração deles que os faz falar*. Essas palavras indicam claramente que, desde aquela época, os charlatões e os vaidosos exploravam e abusavam do dom da profecia. Abusavam da fé simples e quase cega do povo quando prediziam, *por dinheiro*, coisas boas e agradáveis. Esse tipo de fraude era muito comum entre o povo judeu. Fica fácil compreender que o povo, em sua ignorância, era incapaz de distinguir os bons dos maus. Assim, eles eram mais ou menos enganados por aqueles que se diziam profetas, e que não passavam de impostores ou fanáticos. Não existe nada mais esclarecedor do que essas afirmações: *Eu não enviei esses profetas, diz o Senhor, e eles vieram correndo! Não lhes falava nada, e eles profetizavam por sua conta! Mais adiante Ele diz: Tenho ouvido o que dizem esses profetas que profetizam a mentira em meu nome, dizendo: Sonhei, sonhei.* Ele indicava, assim, um dos meios empregados para explorar a confiança que o povo tinha neles. A multidão, sempre crente, não contestava a veracidade de seus sonhos ou de suas visões, porque achava tudo aquilo muito natural e sempre convidava os profetas a falarem.

Após estas palavras do Profeta Jeremias, escutem, também, os sábios conselhos do apostolo João, quando diz: *Não acreditem em todos os Espíritos, tenham, antes, a certeza de que os Espíritos são de Deus,* pois entre os desencarnados existem, também, os que têm prazer em enganar quando encontram ocasião. Fica bem claro que os enganados são os médiuns que não tomam as necessárias precauções. Esse é um dos maiores obstáculos contra o qual muitos médiuns esbarram, sobretudo quando são novatos no Espiritismo. Isso constitui, para eles, uma prova, na qual somente poderão triunfar se agirem com prudência. Portanto, aprendam antes de qualquer coisa, a distinguir os bons dos maus Espíritos, para que vocês mesmos não se tornem falsos profetas.

Comentários

1 – A árvore que produz bons frutos e a árvore que produz maus frutos – Não existe, nas palavras de Jesus, qualquer espécie de reprimenda à árvore que produz maus frutos e nem palavras de louvor a que produz bons frutos: é apenas uma constatação. "**A árvore que produz maus frutos não é boa**", mas não é inteiramente má, ou seja, o homem não estará irremediavelmente condenado pelas ações infelizes que praticar. O perdão espiritual é privilégio para todas as criaturas, pois não existe quem não esteja incluído no Plano Divino de Aperfeiçoamento. Na sequência, o Mestre nos ensina: "**a árvore que produz bons frutos não é má**", mas Jesus também não a considera inteiramente boa, pois, assim como o homem transitoriamente bom é capaz de atitudes insensatas, o homem temporariamente mau também é capaz de gestos de elevada nobreza. Cada uma delas se revela no estágio em que se encontra, ou melhor, uma não é boa ainda e a outra não é má de todo, mas ambas atingirão o Supremo Bem de onde, originalmente, saíram. A **árvore** simboliza o **homem**; os **frutos** são os **pensamentos**, os **atos** e as **obras**. A qualidade dos pensamentos, atos e obras revelam o grau de adiantamento moral em que cada um se encontra.

Abrolhos – Planta com frutos espinhosos.

5 – Faculdades orgânicas especiais – São, justamente, o que possuem os médiuns, principalmente os de efeitos físicos. Esses médiuns podem realizar uma série de manifestações que, aos olhos dos homens menos instruídos, podem causar encantamento e deslumbre, mas que são perfeitamente compreendidos por aqueles que possuem um conhecimento básico da Doutrina Espírita.

CAPÍTULO

22

NÃO SEPAREM O QUE DEUS UNIU

• Indissolubilidade do casamento
• O divórcio

INDISSOLUBILIDADE DO CASAMENTO

1 – *Os fariseus, para tentar Jesus, perguntaram: "É permitido a um homem abandonar sua mulher, por qualquer motivo?". E Jesus respondeu: "Não aprenderam que aquele que criou o homem desde o princípio, os criou macho e fêmea?". E disse mais: "Por esta razão, o homem deixará seu pai e sua mãe para se juntar a sua mulher, e serão os dois, uma só carne. Assim, eles já não serão mais dois, e sim, uma só carne. Que o homem, então, não separe o que Deus uniu".*

Depois os fariseus perguntaram a Jesus: "Por que razão Moisés ordenou que o marido entregasse à sua esposa uma carta de separação, antes de abandoná-la?". E Jesus respondeu: "Foi devido à dureza do coração de vocês que Moisés permitiu que abandonassem suas esposas, mas no início da Humanidade não era assim. Eu declaro que todo aquele que abandonar a sua mulher, se não for por causa de adultério, e se casar com outra, também comete um adultério. E aquele que se casar com a mulher que foi abandonada, também comete adultério" (Mateus, 19:3 a 9).

2 – Somente o que provém de Deus não está sujeito a mudanças. Toda obra que é feita pelos homens está sujeita a modificações. As Leis da Natureza são as mesmas em todos os tempos e em todos os países. As Leis Humanas modificam-se com o tempo, com os lugares e com o progresso da inteligência. No casamento, o que é de ordem Divina é a união do homem com a mulher, para permitir a reencarnação dos seres que morrem. As Leis que regulam essa união são feitas pelos homens e não existe, em todo o mundo, dois países onde elas sejam iguais, nem mesmo entre os países cristãos. Também não existe um só país onde essas Leis não sofram modificações com o tempo. Daí resulta que, perante a Lei Civil, o que é legítimo para um país, numa determinada época, é adultério em outro país e em outra época. Esse fato ocorre porque a Lei Civil tem por objetivo regular o interesse das famílias, e esses interesses variam de acordo com os costumes e as necessidades locais. Em certos países, apenas o casamento religioso é legítimo; em outros, além do religioso, é necessário também o casamento civil. Existem, ainda, países onde somente o casamento civil é suficiente.

3 – Na união do homem com a mulher, além da Lei Divina de Reprodução, que é comum a todos os seres vivos, existe uma outra Lei Divina, de caráter exclusivamente moral: é a Lei do Amor. Essa Lei, como toda Lei de Deus, não pode ser alterada. Deus quer que as criaturas se unam não só pelos laços da carne, mas também pelos laços da alma, a fim de que a afeição entre o marido e a mulher se transmita aos filhos. Quer, também, que sejam dois, em vez de um, a lhes dar amor, cuidados e fazê-los progredir.

Será que, nas condições normais do casamento, a Lei do Amor é sempre levada em consideração? Claro que não. A afeição que deveria existir entre dois seres que se atraem nem sempre é levada em conta, eis por que, frequentemente, essa afeição é rompida. Infelizmente, o que se procura não é a satisfação do coração, e sim, do orgulho, da vaidade e da ambição, ou seja, a satisfação de todos os interesses materiais. Quando tudo vai bem, segundo esses interesses, diz-se que o casamento é conveniente. E se o dinheiro está sobrando, diz-se que os esposos devem estar muito felizes.

Entretanto, nem a Lei Civil, nem os compromissos que ela determina podem substituir a Lei do Amor, se essa não for a responsável pela união do casal. O resultado disso é que, muitas vezes, *o que foi unido pela força, separa-se por si mesmo*. Assim, o juramento que foi feito ao pé do altar torna-se uma falsidade quando é pronunciado sem convicção. Surgem, então, as uniões infelizes, que acabam se tornando criminosas. A infelicidade para o casal seria evitada se, antes do casamento, eles levassem em conta a única Lei que o torna legítimo aos olhos de Deus: a Lei do Amor. Quando Deus disse: *"Serão, os dois, uma só carne"*, e quando Jesus falou: *"Que o homem, então, não separe o que Deus uniu"*, isso deve ser entendido segundo a Lei de Deus, que não se altera jamais, e não segundo a Lei dos Homens, que muda a todo instante.

4 – Será, então, desnecessária a Lei Civil, precisando o casamento voltar a ser regido pelas Leis da Natureza? Certamente que não. A Lei Civil tem por objetivo regular as Leis Sociais e os interesses das famílias, de acordo com as exigências da civilização. Eis por que, apesar de variável, a Lei Civil é necessária e útil. Ela deve ser também previdente porque o homem civilizado não pode mais viver como selvagem. Entretanto, nada impede que a Lei Civil seja uma confirmação da Lei de Deus.

As dificuldades para o cumprimento da Lei Divina, que tem por base a Lei do Amor, decorrem dos preconceitos humanos e não da Lei Civil. Embora esses preconceitos estejam, ainda, muito ativos, já perderam sua força junto aos povos esclarecidos. Eles desaparecerão totalmente com o progresso moral, que fará com que os homens vejam os males incontáveis e, até mesmo, os crimes que resultam das uniões onde somente são levados em conta os interesses materiais. A separação dos casais que não podem mais viver juntos é sempre bem-vinda, pois a perspectiva de uma aliança que não pode ser desfeita aumenta o número de uniões ilegais.

O DIVÓRCIO

5 – O divórcio é uma Lei Humana que tem por objetivo separar legalmente o que, de fato, já está separado. O divórcio não contraria a Lei de Deus, pois apenas corrige o que os homens fizeram, e se aplica nos casos em que não foi levada em conta a Lei do Amor. Se o divórcio fosse contrário à Lei do Amor, a própria Igreja seria forçada a considerar adúlteros os seus dirigentes, que, usando a sua autoridade, e em nome da religião, impuseram o divórcio em mais de uma oportunidade. Nesses casos, o adultério da Igreja seria duplo, pois o divórcio foi imposto por ela para atender somente a interesses materiais, e não para satisfazer a Lei do Amor.

Jesus também concordava que o casamento pudesse ser desfeito, pois Ele mesmo disse: *"Foi devido à dureza do coração de vocês que Moisés permitiu que abandonassem suas mulheres"*. Isso significa que, desde os tempos de Moisés, se a afeição mútua não fosse o único motivo do casamento, a separação poderia tornar-se necessária. Porém, Jesus acrescenta: *"No início da Humanidade, não era assim"*, ou seja, no início, quando os homens ainda não estavam corrompidos pelo orgulho e pelo egoísmo, e viviam segundo as Leis de Deus, as uniões não aconteciam pela vaidade ou pela ambição, e sim pela simpatia recíproca, o que não dava motivo para separações.

Jesus vai mais longe e explica que, em caso de adultério, a separação pode ocorrer. Todavia, sabemos que o adultério não acontece onde existe uma afeição mútua e sincera. Jesus proíbe, a todo homem, casar-se com a mulher que foi abandonada, mas é necessário considerar os costumes e o caráter dos homens daquela época. A Lei de Moisés, nesse caso, previa a morte por apedrejamento para a mulher adúltera. Jesus, querendo abolir um costume bárbaro como esse, precisava de uma penalidade que o substituísse. Ele encontra essa penalidade ao considerar uma grande desonra casar-se com uma mulher adúltera que foi abandonada. Era, de qualquer maneira, uma Lei Civil sendo substituída por outra Lei Civil, e, como todas as Leis dessa natureza, deveria sofrer a prova do tempo.

CAPÍTULO

23

ESTRANHA MORAL

• QUEM NÃO ODIAR SEU PAI E SUA MÃE
• ABANDONAR PAI, MÃE E FILHOS
• DEIXEM OS MORTOS ENTERRAREM SEUS MORTOS
• NÃO VIM TRAZER A PAZ, MAS A DIVISÃO

QUEM NÃO ODIAR SEU PAI E SUA MÃE

1 – *Jesus disse à grande multidão que caminhava com Ele: "Não poderá ser Meu discípulo aquele que vier a Mim e não odiar seu pai, sua mãe, sua mulher, seus filhos, seus irmãos e, até mesmo, sua própria vida. Assim, todo aquele que não* ***carregar sua cruz*** *e não Me seguir, não poderá ser Meu discípulo. E todo aquele que não renunciar a tudo o que tem, também não poderá ser Meu discípulo" (Lucas, 14:25 a 27, 33).*

2 – *"Aquele que ama seu pai ou sua mãe mais do que a Mim, não é digno de Mim. E aquele que ama seu filho ou a sua filha mais do que a Mim, não é digno de Mim" (Mateus, 10:37).*

3 – Certas palavras não combinam com a linguagem habitual de Cristo, por isso, repelimos seu sentido literal, quase que de maneira instintiva. Entretanto, a perfeição de Sua Doutrina nada sofre com isso. Os Evangelhos foram escritos após a morte de Jesus; assim, podemos imaginar que a ideia principal de Seu pensamento não foi bem expressa ou, o que não é menos provável, que o sentido original de seus ensinamentos sofreu alguma alteração ao passar pela tradução de uma língua para outra. Basta que o erro tenha sido cometido uma única vez para ser repetido pelos copistas, como acontece frequentemente com os fatos históricos.

A palavra ***odiar***, nesta frase do Evangelista Lucas: *"Se alguém vier a Mim e não odiar seu pai e sua mãe"*, serve como exemplo da palavra mal traduzida. Ninguém pode atribuí-la a Jesus. Seria inútil discutir ou tentar justificá-la. Primeiro, é preciso saber se Jesus a pronunciou e, em caso afirmativo, saber se, na língua em que Ele falava, essa palavra tinha o mesmo significado que na nossa. Na passagem do Evangelista João: *"Aquele que* ***odeia*** *sua vida neste mundo, a conserva para a vida eterna"*, fica claro, também, que a palavra *odiar* não traduz a ideia que lhe atribuímos.

A língua hebraica não era rica e continha muitas palavras com vários significados. O mesmo acontece no livro do Antigo Testamento, chamado Gênese: a palavra que designa *as fases da criação* serve, também, para expressar um *período qualquer de tempo* e, ainda, o *período diurno*. Daí, mais tarde, a sua tradução pelo termo *dia* e o entendimento de que o mundo foi feito em seis dias. A palavra que designava um *camelo* e um *cabo* era a mesma, pois os cabos eram feitos de pelo de camelo. Na tradução, foi utilizado o significado *camelo* para a comparação que Jesus fez quando disse: *"É mais fácil um camelo passar pelo buraco de uma agulha, do que um rico entrar no reino dos Céus" (veja, nesta obra, cap. 16:2).*

É necessário considerar, ainda, que os costumes e o caráter do povo exercem influência na característica de suas línguas. Sem esse conhecimento, o sentido verdadeiro de certas palavras nos escapa, e, de uma língua para outra, a mesma palavra possui maior ou menor energia. Assim, uma palavra pode ser ofensiva em uma língua e ter um significado completamente diferente em outra, conforme a ideia que ela queira exprimir. Ocorre, também, que, numa mesma língua, o sentido de certas palavras vai se alterando com o passar dos séculos. É por isso que uma tradução rigorosa, ao pé da letra, nem sempre revela com perfeição o pensamento original. Para ser exato, às vezes, é preciso empregar não as palavras correspondentes à tradução, mas palavras que sejam equivalentes ou semelhantes.

As observações acima encontram aplicação especial na interpretação das Sagradas Escrituras e, de modo particular, nos Evangelhos. Se não levarmos em conta o meio em que Jesus vivia, ficamos sujeitos a cometer enganos sobre certas expressões e fatos por Ele vividos. Isso se deve ao hábito que possuímos de analisar os acontecimentos passados segundo nosso entendimento atual. A palavra *odiar* empregada nesse caso, não pode ser entendida com seu significado moderno, pois iria contrariar a essência dos ensinamentos de Jesus *(veja, nesta obra, cap. 14:5 e seguintes).*

ABANDONAR PAI, MÃE E FILHOS

4 – *Todo aquele que, por amor a Mim, deixar a sua casa, as suas terras, o seu pai, a sua mãe e toda a sua família, receberá cem vezes mais e terá, como herança, a vida eterna (Mateus, 19:29).*

5 – *Então, Pedro disse a Jesus: "Nós deixamos tudo para segui-Lo". E Jesus lhe respondeu: "Pedro, em verdade, Eu lhe digo que não existe ninguém que tenha deixado, pelo Reino de Deus, a sua casa, o seu pai, a sua mãe, e toda a sua família, que já não tenha recebido, neste mundo, muito mais, e nos séculos por vir, a vida eterna" (Lucas, 18:28 a 30).*

6 – *Um outro Lhe disse: "Mestre, eu também quero seguir com o Senhor, mas deixe que eu vá primeiro à minha casa, vender todos meus bens". E Jesus lhe respondeu:*

"Todo aquele que, tendo colocado a mão no arado, olhar para trás, não é digno do Reino de Deus" (Lucas, 9: 61 e 62).

Sem discutir as palavras, é preciso compreender aqui o pensamento, que evidentemente era esse: *Os interesses da vida futura estão acima de todos os interesses e de todas as considerações de ordem humana*, porque esse pensamento está de acordo com a essência da Doutrina de Jesus, enquanto que a ideia de abandonar a família não combina com a Sua Doutrina.

A aplicação desses ensinamentos surge quando sacrificamos os nossos interesses e o convívio com a família para defender a Pátria. Um filho não é condenado quando precisa se afastar de seus pais, abandonar mulher e filhos, para marchar em defesa de seu país. Ao contrário, um grande mérito lhe é atribuído por deixar as doçuras do lar, o calor das amizades, para cumprir seu dever. Portanto, existem alguns deveres que são mais importantes que outros. A Lei não obriga que a filha deixe seus pais para seguir com o esposo? O mundo está cheio de casos onde as separações dolorosas são necessárias, mas nem por isso as afeições se rompem. O afastamento não diminui o respeito, nem a dedicação que se deve aos pais, nem o amor para com os filhos. Com exceção do termo *odiar*, as expressões que foram utilizadas por Jesus não negam o mandamento que diz para honrar o pai e a mãe, como também não negam o sentimento de ternura paternal. As expressões também não pregam o abandono aos pais, principalmente quando analisadas pela ideia que trazem consigo.

Elas tinham por objetivo mostrar ao homem o quanto era importante a preocupação com a vida futura. As expressões usadas naquela época chocavam bem menos o povo, pois antigamente os laços de família não tinham a força que têm hoje, fruto de uma civilização moralmente mais adiantada. Esses laços, que eram mais fracos nos povos primitivos, se fortificaram com o desenvolvimento da sensibilidade e do senso moral. A própria separação é necessária ao progresso, tanto das famílias quanto das raças, pois, se as raças não se cruzassem elas acabariam se degenerando. É uma Lei da Natureza, que interessa tanto ao progresso moral quanto ao progresso material.

Na Terra, as coisas são encaradas somente sob o ponto de vista materialista. O Espiritismo faz com que vejamos as coisas de um modo mais elevado, ao nos ensinar que os verdadeiros laços de afeição são os do Espírito e não os do corpo. Os laços de afeição não se rompem com a separação e, muito menos, com a morte. Esses laços se fortificam na vida espiritual, à medida que o Espírito evolui. É uma verdade consoladora que nos dá uma grande força para suportar as dificuldades da vida *(veja, nesta obra, cap. 4:18 e cap. 14:8).*

DEIXEM OS MORTOS ENTERRAREM SEUS MORTOS

7 – *Jesus disse a um outro: "Segue-me". E o outro lhe respondeu: "Senhor, permita que eu vá primeiro enterrar meu pai". Ao que Jesus lhe disse: "Deixe que os mortos enterrem os seus mortos, mas quanto a você, vá e anuncie o Reino de Deus" (Lucas, 9:59 e 60).*

8 – O que podem significar estas palavras: *"Deixe que os mortos enterrem os seus mortos"*? As considerações anteriores nos mostram que essas palavras não podiam ser uma censura ao filho que considerava um dever de piedade filial enterrar o corpo de seu pai. Portanto, elas tinham um significado mais profundo, que só um conhecimento mais completo da Vida Espiritual poderia tornar compreensível.

A verdadeira vida do Espírito é a Vida Espiritual. A Vida Terrena é apenas uma vida transitória e passageira. O Espírito, ao retornar à Terra, sofre uma espécie de morte, se compararmos a Vida Terrena com o esplendor e a atividade da Vida Espiritual. O corpo é apenas uma vestimenta grosseira que reveste o Espírito temporariamente, e pode ser comparado a uma corrente que o prende ao mundo terrestre. O Espírito deveria ficar feliz quando se liberta de seu corpo físico. O respeito que se tem pelos mortos não se deve ao corpo material, e sim à lembrança do Espírito ausente. É semelhante ao respeito que se tem pelos objetos que lhe pertenceram e que são guardados com carinho por aqueles que lhe querem bem. Era isso que aquele homem não podia compreender por si mesmo e Jesus o ensina, dizendo: Você não deve se preocupar com o corpo, pense antes no Espírito. Vá ensinar o Reino de Deus, vá dizer aos homens que sua pátria não está na Terra, e sim no Céu, pois é somente lá que se vive a verdadeira vida.

NÃO VIM TRAZER A PAZ, MAS A DIVISÃO

9 – *Não pensem que Eu vim trazer a paz para a Terra. Eu não vim trazer a paz, mas sim a espada. Eu vim para separar o filho de seu pai, a filha de sua mãe e a nora de sua sogra. E o homem terá como inimigos aqueles que moram em sua própria casa (Mateus, 10:34 a 36).*

10 – *Eu vim **lançar o fogo sobre a Terra**, e o que Eu mais desejo é que ele se acenda o quanto antes. Tenho que ser batizado com um **batismo**, e como é grande a Minha angústia para que ele se realize!*

Acreditam que Eu vim trazer a paz para a Terra? Eu asseguro que não, pelo contrário, vim trazer a divisão, pois, de hoje em diante, onde se encontrarem cinco pessoas numa casa, ficarão umas contra as outras: três contra duas e duas contra três, o pai contra o filho e o filho contra o pai, a mãe contra a filha e a filha contra a mãe, a sogra contra a nora e a nora contra a sogra (Lucas, 12:49 a 53).

11 – Será mesmo possível que Jesus, a personificação da doçura e da bondade, Aquele que sempre pregou o amor ao próximo, tenha dito: *"Não vim trazer a paz, mas a espada, vim separar o filho do pai, o esposo da esposa, vim lançar fogo à Terra e tenho pressa que ele se acenda"*? Essas palavras não estão em flagrante contradição com Seus ensinamentos? Não será uma demasia atribuir a Jesus a linguagem de um conquistador sanguinário e devastador? Não. Não existe demasia nem contradição nessas palavras, pois foi exatamente Ele quem as pronunciou, e elas atestam a Sua elevada sabedoria. Apenas a forma, um tanto quanto equivocada, causa estranheza, por não expressar exatamente o Seu pensamento, o que provocou alguns enganos quanto ao seu verdadeiro sentido. Se as palavras de Jesus fossem levadas ao pé da letra, transformariam Sua missão, totalmente pacífica, em uma missão de perturbação e discórdias. É uma consequência absurda que o próprio bom senso rejeita, uma vez que Jesus não poderia se contradizer *(veja, nesta obra, cap. 14:6).*

12 – Toda ideia nova sempre encontra oposição para ser aceita e não houve nenhuma que se estabelecesse sem lutas. A resistência à nova ideia é sempre proporcional aos interesses que ela ameaçará. Se for falsa e não trouxer maiores consequências, ninguém se preocupa com ela e a deixam passar, pois sabem que ela não tem vitalidade. Porém, se ela for verdadeira, possuir uma base sólida e tiver futuro, um secreto pressentimento adverte seus opositores de que ela é um perigo para eles e para a ordem das coisas em cuja manutenção estão interessados. Esse é o motivo pelo qual se lançam contra ela e contra seus seguidores.

A importância de uma ideia nova se mede pela agitação emocional que seu aparecimento provoca, pela violência com que a ela se opõem e pela persistência da raiva que causa em seus adversários.

13 – Jesus era responsável por uma Doutrina que destruía, pela base, os abusos cometidos pelos fariseus, escribas e sacerdotes de Seu tempo. Por isso, eles o mataram, pois acreditavam que matando o homem matariam a ideia. Mas a ideia sobreviveu, porque era verdadeira. Cresceu, porque estava nos planos de Deus. Tendo nascido em uma pequena vila da Judeia, foi plantar sua bandeira em Roma, capital do mundo pagão, enfrentando seus inimigos mais sanguinários, justamente aqueles que tinham o maior interesse em combatê-la. A Doutrina de Jesus derrubava as crenças seculares, às quais muitos se apegavam, mais por interesse do que por convicção. Os apóstolos e seguidores de Jesus tiveram, em Roma, lutas terríveis e as vítimas foram incalculáveis. Contudo, a ideia cresceu sempre e saiu vitoriosa, pois era verdadeira e superava, em muito, as suas antecessoras.

14 – O cristianismo apareceu quando o ***paganismo*** já estava em decadência e sendo questionado pela razão. Era praticado por mera formalidade, pois a crença nele havia desaparecido, e apenas o interesse pessoal o sustentava. *O homem interesseiro* é persistente e nunca cede às evidências. Quanto mais claros forem os argumentos, mostrando-lhe o erro, mais ele se irrita. Sabe muito bem que está errado, mas isso não o preocupa, pois a verdadeira fé não está em sua alma. O que mais o amedronta é o conhecimento, pois ele sabe que este abre os olhos daqueles que não enxergam. O *homem interesseiro* tira proveito do erro, por isso, se agarra a ele e o defende.

Sócrates formulou uma Doutrina, até certo ponto, semelhante à de Cristo. Ela não prevaleceu, em meio a um dos povos mais inteligentes da Terra, porque o amadurecimento para a sua implantação ainda não havia chegado. Ele semeou em uma Terra não preparada, pois o Paganismo ainda não estava suficientemente *desgastado*. Cristo recebeu Sua missão no tempo certo. Nem todos os homens de Sua época estavam à altura de Suas ideias, mas existia um clima mais favorável para aceitá-las, pois já se sentia na alma o vazio que as crenças vulgares deixavam. Sócrates e Platão tinham aberto caminho e preparado os Espíritos *(ver, na introdução desta obra, parágrafo 4, Sócrates e Platão, precursores da ideia cristã e do Espiritismo).*

15 – Infelizmente, os adeptos da Nova Doutrina não se entenderam quanto à interpretação das palavras do Mestre, pois Ele expunha o Seu pensamento de uma forma figurada e usava muitas comparações para dar ênfase ao que ensinava. Por esse motivo, surgiram, desde o início, numerosas seitas que tinham a pretensão de serem, todas elas, detentoras exclusivas da verdade. Essas seitas, por séculos, não conseguiram entrar em um acordo, esquecendo o ensinamento mais importante ministrado por Jesus, e que Ele colocou como condição expressa para a salvação: a caridade, a fraternidade e o amor ao próximo. Essas seitas, além de se amaldiçoarem mutuamente, ainda se jogaram umas contra as outras, com as mais fortes esmagando as mais fracas. Afogaram-se em sangue, em torturas e na chama das fogueiras. Os cristãos, vencedores do paganismo, de perseguidos passaram a perseguidores. Foi a ferro e fogo que plantaram o cristianismo nos dois mundos. As guerras religiosas foram as mais cruéis, e, mais do que em qualquer outra guerra, nelas foram cometidas as maiores atrocidades e barbáries. Elas fizeram mais vítimas do que as guerras políticas.

A culpa é da Doutrina de Cristo? Certamente que não, pois ela condena formalmente toda violência. Alguma vez Jesus disse a Seus discípulos: *"Vão, matem, massacrem e queimem na fogueira os que não acreditarem como vocês"*? Não, Ele disse exatamente o contrário: *"Todos os homens são irmãos e Deus é soberanamente misericordioso, amem o próximo, amem seus inimigos, façam o bem para aqueles que perseguem vocês"*. Ele ainda lhes disse mais: *"Quem matar pela espada, pela espada morrerá"*. Portanto, a responsabilidade não é da Doutrina de Jesus, mas daqueles que a interpretaram falsamente e fizeram dela um instrumento para servir às suas paixões, ignorando as palavras do Mestre: *"Meu Reino não é deste mundo"*.

Jesus, em sua profunda sabedoria, previu o que iria acontecer, mas essas coisas eram inevitáveis, pois decorriam da inferioridade da natureza humana, que não podia se transformar de um dia para o outro. Era necessário que o cristianismo passasse por essa prova longa e cruel, que durou mais de dezoito séculos, para mostrar toda sua força. Apesar de todo o mal cometido em seu nome, Jesus nunca foi questionado e sempre se manteve puro. A censura sempre recaiu sobre aqueles que abusaram do cristianismo e, a cada ato de intolerância, sempre se disse: "Se o cristianismo fosse mais bem compreendido e melhor praticado, isso não teria acontecido".

16 – Quando Jesus disse: *"Não pensem que Eu vim trazer a paz, vim trazer a divisão"*, Seu pensamento era o seguinte: "Não pensem que Minha Doutrina se estabelecerá pacificamente. Ela trará lutas sangrentas e o Meu nome será usado como pretexto, porque os homens não irão Me compreender, ou não irão querer Me compreender. Os irmãos, separados por suas crenças, lançarão a espada uns contra os outros, e a divisão acontecerá entre os membros de uma mesma família que não possuírem a mesma fé. Vim lançar fogo à Terra para limpá-la dos erros e dos preconceitos, como se coloca fogo em um campo para destruir as ervas daninhas. Tenho pressa que ele se acenda para que a purificação aconteça o mais rápido possível, pois a verdade sairá triunfante desse conflito. Após a guerra, virá a paz, após o ódio entre os países, virá a fraternidade universal, após as trevas do fanatismo virá a luz da fé esclarecida. Quando o campo estiver preparado, Eu enviarei *o consolador, o Espírito da Verdade, que virá restabelecer todas as coisas*, ou seja, fazer com que o homem, por estar mais esclarecido, entenda o verdadeiro sentido de Minhas palavras. Colocará um fim a essas lutas em que os irmãos se matam e que dividem os filhos de um mesmo Deus. O homem, cansado de um combate sem resultado, que só traz desolação e distúrbio para sua família, compreenderá onde estão seus verdadeiros interesses, neste mundo e no outro. Ele irá ver de que lado se encontram os amigos e os inimigos de sua tranquilidade. Então, todos virão se abrigar sob a mesma bandeira: a da caridade! Assim, as coisas serão restabelecidas na Terra, de acordo com a verdade e os princípios que Eu ensinei".

17 – O Espiritismo vem realizar, na época prevista, as promessas do Cristo. Entretanto, não pode fazê-lo sem antes destruir os erros. Assim como Jesus, ele encontra em seu caminho o orgulho, o egoísmo, a ambição, a cobiça e o fanatismo cego. Esses vícios, apesar de estarem praticamente derrotados, tentam barrar-lhe o caminho e erguem, contra a Doutrina, entraves e perseguições. Eis por que o Espiritismo também precisa lutar para se impor. O tempo dos combates e das perseguições sangrentas acabou, porém, as lutas que ele terá que enfrentar são todas de ordem moral e o fim delas se aproxima. As primeiras lutas do cristianismo duraram séculos. As lutas que o Espiritismo terá que enfrentar durarão apenas alguns anos, porque o conhecimento, em vez de partir de um único lugar, surgirá de todos os pontos da Terra e abrirá mais depressa os olhos daqueles que não enxergam.

18 – As palavras de Jesus faziam referência às discórdias que a Sua Doutrina iria provocar, aos conflitos que surgiriam como consequência e às lutas que teria que enfrentar antes de se firmar. É assim que as palavras devem ser entendidas, e não como algo premeditado de Sua parte, para semear a desordem e a confusão. Os hebreus também enfrentaram várias dificuldades antes de sua entrada na Terra Prometida. O mal viria dos homens e não de Jesus. A Sua posição era a do médico que veio para curar, cujos remédios provocam uma crise salutar, e que ao final acabam curando os doentes.

Comentários

1 – Carregar sua cruz – Significa que não basta apenas seguir Jesus, é preciso levar junto sua cruz, ou seja, seus problemas, suas dificuldades e seus sofrimentos. Apenas acompanhá-Lo não nos livrará de nossos erros e não nos tornará melhores.

3 – Significado do verbo odiar – O verbo **odiar** significava também, **amar menos, não amar tanto quanto**. Assim, a frase de Jesus ficaria: Não poderá ser Meu discípulo aquele que vier a Mim e não Me amar tanto quanto ama a seu pai e sua mãe. A comparação de Jesus era no sentido de que não poderia ser Seu discípulo aquele que amasse menos a vida espiritual, que era representada por Ele, e amasse mais a vida material, representada pelo pai e pela mãe.

Já a passagem do Evangelista João ficaria: Aquele que **não ama tanto** sua vida neste mundo, a conserva para a vida eterna, ou seja, aquele que não dá muita importância para vida material, preserva sua vida espiritual, que é a eterna.

7 – Deixem que os mortos enterrem seus mortos – A afirmação de Jesus tem sentido, pois Ele sabia que o pai daquele homem não estava morto, uma vez que ninguém morre. Ele estava vivo antes de nascer e continuava vivo após a morte do corpo físico.

9 – Não vim trazer a paz, mas a divisão – Jesus sabia que Sua Doutrina, embora estruturada no amor, não se estabeleceria no mundo de modo pacífico. Ela traria muitas lutas sangrentas, muitas mortes, a começar por Ele mesmo, na cruz. Sabia, também, que os irmãos separados por suas crenças, lançariam a espada uns contra os outros, e a divisão se daria entre os membros de uma mesma família que não tivessem a mesma fé.

10 – Lançar fogo sobre a Terra – Nesta passagem, Jesus usa o "fogo" com o significado de elemento purificador. A Doutrina do Cristo tinha a finalidade de acabar com os abusos, preconceitos e tradições que, na época, eram sustentados pelos romanos, pelos escribas, pelos fariseus e pelos sacerdotes orgulhosos. Lançar fogo sobre a Terra significa purificá-la, e, quanto antes esta purificação chegar, melhor.

A luta do homem contra seus defeitos vai se dar dentro do próprio homem, que deverá vencer a si mesmo. O **batismo** a que Jesus se refere era o batismo de sangue, que ele sofreria ao ser crucificado. Assim, quando todos alcançarem um nível melhor, a Terra também estará mais purificada. Esse era o verdadeiro significado que Jesus queria colocar em Suas palavras.

14 – Paganismo – É a designação dada pelos cristãos à antiga religião politeísta dos gregos, romanos e outros povos.

CAPÍTULO

24

NÃO COLOQUEM A CANDEIA DEBAIXO DO ALQUEIRE

• A candeia debaixo do alqueire – Por que Jesus falava por parábolas
• Não procurem os gentios
• Os sãos não têm necessidade de médico • Coragem da fé
• Carregar a cruz – Quem quiser salvar a vida, vai perdê-la

A CANDEIA DEBAIXO DO ALQUEIRE
POR QUE JESUS FALAVA POR PARÁBOLAS

1 – *"Ninguém acende uma* ***candeia*** *para colocá-la debaixo do* ***alqueire****, ela deve ser colocada sobre um* ***velador****, a fim de que ilumine aqueles que estão na casa" (Mateus, 5:15).*

2 – *Não existe ninguém que, após ter acendido uma candeia, a cubra com um vaso, ou a coloque debaixo da cama. Ela deve ser colocada sobre o velador, a fim de que aqueles que entrem vejam a luz. Porque não existe nada de secreto que não deva ser descoberto, nem nada de oculto que não deva ser revelado a todos (Lucas, 8:16 e 17).*

3 – *Os discípulos, ao se aproximarem de Jesus, perguntaram: "Por que o Senhor fala ao povo por parábolas?". E Jesus lhes respondeu: "Porque a vocês foi dado conhecer os mistérios do Reino dos Céus, mas ao povo, isso não lhes foi dado. Falo ao povo por parábolas, porque, vendo, não enxergam, e, ouvindo, não escutam e não compreendem. Neles, se cumpre a profecia de Isaias, que diz: Ouvirão com seus ouvidos e não escutarão, olharão com seus olhos e não enxergarão. Porque o coração desse povo se tornou pesado e seus ouvidos se tornaram surdos. Fecharam os olhos para não ver e os ouvidos para não ouvir. Dessa maneira, evitam que seus corações recebam os ensinamentos e se convertam, permitindo, assim, que Eu possa curá-los (Mateus, 13:10 a 15).*

4 – É de causar estranheza ouvir Jesus dizer que não se deve colocar a luz debaixo do alqueire, enquanto que Ele mesmo procurou encobrir, constantemente, o sentido de Suas palavras, expondo o Seu pensamento sob uma forma figurada, que nem todos conseguiam compreender. Ele se explica, ao dizer a Seus apóstolos: *"Eu falo ao povo por parábolas porque não estão ainda em condições de entender certas coisas. Eles veem, olham, ouvem e não compreendem. Por enquanto, dizer-lhes tudo seria inútil. Porém, digo a vocês, porque a vocês foi dado compreender esses mistérios"*. Ele procedia com o povo como se faz com as crianças, cujas ideias ainda não se desenvolveram. Dessa maneira, mostra o verdadeiro sentido de Seu ensinamento: *Não se deve colocar a candeia debaixo do alqueire, mas sobre o velador, a fim de que aqueles que entrem vejam a luz.* Esse pensamento não significa que é preciso revelar precipitadamente todas as coisas. Todo ensinamento deve ser proporcional à inteligência de quem o recebe. Existem pessoas para as quais uma luz muito forte ofuscaria em vez de esclarecer.

A Humanidade caminha da mesma forma que o homem, ou seja, as gerações passam pela infância, pela juventude e pela idade madura. Cada coisa deve vir a seu tempo, pois a semente plantada fora da época não germina. Aquilo que, por motivo de prudência, é ocultado da sociedade num determinado momento, cedo ou tarde deverá ser revelado. Ao atingir um certo grau de desenvolvimento, os homens procuram, por si mesmos, o esclarecimento, uma vez que a ignorância pesa sobre seus ombros. Deus deu aos homens a inteligência, para que eles possam compreender e conviver com as coisas da Terra e do Céu. Assim, eles procuram utilizar sua fé de forma racional. É por isso que não se deve colocar a candeia debaixo do alqueire, pois *sem a luz da razão, a fé se enfraquece (veja, nesta obra, cap. 19:7).*

5 – Deus, em Sua prudente sabedoria, só revela as verdades gradualmente, pois sabe quando a Humanidade está madura para recebê-las. Ele mantém o conhecimento reservado e não debaixo do alqueire. Já alguns homens, quando possuem esse conhecimento, tratam de escondê-lo do povo, com o objetivo de dominá-lo. São esses os que, verdadeiramente, colocam a luz debaixo do alqueire. Foi por isso que todas as religiões tiveram os seus mistérios e não permitiram que eles fossem revelados. Enquanto essas religiões permaneceram atrasadas, a Ciência e a inteligência avançaram e romperam o véu dos mistérios. O homem foi, gradativamente, aumentando seus conhecimentos e sua capacidade de entendimento. Hoje, quer conhecer os mistérios a fundo, pois não aceita mais a fé que contraria a sua observação.

Não pode haver mistérios absolutos, e Jesus está com a razão quando diz que não existe nada de secreto que não deva ser revelado. Tudo o que ainda está oculto será, um dia, descoberto, e aquilo que o homem ainda não pode compreender, na Terra, lhe será sucessivamente revelado em mundos mais adiantados, à medida que estiver mais evoluído. Aqui na Terra, o Homem ainda se encontra em meio a um nevoeiro.

6 – Pergunta-se: que proveito o povo poderia tirar dessa quantidade de parábolas, cujo sentido, muitas vezes, não conseguia compreender? Devemos considerar que apenas nas questões de mais difícil compreensão de Sua Doutrina Jesus falou de modo velado, principalmente, por parábolas. Entretanto, no que se refere à caridade para com o próximo e à humildade, Ele foi claro e objetivo, não deixando margem a dúvidas, pois sabia que essas duas virtudes são a condição básica para a salvação. Ser humilde e caridoso para com o próximo deveria ser, para os homens, uma regra de conduta. Por isso, essa regra deveria ser bem compreendida para que todos pudessem praticá-la. Somente isso era o essencial para um povo inculto, ao qual Jesus se limitava a dizer: *Eis o que é preciso fazer para ganhar o Reino dos Céus.* Sobre outras questões, mais abstratas, Ele desenvolvia Seu pensamento somente com os discípulos, pois eles já estavam mais avançados, moral e intelectualmente. Foi por isso que Ele disse: *"Àquele que já tem, mais ainda lhe será dado e ele ficará na abundância" (veja, nesta obra, cap. 18:15).*

Entretanto, até mesmo com Seus apóstolos Jesus falou de modo vago sobre muitos assuntos, cuja completa compreensão estava reservada para épocas futuras. Os temas que não foram explicados por Jesus foram aqueles que deram margem a interpretações tão diversas. Coube à Ciência, de um lado, e ao Espiritismo, de outro, revelarem as novas Leis da Natureza, possibilitando a compreensão do verdadeiro sentido de Suas palavras.

7 – O Espiritismo vem hoje explicar os diversos pontos obscuros, mas não o faz de maneira imprudente. Os Espíritos transmitem suas instruções com muito cuidado, abordando as diversas partes já conhecidas da Doutrina, de maneira sucessiva e gradual. Outras partes serão reveladas no momento adequado. Se os Espíritos tivessem revelado todos os pontos de uma só vez, poucas pessoas conseguiriam entender. A maioria ficaria assustada e se afastaria por não ter condições de acompanhar os ensinamentos, o que, certamente, prejudicaria a sua propagação. Se os Espíritos ainda não disseram tudo abertamente, é porque cada ensinamento deve vir no momento oportuno. Eles não querem colocar a candeia debaixo do alqueire e reservar certos mistérios a alguns privilegiados. Assim, dão a cada ensinamento o tempo para que ele amadureça e se propague, antes de apresentarem um novo, e só o fazem quando o antigo já foi assimilado e aceito pela maioria.

NÃO PROCUREM OS GENTIOS

8 – *Jesus enviou Seus doze apóstolos, dando-lhes as seguintes instruções: "Não procurem os **gentios** e não entrem nas cidades dos **samaritanos**, vão, antes, procurar as **ovelhas perdidas da casa de Israel**, e, nos lugares onde pregarem, digam que o Reino dos Céus está próximo" (Mateus, 10: 5 7).*

9 – Os ensinamentos de Jesus não estavam voltados somente para o povo judeu; eles se destinavam a toda a Humanidade. Quando pediu aos apóstolos para que não fossem pregar aos pagãos, não foi por desprezar a conversão deles, pois isso seria falta de caridade, mas porque os judeus já acreditavam em um Deus único e aguardavam a chegada de um Messias. Portanto, já estavam preparados, pela Lei de Moisés e pelos Profetas, para receberem os ensinamentos de Jesus através dos apóstolos. Como os pagãos ainda não tinham a base, tudo estava por fazer, e os apóstolos ainda não estavam suficientemente esclarecidos para uma tarefa tão difícil. É por isso que Jesus lhes diz: *"Procurem as ovelhas desgarradas de Israel"*, isto é, semeiem em terreno já preparado, pois Ele sabia que a conversão dos gentios viria a seu tempo. De fato, mais tarde, foi no próprio centro do paganismo, ou seja, em Roma, capital do império, que os apóstolos foram plantar a cruz.

10 – Essas palavras de Jesus também podem ser aplicadas aos seguidores e aos divulgadores do Espiritismo. Os que não acreditam, os que zombam, os adversários interesseiros são, para os espíritas, o que os gentios eram para os apóstolos. Assim como os apóstolos, os espíritas devem procurar seguidores entre as pessoas de boa vontade, cujo número é muito grande, e que buscam o esclarecimento por já possuírem uma fé. Não devem perder tempo com as pessoas que se recusam a ver e compreender, pois essas se agarram ao seu orgulho, principalmente quando percebem que os espíritas dão valor à sua conversão. Mais vale abrir os olhos a cem cegos que desejam ver claramente, do que a um só, que prefere ficar nas trevas. Esse procedimento resultará em um número muito maior de adeptos à Doutrina. Deixar os outros em paz não é indiferença, mas apenas boa política. Quando estiverem influenciados pela opinião geral, a conversão deles se dará naturalmente. De tanto ouvirem a mesma coisa, incessantemente repetida ao seu redor, acreditarão aceitar a ideia voluntariamente, por si mesmos, e não influenciados por outras pessoas. As ideias são como as sementes que só germinam no tempo certo e em terreno preparado. Por isso, é preciso esperar o tempo adequado e cultivar primeiro as que já estão prontas para germinar, evitando perder as que ainda não estão prontas, na tentativa de antecipar a sua germinação

No tempo de Jesus, em razão das ideias restritas e materialistas da época, tudo era muito limitado e regionalizado. A Casa de Israel era um pequeno povo, os gentios eram, também, pequenos povos que moravam ao redor. Hoje, as ideias se universalizam e se espiritualizam. Os ensinamentos espirituais já não são privilégio de nenhuma nação e, para eles, não existem mais barreiras, pois estão presentes em toda a parte. As verdades espíritas triunfarão, pouco a pouco, assim como o Cristianismo triunfou sobre o Paganismo. Não é mais com armas de guerra que se combate aqueles que não compreendem a verdade, mas com a força das ideias.

OS SÃOS NÃO TÊM NECESSIDADE DE MÉDICO

11 – *Jesus estava sentado à mesa, na casa de Mateus, quando vieram muitos publicanos e pessoas de má vida que também sentaram-se à mesa com Ele e com Seus discípulos. Vendo isso, os fariseus perguntaram aos discípulos de Jesus: "Por que o Mestre de vocês come com os* ***publicanos*** *e com as pessoas de má vida?". Mas Jesus, tendo escutado a pergunta, lhes respondeu: "Os sãos não têm necessidade de médico, mas sim os enfermos" (Mateus, 9:10 a 12).*

12 – Jesus dirigia-se, principalmente, aos pobres e aos deserdados, aos cegos humildes e de boa-fé que pedem para ver, pois são eles que têm necessidade de consolação, e não aos orgulhosos que acreditam possuir todo o conhecimento e por isso julgam não precisar de nada.

Essa prática de Jesus, de se dirigir, preferencialmente, aos pobres e aos deserdados, aplica-se, também, ao Espiritismo, principalmente, no que diz respeito à mediunidade. Admira-se, às vezes, que a mediunidade seja concedida a pessoas indignas e capazes de a utilizar tão mal. Costuma-se dizer que uma faculdade tão preciosa deveria ser dada somente a pessoas merecedoras, e que dela, certamente, fariam bom uso.

A mediunidade faz parte da condição orgânica de todas as pessoas, assim como a de ver, ouvir e falar. Não existe nenhuma faculdade da qual o homem, em função do seu livre-arbítrio, não possa abusar. Se Deus tivesse concedido a palavra somente àquelas pessoas que fossem capazes de dizer coisas boas, na Terra haveria mais mudos do que falantes. Deus deu aos homens as faculdades e os deixa livres para usá-las como quiserem, mas sempre pune aqueles que delas abusam.

Se o dom de comunicar-se com os Espíritos fosse dado somente aos mais dignos, quem ousaria pretendê-lo? Onde estaria o limite entre a dignidade e a indignidade? A mediunidade é dada a todos, a fim de que os Espíritos possam levar o esclarecimento a todas as camadas da sociedade, tanto ao pobre quanto ao rico. Aos sábios, para fortalecê-los no bem, e aos viciosos para corrigi-los. Por acaso não são os viciosos os doentes? Será que não são eles os que precisam de médico? Se Deus não quer a morte do pecador, por que o privaria da ajuda que pode tirá-lo do lugar ruim onde se encontra? Os bons Espíritos utilizam a própria mediunidade do homem para transmitir-lhe os conselhos de forma direta. Assim, ele fica muito mais impressionado do que se recebesse esses mesmos conselhos por outros meios. Deus, em Sua bondade, para poupar o homem do trabalho de ter que procurar o esclarecimento ao longe, coloca a mediunidade em suas mãos. Não será ele muito mais culpado, se não quiser desenvolver e trabalhar com essa mediunidade? Poderá ele usar como desculpa a sua ignorância, quando ele mesmo escreveu, viu com os seus próprios olhos, escutou com os seus ouvidos e pronunciou, com a sua própria boca, a sua condenação? Aquele que possui mediunidade e não a utiliza de maneira adequada, pode ser punido com a perda ou com a desmoralização da sua faculdade. Assim, ficará exposto aos maus Espíritos que se aproveitam para obsediá-lo e enganá-lo. Sofrerá, ainda, as aflições com que a Lei de Deus atinge os servidores indignos e aqueles que possuem os corações endurecidos pelo orgulho e pelo egoísmo.

A mediunidade não implica, necessariamente, relações habituais com os Espíritos superiores. Ela é apenas uma *aptidão* para servir de instrumento, mais ou menos útil, aos Espíritos em geral. O bom médium não é aquele que tem facilidade de comunicação, mas aquele que é simpático aos bons Espíritos e só por eles é assistido. É somente dessa forma que a excelência das qualidades morais tem influência sobre a mediunidade.

CORAGEM DA FÉ

13 – *Jesus disse: "Todo aquele que aceitar Meus ensinamentos e Me reconhecer diante dos homens, Eu também o reconhecerei e o levarei para diante de Meu Pai que está nos Céus. E todo aquele que Me renegar diante dos homens, Eu também o renegarei diante de Meu Pai que está nos Céus" (Mateus, 10:32 e 33).*

14 – *Jesus também disse: "Se alguém se envergonhar de Mim e das minhas palavras, Eu também, desse, me envergonharei, quando vier na glória de Meu Pai e dos santos anjos" (Lucas, 9:26).*

15 – Sempre é muito considerado, entre os homens, aquele que tem coragem de manifestar a sua própria opinião. Existe um grande mérito em enfrentar os perigos, as perseguições, as contradições e, até mesmo, as simples ironias a que se expõe todo aquele que não teme confessar abertamente as suas ideias, que quase sempre não são as da maioria. Aqui, como em tudo, o mérito está na razão direta dos resultados conseguidos perante uma determinada situação. Sempre existe fraqueza em recuar diante das dificuldades de defender a sua opinião, mas há casos em que isso constitui uma covardia tão grande quanto a de fugir da luta no momento do combate.

Jesus, em Sua Doutrina, condena essa covardia, ao dizer que, *se alguém se envergonhar de Suas palavras, desse, também, Ele se envergonhará; que renegará aquele que O tiver renegado; que reconhecerá diante do Pai que está nos Céus aquele que O reconhecer diante dos homens"*. Em outras palavras: *aqueles que tiverem medo de se confessar discípulos da verdade, não são dignos de entrar no Reino de Verdade.* Perderão, assim, o benefício de sua fé, pois é uma fé egoísta que eles guardam para si mesmos. Escondem essa fé com medo dos prejuízos que ela possa lhes acarretar nesse mundo, ao passo que aqueles que colocam a verdade acima de seus interesses materiais e a proclamam abertamente, trabalham, ao mesmo tempo, pelo seu próprio futuro e pelo dos outros.

16 – Assim também será com os adeptos do Espiritismo, pois sua Doutrina é o desenvolvimento e a aplicação do Evangelho. É aos espíritas que o Cristo também dirige Suas palavras ao dizer: "Eles semeiam na Terra o que colherão na Vida Espiritual. Lá, colherão os frutos de sua coragem ou de sua fraqueza".

CARREGAR A CRUZ
QUEM QUISER SALVAR A VIDA, VAI PERDÊ-LA

17 – Jesus disse: *"Vocês serão bem felizes, quando os homens os odiarem, insultarem e rejeitarem seus nomes por Minha causa. Alegrem-se nesse dia, pois uma grande recompensa lhes estará reservada no Céu, pois foi assim mesmo que os pais desses homens trataram os Profetas" (Lucas, 6:22 e 23).*

18 – *Jesus chamou para perto de Si o povo e Seus discípulos e lhes disse: "Se alguém quiser vir Comigo, que* ***renuncie a si mesmo****, que* ***carregue a sua cruz*** *e Me siga, pois* ***aquele que quiser salvar a si mesmo, se perderá****. E aquele que se perder por amor a Mim e ao Evangelho, se salvará. De fato, de que adiantaria a um homem ganhar o mundo inteiro e perder a si mesmo?" (Marcos, 8:34 a 36, Lucas, 9:23 a 25, Mateus, 10:38 e 39, João, 12:24 a 26).*

19 – Alegrem-se, disse Jesus, quando os homens odiarem e perseguirem vocês por Minha causa, porque serão recompensados no Céu. Essas palavras podem ser entendidas assim: considerem-se felizes, quando os homens tratarem vocês com má vontade e derem a oportunidade de provar a sinceridade da fé que possuem. O mal que eles fizerem reverterá em benefício a vocês mesmos. Lamentem a cegueira deles, mas não os amaldiçoem.

Depois, Jesus acrescenta: *"Aquele que quer Me seguir, carregue a sua cruz"*, ou seja, que suporte corajosamente as dificuldades que a sua fé lhe acarretar, pois aquele que quiser salvar a sua vida e os seus bens, renunciando a Mim, perderá as vantagens do Reino dos Céus, enquanto que aqueles que perderem tudo na Terra, até mesmo sua vida, para que a Verdade triunfe, receberão, na vida futura, o prêmio da coragem, da perseverança e da abnegação que tiveram. Para aqueles que trocaram os bens celestes pelos prazeres terrenos, Deus dirá: "Já receberam, na Terra, a recompensa que lhes era devida".

Comentários

1 – Candeia – Pequeno aparelho abastecido com óleo que servia para iluminar. Era usado em residências pobres.

Alqueire – Caixote, com capacidade entre nove e treze litros, usado para medir cereais. Podia ser usado também como banco ou como suporte.

Velador – Suporte alto, de madeira, onde era colocado o candeeiro ou a vela.

Não colocar a candeia debaixo do alqueire – Este ensinamento de Jesus é para explicar que, do mesmo modo que se acende uma lâmpada para dissipar a escuridão e iluminar o ambiente, aquele que possui o conhecimento das Leis Divinas não deve guardá-lo para si, ao contrário, deve divulgá-lo ao maior número possível de pessoas, através da palavra e, principalmente, do exemplo.

2 – Revelação progressiva da verdade – Jesus diz que tudo o que se acha oculto será descoberto um dia. Aquilo que o homem ainda não pode compreender, lhe será progressivamente explicado. Deus nos oferece ocasiões diárias para o entendimento progressivo de Suas Leis.

3 – Àquele que já possui, mais ainda lhe será dado – Para aquele que possui conhecimento dos bens espirituais, mais conhecimento lhe será dado, porque já está pronto para receber, e ele ficará na abundância. Entretanto, aquele que não desenvolve os bens espirituais, o pouco progresso que possui fica estacionado e ele tem a sensação de perda.

8 – Gentios – Eram os estrangeiros. Não acreditavam em Cristo e eram conhecidos como pagãos, pois cultuavam vários deuses. Eram idólatras, ou seja, adoravam ídolos através de imagens. Eles ainda não estavam prontos para receber os ensinamentos de Jesus.

Samaritanos – Não seguiam todos os preceitos da Lei Judaica, nem as tradições. Eles só admitiam o Pentateuco, que são os cinco primeiros livros escritos por Moisés. Eram considerados pelos judeus como hereges, ou melhor, aqueles que seguem uma doutrina contrária aos dogmas do judaísmo. Também eram chamados de pessoas de má vida. Pode-se dizer que eles eram os protestantes daquela época. Por todos esses motivos, também não estavam preparados para receber os ensinamentos de Jesus.

Ovelhas perdidas da casa de Israel – Eram os judeus. Eles andavam descrentes e cansados de seguir os rituais e os cultos exteriores. Por já acreditarem em um Deus único, a tarefa dos apóstolos em transmitir os ensinamentos de Jesus, seria bem mais fácil.

11 – Publicanos e Peageiros – Eram os responsáveis pela cobrança dos impostos, por isso eram desprezados e considerados pessoas de má vida. Porém, entre eles existiam pessoas estimáveis e Jesus reconhecia suas verdadeiras intenções, eis por que os acolhia (ver, nesta obra, o cap. Introdução, notas históricas).

18 – Renunciar a si mesmo – Significa desprender-se do egoísmo através do esquecimento de si próprio, em favor do próximo, e viver, integralmente, as coisas espirituais.

Carregar sua cruz – É aceitar, sem reclamar, as provações e os resgates pelos quais temos que passar e cujas causas estão nos erros cometidos, por nós mesmos, nessa existência e em existências anteriores.

Aquele que quiser salvar a si mesmo, se perderá – Significa viver voltado somente para os prazeres materiais que o mundo oferece, na falsa ideia de que está aproveitando essa vida. Entretanto, isso não sugere que o homem deva fugir completamente dos prazeres materiais; deve vivê-los, atribuindo-lhes o devido valor.

CAPÍTULO

25

BUSQUEM E VOCÊS ENCONTRARÃO

• Ajudem-se que o Céu os ajudará
• Observem os pássaros do Céu
• Não se inquietem pela posse do ouro

AJUDEM-SE QUE O CÉU OS AJUDARÁ

1 – *Peçam e vocês receberão; busquem e vocês encontrarão; batam à porta e ela se abrirá; pois todo aquele que pede, recebe, e quem procura, acha, e ,para aquele que bater à porta, ela se abrirá.*

Qual é o homem, dentre vocês, que dará a seu filho uma pedra, se ele lhe pedir um pedaço de pão? E se ele lhe pedir um peixe, lhe dará uma serpente? Se vocês, sendo maus como, de fato, são, conseguem dar coisas boas a seus filhos, com muito mais razão, o Pai que está nos Céus dará os verdadeiros bens àqueles que os pedirem (Mateus, 7:7 a 11).

2 – Do ponto de vista terreno, o ensinamento: *"Busquem e vocês encontrarão"*, é semelhante a este: *"Ajudem-se que o Céu os ajudará"*. É o princípio da *Lei do Trabalho* e, por consequência, é também o princípio da *Lei do Progresso*, uma vez que o progresso é o fruto do trabalho. Para que exista progresso, todas as forças da inteligência humana devem ser colocadas em ação.

No início da Humanidade, o homem apenas usou sua inteligência para procurar alimentos, para se proteger das tempestades e para se defender dos inimigos. Deus, querendo diferenciar o homem dos animais, deu-lhe *o desejo incessante de buscar sempre o melhor para si*; é esse desejo que o conduz às descobertas, às invenções e ao aperfeiçoamento da Ciência, pois é a Ciência que vai lhe proporcionar o que lhe falta. Graças às pesquisas, a sua inteligência se desenvolve e a sua moral se purifica. As necessidades do corpo vêm antes das necessidades do Espírito. Depois do alimento material, ele necessita do alimento espiritual. É assim que o homem passa do estado de selvagem para o de civilizado.

O progresso que cada homem realiza, individualmente, durante sua vida é muito pequeno. Esse progresso não é percebido, mesmo quando analisamos um grande número de indivíduos. Como, então, a Humanidade poderia progredir sem a preexistência e a reencarnação da alma? Se as almas deixassem a Terra todos os dias, para não mais voltar, a Humanidade não progrediria, pois somente seres primitivos encarnariam incessantemente, e teriam que fazer tudo de novo e aprender tudo outra vez. Se fosse assim, não haveria razão para que o homem de hoje fosse mais avançado que o homem primitivo, uma vez que, para cada nascimento, todo trabalho intelectual teria que recomeçar. Ao contrário, a alma, retornando com o progresso que já realizou e adquirindo a cada reencarnação alguma experiência a mais, ela passa, gradualmente, do *estado de selvagem* à *civilização material* e desta à *civilização moral (veja, nesta obra, cap. 4:17).*

3 – Se Deus tivesse liberado o homem do trabalho físico, seus membros ficariam atrofiados. Se Ele o tivesse liberado do trabalho intelectual, seu Espírito teria permanecido na infância, no estado de instinto animal. Eis por que Ele fez do trabalho uma necessidade, dizendo: *"Busquem e vocês encontrarão, trabalhem e vocês produzirão"*. Assim, serão filhos das próprias obras e terão o mérito da sua realização, pois serão recompensados de acordo com o que fizerem.

4 – Devido ao princípio de que o homem precisa evoluir sempre, os Espíritos não o poupam do trabalho de pesquisa e não lhe trazem descobertas e invenções já prontas para serem utilizadas. Se isso ocorresse, o homem seria levado a usar apenas o que lhe fosse colocado nas mãos, preservando-se de qualquer esforço, inclusive o de pensar. Assim, sem fazer o menor esforço, o mais preguiçoso dos homens poderia ficar rico; o mais inculto poderia tornar-se sábio e ainda atribuírem a si mesmos o mérito pelo que não fizeram. Não! *Os Espíritos não vêm isentar o homem da Lei do Trabalho; eles vêm lhe mostrar a meta a ser atingida e o caminho que conduz a ela, dizendo-lhe: "Ande e você chegará, e a pedra que encontrar pelo caminho, você mesmo terá que afastar". Porém, nós lhe daremos a força necessária, se quiser utilizá-la em benefício próprio (consulte Livro dos Médiuns, cap. 26:291 e seguintes).*

5 – Do ponto de vista moral, essas palavras de Jesus significam: Peçam a luz que deve iluminar seus caminhos e ela lhes será dada. Peçam a força para resistir ao mal e a receberão. Peçam a assistência dos bons Espíritos e eles os acompanharão, e, assim como o ***Anjo de Tobias***, eles lhe servirão de guia. Peçam bons conselhos e eles não serão recusados; batam à nossa porta e ela se abrirá, mas peçam sinceramente, com fé, com fervor e confiança; apresentem-se com humildade e não com arrogância, sem o que serão abandonados à própria sorte, e as quedas que sofrerem serão a punição pelo orgulho que tiverem. Esse é o sentido das palavras do Cristo: *"Busquem e vocês encontrarão, batam à porta e ela se abrirá"*.

OBSERVEM OS PÁSSAROS DO CÉU

6 – *Não acumulem tesouros na Terra, onde a ferrugem e os vermes irão consumi-los e onde os ladrões os desenterram e roubam. Acumulem tesouros no Céu, onde nem a ferrugem, nem os vermes irão consumi-los e onde os ladrões não entram, nem roubam, pois, onde estiver o tesouro que possuem, aí, também, estará o coração de vocês.*

Por isso, Eu digo a vocês: Não se preocupem em saber onde encontrarão alimento para sustentar suas vidas, nem onde encontrarão roupas para cobrir seus corpos. A vida não é mais do que o alimento? O corpo não é mais do que a roupa?

Observem os pássaros do Céu: eles não semeiam e não colhem, e nem guardam nada em celeiros, mas o Pai Celestial os alimenta a todos. Será que os homens não valem mais do que os pássaros? E qual, dentre vocês, por mais que queira, pode acrescentar meio metro à sua estatura?

Por que também se preocupam com a roupa? Observem como crescem os lírios do campo, eles não trabalham, nem tecem, entretanto, Eu afirmo que nem Salomão, com toda sua glória, nunca se vestiu como um deles. Se Deus tem o cuidado de vestir dessa maneira uma erva do campo, que hoje existe e amanhã será lançada na fornalha, quanto mais cuidado terá em vesti-los, homens de pouca fé?

Não se inquietem, perguntando: o que vamos comer, o que vamos beber, com o que vamos nos vestir? Os pagãos é que procuram todas essas coisas. O Pai Celestial sabe que vocês têm necessidade delas.

Busquem, primeiro, o Reino de Deus e Sua Justiça, e todas essas coisas lhes serão dadas por acréscimo. Por isso, não se preocupem com o dia de amanhã, pois o amanhã cuidará de si mesmo. ***A cada dia já basta a sua própria aflição*** *(Mateus, 6:19 a 21, 25 a 34).*

7 – Se as palavras de Jesus fossem levadas ao pé da letra, elas seriam a negação de toda a previdência, de todo o trabalho, e, por consequência, de todo o progresso. Por esse ensinamento, o homem se limitaria a esperar passivamente que as coisas acontecessem e suas forças físicas e intelectuais ficariam inativas. Se essa tivesse sido sua condição normal na Terra, ele jamais teria saído do estado primitivo, e hoje viveria sem ter o que fazer. É evidente que esse não pode ter sido o pensamento de Jesus, pois estaria em contradição com o que disse em outras ocasiões e com as próprias Leis da Natureza. Deus criou o homem sem roupa e sem abrigo, mas deu-lhe a inteligência para fabricá-los *(veja, nesta obra, cap. 16:6 e cap. 24:2).*

Essas palavras devem ser entendidas como sendo apenas uma comparação poética da Providência, que jamais abandona os que nela confiam desde que se esforcem e trabalhem. Se a ajuda não vem de forma material, a Providência nos inspira ideias com as quais conseguimos achar os meios de nos livrarmos, por nós mesmos, das dificuldades *(veja, nesta obra, cap. 27: 8).*

Deus conhece nossas necessidades e as atende segundo o necessário, mas o homem, sempre insatisfeito em seus desejos, nem sempre se contenta com o que tem. O necessário já não lhe basta, ele quer, também, o supérfluo. É então que a Providência o entrega à própria sorte. Torna-se infeliz por sua própria culpa e por desprezar as advertências de sua consciência. Deus o deixa sofrer as consequências, para que elas lhe sirvam de lição para o futuro *(veja, nesta obra, cap. 5:4).*

8 – A Terra produzirá o suficiente para alimentar a todos os seus habitantes quando os homens souberem administrar os bens que ela fornece, segundo as Leis da Justiça, da Caridade e do Amor ao próximo. Quando a fraternidade reinar entre os diversos povos, assim como reina entre as províncias de um mesmo império, o que sobrar em um país suprirá a insuficiência momentânea de outro, e cada um terá o necessário. O rico será como aquele homem que possui uma grande quantidade de sementes. Se plantá-las, elas produzirão cem vezes mais, para ele e para os outros. Se ficar com elas para si e jogar fora o excedente do que não conseguiu comer, elas não produzirão nada e os outros não tirarão proveito algum. Se guardar as sementes em seus celeiros, os vermes as comerão. Foi por isso que Jesus disse: *"Não acumulem tesouros na Terra, porque são perecíveis, acumulem tesouros no Céu, onde são eternos"*. Em outras palavras, não deem aos Bens Materiais mais importância do que aos Bens Espirituais. Aprendam a sacrificar os Bens Materiais em favor dos Bens Espirituais *(veja, nesta obra, cap. 16:7 e seguintes).*

Não é com Leis que se decretam a caridade e a fraternidade. Se elas não estiverem no coração do homem, o egoísmo prevalecerá sempre. Cabe ao Espiritismo fazer com que essas duas virtudes penetrem nos corações humanos.

NÃO SE INQUIETEM PELA POSSE DO OURO

9 – *"Não se preocupem em possuir ouro ou prata, ou qualquer outra moeda em seu bolso. Não preparem mantimentos para viagem, nem duas roupas, nem sapatos, nem cajado, pois **aquele que trabalha, merece ser alimentado**".*

10 – *"Em qualquer cidade ou aldeia que entrarem, procurem saber quem é bastante digno para hospedá-los e permaneçam lá até irem embora. Ao entrarem na casa, devem saudá-la, dizendo: 'Que a paz do Senhor esteja nesta casa'. Se essa casa for digna, a paz que trouxeram cairá sobre ela, e se ela não for digna, a paz voltará para vocês".*

"Quando alguém não quiser recebê-los nem escutar suas palavras, ao saírem desta casa ou cidade, sacudam a poeira de seus pés. Em verdade, Eu digo a vocês que no dia do julgamento, ***Sodoma e Gomorra*** *serão tratadas com menos rigor que essa cidade" (Mateus, 10:9 a 15).*

11 – Naquela época, as palavras que Jesus dirigiu aos apóstolos quando os enviou pela primeira vez para anunciar a Boa Nova, ou melhor, o Evangelho, nada tinham de estranho. Elas estavam de acordo com os costumes patriarcais do Oriente, onde o visitante era sempre recebido na tenda. Naquele tempo, os viajantes eram raros. Entre os povos modernos, o crescimento das viagens criou novos costumes. Atualmente, os costumes dos tempos antigos somente são encontrados em regiões afastadas, onde o grande movimento ainda não chegou. Se Jesus voltasse hoje, certamente, não diria mais a Seus apóstolos: "Viajem sem levar mantimentos".

Ao lado do seu sentido próprio, as palavras de Jesus possuem um conteúdo moral muito mais profundo, pois ensinavam Seus discípulos a confiarem na Providência; além disso, os discípulos, nada tendo, não poderiam provocar a cobiça naqueles que o recebessem. Era, também, um meio de distinguir os caridosos dos egoístas, e é por isso que Jesus lhes diz: *"Procurem se informar sobre quem é digno para hospedá-los"*, ou melhor, quem é bastante humano para hospedar um viajante que não tem com o que pagar, porque estes serão dignos de ouvir a palavra que vocês trazem, e é pela caridade que eles serão reconhecidos.

Quanto aos que não quisessem receber e nem escutar os apóstolos, Jesus não recomendou que estes os amaldiçoassem, nem usassem de força ou violência para convertê-los. Recomendou, simplesmente, que eles fossem a outros lugares e procurassem pessoas de boa vontade.

O Espiritismo diz hoje a mesma coisa a seus adeptos: não violentem nenhuma consciência, não forcem ninguém a deixar sua crença para adotar a sua; não amaldiçoem os que não pensam como vocês, acolham aqueles que vêm procurá-los e deixem em paz os que não concordam com as suas ideias. Lembrem-se das palavras de Cristo: *"**Antigamente, o Céu era conquistado pela violência** e hoje ele é conquistado pela caridade e pela brandura" (veja, nesta obra, cap. 4:10 e 11).*

Comentários

5 – O Anjo de Tobias – Passagem bíblica do Velho Testamento, narrada no livro de Tobit, pai de Tobias. Ela conta a história do Anjo Rafael, que, transfigurado em homem, acompanha Tobias durante uma viagem à cidade de Ranger para cobrar uma velha dívida de seu pai. O Anjo, durante toda viagem, ensina-lhe várias coisas. Somente quando Tobias já estava de retorno é que o Anjo Rafael revela a sua verdadeira identidade. O mérito de Tobias está em ter confiado em seu amigo espiritual sem saber quem ele realmente era.

6 – A cada dia já basta a sua própria aflição – Este ensinamento é no sentido de que devemos nos ocupar com o presente, fazendo o melhor possível pelo nosso progresso material e espiritual.

9 – Aquele que trabalha, merece ser alimentado – O alimento a que Jesus se refere não é somente o alimento do corpo físico, mas, principalmente, o do Espírito, que fornece ao físico condições para que ele se sustente.

10 – Sodoma e Gomorra – Foram cidades destruídas por uma chuva de enxofre e fogo que teria sido enviada por Deus, ou, de acordo com a realidade, destruídas pelas cinzas de um vulcão, por volta do ano 2000 a.C. Eram conhecidas na Antiguidade por serem cidades onde se praticavam atos imorais, orgias sexuais e homossexualismo.

11 – Antigamente, o céu era conquistado pela violência – A violência referida por Jesus era a do tempo de Moisés, pois para manter o povo hebreu reunido em torno da ideia de um Deus único, ele precisou agir com muito rigor contra aqueles que não concordavam. Jesus veio ensinar, mais tarde, que o Céu é conquistado pelas boas ações e pela caridade para com o próximo, e não pela força, como Moisés precisou utilizar.

CAPÍTULO

26

DAR DE GRAÇA O QUE DE GRAÇA SE RECEBE

• O dom de curar • Preces pagas
• Mercadores expulsos do Templo
• Mediunidade gratuita

O DOM DE CURAR

1 – *"Curem os enfermos, ressuscitem os mortos, limpem os leprosos, expulsem os demônios. Deem de graça o que de graça receberam" (Mateus, 10:8).*

2 – *"Deem de graça o que de graça receberam"*, disse Jesus a Seus discípulos. Por esse ensinamento, Ele recomenda não cobrar por aquilo que não se pagou. O que os discípulos tinham recebido gratuitamente era a mediunidade, ou seja, a faculdade de curar os doentes e de expulsar os maus Espíritos. Essa faculdade eles receberam, gratuitamente, de Deus para aliviar os que sofriam e para ajudar na propagação da fé. Jesus pediu para que eles não fizessem da mediunidade um meio de comércio, nem de especulação e muito menos um meio de ganhar dinheiro.

PRECES PAGAS

3 – *Jesus disse, em seguida, a Seus discípulos, na presença de todo o povo que O escutava: "Afastem-se dos escribas que se exibem passeando com longas túnicas, que gostam de ser saudados em lugares públicos, de ocupar as primeiras cadeiras nas sinagogas e os primeiros lugares nas festas; que, sob o pretexto de longas preces, roubam as casas das viúvas.* ***Os escribas receberão uma condenação mais rigorosa****" (Lucas, 20:45 a 47, Marcos 12:38 a 40, Mateus, 23:14).*

4 – Jesus ensinou, também: "Não cobrem por suas preces como fazem os escribas, que *sob o pretexto de longas rezas, roubam as casas das viúvas*", ou seja, se apossam de suas fortunas. A prece é um ato de caridade, um impulso que vem do coração. Pedir pagamento pelas preces que fizemos a Deus em benefício dos outros é transformar-se em intermediário assalariado. Assim, a prece seria um procedimento cobrado de acordo com a sua duração. Podemos, então, perguntar: Deus mede ou não Suas graças pela quantidade de palavras proferidas na prece? Se for preciso dizer muitas palavras, por que dizer poucas ou quase nenhuma por aqueles que não podem pagar? Isso seria uma falta de caridade. Se uma só palavra for suficiente para Deus, as demais são inúteis. Como, então, cobrá-las? Também é falta de caridade, é uma fraude.

Como se sabe, Deus não cobra pelos benefícios que concede. Como pode alguém, que nem mesmo é o distribuidor desses benefícios, que não pode garantir a ninguém a sua obtenção, cobrar por um pedido que, talvez, nem seja atendido? Não é possível que Deus submeta um ato de Clemência, de Bondade ou de Justiça, que solicitamos à Sua misericórdia, a uma determinada quantia em dinheiro. Será que, se a soma não fosse paga, ou se fosse insuficiente, Deus não forneceria Sua Bondade, Sua Clemência e Sua Justiça? O bom senso e a lógica nos dizem que Deus, a perfeição absoluta, não encarregaria criaturas imperfeitas de colocar preço em Sua Justiça. A Justiça de Deus é como o Sol, ou seja, ela é distribuída para todos, tanto para os pobres quanto para os ricos. Se vender os favores de um soberano da Terra é considerado imoral, quanto mais será vender os favores do Soberano do Universo?

As preces pagas têm, ainda, outro inconveniente: é que aquele que as compra julga-se dispensado de orar, pois se considera livre dessa obrigação, uma vez que já pagou por ela. Sabe-se que os Espíritos são tocados pelo fervor do pensamento daqueles que se interessam por eles. Qual pode ser o fervor daquele que paga um terceiro para orar por si? Qual é o fervor desse terceiro quando delega a outro que faça a oração, e esse outro, por sua vez, também delegue a outro companheiro e assim por diante? Isso é reduzir a eficácia da prece ao valor de uma moeda corrente.

MERCADORES EXPULSOS DO TEMPLO

5 – *Quando Jesus chegou a Jerusalém e entrou no Templo, começou a expulsar de lá os que vendiam e compravam. Virou as mesas dos cambistas e as cadeiras dos que vendiam pombos. Não permitiu que ninguém transportasse qualquer utensílio pelo Templo. Enquanto fazia isso, instruía o povo dizendo: "Não está escrito que Minha casa será chamada a Casa de Orações por todas as nações? Entretanto, fizeram dela um esconderijo de ladrões". Os sacerdotes e os escribas, quando ouviram isso, procuravam um meio de prendê-Lo, pois temiam Jesus, uma vez que todos estavam tomados de admiração pela Sua Doutrina (Marcos, 11:15 a 18, Mateus, 21:12 e 13).*

6 – Jesus expulsou os mercadores do Templo. Assim, condenou o tráfico das coisas santas *sob qualquer pretexto*. Deus não vende Sua benção, nem Seu perdão, nem a entrada no Reino dos Céus. Portanto, o homem não tem o direito de cobrar por esses benefícios.

Capítulo 26

MEDIUNIDADE GRATUITA

7 – Os médiuns atuais, assim como os apóstolos que também possuíam mediunidade, receberam de Deus um dom gratuito: o de serem intérpretes dos Espíritos para instruírem os homens, mostrando-lhes o caminho do bem e conduzindo-os à fé. Não receberam a mediunidade para vender palavras que não lhes pertencem, visto que não são o produto de suas *ideias, nem de suas pesquisas, nem de seus trabalhos pessoais*. Deus quer que o conhecimento chegue a todos. Ele não quer que o mais pobre fique dele privado e possa dizer: "Não tenho fé porque não pude pagar, não tive o consolo de receber o encorajamento e o testemunho de afeição daqueles por quem choro porque sou pobre". Eis por que a mediunidade não é um privilégio e se encontra em todos os lugares. Cobrar por ela seria desviá-la do objetivo para o qual Deus a criou.

8 – Quem conhece as condições em que os bons Espíritos se comunicam e a repulsa que sentem por tudo que é de interesse egoísta, sabe que pouca coisa é necessária para que eles se afastem; jamais poderá admitir que os Espíritos superiores estejam à disposição de alguém que os convoque, recompensando-os com algum tipo de pagamento por sessão realizada. O simples bom senso rejeita essa ideia. Também é uma profanação invocar, por dinheiro, os seres que respeitamos ou que nos são queridos. Agindo dessa forma, até pode-se obter manifestações, mas quem poderá garantir a sinceridade delas? Espíritos inferiores, mentirosos e sem escrúpulos comparecem a esses chamados e estão sempre prontos a responder a tudo que lhes é perguntado, pois não possuem nenhum compromisso com a verdade. Aquele que quer comunicações sérias deve, antes de tudo, pedi-las com seriedade. Deve, também, ter o cuidado de certificar-se a respeito da natureza das ligações do médium com os seres do Mundo Espiritual. A primeira condição para se conseguir a boa vontade dos bons Espíritos é a humildade, o devotamento, o desapego e o mais absoluto desinteresse *moral e material*.

9 – Ao lado da questão moral, apresenta-se uma questão não menos importante, que está ligada à própria natureza da mediunidade e nos ensina que a *mediunidade séria* jamais poderá ser uma profissão, porque isso faria com que ela ficasse desacreditada no plano moral, colocando os médiuns na mesma posição dos que leem a sorte. Além disso, existe um obstáculo que impede que a mediunidade seja usada como profissão: ela é um dom essencialmente instável e variável. Portanto, ela seria para seu explorador, um recurso completamente incerto, que poderia lhe faltar no momento em que ele mais precisasse. Outra coisa é a capacidade adquirida pelo estudo, pelo trabalho, e que, por isso mesmo, é uma propriedade da qual o seu possuidor pode tirar proveito. A mediunidade não é uma arte, nem uma habilidade, e, por isso, não pode tornar-se uma profissão.

Ela apenas existe com a participação dos Espíritos, pois sem eles não há mediunidade. A aptidão pode continuar existindo, mas o exercício torna-se impossível. Não existe um único médium no mundo que possa garantir a obtenção de uma manifestação espírita, em um determinado momento. Explorar a mediunidade é fazer uso de algo sobre o qual não se tem domínio. Afirmar o contrário é enganar a quem paga. Ainda há mais: não é de si próprio que o explorador faz uso, e, sim, dos Espíritos que já desencarnaram, e cuja cooperação ele coloca à venda. Essa ideia repugna, instintivamente. Foi o abuso desse intercâmbio, explorado pelos impostores, pela ignorância e pela crença dos supersticiosos, que **levou Moisés a proibir a exploração da mediunidade.** O Espiritismo, compreendendo o lado sério da questão, lançou esse tipo de exploração ao descrédito. Assim, elevou a mediunidade à categoria de missão *(consulte O Livro dos Médiuns, 2ª parte, cap. 28 e O Céu e o Inferno, 1ª parte, cap. 11).*

10 – A mediunidade é uma missão sagrada que deve ser praticada com muita dignidade. Se existe um tipo de mediunidade que deve ser tratada de maneira ainda mais séria, é a mediunidade de cura. O médico oferece ao paciente o fruto de seus estudos, feito, muitas vezes, à custa de árduos sacrifícios. O magnetizador doa ao necessitado o seu próprio fluido, e, por vezes, até mesmo a sua saúde. Portanto, ambos podem cobrar por sua atividade. O médium curador, por transmitir o fluido salutar dos bons Espíritos, não tem o direito de cobrar. Jesus e os apóstolos, embora pobres, nada cobravam pelas curas que realizavam.

Aquele que não tem do que viver, que procure recursos em outra atividade, *menos na mediunidade,* e que apenas dedique a ela o tempo de que materialmente possa dispor. Os Espíritos levarão em conta seu devotamento e sacrifício, ao passo que se afastarão daqueles que fizerem da mediunidade um meio de subir na vida.

Comentários

3 – Escribas – Eram os doutores que explicavam a Lei de Moisés e a interpretavam para o povo. Assim como os fariseus, eles nutriam antipatia contra os inovadores. Eis por que Jesus também os reprovava. Por possuírem conhecimento e ostentarem uma falsa moral, eles receberão uma condenação mais rigorosa que os demais (ver nesta obra, Introdução 3 – notas históricas).

9 – Moisés e a proibição da mediunidade – No tempo de Moisés, por qualquer motivo os Espíritos eram consultados. A mediunidade, naquela época, era conhecida como profecia, e além de ser comercializada, não era usada de maneira séria. Ela era explorada por impostores, e foi esse tipo de exploração comercial que Moisés proibiu. Mas foi ele mesmo quem disse: "Quem dera todo o povo do Senhor profetizasse, isto é, fosse médium". Ao falar assim, Moises dignificou a mediunidade (consulte na Bíblia, números 11:26 a 29).

CAPÍTULO

27

PEDIR E RECEBER

• Qualidades da prece
• Eficiência da prece
• Ação da prece – Transmissão de pensamento
• Preces inteligíveis
• Da prece pelos mortos
e pelos Espíritos sofredores

Instruções dos Espíritos:

• Maneira de orar
• A felicidade que a prece proporciona

QUALIDADES DA PRECE

1 – *Quando fizerem sua oração, não façam como os hipócritas que fingem orar, ficando em pé nas sinagogas e nas esquinas para serem vistos pelos homens. Em verdade, Eu digo a vocês que eles já receberam a sua recompensa. Quando quiserem orar, entrem para o seu quarto, e, com a porta fechada, façam, em segredo, sua oração ao Pai, e Ele, vendo o que se passa em segredo, dará a vocês a recompensa. Procurem não falar muito em suas preces, como fazem os pagãos, que pensam que é pela quantidade de palavras que serão atendidos. Não sejam semelhantes a eles, pois o Pai sabe da necessidade de Seus filhos, mesmo antes de fazerem o pedido (Mateus, 6:5 a 8).*

2 – *Antes de iniciar suas orações, se tiverem alguma coisa contra o seu irmão, perdoem-no, para que o Pai que está nos Céus também possa perdoar os pecados que vocês cometem. Pois aqueles que não perdoam também não serão perdoados (Marcos, 11:25 e 26).*

3 – *Jesus também contou esta parábola para alguns que, tendo confiança em si, se consideravam justos e desprezavam os outros.*

Dois homens subiram ao Templo para rezar, um deles era fariseu e o outro publicano. O fariseu, de pé, rezava assim: “Meu Deus, eu Lhe agradeço por não ser como o resto dos homens, que são ladrões, injustos e adúlteros, como também é este publicano. Jejuo duas vezes por semana e dou o dízimo de tudo o que possuo".

O publicano, ao contrário, ficou distante, e não ousava nem mesmo levantar os olhos para o Céu, mas batia no peito ao dizer: "Meu Deus, tenha piedade de mim, pois sou um pecador".

Eu declaro a vocês que o publicano retornou para sua casa perdoado, e o fariseu não, pois todo aquele que se eleva será rebaixado, e todo aquele que se humilha será elevado (Lucas, 18:9 a 14).

4 – As qualidades da prece são claramente definidas por Jesus. Quando vocês orarem, disse Ele, não se coloquem em evidência, mas orem em segredo. Não finjam orar muito, pois não é pela quantidade de palavras que serão atendidos, mas pela sinceridade delas. Antes de orarem, se tiverem alguma coisa contra alguém, perdoem, pois a prece só será agradável a Deus se vier de um coração purificado e que tem o sentimento de caridade. Orem com humildade, como fez o publicano, e não com orgulho, como fez o fariseu. Examinem suas faltas e não suas qualidades, e, ao se compararem com os outros, procurem o que existe de mau em vocês *(veja, nesta obra, cap. 10:7 e 8).*

EFICIÊNCIA DA PRECE

5 – *Seja o que for que pedirem na prece, creiam que o conseguirão e lhes será concedido o que pedirem (Marcos, 11:24).*

6 – Existem pessoas que contestam a eficácia da prece, pois, se Deus conhece as nossas necessidades, não é preciso que as revelemos. Acrescentam ainda que, se tudo no Universo é regido por Leis Eternas, nossas preces não podem mudar as Leis de Deus.

Não há dúvida de que existem Leis Naturais e imutáveis, e que Deus não pode anular segundo os caprichos de cada um. Mas daí a se acreditar que todas as circunstâncias da vida estejam submetidas à fatalidade vai uma distância muito grande. Se fosse assim, o homem seria apenas um instrumento passivo, sem livre-arbítrio e sem iniciativa. Nessa hipótese, só lhe restaria curvar a cabeça diante dos acontecimentos, sem procurar evitá-los e sem procurar desviar-se dos perigos. Deus deu ao homem a inteligência e a razão para que delas fizesse uso, deu-lhe a vontade para querer sempre coisas melhores e a atividade para agir. Pelo fato de o homem ter liberdade de ação, seus atos acarretam consequências para si e para os outros, conforme faça ou deixe de fazer alguma coisa. É graças a essa liberdade de ação que alguns acontecimentos escapam ao que chamamos de fatalidade, mas que em nada alteram a harmonia das Leis Universais – da mesma forma que o avanço ou o retardo dos ponteiros de um relógio não anulam a Lei do Movimento que rege o seu mecanismo. Sendo assim, Deus pode atender a alguns pedidos, conforme a Sua vontade, sem com isso alterar as Leis que regem o conjunto.

7 – Não faz sentido concluir desse ensinamento: "Tudo aquilo que pedirem pela prece, será concedido", que basta pedir para se obter. É injusto acusar a Providência de não atender a todo o pedido que Lhe é feito, porque Ela sabe, melhor do que nós, aquilo que é para o nosso bem. Assim age um pai cuidadoso, que recusa ao filho as coisas que lhe poderiam causar prejuízo. Geralmente, o homem percebe apenas o presente, mas, se o sofrimento é útil para a sua felicidade futura, Deus o deixará sofrer, assim como o cirurgião deixa que o doente sofra as dores de uma operação que lhe trará a cura.

Deus sempre concederá a coragem, a paciência e a resignação para aqueles que Lhe pedirem com confiança. Também concederá os meios para que se livrem, por si mesmos, das dificuldades, através das ideias que os bons Espíritos irão sugerir, deixando-lhes, assim, o mérito da ação. Deus ampara aos que ajudam a si mesmos, segundo o ensinamento: "*Ajudem-se que o Céu os ajudará*", mas não assiste aos que tudo esperam do socorro alheio, sem fazer uso de suas próprias capacidades. Infelizmente, a maioria prefere ser socorrida por um milagre ao ter que fazer algum esforço *(veja, nesta obra, cap. 25:1 e seguintes).*

8 – Analisemos um exemplo: um homem está perdido num deserto e sofre terrivelmente de sede; sente-se desfalecer e cai ao chão. Pede a Deus que o ampare e espera. Nenhum anjo vem lhe matar a sede. Contudo, um bom Espírito lhe sugere a ideia de levantar-se e seguir um dos caminhos que vê a sua frente. Por um impulso do seu instinto, reúne suas forças, levanta-se e caminha ao acaso. Chegando a uma elevação do terreno, descobre, ao longe, um riacho, e, com isso, retoma sua coragem. Se tiver fé, dirá: "Obrigado, meu Deus, pela ideia que o Senhor me inspirou e pela força que me deu". Se não tiver fé, dirá: Que boa ideia eu tive! Que sorte em tomar o caminho da direita e não o da esquerda. Algumas vezes, a sorte realmente nos acompanha, mas para receber essa ajuda é preciso ter coragem e não se deixar abater!

Entretanto, pode-se perguntar: por que o bom Espírito não lhe disse claramente: "Segue esse caminho e você vai encontrar o que necessita"? Por que não se apresentou para guiá-lo e sustentá-lo no seu desfalecimento? Assim, ele teria convencido aquele homem de que a Providência estava querendo ajudá-lo. O bom Espírito não interveio dessa forma, em primeiro lugar, para lhe ensinar que é preciso ajudar a si mesmo e fazer uso de suas próprias forças, e, em segundo, porque, deixando-o na incerteza, Deus coloca à prova a confiança que devemos depositar Nele e a submissão que devemos ter à Sua vontade. Aquele homem estava na condição da criança que cai e, ao ver alguém, grita e espera que a levantem. Se não vê ninguém, faz um esforço e se levanta sozinha.

Se o anjo que acompanhou Tobias tivesse lhe dito: "Fui enviado por Deus para guiá-lo na viagem e preservá-lo de todo o perigo", Tobias não teria tido nenhum mérito, confiaria em seu companheiro e nem precisaria pensar. Foi por isso que o anjo só revelou quem ele realmente era no caminho de volta *(veja, nesta obra, cap. 25:5. – A história do anjo de Tobias).*

AÇÃO DA PRECE
TRANSMISSÃO DE PENSAMENTO

9 – A prece é a manifestação de um desejo. Através dela, o homem entra em comunicação, pelo pensamento, com o ser ao qual ele se dirige. Ela pode ter por objetivo um pedido, um agradecimento ou um elogio. Podemos orar por nós mesmos, por outras pessoas, pelos encarnados ou pelos desencarnados. As preces dirigidas a Deus são ouvidas pelos Espíritos encarregados de executar a Sua vontade. As que são dirigidas aos bons Espíritos são igualmente levadas a Deus. Quando alguém ora dirigindo-se a outros seres que não a Deus, recorre a intermediários, a intercessores, porque nada acontece sem a vontade de Deus.

10 – O Espiritismo nos faz compreender a ação da prece ao explicar de que maneira o pensamento é transmitido. O pedido que é feito através da prece pode ser atendido por um Espírito que recebe o nosso pensamento ou vem ao nosso encontro para atendê-lo. Para que possamos compreender como o pensamento é transmitido, é preciso imaginar todos os seres, encarnados e desencarnados, envolvidos no *fluido cósmico universal* que ocupa todo o espaço, assim como a atmosfera envolve toda a Terra. O *fluido cósmico universal* está presente em todos os mundos e é a matéria-prima para composição de todos os corpos e de tudo o que conhecemos, desde os minerais, vegetais, animais e o homem. Assim como o som se propaga através do ar, o pensamento se propaga através do *fluido cósmico universal* e é impulsionado pela ação da nossa vontade, porém, com uma diferença: as vibrações, no ar, atingem uma determinada distância, enquanto que as vibrações no *fluido cósmico universal* se estendem ao infinito. Quando o pensamento é dirigido a um ser qualquer, esteja ele na Terra ou no Espaço, forma-se uma corrente de fluidos entre os dois, e o pensamento é transmitindo de um para o outro, assim como o ar transmite o som.

A intensidade dessa corrente de fluidos dependerá da força do pensamento e da vontade de quem faz a prece. É assim que os Espíritos ouvem a prece que lhes é dirigida, qualquer que seja o lugar onde se encontrem. É dessa maneira, também, que os Espíritos se comunicam entre si e nos transmitem suas inspirações. Os encarnados, mesmo à distância, também podem utilizar a força do pensamento e da vontade para estabelecer comunicação, utilizando a mesma corrente fluídica.

Essa explicação é para aqueles que não compreendem a utilidade de uma prece feita com sentimento, e que venha do fundo do coração. Também tem por finalidade separar a prece das coisas materiais e tornar o seu efeito compreensível, mostrando que ela pode realmente atingir os seus objetivos. Porém, estará sempre subordinada à vontade de Deus, juiz supremo de todas as coisas e a quem cabe tornar a sua ação eficaz.

11 – Pela prece, o homem atrai para si o *auxílio dos bons Espíritos* que vêm ajudá-lo a sustentar suas boas resoluções e inspirar-lhe bons pensamentos. Através desse auxílio, ele adquire a força moral necessária para vencer as dificuldades e voltar ao bom caminho. Dessa maneira, ele desvia de si os males que iria atrair por suas próprias faltas.

Por exemplo: um homem sente sua saúde arruinada pelos excessos que cometeu, e suporta, até o fim de seus dias, uma vida de sofrimentos. Terá ele o direito de lamentar-se, caso não obtenha a cura através da prece? Não, pois ele poderia ter encontrado, na própria prece, a força para resistir às tentações.

12 – Podemos dividir os males da vida em duas categorias:

Primeira: males que o homem não pode evitar.

Segunda: males onde ele mesmo é o principal causador, devido aos desleixos e excessos que comete.

Infelizmente, constata-se que os males onde o homem é o agente causador superam em muito os males que ele não pode evitar. Portanto, fica claro que ele é o principal responsável pela maioria de suas aflições, e que poderia poupar-se, caso agisse com sabedoria e prudência *(veja, nesta obra, cap. 5:4).*

Todos esses sofrimentos resultam das nossas infrações às Leis de Deus, que, se fossem seguidas com rigor, nos fariam felizes.

Se não fôssemos além do limite para satisfação de nossas necessidades, não teríamos as doenças, que são as consequências dos excessos, nem os problemas que elas ocasionam.

Se colocássemos limite à nossa ambição, não teríamos o medo da falência.

Se não quiséssemos subir mais alto do que podemos, não teríamos o medo de cair.

Se fôssemos humildes, não sofreríamos as decepções do orgulho ofendido.

Se praticássemos a Lei da Caridade, não seríamos maledicentes, nem invejosos, nem ciumentos, e evitaríamos as desavenças e as discussões.

Se evitássemos fazer o mal a alguém, não teríamos o medo das vinganças, e assim por diante.

Suponha-se que existam males que o homem não pode evitar, mesmo com o auxilio da prece. Então, já não seria o bastante evitar aqueles que decorrem de sua própria conduta? Para esses casos, a ação da prece é fundamental, pois ela tem por objetivo atrair a inspiração salutar dos bons Espíritos, onde pedimos a eles a força necessária para resistir aos maus pensamentos, cuja execução poderia nos ser fatal. *Nesse caso, não é o mal que os bons Espíritos afastam de nós, o que eles afastam é o mau pensamento que poderia nos prejudicar. Não interferem nos desígnios de Deus, nem nas Leis da Natureza, apenas tentam evitar que essas Leis sejam infringidas, ao orientarem o nosso livre-arbítrio.* Eles agem assim, de maneira oculta, sem que sejam percebidos, para que não nos consideremos submissos à sua vontade. O homem se encontra, então, na posição daquele que solicita bons conselhos e os coloca em prática, mas é sempre livre para segui-los ou não. Deus quer que seja assim para que ele tenha a responsabilidade pelos seus atos e para deixá-lo com o mérito da escolha entre o bem e o mal. É isso que o homem sempre receberá se pedir com fervor, e é nesse caso que se aplicam as palavras de Jesus: *"Peçam e vocês obterão"*.

Se a eficácia da prece tivesse, somente, como objetivo livrar o homem dos males que decorrem da sua própria conduta, seu resultado já seria imenso. Estava reservado ao Espiritismo comprovar a ação da prece, ao revelar as relações que existem entre o Mundo Material e o Mundo Espiritual. Mas os efeitos da prece não se limitam somente a isso. A prece é recomendada por todos os Espíritos. Renunciar a ela é negar a bondade de Deus, é recusar para si mesmo a Sua assistência, e para os outros o bem que ela poderia lhes fazer.

13 – Ao atender um pedido que lhe é dirigido, Deus procura recompensar a intenção, o devotamento e a fé daquele que pede. É por isso que a prece do homem de bem tem mais valor aos olhos de Deus e, também, maior eficiência. O homem vicioso e mau não consegue orar com fervor e confiança, pois ele não possui o sentimento da verdadeira piedade. Do coração de um egoísta, daquele que ora com os lábios, saem apenas *palavras* e não os sentimentos de caridade que dão à prece todo o seu poder. Por isso, instintivamente, pedimos para que orem por nós aquelas pessoas que são boas, pois sabemos que suas preces serão mais ouvidas.

14 – A prece exerce uma espécie de ***ação magnética*** entre aquele que faz a oração e aquele a quem ela se destina. Pode-se pensar, então, que o efeito da prece está subordinado à força fluídica daquele que ora, mas não é bem assim. Os Espíritos, pela ação fluídica que exercem sobre os homens, suprem, quando necessário, a insuficiência daquele que ora, seja através de uma ação direta *em seu nome*, seja dando-lhe, no momento da oração, uma força extra, desde que o julguem merecedor desse auxílio.

O homem que não se considera suficientemente bom para praticar, através da prece, uma ação benéfica, não deve, por isso, deixar de orar em favor dos outros, por achar que não é digno de ser escutado. A consciência de suas imperfeições já é uma prova de humildade e ela é sempre agradável a Deus, que leva em conta a intenção caridosa daquele que ora. Seu fervor e sua confiança no Criador são um primeiro passo para a sua conversão ao bem, e os bons Espíritos sentem-se felizes em incentivá-lo. A prece que sempre é repelida é a do *orgulhoso, que só confia em seu poder, em seus méritos e que julga estar acima da vontade de Deus.*

15 – O *poder da prece* está no *pensamento.* Assim, ela não depende de palavras, nem do lugar, nem do momento e muito menos da forma como é feita. Portanto, pode-se orar em qualquer lugar e a qualquer hora, sozinho ou em conjunto. O lugar e o tempo de duração da prece são importantes apenas quando a pessoa encontra-se em um estado de recolhimento. *A prece em conjunto tem uma ação mais poderosa quando todos aqueles que oram se associam de coração a um mesmo pensamento e possuem o mesmo objetivo.* É como se todos clamassem juntos a uma só voz. Mas de que adianta um grande número de pessoas estarem juntas para orar, se cada uma atuar isoladamente e por conta própria? Cem pessoas juntas podem orar como egoístas, enquanto que duas ou três, ligadas por uma mesma aspiração, vão orar como verdadeiros irmãos, filhos de Deus, e a sua prece terá mais força do que a prece das cem pessoas *(veja cap. 28:4 e 5).*

PRECES INTELIGÍVEIS

16 – *Se não entendo o que significam as palavras, serei um ignorante para com quem falo, e aquele que me fala também será um ignorante para comigo. Se eu fizer uma prece em uma língua que não entendo, meu coração ora, mas minha inteligência não colhe os frutos. Se louvarem a Deus apenas com o coração e não usarem palavras inteligíveis, como vão querer que um homem, que só entende a sua própria língua, responda Amém no final da oração que fizerem? É impossível, pois ele não entende o que vocês dizem! Não é que a intenção não seja boa, mas os outros não se melhoram com ela porque não a entendem (Paulo, 1ª Epístola aos Coríntios, 14:11, 14, 16 e 17).*

17 – A prece falada só tem valor se suas palavras são compreendidas por aqueles que a ouvem. É impossível associar um pensamento àquilo que não se compreende, e o que não é compreendido não pode tocar o coração. Para a grande maioria das pessoas, as preces feitas em uma língua desconhecida são simplesmente um conjunto de palavras que nada dizem ao Espírito. Para que a prece toque o coração, é necessário que cada palavra transmita uma ideia e, se ela não é compreendida, não transmitirá ideia nenhuma. Nesse caso, *as palavras* são repetidas como uma *simples fórmula*, cujo benefício dependerá do maior ou menor número de vezes que forem repetidas. Muitos oram por dever, alguns até mesmo por hábito, pelo que se julgam estar quites, desde que tenham repetido a oração várias vezes, nessa ou naquela ordem. Deus vê o que se passa no fundo dos corações, lê o pensamento e percebe a sinceridade de cada um. Acreditar que Ele seja mais sensível com a maneira pela qual a prece é feita do que com a sua essência seria rebaixá-Lo *(veja, nesta obra, cap. 28:2).*

DA PRECE PELOS MORTOS E PELOS ESPÍRITOS SOFREDORES

18 – Os Espíritos sofredores pedem preces, pois elas lhes são proveitosas. Quando percebem que são lembrados, sentem-se menos abandonados e menos infelizes. Além disso, a prece tem sobre eles uma ação direta: reanima-lhes a coragem, estimula neles o desejo de se elevarem pelo arrependimento, pela reparação dos erros que cometeram e pode ajudar a desviar o pensamento do mal *(consulte O Céu e o Inferno, 2ª parte: Exemplos).*

19 – Existem pessoas que não admitem a prece pelos mortos, porque, para elas, a alma só tem duas alternativas: ser salva ou ser condenada às penas eternas; em ambos os casos, a prece seria inútil. Sem discutir o valor dessa crença, vamos admitir, por um instante, a existência dos sofrimentos eternos e imperdoáveis, e que nossas preces sejam impotentes para pôr um fim a essa situação; ainda assim, seria lógico, caridoso e cristão não orar pelos condenados? Essas preces, por mais impotentes que sejam para libertá-los, não seriam para eles uma demonstração de piedade que poderia suavizar os seus sofrimentos? Na Terra, quando um homem é condenado à prisão perpétua, mesmo que não se tenha nenhuma esperança de obter para ele o perdão, é proibido a uma pessoa caridosa ir aliviar o seu sofrimento? Quando alguém sofre de um mal incurável, e não existindo para ele nenhuma esperança, deve-se abandoná-lo sem nenhum alívio? Lembrem-se que entre os condenados pode estar uma pessoa que tenha sido querida a vocês, um amigo, talvez um pai, uma mãe ou um filho, e só porque julgam que essa criatura não pode ser perdoada, por acaso recusariam a ela um copo d'água para matar a sua sede? Um remédio para curar as suas feridas? Não fariam por ela o mesmo que a um prisioneiro? Não lhe dariam uma prova de amor, uma consolação? Pois bem, ao negarem a ela tudo isso, certamente, não estariam sendo cristãos. Uma crença que endurece o coração não pode estar unida a um Deus que coloca, como primeiro de todos os deveres, o amor ao próximo!

Negar a eternidade das penas não significa que não existam penalidades temporárias, porque é impossível que Deus, na Sua Justiça, confunda o bem com o mal. Portanto, negar a eficiência da prece seria o mesmo que negar a eficiência da consolação, dos encorajamentos e dos bons conselhos. Seria negar a força que se recebe da assistência moral daqueles que nos querem bem.

20 – Outros se baseiam em uma razão mais enganadora ainda: as Leis Divinas são imutáveis. Deus, dizem eles, não pode modificar Suas decisões a pedido das criaturas, pois, nesse caso, nada seria estável no Universo. Portanto, o homem não tem nada o que pedir a Deus, cabendo-lhe somente submeter-se à Sua vontade e adorá-Lo.

Existe, nessa ideia, um desconhecimento completo quanto à imutabilidade das Leis Divinas, principalmente, no que diz respeito às penas eternas, pois a Lei não trata, em momento algum, do estabelecimento de uma duração eterna e irreversível para as penas. Os Espíritos superiores, aproveitando que o homem hoje está mais maduro, vêm nos revelar aquilo que, na fé, está de acordo ou não com os ensinamentos divinos. Vêm revelar, também, que a duração das penas está ligada diretamente ao comportamento do Espírito, cabendo a este aumentar ou diminuir o tempo do seu sofrimento.

Segundo o dogma da eternidade absoluta das penas, não são levados em conta, a favor do culpado, nem os seus remorsos, nem o seu arrependimento. Para ele, todo desejo que tenha de melhorar-se será inútil. Está condenado a permanecer no mal para sempre. Se for condenado por um tempo determinado, a pena acabará quando o prazo tiver se cumprido. Mas quem poderá afirmar que ele mudou para melhor seus sentimentos? Quem poderá garantir que, a exemplo de muitos condenados na Terra, ao sair da prisão, ele não continue tão mau quanto era antes? Para o caso daquele que se arrependeu e o prazo ainda não se cumpriu, estaríamos mantendo no castigo um homem que retornou ao bem. Ao contrário, no caso do homem que continuou mau, se ele ganhasse a liberdade no tempo devido, estaríamos libertando um culpado que não se arrependeu. A Lei de Deus é previdente e sábia, pois, sendo sempre justa e misericordiosa, *não fixa para a pena nenhuma duração*. Ela está resumida assim:

21 – Resumo da Lei de Deus

"*O homem sempre sofre as consequências de suas faltas, e não existe uma só infração à Lei de Deus que não fique sem a correspondente punição.*" Essa Lei também é conhecida como a *Lei da Justiça.*

"*A severidade do castigo é proporcional à gravidade da falta.*" Essa Lei também é conhecida como a *Lei da Ação e Reação* ou *Lei da Causa e Efeito.*

"A duração do castigo, para qualquer falta, *é indeterminada e fica subordinada ao arrependimento do culpado e ao seu consequente retorno ao bem.*" A duração da pena é proporcional à sua permanência no mal. Seria perpétua, se a permanência no mal também o fosse, e de curta duração, se o arrependimento viesse logo.

"*Desde que o culpado clame por misericórdia, Deus o ouve e lhe concede a esperança. Mas o simples arrependimento não basta; é preciso a reparação da falta. Por essa razão, o culpado é submetido a novas provas, onde poderá, pelo uso de seu livre-arbítrio, fazer o bem, reparando o mal que praticou.*"

"*Assim, o homem é, constantemente, o juiz de sua própria sorte.*" Ele pode abreviar o seu suplício ou prolongá-lo indefinidamente. A Sua felicidade ou a sua desgraça depende de sua vontade em fazer o bem.

Esta é a Lei; Lei *imutável*, em concordância com a bondade e a Justiça de Deus.

Portanto, o Espírito culpado e infeliz pode sempre salvar-se e a Lei de Deus lhe mostra quais as condições para que isso aconteça. Na maioria das vezes, o que lhe falta é a vontade, a força e a coragem. Com nossas preces, podemos lhe inspirar essa vontade, dando-lhe apoio e entusiasmo. Com nossos conselhos, podemos transmitir a ele o conhecimento que lhe falta. *Com isso, estamos sendo instrumentos de outra Lei de Deus, a Lei do Amor e da Caridade, e esse Espírito não necessitará mais pedir a Deus que revogue Suas Leis.* Com nosso gesto de apoio, Deus nos permite dar uma prova de nossa caridade *(consulte* O Céu e o Inferno, *1ª parte, caps. 4, 7 e 8).*

Instruções dos Espíritos

MANEIRA DE ORAR

V. Monod – Bordeaux, 1862.

22 – O primeiro dever de toda criatura humana e o primeiro ato que deve assinalar o seu retorno à atividade diária é a prece. Quase todos rezam, mas são poucos os que sabem rezar! Que importância terão perante o Senhor as frases que repetem de forma maquinal, sem compreender nem prestar atenção no que estão dizendo? Rezam por hábito, por um dever a cumprir, e cuja execução é sempre um peso. A prece do cristão, do *Espírita*, ou de qualquer outro culto, deve ser feita logo ao acordar, após o Espírito retomar o domínio do corpo. Ela deve elevar-se em agradecimento a Deus, com muita humildade, deve vir do fundo do coração, agradecendo por todos os benefícios recebidos até aquele dia, pela noite transcorrida, durante a qual foi permitido, ainda que inconscientemente, visitar os amigos, os Espíritos protetores, extraindo, do contato com eles, novas forças para continuar a caminhada. A prece deve elevar-se humildemente aos pés do Senhor. Deve mostrar a fraqueza que possuem, para que possam suplicar Seu amparo, Seu perdão e Sua misericórdia. Ela deve ser profunda, pois é a alma de vocês que deve se elevar até o Criador, devendo transfigurar-se como Jesus no monte Tabor, quando apareceu, de forma iluminada, falando com Moisés e Elias, na presença dos apóstolos Pedro, Tiago e João. A prece deve chegar ao Senhor branca e radiante de esperança e de amor.

Ela deve conter o pedido das graças de que necessitam, mas daquelas que realmente necessitam. É inútil pedirem ao Senhor para encurtar as provas, para lhes dar somente alegrias e riquezas. Peçam a Ele os bens mais preciosos, como a paciência, a resignação e a fé. Não digam, como muitos fazem: "Não vale a pena rezar, uma vez que Deus não me atende". O que pedem a Deus, na maioria das vezes? Já se lembraram de pedir a própria melhoria moral? Não. Poucas vezes pediram isso. O que mais se lembram de pedir é *o sucesso para os empreendimentos terrenos*, e depois ainda dizem: "Deus não se ocupa conosco, se o fizesse, não haveria tantas injustiças". Insensatos! Ingratos! Se analisarem honestamente o fundo de suas consciências, encontrarão, quase sempre, em vocês mesmos, o ponto de partida para os males pelos quais lamentam. Peçam, antes de todas as coisas, para que sejam pessoas melhores, e vão ver que imensidão de graças e de consolações irão receber *(veja, nesta obra, cap. 5:4).*

A prece deve ser uma prática diária, sem que, para isso, seja preciso retirar-se para seus aposentos ou exibir-se, de joelhos, nas praças públicas. Ela deve fazer parte dos deveres de cada um, qualquer que seja a natureza deles, sem exceção. Não é um ato de amor a Deus assistir seus irmãos em qualquer necessidade moral ou física? Não é um ato de reconhecimento elevar o pensamento ao Senhor quando recebe um momento de felicidade, quando um acidente é evitado, até mesmo quando se é atingido apenas de leve por uma contrariedade? Portanto, é dever de todos agradecer em pensamento: *"Muito obrigado, meu Deus, por tudo que tenho recebido!"*. É um ato de arrependimento humilhar-se diante do Juiz supremo quando cometerem uma falta, e, ainda que por um breve pensamento, Lhe dizer: *"Deus, me perdoa, pois pequei, por orgulho, por egoísmo ou por falta de caridade. Concede-me a força para não mais falhar e a coragem para reparar o meu erro"*.

Devem orar dessa maneira, independentemente das preces regulares da manhã, da noite e dos dias consagrados. Como veem, a prece pode ser feita em todos os instantes, sem trazer nenhuma interrupção a seus trabalhos, e, se assim procederem, a prece irá beneficiá-los. Acreditem que um só desses pensamentos, partindo do coração, é mais ouvido pelo Pai Celestial do que as longas preces recitadas, por hábito, quase sempre sem um objetivo claro, as quais a hora preestabelecida lembra que chegou o momento de rezar.

A FELICIDADE QUE A PRECE PROPORCIONA

Santo Agostinho – Paris, 1861.

23 – Venham, vocês que desejam crer. Os Espíritos Celestiais chegam para anunciar grandes coisas. Deus, meus filhos, abre Seus tesouros para dar a todos os Seus benefícios. Homens de pouca fé! Se soubessem o quanto a fé faz bem ao coração e leva a alma ao arrependimento e à prece! Ah! Como são comoventes as palavras que saem dos lábios na hora da prece! Ela é o orvalho Divino que acalma o calor excessivo das paixões. A prece, sendo filha primeira da fé, leva-nos ao caminho que conduz a Deus. No recolhimento e na solidão, estão sempre com Deus. Para vocês, não existem mais mistérios, pois Deus se revela através da prece. Apóstolos do pensamento, a prece os leva a conhecer a verdadeira vida. A alma se desprende da matéria e se eleva aos mundos infinitos e etéreos que a pobre Humanidade ainda desconhece.

Avancem pelos caminhos da prece e ouvirão as vozes dos anjos. Que harmonia! Não é mais o ruído confuso e os sons estridentes da Terra. São as liras dos arcanjos, as vozes doces e suaves dos serafins, mais delicadas que as brisas da manhã, quando brincam na folhagem dos nossos bosques. Com que alegrias irão caminhar! A linguagem da Terra é pobre para definir a *felicidade* que irão sentir, pois ela entrará por todos os poros, tão viva e refrescante é a fonte da vida quando se está em oração! Doces vozes, deliciosos perfumes que a alma ouve e sente ao se lançar, pela prece, nessas esferas desconhecidas e habitadas! Sem o peso dos desejos carnais, todas as aspirações são Divinas. Orem, também, como Cristo orou quando carregou Sua cruz até o Calvário.

Carreguem sua cruz e sentirão, em suas almas, as mesmas doces emoções que o Senhor sentiu, ainda que carregando a cruz infame. Ele ia morrer, mas para viver a Vida Celestial na morada do Pai.

Comentário

14 – Ação magnética – É a influência exercida por uma pessoa sobre a vontade de outros, através do pensamento. Pode se manifestar de várias maneiras: repulsa, atração, encantamento etc.

CAPÍTULO

28

COLETÂNEA DE PRECES ESPÍRITAS

INTRODUÇÃO

1 – Os Espíritos sempre disseram: "A forma não é nada, o pensamento é tudo". Cada um deve orar segundo as suas convicções e da maneira que mais lhe agradar, pois mais vale um bom pensamento, do que muitas palavras que não dizem nada ao coração.

Os Espíritos jamais prescrevem uma fórmula padrão para as preces; quando nos fornecem alguma, é para orientar nossas ideias e para chamar atenção sobre certos princípios da Doutrina Espírita; é, também, com o objetivo de ajudar as pessoas que sentem dificuldade em expressar suas ideias, pois existem aqueles que pensam não ter rezado pelo fato de seus pensamentos não terem sido bem formulados.

A coletânea de preces contidas neste capítulo é uma seleção dentre as que foram ditadas pelos Espíritos em diferentes ocasiões. Eles podem ter ditado outras preces em termos diferentes, abrangendo certas ideias ou casos especiais, mas pouco importa a forma, se o pensamento fundamental é o mesmo. O objetivo da prece é elevar o nosso pensamento a Deus. A diversidade das fórmulas não deve estabelecer nenhuma diferença entre os que creem Nele, e, menos ainda, entre os adeptos do Espiritismo, pois Deus aceita todas as preces, desde que sejam sinceras.

Não se deve considerar essa seleção de preces como um formulário único, mas apenas como uma contribuição dada pelos Espíritos; é uma aplicação dos princípios da moral evangélica desenvolvidos neste livro; é um complemento ao que foi trazido sobre os deveres para com Deus e para com o próximo, em que são lembrados todos os princípios da Doutrina Espírita.

O Espiritismo reconhece como boas as preces de todos os cultos, desde que sejam ditas com sinceridade e não apenas com os lábios. Não impõe nada e não reprova nenhuma. Deus é infinitamente grande, conforme nos ensina a Doutrina Espírita, para não ouvir aqueles que Lhe pedem ajuda ou Lhe agradecem, somente porque o fizeram dessa ou daquela maneira. *Todo aquele que condene as preces que não constem em seu formulário, está provando que desconhece a grandeza de Deus*. Acreditar que Deus se apegue a uma fórmula é atribuir-Lhe a pequenez e as paixões da Humanidade.

Uma das condições essenciais da prece, segundo o apóstolo Paulo, é a de ser compreensível, a fim de que possa falar ao espírito. Assim, não basta que ela seja dita em uma linguagem que aquele que ora compreenda. Existem preces feitas em linguagem comum que não dizem ao pensamento muito mais do que se fossem feitas numa língua estrangeira. É por isso que essas preces não tocam o coração. As poucas ideias que elas contêm são, muitas vezes, sufocadas pela quantidade de palavras e por sua linguagem figurada *(veja, nesta obra, cap. 27:16)*.

A principal qualidade da prece é ser clara, simples e sem excesso de palavras, sem adjetivos inúteis que apenas lhe dão um brilho falso. Cada palavra deve ter sua importância, revelar uma ideia e *nos fazer pensar*. Somente assim a prece poderá atingir o seu objetivo; de outro modo, são palavras soltas, apenas pronunciadas e sem nenhum valor; os lábios se movimentam, mas, pela expressão da fisionomia e pelo som da voz, percebe-se que é uma prece mecânica, puramente exterior, à qual a alma permanece indiferente.

As preces reunidas nesta coletânea estão divididas em cinco categorias:

1 – Preces em geral;

2 – Preces para si mesmo;

3 – Preces pelos encarnados;

4 – Preces pelos desencarnados;

5 – Preces especiais pelos doentes e obsediados.

Com a finalidade de chamar a atenção sobre o objetivo de cada prece e tornar o seu sentido mais compreensível, todas elas vêm precedidas de ***observações preliminares***, espécie de exposição de motivos.

1 – PRECES EM GERAL

ORAÇÃO DOMINICAL

2 – Observações preliminares

Os Espíritos recomendaram colocar, no início dessa coletânea de preces, a oração dominical, conhecida como o Pai-Nosso, por tudo o que ela representa. Eles a colocaram em primeiro lugar porque ela veio do próprio Jesus *(Mateus, 6:9 a 13)*, e porque ela pode substituir todas as outras, conforme o sentido que a ela seja atribuído. É o mais perfeito modelo de síntese, verdadeira obra-prima, por ser sublime em sua simplicidade.

Sob a forma mais simples, ela resume todos os deveres do homem para com Deus, para consigo mesmo e para com o próximo. O Pai-Nosso é uma profissão de fé, ou seja, a declaração pública de que possuímos uma crença religiosa, e é, também, um ato de adoração e de submissão a Deus. Ele contém o pedido das coisas necessárias à vida terrena e o princípio da caridade. Rezar essa oração para alguém é pedir para essa pessoa o que pediríamos para nós mesmos.

Em virtude de ser uma oração resumida, o sentido profundo contido em suas poucas palavras escapa ao entendimento da maioria. Isso ocorre porque, geralmente, ela é dita sem que se pense no sentido de cada uma de suas frases. Ela é dita de maneira decorada, como uma fórmula, cuja eficiência é proporcional ao número de vezes que é repetida. Esse número, quase sempre, é cabalístico: *três, sete ou nove*, em virtude de antiga crença supersticiosa que atribuía *poder aos números* e do seu uso em práticas de magia.

Para o melhor entendimento do Pai-Nosso, de acordo com o conselho e a assistência dos bons Espíritos, a cada frase da prece foi adicionado um comentário que explica seu sentido e mostra a sua aplicação. Conforme a circunstância e o tempo de que cada um disponha, pode-se rezar o Pai-Nosso na sua forma *simples* ou *desenvolvida.*

3 – Prece

3.1 – *Pai nosso que está no Céu, santificado seja o seu nome!*

Acreditamos em Deus, pois tudo revela o Seu poder e a Sua bondade. A harmonia do Universo dá testemunho de uma *sabedoria*, de uma *prudência* e de um *bom senso* que ultrapassam toda capacidade de compreensão humana. Em todas as obras da Criação, desde o ramo da erva e o minúsculo inseto, até os astros que se movem no espaço, o nome de um Ser, soberanamente grande e sábio, se acha inscrito. Em todos os lugares vemos a prova de um amor paternal. Portanto, cego é quem não O reconhece em Suas obras, orgulhoso é aquele que não O glorifica e ingrato é aquele que não Lhe agradece.

3.2 – *Venha a nós o Seu Reino!*

O Senhor deu aos homens Leis cheias de sabedoria que os fariam felizes, se eles as seguissem. Com essas Leis, fariam reinar entre si a paz e a justiça; ajudar-se-iam mutuamente, em vez de se maltratarem como fazem; o forte ajudaria o fraco em vez de massacrá-lo; todos evitariam os males que se originam dos abusos e dos excessos de toda ordem. Todas as misérias da Terra são frutos da violação de Suas Leis, pois não existe uma infração sequer a essas Leis que não traga consequências fatais.

Ao animal, foi dado o instinto que o mantém no limite do necessário e ele se conforma naturalmente com isso. Ao homem, além do instinto, foram dadas a inteligência, a razão e também a liberdade de respeitar ou violar as Leis Divinas que regem a Humanidade, isto é, a liberdade de escolher entre o bem e o mal, a fim de que ele tenha o mérito e a responsabilidade pelos seus atos.

Ninguém pode dizer que não conhece essas Leis, pois em Sua bondade paternal o Senhor as gravou na consciência de cada um, sem distinção de cultos nem de nações. Aqueles que violam Suas Leis querem menosprezá-lo.

Chegará o dia em que, de acordo com a Sua promessa, todos as praticarão e a incredulidade desaparecerá. Todos O reconhecerão como o Senhor soberano de todas as coisas e, ao adotarem Suas Leis, Sua harmonia se estabelecerá sobre a Terra.

Apressa, Senhor, a chegada desse dia, dando aos homens a luz necessária que os conduza ao caminho da verdade.

3.3 – *Seja feita a Sua vontade, assim na Terra como no Céu!*

Se a obediência é um dever do filho para com o pai, do inferior para com o superior, quanto maior não deverá ser a da criatura para com o seu Criador! Fazer a Sua vontade, Senhor, é obedecer às Suas Leis e se submeter aos Seus propósitos Divinos, sem reclamar. O homem se submeterá a eles, quando compreender que o Senhor é a fonte de toda sabedoria e que sem a Sua participação nada se pode fazer. Então, fará a Sua vontade na Terra, como os eleitos já a fazem no Céu.

3.4 – *O pão nosso de cada dia dá-nos hoje!*

Dá-nos o alimento necessário para manutenção das forças do corpo, e dá-nos, também, o alimento espiritual para o desenvolvimento de nosso espírito.

O animal encontra o seu alimento, mas o homem só encontra o seu alimento pelo trabalho e pelo uso dos recursos de sua inteligência, porque Deus o criou livre.

Deus lhe disse: "Você tirará o alimento da Terra com o suor do seu rosto". Com isso, Ele fez do trabalho uma obrigação para o homem, a fim de que ele exercite sua inteligência na procura dos meios de prover suas necessidades e seu bem-estar: uns pelo trabalho manual e outros pelo trabalho intelectual. Sem o trabalho, o homem não poderia evoluir e nem aspirar à felicidade dos Espíritos superiores.

Auxilia, Senhor, o homem de boa vontade que confia em Seus desígnios a obter o necessário, e não aquele que se compraz na ociosidade e que gostaria de obter tudo sem esforço, e nem aquele que só procura o supérfluo *(veja, nesta obra, cap. 25).*

Quantos são os que sucumbem por sua própria culpa, por seu descuido, por sua imprevidência ou sua ambição, por não quererem se contentar com o que Deus lhes deu. Esses são os responsáveis por seu próprio infortúnio e não têm o direito de se queixar, já que são punidos naquilo mesmo em que erraram. Apesar disso, nem a esses Deus abandona, porque é infinitamente misericordioso; Ele estende as mãos em socorro, desde que, como o ***filho pródigo***, retornem sinceramente para Ele *(veja, nesta obra, cap. 5:4. e a parábola do filho pródigo cap. 7:10).*

Antes de lamentar nossa própria sorte, devemos perguntar se ela não é responsabilidade nossa, se cada infelicidade que nos chega não dependia de nós mesmos tê-la evitado. Deus nos deu a inteligência para que pudéssemos evoluir e abandonar nossa condição inferior; só depende de nós utilizá-la corretamente.

Uma vez que na Terra o homem está submetido à Lei do Trabalho, pedimos a coragem e a força para cumprir essa Lei. Pedimos, também, a prudência, o bom senso e a moderação para não perdermos o fruto desse trabalho.

Dá-nos, Senhor, o nosso pão de cada dia, ou seja, os meios de adquirir, pelo trabalho, as coisas necessárias à vida, pois ninguém tem o direito de reclamar o supérfluo.

Se não conseguirmos trabalho, confiamos em Sua Divina Providência.

Se estiver em Sua vontade provar-nos com as mais duras privações, apesar de nossos esforços, aceitaremos como sendo uma justa expiação pelas faltas cometidas, nesta vida ou em vidas anteriores, pois temos consciência de Sua Justiça. Sabemos, também, que não existem sofrimentos que não sejam merecidos e que nunca há punição sem causa.

Preserva-nos de invejar os que possuem mais do que nós e aqueles que possuem o supérfluo, enquanto nos falta o necessário. Perdoa-os se esquecem a Lei da Caridade e do Amor ao próximo, que o Senhor lhes ensinou *(veja, nesta obra, cap. 16:8)*.

Afasta de nós o pensamento de negar Sua Justiça ao ver a prosperidade do homem mau e a infelicidade que, às vezes, atinge o homem de bem. Graças aos ensinamentos que nos enviou através da Doutrina Espírita, sabemos agora que a Sua Justiça sempre se cumpre e que não abre exceções a ninguém. Sabemos, também, que a prosperidade material do homem mau é tão passageira quanto a sua própria existência corporal, e que ele terá que passar por dolorosas reencarnações, enquanto que a alegria reservada àqueles que sofrem com resignação será eterna *(veja, nesta obra, cap. 5:7, 9,12,18)*.

3.5 – *Perdoa as nossas ofensas, assim como perdoamos aqueles que nos têm ofendido.*

Cada infração às Suas Leis é uma ofensa que Lhe fazemos. É um erro que cometemos e que, cedo ou tarde, teremos que corrigir. Solicitamos o perdão de Sua infinita misericórdia e prometemos não cometer novas faltas.

A maior das Leis de Deus é a caridade, mas ela não consiste só em amparar nossos semelhantes em suas necessidades; consiste, também, no esquecimento e no perdão das ofensas. Com que direito poderemos reclamar para nós a misericórdia Divina, se não a utilizarmos para os outros?

Concede-nos a força para apagar de nossa alma todo o ressentimento, todo ódio e todo rancor. *Faça com que a morte não nos surpreenda com nenhum desejo de vingança no coração.* Se for Sua vontade nos retirar hoje mesmo da Terra, faça com que possamos nos apresentar, diante do Senhor, libertos de todo ódio, como o Cristo, cujas últimas palavras foram de perdão em favor de Seus algozes *(veja, nesta obra, cap. 10)*.

As perseguições que os maus nos impõem fazem parte de nossas provas terrenas. Devemos aceitá-las sem lamentações e não maldizer aqueles que com suas maldades nos dão oportunidade de perdoá-los, abrindo-nos, assim, o caminho para a felicidade eterna. O Senhor já nos disse pelo ensinamento de Jesus: *"Bem-aventurados os que sofrem pela justiça!"*. Bendigamos a mão que nos fere e nos humilha, porque sabemos que as angústias do corpo fortalecem nossa alma e seremos reconhecidos pela nossa humildade *(veja, nesta obra, cap. 12:4)*.

Bendito seja o Seu nome, Senhor, por nos ensinar que nossa sorte não está irrevogavelmente fixada após a morte; que encontraremos, em outras existências, os meios de resgatar e reparar nossas faltas passadas e de realizar, em outra vida, o que não conseguimos realizar nesta, em favor do nosso próprio adiantamento *(veja, nesta obra, cap. 4 cap. 5:5)*.

Assim se explicam todas as desigualdades aparentes da vida terrena. É o conhecimento lançado sobre o nosso passado e o nosso futuro, um sinal evidente da Sua Soberana Justiça e da Sua Infinita Bondade.

3.6 – *Não nos deixes cair em tentação, mas livre-nos do mal!*

Senhor, dá-nos força para resistir às sugestões dos maus Espíritos que nos inspiram maus pensamentos e tentam nos afastar do caminho do bem.

Somos Espíritos imperfeitos, encarnados na Terra para expiar nossas faltas e procurar nosso aperfeiçoamento. A principal causa do mal está em nós mesmos e os maus Espíritos apenas se aproveitam de nossas más tendências e vícios, para nos tentar.

Cada imperfeição é uma porta aberta à influência deles, uma vez que são impotentes e renunciam a qualquer tentativa contra os seres perfeitos. Tudo o que fizermos para afastá-los será inútil se não tivermos uma vontade firme e determinada em praticar o bem e renunciar ao mal. É contra nós mesmos que devemos dirigir nossos esforços, no sentido de combater nossas más tendências. Ao procedermos assim, os maus Espíritos, naturalmente, se afastarão, pois é o mal que os atrai, enquanto que o bem os repele *(veja neste capítulo, adiante, preces pelos obsediados)*.

Senhor, ampara-nos em nossa fraqueza; que o nosso anjo da guarda e os bons Espíritos possam nos inspirar a vontade de corrigir nossas imperfeições, a fim de impedir que os maus Espíritos tenham acesso a nós.

O mal não é obra Sua, pois a fonte de todo bem não pode gerar o mal. Nós mesmos o criamos ao desrespeitar Suas Leis e pelo mau uso que fazemos do livre-arbítrio que o Senhor nos concedeu. Quando o homem cumprir as Suas Leis, o mal desaparecerá da Terra, como já desapareceu dos mundos mais avançados.

A prática do mal não é uma necessidade fatal para ninguém, e só parece irresistível para aqueles que nela se satisfazem. Se temos a vontade de fazer o mal, podemos ter a vontade de fazer o bem. É por isso que pedimos a Sua assistência e a dos bons Espíritos para resistirmos à tentação.

3.7 – *Assim seja!*

Permita, Senhor, que nossos desejos se realizem; mas nos curvamos diante da Sua sabedoria infinita. Que as coisas que não conseguirmos compreender sejam feitas segundo a Sua vontade e não a nossa, pois o Senhor quer apenas o nosso bem e sabe melhor do que nós o que nos é conveniente.

Ao Senhor dirigimos esta prece, por nós mesmos e também em favor de todas as criaturas sofredoras, encarnadas ou desencarnadas, pelos nossos amigos e inimigos, por todos aqueles que solicitam a nossa assistência, e em particular por... *(aqui podemos fazer pedidos para os outros, para nós mesmos ou agradecer a Deus pelas graças alcançadas.).*

Senhor, para todos pedimos a Sua misericórdia e a Sua bênção. *(Veja neste capítulo, adiante, as preces 26 e 27.)*

REUNIÕES ESPÍRITAS

4 – *Jesus disse: "Onde quer que se encontrem duas ou três pessoas reunidas em Meu nome, Eu estarei entre elas" (Mateus, 18:20).*

5 – Observações preliminares

Para que as pessoas se achem reunidas em nome de Jesus, não basta que estejam fisicamente juntas; é preciso que estejam espiritualmente unidas pela comunhão de intenções e de pensamentos voltados para o bem. Assim, *Jesus* ou os *Espíritos puros* que O representam, estarão participando da reunião. O Espiritismo nos explica como os Espíritos podem estar entre nós. Eles comparecem com seus corpos fluídicos e com a aparência que nos permitiria reconhecê-los, caso se tornassem visíveis. Quanto mais elevados eles forem na hierarquia espiritual, maior é seu poder de irradiação. É assim que podem estar em muitos lugares ao mesmo tempo, bastando, para isso, enviar, a cada uma dessas reuniões, uma parcela de seu pensamento.

Jesus, ao dizer que estaria entre duas ou mais pessoas que estivessem reunidas em Seu nome, quis mostrar o efeito que resulta da união e da fraternidade dos que se ocupam em fazer o bem. Não é o maior ou menor número de pessoas reunidas que garante a presença de Jesus e dos bons Espíritos, pois, em vez de duas ou três, Ele poderia ter dito dez ou vinte. O que realmente O atrai é o sentimento de caridade que mutuamente exista entre elas e, para isso, bastam somente duas pessoas. Porém, se essas duas pessoas orarem separadas, mesmo que se dirijam a Jesus, não haverá entre elas comunhão de pensamentos, principalmente se não estiverem tocadas por um sentimento de benevolência mútua. Ao se olharem com prevenção, ódio, inveja ou ciúmes, as correntes fluídicas de seus pensamentos irão se repelir, em vez de se unirem por um impulso comum de simpatia. Assim, *não estarão reunidas em nome de Jesus*. Ele será para elas apenas um pretexto para a reunião, e nunca o verdadeiro motivo *(veja, nesta obra, cap. 27:9)*.

Isto não significa que Jesus não atenda a voz de uma única pessoa, pois foi Ele mesmo quem disse: "Eu atenderei a todo aquele que Me chamar". Porém, exige, antes de nos atender, que tenhamos amor pelo próximo. O homem pode dar mais provas de amar o próximo quando está em companhia de muitos do que quando está sozinho. É por isso que uma oração feita em conjunto tem mais valor para Jesus do que uma oração feita em separado, uma vez que Ele se afasta de todo o sentimento pessoal e egoísta. A consequência disso é que, se numa reunião numerosa, apenas duas ou três pessoas estiverem unidas de coração pelo sentimento da verdadeira caridade, Jesus estará somente entre elas, e não entre as que se isolam e se concentram em pensamentos egoístas ou mundanos. Não é, portanto, o coro das palavras, das canções ou os atos exteriores que constituem a reunião em nome de Jesus, mas sim a comunhão de pensamentos em harmonia com o *espírito de caridade* de que Ele é o modelo.

Este deve ser o caráter das reuniões espíritas sérias, daquelas em que se deseja a participação dos bons Espíritos *(veja, nesta obra, cap. 10:7 e 8; cap. 27:2 a 4)*.

6 – Prece (para o início da reunião)

Pedimos ao Senhor Deus Todo-Poderoso que envie Seus bons Espíritos para nos assistir, afastando aqueles que possam nos induzir ao erro, e que nos dê a luz de que precisamos para distinguir a verdade da mentira.

Afasta também, Senhor, os Espíritos malvados, encarnados e desencarnados, que poderiam tentar provocar a desunião entre nós, desviando-nos da verdadeira caridade e do amor ao próximo. Se alguns tentarem entrar nesse recinto, faça com que eles não tenham acesso aos nossos corações.

Bons Espíritos que se dignam a vir nos instruir, façam com que sejamos receptivos aos conselhos que nos trazem, desviando-nos de todo pensamento de egoísmo, orgulho, inveja e ciúme. Inspirem-nos a indulgência e a benevolência para com os nossos semelhantes, presentes ou ausentes, amigos ou inimigos. Que nós reconheçamos a saudável influência que nos trazem, através dos bons sentimentos de amor com que irão nos envolver nesta reunião.

Concedam, aos médiuns que escolherem para transmitir os ensinamentos, a consciência da importância do mandato que lhes foi confiado e a seriedade do ato que realizarão, a fim de que o façam com o fervor e a responsabilidade necessários.

Se em nossa reunião estiverem pessoas que foram atraídas por sentimentos que não são do bem, abram seus olhos ao esclarecimento e perdoem-nas, assim como nós as perdoaremos se elas vieram com más intenções.

Pedimos, especialmente, ao Espírito de..., nosso guia espiritual, para nos dar assistência e velar por nós.

7 – Prece (para o fim da reunião)

Agradecemos aos bons Espíritos que vieram se comunicar conosco e pedimos a eles que nos ajudem a pôr em prática as instruções que recebemos. Que cada um de nós, ao sair daqui, sinta-se fortalecido para praticar o bem e o amor ao próximo.

Desejamos que as instruções recebidas também sejam proveitosas aos Espíritos sofredores, ignorantes e viciosos, que também assistiram a esta reunião e para os quais pedimos a misericórdia de Deus.

PELOS MÉDIUNS

8 – *Nos últimos dias, disse o Senhor, espalharei Meu espírito sobre todos os encarnados. Os filhos e filhas de vocês profetizarão, os jovens terão visões, e os velhos terão sonhos. Naqueles dias, meus servidores e minhas servidoras profetizarão ao receberem Meu espírito (Atos, 2:17 e 18).*

9 – Observações preliminares

O Senhor quer que o conhecimento chegue a todos os homens e que a voz dos Espíritos penetre em todos os lugares, a fim de que cada um possa obter a prova da imortalidade. É com esse objetivo que os Espíritos se manifestam hoje em todos os pontos da Terra, e a mediunidade está presente em pessoas de todas as classes sociais, entre homens e mulheres e entre crianças e velhos. Ela é um dos sinais de que chegaram os tempos anunciados.

Para conhecer as coisas do mundo visível e descobrir os segredos da natureza, Deus deu ao homem a visão, os sentidos e permitiu que ele descobrisse instrumentos especiais. Com o telescópio, ele lança seu olhar para as profundezas do espaço, e com o microscópio descobriu o mundo dos infinitamente pequenos. Para penetrar no mundo invisível, Deus concedeu-lhe a mediunidade.

Os médiuns são os encarregados de transmitir aos homens os ensinamentos dos Espíritos, ou, melhor, *são os instrumentos materiais pelos quais os Espíritos se comunicam e se tornam compreensíveis a nós.* Sua missão é sagrada e tem por finalidade mostrar que a vida é eterna.

Os Espíritos vêm instruir o homem sobre a sua destinação futura, visando reconduzi-lo ao caminho do bem, e não para poupar-lhe do trabalho material que lhe cabe executar na Terra para o seu próprio adiantamento, nem para lhe favorecer a ambição e a cobiça. Eis o que os médiuns devem compreender bem, para não fazer mau uso de suas faculdades mediúnicas. Aquele que compreende a seriedade do mandato que recebeu, cumpre-o religiosamente. Sua consciência o reprovaria, como um ato de profanação, se transformasse em divertimento e distração, *para si e para os outros,* o dom mediúnico que lhe foi concedido com sérios objetivos, e que o coloca em contato com os seres do Mundo Espiritual.

Os médiuns, como intérpretes do ensinamento dos Espíritos, devem executar um papel importante na transformação moral que acontece na Terra. Os serviços que podem prestar estão diretamente ligados ao bom uso que fizerem de suas faculdades mediúnicas, pois os que seguem caminhos errados são mais prejudiciais do que úteis à divulgação do Espiritismo; pelos maus exemplos que dão, retardam a conversão de muitos; é por isso que terão que prestar contas do uso que fizerem da faculdade que lhes foi dada para beneficiar os seus semelhantes.

O médium que quer manter a assistência dos bons Espíritos deve trabalhar pelo seu próprio adiantamento. Aquele que deseja que a sua faculdade mediúnica se desenvolva, precisa aperfeiçoar-se moralmente e abster-se de tudo que possa desviá-lo do seu objetivo principal.

Se, às vezes, os *bons Espíritos* se servem de *médiuns imperfeitos*, é para dar a eles bons conselhos e fazê-los retornar ao bem. Mas quando encontram corações endurecidos e seus conselhos não são ouvidos, eles se afastam e os Espíritos maus têm o caminho livre *(veja, nesta obra, cap. 24:11 e 12).*

A experiência comprova que os médiuns que não acolhem os conselhos que recebem dos bons Espíritos têm suas comunicações deturpadas ao longo do tempo. Após terem revelado algum brilho durante certo período, acabam por cair no erro, no palavreado vazio ou no ridículo. É um sinal evidente do afastamento dos bons Espíritos.

Todo médium sério deve ter por objetivo obter a assistência dos bons Espíritos, evitando, assim, os Espíritos levianos e mentirosos. Sem isso, a mediunidade torna-se uma faculdade improdutiva, podendo resultar em prejuízo para aquele que a possua e pode se transformar em obsessão perigosa.

O médium que compreende o seu dever e tem consciência que a sua mediunidade, a qualquer momento, pode lhe ser retirada, em vez de se orgulhar, atribui a Deus as boas coisas que obtém. Se as suas comunicações recebem elogios, ele não se envaidece com isso, pois sabe que elas não dependem do seu mérito pessoal, ao contrário, agradece a Deus que permitiu a manifestação dos bons Espíritos por seu intermédio. Quando sofre crítica, não se ofende com isso, pois sabe que o conteúdo das manifestações não é obra sua. Reconhece que não foi um bom instrumento e admite que ainda não possui todas as qualidades necessárias para impedir a influência dos Espíritos atrasados. Por esse motivo, procura adquirir novas qualidades, e pede, pela prece, a força que lhe falta.

10 – Prece

Deus Todo-Poderoso, permite que os bons Espíritos me assistam na comunicação que solicito. Preserva-me da presunção de me achar livre da influência dos maus Espíritos, do orgulho que poderia me induzir ao erro sobre o valor daquilo que eu venha receber. Preserva-me, também, de todo sentimento contrário à caridade para com os outros médiuns. Se eu for induzido ao erro, inspira a alguém a ideia de me advertir; que eu possa aceitar a crítica com gratidão e humildade, tomando para mim e não para os outros os conselhos que os bons Espíritos quiseram me ditar.

Se eu for tentado a abusar, seja no que for, ou me envaidecer pela faculdade que recebi, eu Lhe suplico para retirá-la de mim, antes que ela seja desviada de seu objetivo principal, que é o bem de todos e o meu próprio adiantamento moral.

2 – PRECES PARA SI MESMO

AOS ANJOS GUARDIÕES E AOS ESPÍRITOS PROTETORES

11 – Observações preliminares

Desde o nascimento, todos nós estamos sob a proteção de um Espírito bom que nos acompanha durante o período em que estivermos encarnados. Desempenha, junto a nós, a mesma missão que um pai tem para com o seu filho, ou seja, a de nos conduzir pelo caminho do bem e do progresso durante as provas da vida. Sente-se feliz quando correspondemos aos seus cuidados e sofre quando fracassamos.

Seu nome pouco importa, pois pode não ter um nome conhecido na Terra. Nós o invocamos como nosso anjo da guarda, como nosso amigo espiritual. Podemos invocá-lo, também, com o nome de um Espírito superior que nos seja particularmente simpático. Além do anjo da guarda, que é sempre um Espírito superior a nós, temos ainda os Espíritos protetores, que, embora menos elevados, são igualmente bons e generosos.

Normalmente, são parentes, amigos, ou, às vezes, pessoas que não conhecemos na existência atual. Eles nos ajudam com seus conselhos e, com frequência, intervêm nos acontecimentos da nossa vida.

Os Espíritos simpáticos são os que se ligam a nós por se assemelharem aos nossos gostos e tendências. Podem ser bons ou maus, conforme a natureza de nossas inclinações.

Os Espíritos sedutores se esforçam para nos desviar dos caminhos do bem, sugerindo-nos maus pensamentos. Eles se aproveitam de todas as nossas fraquezas, como se elas fossem portas abertas que lhes dão acesso à nossa alma. Existem os que se agarram a nós como a uma presa, mas *se afastam quando reconhecem sua impotência para lutar contra a nossa vontade*.

É um erro acreditar que tenhamos perto de nós um Espírito mau para contrabalançar as boas influências que recebemos de nossos guias. Os maus Espíritos se vinculam a nós *voluntariamente*, desde que se sintam atraídos pela nossa fraqueza ou pela nossa negligência em seguir o conselho dos bons Espíritos. Portanto, somos nós que os atraímos. Mesmo assim, nunca estamos privados da assistência dos bons Espíritos e depende somente de nós o afastamento dos maus. Por suas imperfeições, o homem é o responsável pelas misérias que suporta. Na maioria das vezes ele é o seu próprio mau Espírito *(veja, nesta obra, cap. 5:4).*

A prece ao anjo da guarda e aos Espíritos protetores deve ter por finalidade solicitar a intervenção deles junto a Deus, a fim de que Ele nos conceda a força necessária para resistir às más sugestões e nos auxilie nas necessidades da vida.

12 – Prece

Espíritos esclarecidos e bondosos, mensageiros de Deus, que receberam por missão esclarecer os homens e conduzi-los ao bom caminho, ajudem-me nas provas desta vida, dando-me forças para suportá-las sem lamentações. Desviem de mim os pensamentos ruins e façam com que eu não sintonize com nenhum dos Espíritos que tentam me induzir ao mal. Despertem minha consciência para que eu perceba os meus próprios defeitos, e retirem dos meus olhos o véu do orgulho que poderia me impedir de perceber esses erros e combatê-los em mim mesmo.

A você, meu anjo da guarda, que tem por missão cuidar mais particularmente de mim, e a vocês, meus Espíritos protetores, que se interessam por mim, façam com que eu me torne digno da benevolência que me dispensam. Por conhecerem as minhas necessidades, façam com que elas sejam satisfeitas segundo a vontade de Deus.

13 – Prece (outra)

Meu Deus, permite que os bons Espíritos que me acompanham venham em meu auxílio quando estiver em sofrimento e me ampararem se eu vacilar. Faça, Senhor, com que eles me inspirem a fé, a esperança e a caridade. Que sejam, para mim, um apoio, uma esperança e uma prova da Sua misericórdia. Faça, enfim, com que eu encontre, nos bons Espíritos, a força que me falta para enfrentar as provas da vida, para resistir às sugestões que o mal oferece, a fé que salva e o amor que consola.

14 – Prece (outra)

Espíritos bem-amados, anjos da guarda, que pela infinita misericórdia de Deus têm a permissão de velar pelos homens, protejam-nos em nossas provas terrenas. Deem-nos a força, a coragem e a resignação, inspirando-nos tudo que for bom e livrando-nos da inclinação para o mal. Que a bondosa influência que irradiam penetre em nossa alma, fazendo com que sintamos a presença de um amigo devotado, que vê os nossos sofrimentos e compartilha de nossas alegrias.

E você, meu bom anjo, não me abandones. Preciso de sua proteção para suportar com fé e amor as provas que Deus quiser me enviar.

PARA AFASTAR OS MAUS ESPÍRITOS

15 – *Infelizes de vocês, escribas e fariseus hipócritas, que limpam por fora o copo e o prato, e, por dentro, estão cheios de falcatruas e impurezas. Fariseus cegos, limpem primeiro o interior do copo e do prato, para que o exterior também fique limpo. Infelizes de vocês, escribas e fariseus hipócritas, porque são semelhantes a sepulcros pintados de branco, que por fora parecem belos, mas que por dentro estão cheios de toda espécie de podridão. Assim, por fora parecem justos aos olhos dos homens, mas, por dentro, estão cheios de hipocrisia e injustiças (Mateus, 23:25 a 28).*

16 – Observações preliminares

Os maus Espíritos só vão a lugares onde podem satisfazer a sua maldade. Para afastá-los, não basta pedir nem ordenar; é preciso que eliminemos em nós aquilo que os atrai. Os maus Espíritos farejam as chagas da alma, como as moscas farejam as chagas do corpo. Assim como se limpa o corpo para evitar os vermes, deve-se limpar a alma de suas impurezas para evitar as obsessões. Como vivemos em um mundo onde existem muitos Espíritos maus, as boas qualidades do coração nem sempre nos livram de suas tentativas, mas nos dão a força necessária para resistir a eles.

17 – Prece

Em nome de Deus Todo-Poderoso, que os maus Espíritos se afastem de mim e que os bons me sirvam de proteção contra eles!

Espíritos nocivos, que inspiram aos homens maus pensamentos, Espíritos trapaceiros e mentirosos, que os enganam, Espíritos zombeteiros, que brincam com a credulidade deles, eu os afasto com todas as forças da minha alma e fecho os ouvidos às sugestões que trazem, mas peço para vocês a misericórdia de Deus.

Bons Espíritos que generosamente me assistem, deem-me a força para resistir à influência dos maus Espíritos e os esclarecimentos necessários para que eu não seja enganado por suas artimanhas. Preservem-me do orgulho e da vaidade, afastem do meu coração o ciúme, o ódio, a maldade e todo sentimento contrário à caridade, pois eles são sempre portas abertas aos maus Espíritos.

PARA CORRIGIR UM DEFEITO

18 – Observações preliminares

Nossos maus instintos resultam da imperfeição do nosso Espírito e não do corpo físico; se não fosse assim, o homem estaria isento de toda responsabilidade. Nosso progresso só depende de nós mesmos, pois todo homem que tem o completo domínio da razão, tem a liberdade de fazer ou não o que quiser. Então, para fazer o bem, só lhe basta a vontade de querer fazê-lo. (*Veja, nesta obra, cap. 15:10 e cap. 19:12.)*

19 – Prece

Senhor! Recebi a inteligência necessária para distinguir o bem do mal e assim, a partir do momento em que reconheço que alguma coisa é má, sou culpado se não me esforço em resistir à tentação de executá-la.

Preserva-me do orgulho que poderia me impedir de perceber meus defeitos, preserva-me também dos maus Espíritos que poderiam me incentivar a continuar com esses defeitos.

Entre as minhas imperfeições, reconheço que sou particularmente inclinado a..., e se não consigo resistir a esse chamamento, é porque já me acostumei com a ideia de ceder a essa imperfeição.

Não fui criado culpado, pois Deus é justo, e me criou com a mesma disposição para fazer o bem ou o mal. Se escolhi o mau caminho foi pelo mau uso que fiz do meu livre-arbítrio. Assim como tive a liberdade para fazer o mal, tenho também à liberdade para fazer o bem, e por consequência mudar meu caminho.

Meus defeitos atuais são os restos das imperfeições que trouxe das minhas existências anteriores e dos quais posso me libertar pela ação da minha vontade e com a assistência dos bons Espíritos.

Bons Espíritos, protejam-me. Meu anjo da guarda, concede-me as forças necessárias para resistir às más sugestões e sair vitorioso dessa luta.

Os defeitos são barreiras que nos separam de Deus, e cada defeito superado é um passo que dou no sentido de me aproximar Dele.

O Senhor, em Sua infinita misericórdia, me concedeu a existência atual para que ela servisse ao meu adiantamento. Bons Espíritos, ajudem-me para que eu aproveite bem essa oportunidade, e que ela não se torne perdida para mim. Assim, quando Deus me retirar desta vida, que eu possa retornar melhor do que quando cheguei *(veja, nesta obra, cap. 5:5 e cap. 17:3).*

PRECE PARA RESISTIR A UMA TENTAÇÃO

20 – Observações preliminares

Todo mau pensamento pode ter duas origens: a nossa própria imperfeição espiritual ou alguma influência negativa agindo sobre nós. O fato de ficarmos sujeitos a receber essa influência negativa é sempre um sinal de fraqueza. Existe, portanto, indício de uma alma imperfeita. Assim, aquele que fracassa não poderá usar como desculpa ter recebido a influência de um Espírito estranho, uma vez que *esse Espírito só conseguiu seduzi-lo a praticar o mal porque encontrou nele condições para exercer a sua influência.*

Quando surge em nós um mau pensamento, podemos imaginar um Espírito mau nos sugerindo esse tipo de pensamento, ao qual somos tão livres para ceder ou resistir, como se a solicitação tivesse partido de uma pessoa viva. Devemos lembrar que nosso anjo da guarda procura combater em nós a má influência e espera com ansiedade *a decisão que vamos tomar*. Nossa hesitação em fazer o mal é a influência desse bom Espírito se fazendo ouvir em nossa consciência.

Reconhecemos um *mau pensamento* quando ele se afasta da caridade, que é a base da verdadeira moral. Ele também é reconhecido quando tem por princípio o orgulho, a vaidade, o egoísmo, e sua execução pode prejudicar alguém; quando, enfim, sugere fazer aos outros o que não gostaríamos que os outros nos fizessem *(veja, nesta obra, cap. 28:15 e cap. 15:10)*.

21 – Prece

Deus Todo-Poderoso, não me deixe ceder à tentação de cair no erro. Espíritos bons que me protegem, afastem de mim este mau pensamento e me deem a força para resistir à sugestão do mal. Se eu falhar, merecerei corrigir meu erro nesta vida ou em outra, pois sou livre para escolher.

AGRADECIMENTO PELA VITÓRIA ALCANÇADA EM RESISTIR A UMA TENTAÇÃO

22 – Observações preliminares

Aquele que resistiu a uma tentação deve o fato à assistência dos bons Espíritos dos quais escutou a voz. Ele deve agradecer a Deus e ao seu anjo da guarda.

23 – Prece

Meu Deus, eu agradeço por me permitir sair vitorioso da luta que acabo de sustentar contra o mal. Faça com que essa vitória me dê forças para resistir às novas tentações.

Agradeço a você, meu anjo da guarda, pela assistência que recebi. Que a minha obediência aos seus conselhos possa me tornar digno de merecer novamente a sua proteção.

PARA PEDIR UM CONSELHO

24 – Observações preliminares

Quando estamos indecisos em fazer ou não alguma coisa, devemos, antes de tudo, responder as seguintes perguntas:

1 – Aquilo que eu hesito em fazer pode causar prejuízo a outra pessoa?

2 – Pode ser útil para alguém?

3 – Se alguém fizesse o mesmo comigo, eu ficaria satisfeito?

Se o que desejamos fazer somente interessa a nós mesmos, é conveniente pesar as vantagens e as desvantagens pessoais que isso pode nos acarretar.

Se o que desejamos fazer traz benefícios para uns e causa o mal para outros, é igualmente conveniente pesar a soma do bem e do mal, antes de decidir fazer ou não tal coisa.

Mesmo para as melhores coisas, é preciso levar em conta as circunstâncias do fato, pois uma coisa boa em si mesma pode causar prejuízos em mãos inexperientes, se não for conduzida com prudência e seriedade. Antes de executá-la, convém analisar os meios de que dispomos e se estamos aptos para levá-la a efeito.

Em todos os casos, devemos pedir sempre a assistência dos Espíritos protetores, lembrando sempre desta sábia advertência: *Na dúvida, procurem se abster (veja neste cap., item 38).*

25 – Prece

Bons Espíritos que me protegem, em nome de Deus Todo-Poderoso, ajudem-me a tomar a melhor decisão para que eu possa sair dessa incerteza em que me encontro. Conduzam meus pensamentos para o bem, desviando a influência daqueles que tentarem me desencaminhar.

NAS AFLIÇÕES DA VIDA

26 – Observações preliminares

Podemos pedir a Deus benefícios materiais e Ele nos atenderá se o pedido tiver um objetivo útil e sério. Julgamos a utilidade das coisas segundo o ponto de vista do nosso interesse e levando em conta somente o presente. Assim, nem sempre vemos o lado mau do que estamos pedindo. Deus, que vê melhor do que nós e que somente quer o nosso bem, poderá nos recusar o pedido, assim como um pai recusa ao filho o que poderia prejudicá-lo. Se o que pedimos não nos é concedido, não devemos desanimar. Ao contrário, é preciso entender que a privação que nos é imposta é para o nosso próprio bem, e que ela nos servirá como prova ou como expiação. Devemos lembrar, também, que a recompensa será proporcional à resignação com que a tivermos suportado *(veja, nesta obra, cap. 27:6 e cap. 2: 5 a 7).*

27 – Prece

Deus Todo-Poderoso, que conhece as minhas fraquezas, escuta favoravelmente o pedido que faço neste momento. Perdoa-me se ele for inconveniente, mas se for justo e útil aos Seus olhos, permite que os bons Espíritos que executam a Sua vontade venham me ajudar para que ele seja realizado.

Independentemente do que venha a me acontecer, que prevaleça sempre a Sua vontade. Se meus pedidos não forem atendidos, é porque preciso ser experimentado e eu me submeto sem queixas. Faça com que eu não desanime; que nem minha fé e nem minha resignação sejam abaladas (fazer o pedido em seguida).

AÇÃO DE GRAÇAS POR UM FAVOR OBTIDO

28 – Observações preliminares

Não devemos considerar apenas as coisas de grande importância como acontecimentos felizes. Muitas vezes, as coisas que aparentemente nada significam são as que mais influenciam em nosso destino. O homem esquece facilmente o bem que recebe e lembra-se apenas do mal que o aflige. Se a cada dia anotássemos os benefícios recebidos sem pedir, ficaríamos surpresos em esquecer o tanto que recebemos e até nos sentiríamos envergonhados com a nossa ingratidão.

A cada noite, ao elevar o pensamento a Deus, devemos recordar os favores que Ele nos concedeu durante o dia e agradecer-Lhe. No momento em que recebemos os benefícios da Sua bondade e da Sua proteção é que devemos, espontaneamente, dar mostras de nossa gratidão. Basta apenas um pensamento de agradecimento pelo que recebemos, sem que para isso seja necessário interromper o que estamos fazendo.

Os benefícios que Deus nos envia não são constituídos somente de coisas materiais. Precisamos, também, agradecer pelas boas ideias e as inspirações felizes que nos são sugeridas. O orgulhoso atribui a si mesmo os méritos do benefício recebido, já o incrédulo atribui ao acaso. O homem que possui fé sempre rende graças a Deus e aos bons Espíritos por tudo que recebe.

Para agradecer, não são necessárias longas frases, basta dizer: "Obrigado, meu Deus, por me inspirar bons pensamentos". Isso diz mais do que muitas palavras. Atribuir a Deus tudo o que nos acontece de bom revela um ato de agradecimento e de humildade que nos torna simpáticos aos bons Espíritos *(veja, nesta obra, cap. 27:7 e 8)*.

29 – Prece

Deus de infinita bondade, que o Seu nome seja bendito pelos benefícios que recebi. Eu não seria digno se os atribuísse ao acaso dos acontecimentos ou ao meu próprio mérito.

Agradeço aos bons Espíritos que executam as vontades de Deus e principalmente a você, meu anjo da guarda. Afasta de mim a ideia de sentir orgulho pelo que recebi e me ajuda a utilizar os benefícios somente para o bem. Eu agradeço especialmente... (citar a graça recebida.).

ATO DE SUBMISSÃO E DE RESIGNAÇÃO

30 – Observações preliminares

Quando somos atingidos por uma aflição, na maioria das vezes, a causa está em nossa própria imprudência, em nossa própria imprevidência ou numa ação anterior. Assim, devemos atribuir essa aflição somente a nós mesmos. Se não temos participação na causa de uma infelicidade, ou ela é uma prova para essa vida, ou é uma expiação por faltas cometidas em existências anteriores. Nesse caso, pela natureza da expiação podemos conhecer a natureza da falta, pois sempre somos punidos naquilo em que pecamos *(veja, nesta obra, cap. 5:4; 5:6 e seguintes).*

Nas coisas que nos afligem, vemos apenas o mal do momento e não as boas consequências que esse mal pode trazer. Muitas vezes, o bem é a consequência de um mal passageiro, assim como a cura de uma doença é a consequência dos meios dolorosos que foram utilizados para que ela ocorresse. Em todos os casos devemos nos submeter sempre à vontade de Deus. As aflições da vida devem ser suportadas com coragem se quisermos que elas nos sejam levadas em conta, e para que possam ser aplicadas a nós as palavras do Cristo: *Bem-aventurados os que sofrem (veja, nesta obra, cap. 5:18).*

31 – Prece

Meu Deus, o Senhor é soberanamente justo! Assim, todo o sofrimento na Terra deve ter a sua causa e a sua utilidade. Aceito a aflição pela qual estou passando como uma expiação por minhas faltas cometidas no passado e como uma prova para o futuro.

Bons Espíritos que me protegem, concedam-me a força para suportar esse sofrimento sem reclamar. Façam com que ele seja para mim uma advertência salutar, que enriqueça a minha experiência, combatendo em mim o orgulho, a ambição, a tola vaidade e o egoísmo. Façam com que ele também possa contribuir para o meu adiantamento.

32 – Prece (outra)

Meu Deus, sinto necessidade de Lhe pedir forças a fim de que eu possa suportar as provações que o Senhor me enviou. Permita que o meu Espírito se ilumine para que eu possa avaliar toda extensão do Seu amor, que me faz corrigir os erros que cometi por querer me salvar. Meu Deus, eu aceito, com resignação, as provações, mas sou tão fraco que temo cair se não me ajudar. Não me abandone, Senhor, pois, sozinho, nada sou.

33 – Prece (outra)

Meu Deus, elevei meu olhar ao Senhor e me senti fortalecido. O Senhor é a minha força, não me abandone. Sinto-me esmagado com o peso de minhas maldades! Ajuda-me, pois o Senhor conhece minhas fraquezas. Não desvie de mim o Seu olhar!

Sinto uma sede muito grande. Faça jorrar a fonte de água viva onde irei me saciar. Que minha boca se abra apenas para Lhe agradecer e não para reclamar das aflições da vida. Sou fraco, Senhor, mas Seu amor me sustentará.

Eterno Deus! Somente o Senhor é grande, somente o Senhor é a razão de minha vida! Que Seu nome seja bendito quando me envia um sofrimento, pois eu sou apenas um servo infiel. Curvarei minha fronte sem me lamentar, porque só através do Senhor eu encontrarei o caminho a ser seguido!

DIANTE DE UM PERIGO IMINENTE

34 – Observações preliminares

Diante dos perigos que corremos, Deus nos adverte sobre a nossa fraqueza e sobre a fragilidade de nossa existência. Ele nos mostra que a nossa vida está em Suas mãos e ligada por um fio que pode se romper quando menos esperamos. Sob esse aspecto, não há privilégio para ninguém, pois todos, sem distinção, estão submetidos às mesmas condições.

Quando examinamos a natureza e as consequências do perigo, vemos que essas consequências, caso se realizassem, teriam sido a punição por uma falta cometida ou por um dever não realizado.

35 – Prece

Deus Todo-Poderoso, e meu anjo da guarda, ajudem-me! Se devo desencarnar, que a vontade de Deus seja feita. Se for salvo, que eu use o resto da minha vida para reparar o mal que fiz e do qual me arrependo.

AÇÃO DE GRAÇAS POR TER ESCAPADO DE UM PERIGO

36 – Observações preliminares

Quando escapamos de um perigo, Deus nos mostra que, de um momento para o outro, podemos ser chamados a prestar contas quanto ao tipo de vida que estamos levando. Assim, Ele nos adverte para que examinemos nossas ações e possamos nos corrigir.

37 – Prece

Meus Deus e meu anjo da guarda, agradeço pela ajuda que recebi diante do perigo ao qual estive exposto. Que esse perigo seja para mim uma advertência e que possa me esclarecer sobre as faltas que cometi atraindo-o para mim. Compreendo, Senhor, que minha vida está em Suas mãos e que pode retirá-la a qualquer momento. Que os bons Espíritos, que me ajudam, possam me inspirar o pensamento de como empregar de maneira útil o tempo que ainda me resta na Terra.

Meu anjo da guarda, auxilia-me na resolução que tomo no sentido de reparar os meus erros e fazer todo o bem que estiver ao meu alcance, para que eu possa chegar com menos imperfeição no Mundo dos Espíritos, quando Deus me chamar.

NA HORA DE DORMIR

38 – Observações preliminares

O sono é o repouso do corpo, porém, o Espírito não tem essa necessidade. Enquanto nossos sentidos físicos estão adormecidos, a alma se liberta, em parte, da matéria e passa a desfrutar das faculdades do Espírito. O sono foi dado ao homem para a reposição das forças orgânicas e morais. Enquanto o corpo recupera as energias gastas nas atividades do dia anterior, o Espírito vai se fortalecer entre outros Espíritos. As ideias que lhe ocorrem depois, sob a forma de intuições, ele retira de tudo o que viu, de tudo que percebeu e dos conselhos que lhe foram dados. É a volta temporária do exilado à sua verdadeira pátria, é o prisioneiro posto temporariamente em liberdade.

Tal como acontece com o prisioneiro perverso, o Espírito nem sempre aproveita esses momentos de liberdade para o seu adiantamento. Se ele tem maus instintos, em vez de procurar a companhia dos bons Espíritos, procura a dos maus que lhe são semelhantes, e vai visitar os lugares onde pode dar livre curso às suas más tendências.

Aquele que estiver consciente dessa verdade deve elevar o seu pensamento a Deus no momento em que sentir a aproximação do sono. Deve pedir conselhos aos bons Espíritos e para as pessoas que lhe foram importantes quando estavam encarnadas. Assim, poderá juntar-se a elas no curto intervalo de liberdade que lhe é concedido. Ao despertar, ele se sentirá mais fortalecido para não cometer o mal e mais corajoso diante das adversidades.

39 – Prece

Minha alma vai se encontrar por instantes com outros Espíritos; que venham os bons ajudar-me com os seus conselhos. Meu anjo da guarda, faça com que, ao despertar, eu conserve uma durável e salutar lembrança desse convívio.

NA PREVISÃO DA MORTE PRÓXIMA

40 – Observações preliminares

A fé no futuro e o conhecimento que se adquire durante a vida, de que a mesma continua, facilitam o enfraquecimento dos vínculos que prendem o Espírito ao corpo físico, na hora do seu desencarne. Frequentemente, a vida corporal ainda não se extinguiu completamente, e a alma, impaciente, já empreendeu o seu voo para a imensidão. O contrário ocorre quando o homem concentra todo o seu pensamento nas coisas materiais; para este, os vínculos estão mais presos e *a separação é mais dolorosa e demorada*. O despertar no além-túmulo é cheio de perturbação e ansiedade.

41 – Prece

Meu Deus, eu acredito no Senhor e na Sua bondade infinita. Por isso, não acredito que tenha dado ao homem a inteligência para O conhecer, para fazer planos para o futuro e depois da morte jogá-los ao nada.

Acredito que o meu corpo é apenas o envoltório perecível de minha alma e que, quando terminar o meu tempo na Terra, acordarei no Mundo dos Espíritos.

Deus Todo-Poderoso, sinto que os vínculos que unem minha alma ao corpo físico estão se rompendo, e que logo vou ter que prestar contas das coisas que fiz nesta vida.

Sofrerei as consequências do bem e do mal que pratiquei. Lá não haverá mais ilusão, nem mais desculpas possíveis; todo o meu passado vai se desenrolar diante de mim e serei julgado segundo as minhas obras.

Nada levarei dos bens da Terra. Honrarias, riquezas, satisfações da vaidade e do orgulho, ou seja, tudo o que diz respeito ao corpo ficará na Terra. Nenhuma dessas coisas me será útil no mundo dos Espíritos. Levarei somente alquilo que pertence à alma, ou melhor, as boas e as más qualidades que serão pesadas na Balança da Justiça. Serei julgado com mais severidade se, pela posição que ocupei na Terra, tive mais possibilidades de fazer o bem e não o fiz *(veja, nesta obra, cap. 16:9).*

Deus de misericórdia, que o meu arrependimento chegue até o Senhor! Estende sobre mim o manto da Sua indulgência.

Se for da Sua vontade prolongar minha existência, que eu utilize esse tempo para reparar, dentro de minhas possibilidades, o mal que pratiquei. Se minha hora é chegada, levo como consolo o pensamento de que terei outra oportunidade para resgatar minhas faltas em novas provas, a fim de merecer, um dia, a felicidade dos eleitos.

Se não me é dado desfrutar de imediato da felicidade pura, que pertence somente ao justo, sei que a esperança não me abandonará. De acordo com os meus esforços e através do trabalho, mais cedo ou mais tarde atingirei os meus objetivos.

Sei que os bons Espíritos e meu anjo da guarda estarão me esperando e em breve eu os verei como eles me veem agora. Sei que, se tiver merecimento, encontrarei aqueles a quem amei na Terra, e que um dia se juntarão a mim. Enquanto isso não acontece, poderei visitá-los, se assim for a vontade de Deus.

Também sei que encontrarei aqueles a quem ofendi. Que eles possam perdoar aquilo que ainda preciso melhorar – ou seja, meu orgulho, minha dureza, minhas injustiças –, para que eu não me envergonhe na presença deles!

Perdoo aqueles que fizeram ou que tentaram me fazer mal na Terra, porque não quero levar nenhum ódio contra eles. Peço a Deus que os perdoe também.

Senhor, dá-me forças para deixar, sem lamentações, as alegrias grosseiras desse mundo, que nada representam perante as alegrias puras do mundo para o qual vou entrar! Eu sei que lá, para o justo, não há mais tormentos, nem sofrimentos, nem misérias, e que somente o culpado sofre, embora lhe reste a esperança como consolo.

Bons Espíritos e meu anjo da guarda, não me deixem fracassar nesse momento supremo! Façam brilhar a Luz Divina perante os meus olhos, reanimando a minha fé, caso eu vacile.

Nota – Veja adiante, no parágrafo 5: Preces pelos doentes e obsediados.

3 – PRECES PELOS ENCARNADOS

POR ALGUÉM QUE ESTEJA EM AFLIÇÃO

42 – Instruções preliminares

Se for *conveniente* para o aflito que a sua prova siga o seu curso, ela não será abreviada pelo nosso pedido. Seria, entretanto, falta de piedade abandoná-lo, alegando que a nossa prece não será ouvida. Mesmo que a prova não seja interrompida, pode-se esperar alguma consolação que lhe diminua o sofrimento. O que realmente é útil para quem suporta uma prova é possuir a *coragem* e a *resignação*, pois sem elas esse sofrimento não lhe será proveitoso. Aquele que reclama e sente-se injustiçado, precisará recomeçar a prova.

Devemos pedir que os bons Espíritos o ajudem; procuremos levantar sua moral com conselhos, encorajamentos e auxiliando-o materialmente, se isso for possível.

A prece, nesse caso, também tem um efeito direto, pois envolve a pessoa aflita em uma corrente fluídica, com o objetivo de lhe fortalecer o ânimo *(veja, nesta obra, cap. 5:5, 27 e cap. 27:6,10).*

43 – Prece

Meu Deus de bondade infinita, suaviza a amargura em que se encontra (nome da pessoa), se isso for da Sua vontade.

Bons Espíritos, em nome de Deus, eu peço para que ele seja amparado em suas aflições. Se para o seu benefício elas não puderem ser amenizadas, façam com que ele compreenda que essas aflições são necessárias ao seu adiantamento. Deem a ele a confiança em Deus e no futuro, para que as suas angústias se tornem menos amargas. Deem, também, forças para que ele não caia em desespero, o que faria com que perdesse os benefícios do seu sofrimento, tornando sua posição futura ainda mais difícil. Levem até ele meu pensamento para que este possa ajudá-lo a manter a coragem.

AGRADECIMENTO POR UM BENEFÍCIO CONCEDIDO AOS OUTROS

44 – Observações preliminares

Aquele que não é dominado pelo egoísmo alegra-se com o bem que o seu próximo recebe, mesmo que não o tenha solicitado pela prece.

45 – Prece

Meu Deus, eu Lhe agradeço pela felicidade concedida a (nome da pessoa).

Bons Espíritos, façam com que ele veja, nesse benefício, uma consequência da bondade de Deus. Se o bem que lhe é concedido constitui uma prova, inspirem o seu pensamento para que ele faça bom uso desse benefício e não tire dele apenas uma vantagem para si, pois isso resultaria em prejuízo para o seu futuro.

Meu anjo da guarda, que me protege e deseja minha felicidade, afasta de mim todo sentimento de inveja ou de ciúme.

PELOS NOSSOS INIMIGOS E POR AQUELES QUE NOS QUEREM MAL

46 – Observações preliminares

Jesus disse: *Amem os seus inimigos.* Neste ensinamento está contido o que existe de mais sublime na caridade cristã. Com isso, Jesus não quis dizer que devemos ter pelos nossos inimigos o mesmo carinho que temos pelos nossos amigos. Por essas palavras, Ele nos ensina que devemos perdoar as ofensas, perdoar aqueles que nos fizeram mal e pagar-lhes esse mal com o bem. Além do mérito que esta conduta tem, aos olhos de Deus, mostra aos homens em que consiste a verdadeira superioridade.

47 – Prece

Meu Deus, eu perdoo a (nome da pessoa) o mal que me fez e o mal que pretendia me fazer, como gostaria que o Senhor também me perdoasse. Peço para que ele, por sua vez, me perdoe os erros que eu possa ter cometido. Se o Senhor o colocou no meu caminho como uma prova, que seja feita a Sua vontade.

Senhor, afasta de mim a ideia de maldizê-lo e todo sentimento maldoso em relação a ele. Faça com que eu não sinta nenhuma alegria com as coisas ruins que possam lhe acontecer, nem sinta inveja com as coisas boas que ele receber; assim, não mancharei minha alma com pensamentos que não são dignos de um cristão.

Senhor, que a Sua bondade possa tocar-lhe o coração para que ele tenha melhores sentimentos para comigo!

Bons Espíritos, me inspirem para que eu esqueça o mal e me lembre somente do bem! Que no meu coração não penetre o ódio, o rancor, nem o desejo de pagar-lhe o mal com o mal, pois o ódio e a vingança são próprios dos maus Espíritos, encarnados ou desencarnados! Ao contrário, que eu esteja sempre pronto para lhe estender a mão fraterna, pagar-lhe o mal com o bem, e ajudá-lo quando isso for possível.

Para provar minha sinceridade, desejo que me seja dada a oportunidade de lhe ser útil. Mas, meu Deus, preserva-me de fazê-lo por orgulho ou vaidade, impondo-lhe uma generosidade humilhante, o que anularia os méritos da minha ação, porque, nesse caso, eu bem mereceria essas palavras do Cristo: *"Você já recebeu a sua recompensa". (Veja, nesta obra, cap. 12:7 e 8.)*

AGRADECIMENTO POR UM BEM CONCEDIDO AOS NOSSOS INIMIGOS

48 – Observações preliminares

Não desejar o mal aos nossos inimigos é ser caridoso apenas pela metade. A verdadeira caridade consiste em lhes desejarmos o bem, e que possamos nos sentir felizes com o bem que lhes acontece *(veja, nesta obra, cap. 12:7 e 8).*

49 – Prece

Meu Deus, em Sua Justiça o Senhor decidiu alegrar o coração de (nome da pessoa), e eu Lhe agradeço por ele, apesar do mal que me fez, ou que procurou me fazer. Se ele aproveitar o benefício recebido para me humilhar, eu aceitarei como uma prova para minha caridade.

Bons Espíritos que me protegem, não deixem que eu sinta por isso nenhum desgosto. Afastem de mim a inveja e o ciúme que rebaixam e me inspirem a generosidade que eleva. A humilhação está no mal e não no bem, e sabemos que, cedo ou tarde, a Justiça será feita a cada um, segundo as suas obras.

PELOS INIMIGOS DO ESPIRITISMO

50 – *Bem-aventurados os que têm fome e sede de justiça, pois serão saciados.*

Bem-aventurados os que sofrem perseguições por amor à justiça, pois será deles o Reino dos Céus.

Serão felizes quando os homens amaldiçoarem, perseguirem e disserem falsas mentiras contra vocês, por Minha causa. Alegrem-se, pois uma grande recompensa lhes estará reservada nos Céus, pois foi assim que eles também perseguiram os Profetas que foram enviados antes de vocês (Mateus, 5:6, 10 a 12).

Não tenham medo dos assassinos que matam o corpo, mas não podem matar a alma. Temam, antes, aqueles que podem perder a alma e o corpo no inferno (Mateus, 10:28).

51 – Observações preliminares

A mais inviolável de todas as liberdades é a de pensar, como também é a liberdade de consciência. Amaldiçoar aqueles que não pensam como nós é querer essa liberdade só para nós, recusando-a aos outros. É violar o primeiro mandamento de Jesus: o da caridade e do amor ao próximo. Perseguir os outros pela crença que professam é atentar contra o direito mais sagrado que todo homem possui, que é o de acreditar no que lhe convém, e adorar a Deus como achar melhor. Obrigar outras pessoas a executarem atos exteriores semelhantes aos nossos é mostrar que nos apegamos mais às aparências do que à essência e à convicção. Impor uma crença a alguém nunca trouxe a fé a quem quer que seja. Essa imposição pode apenas fazer falsos crentes. É um abuso da força material, pois não é uma coisa verdadeira. *A verdade que é segura de si mesma convence a todos e não precisa perseguir.*

Atualmente, o Espiritismo é uma religião, mas se fosse somente uma opinião ou uma crença, por que seus seguidores não teriam o direito de se dizerem Espíritas, assim como o têm os católicos, os judeus e os protestantes? De ser partidário desta ou daquela doutrina filosófica? Deste ou daquele sistema econômico? Uma crença pode ser falsa ou verdadeira. Se o Espiritismo for uma crença falsa, cairá por si mesmo, pois o erro não prevalece sobre a verdade quando o conhecimento atinge as pessoas inteligentes. Porém, se ele for verdadeiro, nenhuma perseguição conseguirá torná-lo falso.

Toda ideia nova, que seja grande e justa sofre perseguição. Essa perseguição cresce com a grandeza e a importância da ideia. O furor e a cólera dos inimigos da nova ideia são proporcionais ao temor que ela lhes causa. Foi por esta razão que, antigamente, o Cristianismo foi perseguido, como o Espiritismo o é hoje, porém com uma diferença: o Cristianismo foi perseguido pelos pagãos, enquanto o Espiritismo é perseguido pelos cristãos. É bem verdade que o tempo das perseguições sangrentas já passou, mas, se hoje não se mata mais o corpo, tortura-se a alma, atacando-a em seus sentimentos mais íntimos e em suas afeições mais caras. Provoca-se a desunião das famílias, jogando a mãe contra a filha, a mulher contra o marido. A alma também é torturada quando se ataca o corpo em suas necessidades materiais, tirando-se das criaturas o seu ganha-pão para dominá-las pela fome *(veja, nesta obra, cap. 23:9 e seguintes).*

Espíritas, não se aflijam com os golpes que recebem, pois eles provam que estão com a verdade. Se assim não fosse, eles os deixariam em paz e não os perseguiriam. É uma prova para a fé de todos aqueles que seguem a Doutrina. É pela coragem, pela resignação e pela perseverança que Deus irá reconhecê-los entre os Seus fiéis servidores. Ele já está fazendo a contagem desses servidores, para dar a cada um a parte que lhe cabe, segundo as suas obras.

A exemplo dos primeiros cristãos, carreguem com orgulho a sua cruz. Creiam na palavra do Cristo que disse: *"Bem-aventurados os que sofrem perseguição por amor à Justiça, porque será deles o Reino dos Céus". Não temam os assassinos que matam o corpo, mas que não podem matar a alma. Jesus também disse: "Amem seus inimigos, façam o bem para aqueles que lhe fizerem mal, e orem por aqueles que os perseguem".* Mostrem que são seus verdadeiros discípulos e que possuem uma boa Doutrina, ao fazer o que Jesus disse e o que Ele exemplificou.

A perseguição será temporária. Esperem pacientes o romper da aurora, pois a estrela do amanhã já se mostra no horizonte *(veja, nesta obra, cap. 24:13 e seguintes).*

52 – Prece

O Senhor nos disse, por intermédio de Jesus: *"Bem-aventurados os que sofrem perseguição por amor à Justiça. Perdoem os seus inimigos, orem por aqueles que os perseguem".* Ele mesmo nos mostrou o caminho ao orar por seus algozes. Meu Deus, seguindo o exemplo de Jesus, pedimos a Sua misericórdia para aqueles que desconhecem Suas Leis Divinas, as únicas que podem assegurar a paz neste mundo e no outro. Como o Cristo, nós também dizemos: *perdoa-os, Pai, pois eles não sabem o que fazem.*

Dá-nos força para suportar com paciência e resignação seus deboches, injúrias, calúnias e perseguições, como provas para a nossa fé e para a nossa humildade. Desvia-nos de todo pensamento de vingança, pois a hora da Sua Justiça chegará para todos, e nós a esperamos, submetendo-nos à Sua vontade.

PRECE POR UMA CRIANÇA QUE ACABA DE NASCER

53 – Observações preliminares

Os Espíritos só chegam à perfeição após terem passado pelas provas da vida corporal. Aqueles que estão na erraticidade, que é o intervalo entre uma existência e outra, aguardam que Deus lhes permita retornar, para que, através de uma nova reencarnação, possam continuar seu progresso. Esse progresso pode ser pela expiação de faltas cometidas no passado, onde o Espírito enfrentará dificuldades, ou pela execução de uma missão útil à Humanidade. O seu progresso e a sua felicidade futura serão proporcionais à maneira pela qual empregarem o tempo em sua nova passagem pela Terra. O encargo de guiar seus primeiros passos e dirigi-los para o bem é confiado aos pais, que responderão perante Deus pela maneira como cumpriram esse mandato. Foi para facilitar a execução dessa tarefa que Deus fez do amor paternal e do amor filial uma Lei da Natureza, e ela jamais será violada impunemente.

54 – Prece (para ser dita pelos pais)

Espírito que está encarnado no corpo de nosso filho, seja bem-vindo entre nós. Agradecemos a Deus Todo-Poderoso pela bênção que nos concedeu.

Nós o recebemos como um bem valioso que nos foi confiado e do qual teremos que prestar contas um dia. Se ele pertence à nova geração dos bons Espíritos que devem povoar a Terra, obrigado, meu Deus, por mais essa graça! Se for um Espírito imperfeito, nosso dever é ajudá-lo no caminho do bem, com nossos conselhos e com nossos bons exemplos. Se cair no mal por nossa culpa, responderemos diante do Senhor por não termos cumprido nossa missão para com ele.

Bom Deus, ajuda-nos em nossa tarefa, dando-nos a força e a vontade para cumpri-la. Se esse Espírito deve ser um motivo de provas para nós, que seja feita a Sua vontade!

Bons Espíritos que vieram ajudá-lo em seu nascimento e que devem acompanhá-lo durante a vida, não o abandonem. Afastem dele os maus Espíritos que tentarão levá-lo a praticar o mal; deem a ele a força para resistir às más sugestões e a coragem para suportar, com paciência e resignação, as provas que o esperam na Terra *(veja, nesta obra, cap. 14:9)*.

55 – Prece (outra)

Meu Deus, o Senhor me confiou a sorte de um de Seus Filhos. Faça com que eu seja digno da tarefa que me foi concedida; precisarei da Sua proteção. Ilumina minha inteligência para que eu possa perceber, desde cedo, as tendências desse Espírito que devo preparar para alcançar a Sua paz.

56 – Prece (outra)

Bondoso Deus, já que Lhe agrada permitir que o Espírito desta criança retorne às provas terrenas, destinadas a fazê-lo progredir, concede-lhe a luz necessária, a fim de que ele aprenda a conhecê-Lo, amá-Lo e adorá-Lo. Faça com que, pelo Seu supremo poder, esse Espírito se regenere na fonte de Seus Divinos ensinamentos. Que, sob os cuidados do seu anjo da guarda, sua inteligência cresça e se desenvolva, fazendo com que ele deseje, cada vez mais, aproximar-se do Senhor. Que a ciência do Espiritismo seja a luz brilhante a iluminar o seu caminho nas dificuldades da vida. Que, enfim, ele saiba apreciar toda a extensão do Seu amor, que nos dá a oportunidade de evoluir através das provas que nos concede para que possamos nos purificar.

Meu Deus, lança um olhar paternal sobre a família a que o Senhor confiou esse Espírito, para que ele possa compreender a importância de sua missão, e faça com que germine nessa criança as boas sementes, até o dia em que ela possa, por suas próprias forças, elevar-se até Sua presença.

Senhor, solicito que atenda a essa humilde prece em nome de Jesus, que disse: *"Deixem que venham a mim as criancinhas, pois o Reino dos Céus é para aqueles que a elas se assemelham"*.

POR UM AGONIZANTE

57 – Observações preliminares

A agonia é o início da separação entre a alma e o corpo. Nesse momento, podemos dizer que o homem tem um pé neste mundo e um pé no outro. Essa passagem é difícil e sofrida para aqueles que, durante a vida inteira, se prenderam à matéria e viveram mais para os bens deste mundo do que para os *bens espirituais* ou cuja consciência se acha perturbada por mágoas e remorsos. O contrário acontece para aqueles que mantiveram seus pensamentos elevados a Deus e conseguiram se desligar da matéria. Neles, os vínculos são mais fáceis de serem rompidos, e os últimos momentos da vida terrena nada têm de dolorosos. Sua alma está ligada ao corpo apenas por um fio, enquanto que para o materialista a alma prende-se ao corpo por grossas amarras. Em todos os casos, a prece sempre exerce uma poderosa ação benéfica no momento do desencarne *(veja, adiante, preces pelos doentes. Consulte O Céu e o Inferno, 2ª parte, cap. 1, A passagem).*

58 – Prece

Deus poderoso e misericordioso, eis aqui uma alma que está prestes a deixar o seu corpo para retornar ao Mundo Espiritual, que é a sua verdadeira pátria! Que ela possa entrar em paz e que a Sua misericórdia se estenda sobre ela.

Bons Espíritos que acompanharam seus passos na Terra, permaneçam junto a ela nesse momento supremo, dando-lhe as forças necessárias para que possa suportar os últimos sofrimentos que ainda deva passar na Terra, visando seu adiantamento futuro. Orientem-na para que ela consagre ao arrependimento de suas faltas os últimos clarões de inteligência que lhe restam ou que momentaneamente possa vir a ter.

Façam com que meus pensamentos possam ajudá-la a separar-se dos vínculos que a prendem ao corpo com mais facilidade, e que ela leve consigo, no momento de deixar a Terra, as consolações da esperança.

4 – PRECES PELOS DESENCARNADOS

POR ALGUÉM QUE ACABA DE DESENCARNAR

59 – Observações preliminares

As preces pelos Espíritos que acabam de deixar a Terra têm por objetivo dar-lhes um testemunho de simpatia, e também ajudar no desligamento dos laços que prendem o Espírito ao Corpo. As preces abreviam e atenuam a perturbação que sempre se segue a esse desligamento, tornando-lhe o despertar mais calmo. Neste caso, como em qualquer outro, a eficiência da prece está na sinceridade do pensamento e não na quantidade de palavras pronunciadas, com maior ou menor vigor, e das quais, na maioria das vezes, o coração não participa.

Somente as preces sinceras, que partem do coração, são ouvidas pelo Espírito, que ainda está com as ideias confusas pelo desencarne recente. Ele as ouve como vozes amigas que vêm despertá-lo de um sono profundo.

60 – Prece

Deus Todo-Poderoso, que a Sua misericórdia se estenda sobre a alma de (nome da pessoa) que acaba de ser retirada da Terra. Que as provas que enfrentou quando encarnada possam ser contadas em seu favor, e nossas preces suavizar e abreviar as dores que ela ainda tenha que enfrentar na Espiritualidade!

Bons Espíritos que vieram recebê-la e, principalmente, você que é seu anjo da guarda, ajudem-na a despojar-se da matéria. Deem a ela a luz necessária e a consciência de si mesmo, a fim de tirá-la da perturbação que acompanha aquele que passa da Vida Corporal para Vida Espiritual. Inspirem nela o arrependimento das faltas que cometeu e o desejo de repará-las, para que apresse seu progresso no sentido da bem-aventurança.

(Nome da pessoa), que acaba de retornar ao Mundo dos Espíritos e, apesar disso, está aqui presente entre nós, você nos vê e nos ouve, pois apenas deixou o corpo material, que logo será reduzido a pó.

Acaba de deixar o envoltório grosseiro da carne, sujeito às adversidades e à morte, conservando apenas o corpo espiritual, imperecível e inacessível aos sofrimentos da Terra. Você vive agora a vida do Espírito, que está isenta das misérias que afligem a Humanidade.

Sobre os seus olhos não está mais o véu que não nos deixa ver os esplendores da vida futura; pode agora contemplar as novas maravilhas, enquanto que nós ainda estamos mergulhados nas trevas.

Com plena liberdade, você vai percorrer o espaço e visitar outros mundos, enquanto nós continuaremos rastejando penosamente na Terra, onde está preso nosso corpo material, semelhante a um fardo pesado.

Os horizontes do infinito vão se desenrolar diante de você, e na presença de tanta grandeza compreenderá o vazio das ambições terrenas, dos desejos mundanos, e das alegrias fúteis às quais os homens se entregam.

A morte é, para os homens, somente uma separação material que dura alguns instantes. Pela vontade de Deus permaneceremos por mais tempo na Terra, visto que ainda temos deveres a cumprir. Vamos acompanhá-la pelo pensamento, aguardando o momento do nosso retorno para, assim como você, reencontrar aqueles que nos precederam.

Se não podemos ir até onde você se encontra, você pode vir até nós. Venha para junto dos que a amam, e que você também ama. Ampare-nos nas provas da vida, vele por aqueles que lhe são queridos. Proteja-nos segundo as suas possibilidades e suavize-nos as amarguras da saudade, pelo pensamento de que você está mais feliz agora. Dê-nos a consoladora certeza de que um dia estaremos todos reunidos junto a você, num mundo melhor.

No mundo em que você está agora, todos os ressentimentos terrenos devem se extinguir. De agora em diante, para sua felicidade futura, procura não permitir que esses ressentimentos o atinjam! Perdoa aqueles que erraram contra você, para que eles também a possam perdoar.

Nota – Pode-se acrescentar a esta prece, que se aplica a todos, algumas palavras especiais. Sempre levando em conta as circunstâncias particulares de cada família, as nossas relações para com ela, bem como a posição social que ocupava o falecido.

Tratando-se de uma criança, o Espiritismo nos ensina que não é um Espírito recém-criado, mas um que já viveu muitas vidas e que pode já ser bem adiantado. Se sua última existência foi curta, é porque ele necessitava de um complemento de prova, ou devia ser uma prova para seus pais *(veja, nesta obra, cap. 5:21).*

61 – Prece (outra) – *Esta prece foi ditada a um médium de Bordeaux, no momento em que passava, diante de sua janela, o enterro de um desconhecido.*

Senhor Todo-Poderoso, que a Sua misericórdia se estenda sobre nosso irmão que acaba de deixar a Terra! Que a Sua luz brilhe aos seus olhos! Tira-o das trevas, abre seus olhos e ouvidos! Que os bons Espíritos o envolvam para que ele ouça as palavras de paz e esperança!

Senhor, ainda que sejamos indignos, ousamos pedir Sua misericórdia e indulgência em favor desse irmão que acaba de ser chamado do exílio. Faz com que o seu retorno seja o do filho pródigo, ou seja, aquele que se arrependeu dos erros cometidos e retornou para o convívio de seu pai. Perdoa, meu Deus, as faltas que ele cometeu e lembra somente das coisas boas que ele fez. Sua Justiça é imutável, nós sabemos, mas Seu amor é imenso. Pela fonte de bondade que emana do Senhor, nós lhe pedimos para que abrande a Sua Justiça para com ele.

Que a luz brilhe sobre esse irmão que acaba de deixar a Terra! Que os bons Espíritos do Senhor venham em seu auxílio, e o ajudem a romper os laços que ainda o ligam à Terra. Compreenda e veja a grandeza do Nosso Senhor, submeta-se, sem reclamar, à Sua Justiça, e nunca desacredite da Sua misericórdia. Irmão! Que um profundo exame em seu passado possa lhe abrir as portas do futuro, fazendo com que perceba as faltas que cometeu e o trabalho que ainda lhe resta para repará-las! Que Deus o perdoe e que Seus bons Espíritos o sustentem e encorajem! Seus irmãos, na Terra, orarão por você e pedem para que você também ore por eles.

PELAS PESSOAS A QUEM TIVEMOS AFEIÇÃO

62 – Observações preliminares

Como é horrível a ideia do nada! Como devemos lastimar os que acreditam que se perde no vazio, e não encontra o menor sinal de resposta, a voz do amigo que chora a partida de seu amigo! Os que pensam que tudo morre com o corpo desconhecem as afeições verdadeiras, sinceras e santas. Devemos lastimar também aqueles que pensam que o homem genial, que iluminou o mundo com sua vasta inteligência, é um simples amontoado de células materiais, que se extingue para sempre após a sua morte. Como deve ser triste pensar que do ser adorado, como um pai, uma mãe, um filho, restará apenas um pouco de pó que o vento dispersará para sempre!

Como pode um homem sensível ficar indiferente a esse pensamento? Como a ideia de um aniquilamento absoluto não o gela de pavor e não o faz desejar que não seja assim? Se até hoje sua razão não foi suficiente para afastar quaisquer dúvidas, eis que surge o Espiritismo para eliminar toda incerteza sobre o futuro, através das provas materiais que ele fornece sobre a sobrevivência da alma após a morte, e da existência de seres no além-túmulo. É justamente por isso que em todos os lugares essas provas são recebidas com alegria. A confiança renasce, pois agora o homem sabe que a vida na Terra é apenas uma passagem curta que os conduzirá a uma vida melhor. Que suas realizações na Terra não ficarão perdidas para ele, e que as mais queridas afeições não serão rompidas sem qualquer esperança de reencontro *(veja, nesta obra, cap. 4:18 e cap. 5:21).*

63 – Prece

Senhor meu Deus, recebe a prece que faço pelo Espírito de (nome da pessoa); faça com que ele sinta as Suas luzes Divinas, e que lhe seja fácil o caminho da felicidade eterna. Permite que os bons Espíritos levem até ele minhas palavras e meu pensamento.

E você, que me foi tão querido neste mundo, escuta a minha voz que o chama para lhe dar mais uma prova da minha afeição! Deus permitiu que você se libertasse primeiro e eu estaria sendo egoísta se me lamentasse, porque estaria desejando que ainda estivesse sujeito às penalidades e aos sofrimentos da vida. Espero, com resignação, o momento de nos reencontrarmos nesse mundo mais feliz, no qual você chegou primeiro.

Sei que nossa separação é apenas temporária, e, por mais longa que ela possa me parecer, sua duração se apaga diante da felicidade eterna que Deus promete aos eleitos. Que a bondade do Senhor me preserve de fazer qualquer coisa que possa retardar esse momento tão desejado, poupando-me a dor de não o encontrar quando eu também deixar a Terra.

Como é doce e consoladora a certeza de que entre nós existe apenas um véu material que não deixa que eu o veja! Que você pode estar aqui, ao meu lado, me vendo e me ouvindo como antigamente e que não me esqueceu. Que o seu pensamento me siga e me sustente sempre.

Que a paz do Senhor esteja com você!

PELAS ALMAS SOFREDORAS QUE PEDEM PRECES

64 – Observações preliminares

Para compreender o alívio que a prece pode proporcionar aos Espíritos sofredores, é necessário entender como ela atua. Conforme já foi dito anteriormente, aquele que compreende essa verdade ora com mais fervor, pois tem a certeza de que não ora em vão *(veja, nesta obra, cap. 27:9, 18 e seguintes).*

65 – Prece

Deus misericordioso e que sempre nos perdoa, que a Sua bondade se estenda sobre os Espíritos aos quais endereçamos as nossas preces e, particularmente, sobre a alma de (nome da pessoa).

Bons Espíritos, cuja única ocupação é fazer o bem, intercedam comigo a favor deles! Façam brilhar em seus olhos um clarão de esperança; que a Divina Luz os esclareça quanto às imperfeições que os mantêm distantes da morada dos bem-aventurados. Que os seus corações se abram ao arrependimento e ao desejo de se purificarem para apressar seu adiantamento. Façam com que eles entendam que, pelos seus esforços, podem encurtar o tempo de suas provas.

Que Deus, em Sua bondade, lhes dê a força para que continuem buscando as boas escolhas!

Que essas palavras amigas possam suavizar seus sofrimentos, mostrando-lhes que existe na Terra alguém que deles se compadece e que lhes deseja toda felicidade.

66 – Prece (outra)

Nós pedimos, Senhor, para espalhar as graças do Seu amor e da Sua misericórdia sobre todos aqueles que sofrem, seja no espaço como Espíritos errantes, seja entre nós como Espíritos encarnados. Tenha piedade de nossas fraquezas. O Senhor nos fez falíveis, mas nos deu a força para resistir ao mal e vencê-lo. Que a Sua misericórdia se estenda sobre todos aqueles que não puderam resistir a suas más tendências, e que ainda se encontram trilhando o caminho do mal. Que os Seus bons Espíritos os envolvam, que a Sua luz brilhe ao seus olhos e, atraídos pelo calor dessa luz que reanima, venham se curvar a Seus pés, humildes, arrependidos e submissos.

Nós pedimos, igualmente, Pai de misericórdia, pelos nossos irmãos que não tiveram forças para suportar suas provas terrenas. Senhor, recebemos um fardo para carregar e somente a Seus pés devemos depositá-lo. Algumas vezes a coragem nos falta no caminho, pois nossa fraqueza é grande. Tenha piedade desses servos indolentes que abandonam a obra antes do tempo. Que a Sua Justiça os ampare e permite que os Seus bons Espíritos venham lhes trazer alívio, consolações e esperanças para o futuro. Senhor, mostra aos culpados que se desesperam que o caminho do perdão fortalece a alma; então eles, sustentados por essa esperança, reunirão forças do tamanho de suas faltas e de seus sofrimentos, para resgatar seu passado e preparar-se para conquistar o futuro.

POR UM INIMIGO MORTO

67 – Observações preliminares

A caridade para com os nossos inimigos deve acompanhá-los mesmo após seu desencarne. Devemos pensar que o mal que eles nos fizeram foi para nós uma prova que pode ser útil ao nosso adiantamento, se dela soubermos tirar proveito. Ela pode ser mais útil do que as aflições puramente materiais. Muitas vezes, para superar o mal que nos fazem, é preciso juntar a nossa coragem e resignação com a caridade e a nossa capacidade de esquecer as ofensas *(veja, nesta obra, cap. 10:6 cap. 12:5 e 6).*

68 – Prece

O Senhor chamou, antes de mim, o Espírito de (nome da pessoa); eu o perdoo pelo mal que me fez e pelas más intenções que teve para comigo. Que ele possa se arrepender de tudo isso, agora que não tem mais as ilusões do Mundo Material.

Meu Deus, que a Sua misericórdia se estenda sobre ele, e afaste de mim o pensamento de me alegrar com a sua morte. Se por acaso cometi faltas contra ele, que me perdoe por isso, assim como eu perdoo as que ele cometeu contra mim.

POR UM CRIMINOSO

69 – Observações preliminares

Se a eficiência das preces fosse proporcional ao seu comprimento, as preces mais longas deveriam ser reservadas aos mais culpados, pois eles têm mais necessidade delas do que aqueles que viveram voltados para fazer o bem. Recusar preces aos criminosos é faltar com a caridade e desconhecer a misericórdia de Deus. Pensar que elas são inúteis porque um homem cometeu faltas muito graves é prejulgar a Justiça Divina *(veja, nesta obra, cap. 11:14).*

70 – Prece

Senhor, Deus de misericórdia, não abandona esse criminoso que acaba de deixar a Terra. Mesmo que ele tenha sido castigado pela justiça dos homens, ele não ficará livre se o seu coração não for tocado pelo remorso.

Retira de seus olhos a venda que oculta a gravidade de suas faltas. Que o seu arrependimento possa receber a Sua acolhida, para que os seus sofrimentos sejam aliviados! Que as nossas preces e a intervenção dos bons Espíritos possam levar-lhe a esperança e a consolação, inspirando-lhe o desejo de reparar as suas más ações em uma nova existência. Dá a ele forças para não fracassar nas novas lutas que terá pela frente!

Senhor, tenha piedade dele!

POR UM SUICIDA

71 – Observações preliminares

O homem jamais tem o direito de tirar a sua própria vida, cabendo somente a Deus fazê-lo, quando achar oportuno. Todavia, a Justiça Divina pode abrandar o seu rigor, em virtude de certas circunstâncias, mas reserva toda severidade para aquele que não quis enfrentar as provas da vida. O suicida é como o prisioneiro que foge da prisão antes de ter cumprido a sua pena, e, ao ser preso de novo, é tratado com mais rigor. Aquele que tira a sua própria vida, julgando escapar das misérias presentes, mergulha em infelicidades ainda maiores *(veja, nesta obra, cap. 5:14 e seguintes).*

72 – Prece

Senhor, sabemos o destino reservado para aqueles que violam as Suas Leis, abreviando, voluntariamente, seus dias! Sabemos, também, que a Sua misericórdia é infinita, por isso pedimos estendê-la sobre o Espírito de (nome da pessoa). Que nossas preces, juntamente com a Sua misericórdia, possam suavizar a amargura dos sofrimentos que ele experimenta, por não ter tido a coragem de esperar pelo fim de suas provas!

Bons Espíritos, cuja missão é ajudar aos infelizes, protejam-no, inspirando-lhe o arrependimento da falta que cometeu. Que com a assistência de vocês, ele receba as forças necessárias para suportar com mais resignação as novas provas que terá que enfrentar a fim de reparar o mal que cometeu contra si mesmo. Afastem dele os maus Espíritos que poderiam levá-lo novamente para o caminho do mal, prolongando ainda mais seus sofrimentos, fazendo com que ele perca o fruto de suas futuras experiências.

Ao Espírito de (nome da pessoa), cuja infelicidade é o motivo de nossas preces, que a nossa compaixão possa suavizar a sua amargura, fazendo nascer em seu coração a esperança de um futuro melhor! Esse futuro está em suas próprias mãos.

Confia na bondade de Deus, cujos braços estão sempre abertos a todos aqueles que se arrependem e só permanecem fechados aos corações endurecidos.

PELOS ESPÍRITOS ARREPENDIDOS

73 – Observações preliminares

Seria injusto colocar na categoria dos maus Espíritos os Espíritos sofredores e arrependidos que pedem preces. Podem ter sido maus, mas, a partir do momento que reconhecem suas faltas e as lamentam, deixam de ser maus; são apenas infelizes, e alguns começam a gozar até mesmo de uma certa felicidade.

74 – Prece

Deus de misericórdia, que aceita o arrependimento sincero do pecador, seja ele encarnado ou desencarnado, eis aqui um Espírito que tinha o prazer em praticar o mal, mas que reconheceu os seus erros e entra, agora, no caminho do bem. Que ele seja recebido e perdoado pelo Senhor, como o filho pródigo, que, após reconhecer seus erros, retornou arrependido para a casa de seu pai.

Bons Espíritos, cuja voz ele sempre desprezou, mas que de agora em diante deseja ouvir, permitam que ele entreveja a felicidade reservada aos eleitos do Senhor, para que persista no desejo de purificar-se a fim de alcançar a mesma felicidade. Sustentem-no em suas boas resoluções, dando a ele a força para resistir aos seus maus instintos.

Espírito de (nome da pessoa), nós o felicitamos por sua modificação e agradecemos aos bons Espíritos que o ajudaram!

Se no passado você sentia prazer em fazer o mal, é porque não compreendia o quanto é prazeroso fazer o bem, e também porque não se sentia digno em praticá-lo. Desde o momento em que entrou no bom caminho, uma nova luz brilhou e você começou a experimentar uma felicidade desconhecida, pois a esperança penetrou em seu coração. Deus sempre escuta a prece do pecador arrependido e não recusa a nenhum daqueles que O buscam.

Para entrar definitivamente na graça do Senhor, procura, de agora em diante, fazer somente o bem. Procura, também, reparar o mal, e assim terá satisfeito a Justiça de Deus, onde cada boa ação apagará uma falta cometida no passado.

O primeiro passo foi dado; de agora em diante, quanto mais avançar, mais o caminho lhe parecerá fácil e agradável. Continua, pois um dia você vai ter a glória de estar entre os Espíritos bons e bem-aventurados.

PELOS ESPÍRITOS ENDURECIDOS

75 – Observações preliminares

Os maus Espíritos são aqueles cujo coração ainda não foi tocado pelo arrependimento. Eles se satisfazem no mal e disso não sentem nenhum remorso. Não levam em conta as censuras que sofrem, recusam a prece e muitas vezes blasfemam contra o nome de Deus. Essas são as almas endurecidas, que, após desencarnarem, se vingam contra os homens pelos sofrimentos que suportaram. Perseguem com ódio aqueles a quem odiaram durante a vida, quer pela obsessão, quer exercendo sobre eles qualquer influência maléfica *(veja, nesta obra, cap. 10:6, cap. 12:5 e 6).*

Entre os Espíritos perversos, existem duas categorias bem distintas: os que são *declaradamente maus* e os que são *hipócritas.*

Os *declaradamente maus* são bem mais fáceis de serem conduzidos ao bem, pois, na maioria das vezes, são de natureza bruta e grosseira. Praticam o mal muito mais pelo instinto do que de propósito e não pretendem se passar por melhores do que são. Existe neles um gérmen adormecido, que é necessário fazer despertar, o que se consegue, quase sempre, com perseverança, firmeza e benevolência. Também contribuem para sua regeneração os conselhos, a argumentação bem embasada e a prece. Nas comunicações mediúnicas, as dificuldades que sentem para *pronunciar ou escrever nome de Deus* revelam um temor instintivo. É uma recriminação íntima da consciência, que lhes diz não serem dignos de tal pronunciamento. Aqueles que estão nessa condição estão prestes a se converter e podemos esperar tudo deles: basta encontrar o ponto vulnerável de seus corações.

Já os Espíritos *hipócritas* são sempre muito inteligentes, e não possuem no coração nenhuma fibra sensível, nada os toca. Simulam todos os bons sentimentos para ganhar a confiança e ficam felizes quando encontram tolos que os aceitam como Espíritos bons, pois então podem governá-los à vontade. O nome de Deus está longe de lhes trazer o menor temor, ao contrário, lhes serve de máscara para encobrir suas maldades. Os *hipócritas* são os seres mais perigosos, tanto no Mundo Terreno quanto no Mundo Espiritual, pois eles atuam na sombra, sem que ninguém deles desconfie. Eles aparentam ter fé, mas não possuem a fé sincera.

76 – Prece

Senhor, lança um olhar de bondade aos Espíritos imperfeitos que ainda estão nas trevas da ignorância e não O conhecem, especialmente sobre o Espírito de (nome da pessoa).

Bons Espíritos, ajudem-nos a fazer com que eles compreendam que ao induzir os homens ao mal, ao obsediá-los e ao atormentá-los eles prolongam os seus próprios sofrimentos. Façam com que o exemplo da felicidade que vocês desfrutam sirva de encorajamento para eles.

Espíritos que ainda se satisfazem no mal, venham ouvir as preces que fazemos por vocês; elas mostrarão que lhe desejamos o bem, embora vocês pratiquem o mal.

Vocês são infelizes porque é impossível ser feliz fazendo o mal. Por que querem permanecer sofrendo, quando evitar o sofrimento que experimentam depende apenas de vocês? Observem os bons Espíritos que estão por toda a parte e vejam como eles são felizes. Não seria melhor desfrutar da mesma felicidade?

Até podem dizer que isso é impossível, mas nada é impossível para aqueles que querem, pois Deus concede a todos a liberdade de escolher entre o bem e o mal, ou seja, entre a felicidade e o sofrimento. Ninguém está condenado a fazer o mal. Se possuem a vontade de fazê-lo, podem também possuir a vontade de fazer o bem e de serem felizes.

Voltem os olhos para Deus; elevem o pensamento a Ele, nem que seja somente por um instante, e um raio de Sua Luz Divina virá para esclarecê-los. Digam conosco estas simples palavras: *Meu Deus, nós nos arrependemos, perdoa-nos*. Experimentem o arrependimento e procurem fazer o bem em vez de fazer o mal, e verão que logo a misericórdia Divina virá em auxilio a vocês. Assim, um bem-estar indescritível vai substituir as angústias que experimentam.

Quando derem um passo no caminho do bem, os outros passos parecerão muito mais fáceis. Então, compreenderão quanto tempo de felicidade perderam, pela própria culpa. Após esse passo, um futuro radioso e cheio de esperança se abrirá diante de vocês e esquecerão o seu passado miserável, cheio de problemas e torturas morais, que seriam para vocês um inferno se durassem para sempre. Chegará o dia em que essas torturas serão tão terríveis, que a qualquer preço pedirão para que elas cessem. Quanto mais esperarem para tomar a decisão, mais difícil será para que se afastem delas.

Não acreditem que ficarão para sempre no estado em que se encontram, até mesmo porque isso é impossível. Existem dois caminhos a seguir: o primeiro é sofrer mais do que já sofreram até agora; o segundo é serem felizes como os bons Espíritos que estão ao redor de vocês. O primeiro caminho será inevitável se continuarem em sua teimosia. Basta um simples esforço de vontade para que se afastem do mal. Apressem-se, pois cada dia que passa é um dia perdido para a felicidade que os espera.

Bons Espíritos, façam com que *estas palavras* encontrem receptividade junto a essas almas ainda atrasadas, e que elas possam ajudá-las a aproximarem-se de Deus. Nós pedimos a vocês, bons Espíritos, em nome de Jesus Cristo, que tem um grande poder entre os Espíritos maus.

5 – PELOS DOENTES E OBSEDIADOS

PELOS DOENTES

77 – Observações preliminares

As doenças fazem parte das provas e das dificuldades da vida terrena. Elas são o fruto da imperfeição de nossa natureza material e da inferioridade do mundo em que habitamos. As paixões e os excessos de toda ordem semeiam em nós germens doentios, que são, muitas vezes, hereditários. Nos mundos mais avançados, física e moralmente, o organismo humano já está mais depurado e possui menos matéria. Assim, o corpo não está sujeito às mesmas enfermidades, pois ele não sofre o prejuízo das paixões desenfreadas, que lá não existem. *(Veja, nesta obra, cap. 3:9.)*

Precisamos nos resignar em sofrer as consequências do meio onde estamos vivendo, até que tenhamos mérito para alcançar um mundo melhor. Enquanto trabalhamos para possuir o mérito de ascender a esse mundo, devemos fazer o que estiver ao nosso alcance para melhorar nossa posição atual. Entretanto, se, apesar dos nossos esforços, não conseguirmos atingir esta posição melhor, o Espiritismo nos ensina a suportar com resignação os males da vida terrena.

Se Deus não quisesse que os sofrimentos do corpo fossem curados ou suavizados, não teria colocado à nossa disposição os recursos para curá-los. A bondade de Deus, juntamente com o nosso instinto de conservação, indica que é nosso dever procurar esses recursos e aplicá-los.

Ao lado da medicação comum elaborada pela Ciência, o Magnetismo nos fez conhecer o poder da ação fluídica. Mais tarde, o Espiritismo veio nos revelar o poder de outra espécie de força, através da *mediunidade curadora* e da influência da prece. *(Veja, adiante, a notícia sobre a mediunidade curadora.)*

78 – Prece (para ser dita pelo doente)

Deus, o Senhor é todo Justiça! Eu devo ser merecedor da doença pela qual estou passando, pois, certamente, não existe sofrimento sem motivo. Coloco a minha cura nas mãos da Sua infinita misericórdia. Se for da Sua vontade me restituir à saúde, que Seu nome seja bendito. Se, ao contrário, ainda devo sofrer mais, que

Seu nome seja bendito do mesmo modo. Eu me submeto, sem reclamar, às Suas Divinas Leis, pois tudo que o Senhor faz tem por objetivo o bem de Suas criaturas.

Meu Deus, faça com que essa doença seja para mim uma advertência bondosa, permitindo que eu possa refletir sobre minha conduta. Aceito-a como uma expiação do passado, como uma prova para minha fé e como uma submissão à Sua vontade *(veja, neste cap., a prece 40).*

79 – Prece (pelo doente)

Meu Deus, que em Sua sabedoria julgou por bem enviar a doença a (nome da pessoa), eu peço, lança um olhar de compaixão sobre os seus sofrimentos e, se puder, coloca um fim a essa situação.

Bons Espíritos, eu peço que reforcem o meu desejo de aliviar o seu sofrimento. Dirijam o meu pensamento para que ele derrame um bálsamo salutar sobre o seu corpo e console também a sua alma.

Inspirem a ele a paciência e a submissão à vontade de Deus. Deem a ele a força para suportar suas dores com resignação cristã, a fim de que ele não perca o fruto dessa prova *(veja, neste cap., a prece 57).*

80 – Prece (para o médium curador)

Meu Deus, se o Senhor quiser curar este sofrimento, por meu intermédio, mesmo sendo indigno como sou, eu me submeto à Sua vontade, pois confio em Seu poder. Porém, sem a Sua participação, nada posso. Permita que os bons Espíritos me transmitam fluidos salutares, a fim de que eu os possa doar a esse doente, e desvie de mim todo pensamento de orgulho e de egoísmo que poderia alterar a pureza dessa doação.

PELOS OBSEDIADOS

81 – Observações preliminares

A obsessão é a ação continuada que um Espírito mau ou ignorante exerce sobre um indivíduo. Apresenta características muito diversas, desde a simples influência moral, sem sinais exteriores que se percebam, até a completa perturbação do organismo e das faculdades mentais da vítima. A obsessão obstrui todas as faculdades mediúnicas. Na mediunidade psicográfica, isto é, de escrita, ela se traduz pela obstinação de um Espírito em se manifestar exclusivamente, não permitindo que outros o façam.

Ao redor da Terra existe uma quantidade muito grande de maus Espíritos, devido à inferioridade moral de seus habitantes. A ação maléfica desses Espíritos faz parte dos flagelos aos quais a Humanidade terrena está exposta. A obsessão, assim como as doenças e todas as dificuldades da vida, deve ser considerada como uma prova ou uma expiação, e aceita como tal.

Do mesmo modo que as doenças resultam das imperfeições físicas, que tornam o corpo accessível às más influências exteriores, a obsessão é sempre o resultado de uma imperfeição moral, que dá acesso a um Espírito mau. A uma causa física se opõe uma força física, a uma causa moral é preciso que se oponha uma força moral. Para nos preservarmos das doenças, fortificamos o corpo, e para nos livrarmos da obsessão, é preciso que fortifiquemos a alma.

Por isso, o obsediado tem a necessidade de trabalhar por sua própria melhoria, o que, muitas vezes, já basta para livrá-lo do obsessor, sem o auxílio de outras pessoas. O auxílio de terceiros torna-se indispensável quando a obsessão se transforma em subjugação, que é uma dominação profunda, em que a vítima perde a vontade própria, ou quando se transforma em possessão, em que a vítima perde o domínio total dos sentidos e das ações, passando a agir sob o comando do obsessor.

A obsessão é, quase sempre, o resultado de uma vingança exercida por um Espírito, e que, na maioria das vezes, tem sua origem nas relações que ambos tiveram em uma existência anterior *(veja, nesta obra, cap. 10:6 e cap. 12:5 e 6).*

Nos casos de obsessão grave, o obsediado está envolvido por um fluido de baixa vibração que neutraliza e repele a ação dos bons fluidos. É desse mau fluido que é preciso libertá-lo. Porém, um mau fluido não pode ser repelido por outro igualmente mau. É preciso expulsar o mau fluido com a ajuda de um fluido bom que produzirá uma espécie de reação, a mesma que o médium curador utiliza para curar as doenças.

Somente a ação mecânica de afastar o fluido mau não basta; é necessário agir, também, sobre o Espírito obsessor, falando-lhe com autoridade. Essa autoridade só existe se há superioridade moral por parte daquele que fala. Quanto maior for essa superioridade moral, maior será a autoridade sobre o Espírito obsessor. É por isso que Jesus tinha tanta facilidade para afastar os maus Espíritos.

Para assegurar a libertação do obsediado, é preciso convencer o Espírito perverso a renunciar às suas más intenções. É preciso fazer com que ele se arrependa e sinta o desejo de fazer o bem. Assim, com auxílio de uma doutrinação habilidosa e visando atingir a sua recuperação moral, podemos evocar algum parente próximo pelo qual ele sinta respeito. Desse modo, teremos a dupla satisfação de libertar um encarnado e converter um Espírito imperfeito.

A tarefa torna-se mais fácil quando o obsediado, ao compreender a sua situação, colabora com a sua força de vontade e com suas preces na resolução do problema. Ocorre o contrário quando o obsediado, seduzido pelo Espírito enganador, ilude-se quanto às qualidades daquele que o domina e se satisfaz no erro para onde é levado pelo obsessor. Nesse caso, longe de ajudar, ele fecha a porta para toda e qualquer assistência. É o caso da fascinação, que nada mais é do que uma obsessão irresistível, uma ilusão profunda, sempre mais difícil de resolver do que a mais violenta subjugação.

Em todos os casos de obsessão, a prece é o mais poderoso auxiliar para agir no sentido de esclarecer o Espírito obsessor *(consulte O Livro dos Médiuns, cap. 23).*

82 – Prece (para ser dita pelo obsediado)

Meu Deus, permita que os bons Espíritos me libertem do Espírito maléfico que se ligou a mim. Se é uma vingança pelos males que eu lhe fiz em vidas passadas, essa punição foi permitida pelo Senhor, meu Deus, e eu suporto as consequências de minhas faltas. Meu irmão, que o meu arrependimento possa conquistar o seu perdão e, consequentemente, a minha libertação! Mas, qualquer que seja o motivo, imploro para o meu perseguidor a Sua misericórdia. Mostra para ele o caminho do progresso que, certamente, vai desviá-lo do pensamento de fazer o mal. Que eu possa, de minha parte, retribuir-lhe o mal com o bem, conduzindo-o a melhores sentimentos.

Meu Deus, também sei que são as *minhas imperfeições* que me tornam acessível às influências dos Espíritos imperfeitos. Dá-me a luz necessária para reconhecê-las e combater em mim o orgulho que não deixa que eu enxergue os meus defeitos.

Como ainda sou imperfeito, pois até um ser maléfico pode me escravizar!

Meu Deus, faça com que esse golpe desferido em minha vaidade me sirva de lição para o futuro. Que ele fortaleça a resolução que tomo de me tornar melhor pela prática do bem, da caridade e da humildade, construindo, daqui para frente, uma barreira contra as más influências.

Senhor, me dá forças para suportar esta prova com paciência e resignação! Compreendo que, como todas as outras, ela também deve servir para o meu adiantamento, desde que eu não perca a oportunidade com minhas lamentações. Essa prova me oferece a ocasião de demonstrar a minha submissão, e de exercitar a caridade para com um irmão infeliz, perdoando-lhe o mal que me fez *(veja, nesta obra, cap. 12:5 e 6, e neste cap. 28, as questões 15 a 17, 46 e 47).*

83 – Prece (pelo obsediado)

Deus de amor e bondade, que eu consiga libertar (nome da pessoa) da influência do Espírito que o está obsediando. Se a Sua vontade é colocar um fim a essa prova, me conceda a graça de falar a esse Espírito com a necessária autoridade.

Bons Espíritos que me assistem, e a você anjo da guarda de (nome da pessoa), ajudem-me a livrá-lo do fluido impuro que o envolve.

Em nome de Deus e de Jesus, eu peço ao Espírito que o atormenta para que se retire e compreenda que não se deve prejudicar os outros, pois, ao procedermos assim, estamos prejudicando também a nós mesmos.

84 – Prece (pelo Espírito obsessor)

Deus de infinita bondade, eu imploro a Sua misericórdia para o Espírito que obsedia (nome da pessoa), e faça com que ele perceba, com auxílio das luzes Divinas, que está trilhando um caminho errado. Bons Espíritos, me ajudem a fazê-lo compreender que ele tem tudo a perder fazendo o mal e tudo a ganhar fazendo o bem.

Espírito que se satisfaz em atormentar (nome da pessoa), escuta-me, pois estou falando em nome de Deus e de Jesus.

Reflita um pouco e compreenderá que o mal não pode vencer o bem, e que você não é mais forte do que Deus e os bons Espíritos.

Eles poderiam ter preservado (nome da pessoa) dos seus ataques. Se não o fizeram é porque ele tinha uma prova a suportar. Porém, assim que essa prova acabar, toda ação contra ele não será mais permitida. O mal que ele sofreu por seu intermédio servirá para o seu adiantamento e para torná-lo mais feliz. Assim, sua maldade terá sido em vão e se voltará contra você.

Deus, que é Todo-Poderoso, e os Espíritos superiores, que são Seus servidores, têm mais poder do que você e poderão colocar um fim a essa obsessão assim que o desejarem; sua persistência terminará diante dessa autoridade suprema. Porque Deus é bom, Ele quer deixar a você o mérito de terminá-la por sua própria vontade. É uma oportunidade que lhe é oferecida e, se não aproveitar, sofrerá dolorosas consequências. Grandes castigos e terríveis sofrimentos o esperam. Será forçado a implorar a piedade e as preces de sua vítima, que já o perdoou e que reza por você, apressando com isso a sua libertação. Sua vítima consegue, com esse gesto, um grande mérito aos olhos de Deus.

Reflita enquanto ainda é tempo, pois a Justiça de Deus caiará sobre você, assim como sobre todos os Espíritos rebeldes. Lembre que o mal que você faz neste momento terá um fim, ao passo que, se continuar em sua teimosia, seus sofrimentos aumentarão sem cessar.

Quando estava na Terra, você não achava um absurdo sacrificar um grande bem por uma pequena satisfação momentânea? O mesmo acontece agora que é Espírito. O que você ganha com o que faz? Será somente o triste prazer em atormentar alguém? Esse procedimento nem sequer lhe traz felicidade. A cada dia você fica mais infeliz, mesmo que insista em dizer o contrário.

Além disso, veja o que você perde: observe os bons Espíritos que o cercam, será que a sorte deles não é melhor que a sua? A felicidade que eles desfrutam também será sua quando você quiser. O que é preciso para isso? Pedir a Deus e fazer o bem em vez do mal. Sei que sua transformação não pode acontecer de um momento para o outro, mas Deus não pede o impossível; o que Ele deseja é apenas a boa vontade. Tente, e nós o ajudaremos. Faça com que, em breve, nós possamos dizer em seu favor a prece pelos Espíritos arrependidos *(ver neste cap., item 73)*, e não mais colocá-lo na categoria dos maus Espíritos, e sim na categoria dos que estão em recuperação *(veja, também,item 75, a prece pelos Espíritos endurecidos).*

Observação – A cura das obsessões graves requer muita paciência, perseverança e dedicação. Exige, também, tato e habilidade, a fim de encaminhar para o bem Espíritos muitas vezes perversos, endurecidos e espertos. Entre esses Espíritos existem, ainda, os que são rebeldes ao extremo. Na maioria dos casos, temos que nos guiar conforme as circunstâncias. Qualquer que seja a natureza do Espírito, um fato é certo: não conseguimos nada pelo constrangimento ou pela ameaça. Toda influência sobre eles está na ascendência moral.

Outra verdade, comprovada pela experiência, assim como pela lógica, **é a completa ineficácia dos exorcismos, fórmulas, palavras sacramentais, amuletos, talismãs, práticas exteriores ou quaisquer símbolos materiais.**

A obsessão, quando muito prolongada, pode ocasionar desequilíbrios na saúde, e, por vezes, requer um tratamento simultâneo, seja magnético ou médico, para restabelecer a saúde do organismo. Após a destruição da causa, resta apenas combater os efeitos *(consulte O Livro dos Médiuns, cap. 23, Obsessão e a Revista Espírita, fevereiro e março de 1864, abril de 1865: Exemplos de curas e obsessões).*

FIM

Evangelho no Lar

PRINCIPAIS MOTIVOS PARA FAZER O EVANGELHO NO LAR

1 – Estudar o Evangelho à Luz da Doutrina Espírita, possibilitando, assim, sua melhor compreensão;

2 – Procurar viver esta vida segundo a vontade de Jesus, nosso Mestre;

3 – Criar, nos lares, o hábito saudável das reuniões evangélicas;

4 – Despertar o sentimento de fraternidade e união entre os participantes;

5 – Desfrutar de momentos de paz;

6 – Higienizar nosso Lar com pensamentos e sentimentos elevados;

7 – Receber, em nossas residências, Espíritos mensageiros do bem;

8 – Aprender e fixar os ensinamentos do Evangelho para oferecer a outras criaturas;

9 – Conseguir, no lar, e fora dele, o fortalecimento necessário para enfrentar as dificuldades materiais e espirituais que surgem em nosso dia a dia;

10 – Despertar, nos participantes, o ensinamento de Jesus que pede para orar e vigiar os pensamentos;

11 – Elevar o padrão vibratório de todos, contribuindo, assim, para um mundo melhor.

ALGUNS CONSELHOS ÚTEIS

1 – Escolher um dia e uma hora por semana, onde seja possível a presença de todos os familiares ou daqueles que desejam participar.

2 – Fazer sempre no mesmo dia e horário, para que a Espiritualidade possa se programar, garantindo, assim, a assistência espiritual.

3 – O Evangelho deve ser lido na sequência, portanto, é sempre bom marcar onde terminamos.

4 – Procurar ler um trecho não muito grande, evitando o cansaço dos participantes.

5 – Não suspender a prática do Evangelho no Lar em virtude de visitas, passeios adiáveis ou acontecimentos fúteis.

6 – A duração da reunião deverá ser de trinta minutos, aproximadamente.

7 – Providenciar uma jarra com água para fluidificação. Servir ao final da reunião a todos os participantes.

8 – Jamais forçar a participação de membros da família que não desejem participar, por qualquer motivo.

ROTEIRO

1 – Prece inicial: Pai-Nosso ou uma prece simples e espontânea, valorizando os sentimentos ao invés das palavras. Solicitar a presença dos amigos espirituais e dos nossos mentores para que também participem da reunião.

2 – Leitura: Ler, em sequência, um trecho do Evangelho, iniciando pelo prefácio, introdução, notas históricas e seguindo pelos capítulos.

3 – Comentários sobre o texto lido: Devem ser breves e com a participação de todos. Discutir a aplicação dos ensinamentos do Evangelho em nossa vida diária.

4 – Vibrações: Vibrar é emitir pensamentos de amor, paz, harmonia, prosperidade, alegria etc. Devemos vibrar em nome de Jesus, nosso Divino Mestre.

Vibremos:

Pela paz na Terra; pela fraternidade entre os povos; pelos dirigentes de todas as Nações, pelo nosso Brasil; pelos nossos governantes; pela saúde dos enfermos; pelos doentes do corpo e da alma; pela unificação das religiões; pela reabilitação dos que estão presos; pelos viciosos; pelo reerguimento dos decaídos; pelos trabalhadores do bem; pelas crianças; pelos jovens; pelos velhinhos; pela harmonia dos lares desajustados; pela iluminação dos Espíritos sofredores; pelo nosso trabalho; pelos companheiros de trabalho; pelos nossos vizinhos; pela divulgação do Evangelho; pelos nossos amigos e inimigos e por nós mesmos. Após a vibração em conjunto, cada um pode fazer vibrações particulares onde pedirá auxílio para resolver seus problemas.

5 – Prece de encerramento: Podemos encerrar com o Pai-Nosso ou com uma prece espontânea, onde devemos agradecer aos bons Espíritos que nos acompanharam. Solicitar que eles fluidifiquem a água e convidar para que compareçam na próxima semana.

OBRAS CONSULTADAS

KARDEC, Allan. *A Gênese*. Tradução: Guillon Ribeiro. Rio de janeiro: FEB, 1976.

KARDEC, Allan. *O Evangelho Segundo o Espiritismo*. Tradução: Renata Barbosa da Silva, Simone T. Nakamura Bele da Silva. São Paulo: Editora Petit, 1997.

KARDEC, Allan. *O Evangelho Segundo o Espiritismo*. 105. ed. Tradução: Guillon Ribeiro. Rio de Janeiro: Editora FEB, 1991.

KARDEC, Allan. *O Evangelho Segundo o Espiritismo*. Tradução: Evandro Noleto Bezerrav. Rio de Janeiro: Editora FEB, 2007.

KARDEC, Allan. *O Evangelho Segundo o Espiritismo*. 53. ed. Tradução: J. Herculano Pires. São Paulo: Editora Lake, 1998.

KARDEC, Allan. *O Evangelho Segundo o Espiritismo*. 289. ed. Tradução: Salvador Gentile. Araras/SP: Editora Ide, 2003.

KARDEC, Allan. *O Evangelho Segundo o Espiritismo*. 2. ed. Tradução: Casa do Pão Editora. Campinas/SP: Casa do Pão Editora, 2006.

KARDEC, Allan. *L'Évangile selon le Spiritisme (" O Evangelho segundo o Espiritismo").Rio de Janeiro:* FEB, 1979.

KARDEC, Allan. *O Livro dos Espíritos*.Tradução: Evandro Noleto Bezerra. Rio de Janeiro: FEB, 2007.

KARDEC, Allan. *O Livro dos Médiuns*. Tradução: Guillon Ribeiro. Rio de Janeiro: FEB, 1975.

Obras completas de Allan Kardec. 2. ed. Tradução: Torrieri Guimarães. São Paulo: Opus Editora Ltda, 1985.

Roteiro Sistematizado para o Estudo do livro "O Evangelho Segundo o Espiritismo". Catanduva/SP: Instituto Beneficente Boa Nova, 2005.

OLIVEIRA, Therezinha. *Estudos Espíritas do Evangelho*. Capivari/SP: Editora EME, 1997.

Impressão e Acabamento | Gráfica Viena
Todo papel desta obra possui certificação FSC® **do fabricante.**
Produzido conforme melhores práticas de gestão ambiental (ISO 14001)
www.graficaviena.com.br